U0794872

阅读成就思想……

Read to Achieve

青少年心理关怀系列

JUVENILE DELINQUENCY

未成年人违法犯罪

第10版
10th Edition

[美] 克莱门斯·巴特勒斯（Clemens Bartollas）
弗兰克·施马莱格（Frank Schmalleger）
迈克尔·G. 特纳（Michael G. Turner） ◎著

崔海英　张丽欣　徐超凡◎译
李玫瑾◎审译

中国人民大学出版社
· 北京 ·

图书在版编目（CIP）数据

未成年人违法犯罪 : 第10版 / (美) 克莱门斯·巴特勒斯 (Clemens Bartollas) , (美) 弗兰克·施马莱格 (Frank Schmalleger) , (美) 迈克尔·G.特纳 (Michael G.Turner) 著 ; 崔海英, 张丽欣, 徐超凡译. -- 北京 : 中国人民大学出版社, 2020.11
ISBN 978-7-300-28662-4

Ⅰ. ①未… Ⅱ. ①克… ②弗… ③迈… ④崔… ⑤张… ⑥徐… Ⅲ. ①青少年犯罪－研究 Ⅳ. ①C913.5

中国版本图书馆CIP数据核字(2020)第201238号

未成年人违法犯罪（第10版）

克莱门斯·巴特勒斯（Clemens Bartollas）
［美］ 弗兰克·施马莱格（Frank Schmalleger） 著
迈克尔·G. 特纳（Michael G. Turner）
崔海英 张丽欣 徐超凡 译
李玫瑾 审译

Weichengnianren Weifa Fanzui（Di 10 Ban）

出版发行	中国人民大学出版社		
社　　址	北京中关村大街 31 号	邮政编码	100080
电　　话	010-62511242（总编室）		010-62511770（质管部）
	010-82501766（邮购部）		010-62514148（门市部）
	010-62515195（发行公司）		010-62515275（盗版举报）
网　　址	http://www.crup.com.cn		
经　　销	新华书店		
印　　刷	天津中印联印务有限公司		
规　　格	185mm×240mm 16 开本	版　　次	2020 年 11 月第 1 版
印　　张	26.75 插页 1	印　　次	2020 年 11 月第 1 次印刷
字　　数	560 000	定　　价	105.00 元

版权所有　　侵权必究　　印装差错　　负责调换

推荐序

我国对于未成年人的违法犯罪现象的关注和研究始于20世纪70年代末80年代初，当时的中国刚刚结束了一场持续了10年的以“文化大革命”为名的动乱。同时，党中央做出了改革开放的决定，中国的经济与社会秩序百废待兴。但当时，有那么一群人仍在肆无忌惮地兴奋躁动，他们在街上嚣张地拦劫骚扰他人，在公共场合约架群殴，甚至聚众淫乱等。这是一批尚未成年或刚刚接近成年的年轻人，从10多岁到25岁上下，研究者将他们统称为“青少年”。当时，我国还出现了第一个专门研究青少年犯罪的研究团体，即现在的中国预防青少年犯罪研究会，其成立于1982年初。

然而“青少年”只是一个统称，鉴于《中华人民共和国宪法》规定的人的成年年龄为18周岁；《中华人民共和国刑法》也认定18周岁为完全具有刑事责任的成年人，对18周岁以上和以下人员的法律惩罚具有明显的不同，因此，相关研究也不再用界限不清的“青少年”一词，改用界定清晰的“未成年人”。18周岁以下的违法犯罪的情况也有差别。未成年中有一些人的年龄尚未到法定刑事责任处罚的年龄，因此，尽管他们已经违犯了《中华人民共和国刑法》规定，构成“违法”事实，但仍不能认定为法律意义上的“犯罪”，他们仅被称为“未成年人违法”；还有一些未成年人，他们年龄或罪行已达到刑事责任年龄的规定，但未达到18周岁即成年人的年龄，这部分人经过少年法庭审判后仍可以认定为犯罪，我们将这部分人称为“未成年人犯罪”。这两部分人员合并就统称为“未成年人违法犯罪”。

1992年，我国签署了《联合国儿童权利公约》，并先后出台了《中华人民共和国未成年人保护法》和《中华人民共和国预防未成年人犯罪法》。相关立法旨在依法保护未成年人的权益，同时预防和减少未成年人违法犯罪的危害。而这一努力一直在持续。时至今日，中国社会已经发生了巨大的变化，改革开放给国家带来了社会经济、教育、科学和技术等领域的巨大发展，人民的生活越来越丰富和便利。但是，成长中的18岁以下的未成年人违法犯罪现象依然困扰着家长、教师、司法工作者和整个社会。国家至今两度修改《中华人民共和国未成年人保护法》和《中华人民共和国预防未成年人犯罪法》，期待通过法律，既要保护未成年人，也要减少他们对社会和他人的危害。

近几年来，18岁之下的未成年人犯罪等异常行为屡见报道。更有甚者，十二三岁的孩子竟然杀害自己的母亲、强奸幼女、结伙盗窃等，他们的违法犯罪行为不仅给被害家庭带来灾难，给社会带来不安定因素，也给他们自己的一生带来难以估量的麻烦。如何更好地治理未成年人的违法和犯罪行为？在完善相关制度和措施的同时，我们也需要将研究目光转向其他国家，了解他们是否有同样的困扰？他们如何看待未成年人的违法犯罪？最重要的是他们如何应对和治理这类社会顽疾？

感谢中国人民大学出版社张亚捷编辑向我们推荐翻译这本美国最新版的《未成年人违法犯罪》。我认为，这本书之所以值得翻译，是因为它不仅能让专业研究者从中一览海外相关研究的纵横，还能为所有关注未成年人身心健康成长的人们，包括家长、老师和少年司法工作者提供参考。本书系统而详尽地界定了未成年人违法犯罪的概念、特点，发生行为异常的重点时期，揭示了他们出现违法犯罪行为的心理成因，以及从个人到社会背景、从家庭到学校环境的诸多原因。书中除了研究性别、帮派、药物或毒品等与未成年人违法犯罪的关系之外，最有意义的是，还介绍了美国少年司法，包括警察、少年法庭和少年惩教等帮教和防控举措。

本书由我的三位已毕业的女博士翻译，领衔者崔海英博士系公安部铁道警察学院副教授，她在做博士论文时就多次深入司法部的监狱和公安部的监所对犯罪或违法的未成年人进行了大量一对一的访谈。她组织翻译这本书可谓驾轻就熟，既丰富了她以往的研究，也为我们了解国外未成年人违法犯罪暨治理等最新研究进展提供了中文版本。

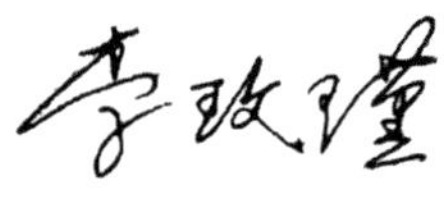

中国人民公安大学二级教授，博士生导师

中国预防青少年犯罪研究会副会长

2020 年 5 月 21 日

译者序

2019年夏，恩师李玫瑾教授致电，中国人民大学出版社委托其翻译一部有关未成年人违法犯罪的专著。老师看后，感觉专著内容不错但无暇分身，便转而推荐我来翻译，并叮嘱，若我一个人吃力，可以组织同门加入。于是我便邀请了张丽欣、徐超凡和我一起来完成这项有意义的工作。

由于我们三人2019年冬季学期课多、工作任务重，着手翻译已经是冬季期末的事儿了，我们干得热火朝天之时也正是新冠肺炎肆虐之时，正是疫情把我们禁足在家，让我们能有充足的时间和精力去完成各自的翻译任务；我们也借助翻译时刻的专注和投入，让我们应对疫情的心不那么焦虑，虽然也不时关注着疫情的发展，但因为我们的大部分精力都倾注在翻译之趣上，这种积极心理学中所谓的"福流"之力某种程度上也起着一种疗愈的作用。我想以后每当看到我们翻译的这本书时就会想到这段经历，这段承载着人类战胜病毒的艰难与悲鸣的经历就愈发显得弥足珍贵。

《未成年人违法犯罪》由美国北艾奥瓦大学社会学教授克莱门斯·巴特勒斯博士、北卡罗来纳大学彭布罗克分校特聘教授弗兰克·施马莱格博士和北卡罗来纳大学夏洛特分校教授迈克尔·G. 特纳博士三人共同撰写，本书已经是第10版，我们可以想象它在美国的流行程度。三位教授著述颇丰，在未成年人犯罪、刑事司法、犯罪学、少年司法等领域造诣深厚，也成就了本书深厚的专业底蕴。

这是一本全景式介绍美国未成年人违法犯罪专著，涵盖未成年人违法犯罪的性质和程度、未成年人违法犯罪的原因、环境对未成年人违法犯罪的影响，以及犯罪预防、少年司法系统四大内容板块，与未成年人违法犯罪相关的内容可以说是应有尽有。我想用"如饥似渴""迫不及待""引人入胜""流连忘返"等词汇来形容我们三位译者畅游其中的感悟，也期待未来读者通过本书得以全方位地思考我国未成年人违法犯罪的深层次原因，并从美国在未成年人违法犯罪预防、少年司法实践、少年矫治等宏观和微观层面的举措中获得启示，这也正是翻译本书的初衷和价值所在。

与以往研究未成年人违法犯罪的专著不同，本书并未局限在犯罪学、社会学或刑事司法学等任何一个单一的学科领域，而是运用一个整合性的更宏大的视野来审视未成年人违法犯罪。即便是对某一个学科领域的探究，本书也尽可能囊括所有重要的理论，如在对未成年人违法犯罪原因的社会学思索中（见第 4 章），就有着社会结构理论、社会解组理论、文化越轨理论、紧张理论、机会理论、社会过程理论、不同接触理论、漂移理论、控制理论和整合理论等不同理论视角的探究。

在翻译过程中，我们深深地被其吸引，尤其在我校对通稿时感受尤为强烈。在别人看来枯燥乏味的翻译和通稿工作却是一件令我兴趣盎然且乐此不疲的美差，这就是有魅力的著作带给读者的感受。总的来说，本书具有以下鲜明的特色。

大量的统计数据和图表穿插其中，增加其形象性。本书引用的有美国司法部（the U.S. Department of Justice）、联邦调查局（the Federal Bureau of Investigation，FBI）、司法统计局（the Bureau of Justice Statistics）、少年司法和犯罪预防办公室（the Office of Juvenile Justice and Delinquency Prevention，OJJDP）、《统一犯罪报告手册》（*Uniform Crime Reporting Handbook*）、全国犯罪被害调查（National Crime Victimization Survey）等的统计数据，数据来源权威，而且以图表的形式展现，能够给读者以视觉上的形象呈现，便于理解。本书的很多理论和事件发展也都以图表的形式展现，简明扼要地抓住了其理论内核和事件发展脉络，生动易懂。

感性故事与理性论证并存，增加其可读性。正如前面提到的，该书的三位作者均是学术造诣深厚的学者，其在理论论述方面颇显专业功底，尤其在未成年人违法犯罪原因的理论探讨方面，理论探究全面深刻，一般而言，读者没有一定的专业基础读起来是有难度的。但该书与一般的学术专著不同，不仅有深奥的理论论述，而且有生动鲜活的故事穿插其中。每章开头都设有“犯罪之声”专栏——主要讲述一位与本章内容相关的少年违法者的成长故事（都是基于本书作者克莱姆·巴特勒斯独立研究的真实案例），而每章的结尾则是关于主人公埃米·沃特斯（Amy Watters）的连载故事——从其 5 岁讲述到 16 岁半（高中），讲述了埃米一段段与各章内容高度相关的连续剧式的人生经历。埃米半岁时丧母，由父亲带大，经历了一个问题少年“该有”的生命轨迹：偷窃、离家出走、过早性行为（13 岁时）、结交违法犯罪的朋友，最后埃米因和男友 CJ 在校园里贩毒被判缓刑，又因偷狗违反了缓刑规定而被送进少年监禁机构。监禁机构的贸易培训和美容师课程对她成功地重返社会起到了很大的作用。最终，她成为一名美容专家，从此远离毒品，走上了正途。

灵动精神穿行于深厚的理论中，以细节制胜。很多章的章名下有一句名言点题，读后如醍醐灌顶，如“一个国家的未来希望可以直接通过其少年目前的前景来衡量。”“我们总担心孩子明天会怎样，恰恰忽视了他的今天。”“受虐待和被忽视的儿童数量对少年司法系统有着特殊的意义，因为很多有这样经历的孩子最终都会进入该系统。”每章都有若干个“犯罪之声”“想一想”“你会怎么做”等板块，这种灵活的处理和对细节问题的关注，使得本书特别耐人寻味，专业之中闪现着灵动的精神。

思辨性问题不时闪现，极富批判精神。一部优秀的学术专著是能够引发读者深度思考和开放性思维的。本书的每一章都有若干个“想一想”板块，提出诸如“青春期的孩子深受现在媒体的影响，包括基于互联网的各种服务，如社交网络。社交网络是如何助益于未成年人违法犯罪的？”“在大多数司法管辖区，犯了非常严重罪行的未成年人可以被移交到成人刑事法庭审判。这样移交的后果是什么？”等。在每一章的某些专栏最后，都会提出思辨性讨论题，如“如果取消少年诉讼程序，把未成年人置于成人法庭处理，会对未成年人造成多大伤害？”“如果对少年犯罪人采取成人诉讼程序，会有什么好处？”等。该书的批判性精神不仅体现在其问题设计中，还体现在其敢于对一些极负盛名的实践项目进行质疑，如第 14 章所提到的抵制药物滥用教育（drug abuse resistance education，D.A.R.E.）项目是美国最受欢迎的学校毒品教育项目，但本书毫不留情地指出其有几个令人失望的评估结果，并引用了丹尼斯·罗森鲍姆（Dennis Rosenbaum）的话来批判其被不合理地过度重视的现实：“毒品预防领域（其他领域亦是如此）具有讽刺意味的是，一个已知无效的项目得到了数百万美元的支持，而已知有效或有前途的项目却被搁置一边，始终没有资金支持。”

循证实践贯穿始终，崇尚科学精神。书中的很多章节里都有“最佳实践证据”或者“循证实践”的专栏，对本章涉及的理论内容做得好的一些实践进行介绍，并引发讨论与思考。如第 8 章的最佳实践证据是戏剧项目帮助年轻人改邪归正，让犯罪程度轻微的少年违法者在舞台上表演自己的经历起到了良好的矫治效果。第 11 章的循证实践是对毒品法庭（专门处理涉毒案件的法庭）是否有效的探讨，循证实践表明少年毒品法庭在帮助少年减少情绪症状和毒品使用方面效果更佳，并提出了“你认为少年毒品法庭对哪一类未成年违法者会更有效”等思辨性讨论题。第 15 章对北卡罗来纳州改善未成年人虐待、疏忽和依赖有关的少年案件诉讼程序的方法进行了介绍，认为该循证实践为将其推广到全美提供了希望。

与社会政策紧密联系，注重从根源上解决问题。德国著名的刑法学家李斯特的“最好的社会政策才是最好的刑事政策”同样适合于对未成年人违法犯罪的防控，未成年人违法犯罪问题的解决之道很多还是要从社会政策上去设计，完善的社会政策对于防控未成年人违法犯罪至关重要。本书作者正是意识到了这一点，在很多章都设有未成年人违法犯罪和社会政策方面的探讨。如第 8 章在儿童虐待相关的社会政策方面，提出了“干预越早越好”“不要漠视那些被忽视的孩子”等六项原则。第 16 章在社会政策方面，介绍了全美少年和家庭法院法官理事会确定的法院及法官的职能，界定了一个卓越的少年法庭应有的基本样貌。

我们决定翻译本书源于以下几方面的考虑。

首先，我主持的 2018 年国家社会科学基金项目“中国未成年人犯罪危险评估研究”（课题编号：18BFX108）正好与本书内容高度相关，我既可以从翻译本书中汲取对课题有用的理论养分，本译著也算是该课题的一个阶段性工作内容和成果。

其次，与我们的研究旨趣一致。我的博士学位论文研究集中在未成年人犯罪领域，本人正在做的国家社科基金项目也与未成年人犯罪相关；徐超凡的博士论文是对“问题少年”的家庭治疗方面的研究；张丽欣的博士论文是对再犯的循证矫正方面的研究，所以本选题与我们三人的研究旨趣大致相同。

再次，我们有过同类书籍的翻译经验。2017 年出版的由李玫瑾老师领衔翻译的《犯罪心理学（第 11 版）》，我们三人均有幸参与其中，分别承担了未成年人违法犯罪、犯罪行为溯源、犯罪与人格异常、攻击和暴力、家庭暴力等章节的翻译工作，这些都为我们翻译本书打下了良好的基础。

最后，希冀通过对美国研究成果和少年司法实践的审视，来为我国未成年人违法犯罪的防控和处置提供借鉴和参考。

本书前言以及第 1~6 章由张丽欣翻译，徐超凡翻译了第 7~12 章；我本人翻译了第 13~16 章，并负责全书的译校和统稿工作。

在翻译本书的过程中，我们得到了许多人的帮助，在此一并致谢！在翻译和译校过程中，我对拿不准的一些专业词汇和一些难懂的句子多次向中国人民银行驻马店市中心支行的杨三涛硕士和河南财经政法大学的陈在上博士请教和讨论。李玫瑾教授最后也对一些关键术语的翻译进行了指导和点拨。杨三涛虽然是法学方面的硕士，但他对英语是发自骨子里的热爱，对法律专业词汇非常熟悉，人称“walking dictionary”（活字典），很好地解答了我的一些疑惑。尤其让我感动的是，他会为我提出的一些专业词汇不惜费时费力追根溯源查找词的出处，找到最合适的翻译，如对第 5 章“talking piece”的翻译他用了半天多的时间去查资料，找到了这个词的“前世今生”，最终认为翻译为“象征发言权或发言机会的物品”比较合适。后来李玫瑾教授在审阅时发现该词翻译为“发言牌”更为形象生动。陈在上博士曾经在美国的威斯康星大学访学，他本人又是法学博士（研究方向刑事诉讼法学、司法制度改革等），对美国的司法制度及其专业词汇非常熟悉，他对一些专业词汇的翻译见解也使我受益匪浅，而且他能在繁忙的学术研究中抽出时间为我答疑解惑也让我非常感动。河北经贸大学的胡鹤鹤和李艳杰两位硕士也为本书的翻译做了一些辅助性的工作，如对 1 ~ 6

章一些图表的制作、1 ~ 12 章参考文献的整理、一些章节格式的调整等，他们的辛苦付出也为本书翻译的顺利完工贡献了力量。在译稿完成付梓之际，尤其要感谢恩师李玫瑾教授对我们的推荐，感谢张亚捷编辑在翻译过程中的多次指导，没有李老师的举荐和张老师的指导，本书难以面世！

最近几年，我国未成年人犯罪恶性案件频发，不断挑战人们的底线，如 2019 年 10 月 20 日大连市 13 岁男孩杀害 10 岁女孩案，以及 2020 年 4 月 18 日安徽省宣城市 13 岁的男孩将 10 岁女孩残忍杀害并抛尸案，由此引发专家学者乃至全民对未成年人违法犯罪防控和处置的热议，2019 年 11 月中国人大网就《中华人民共和国预防未成年人犯罪法》（修订草案）、《中华人民共和国未成年人保护法》（修订草案）面向全社会征求修订意见。鉴于此，从国外的未成年人犯罪防控和少年司法实践中汲取养分已经成为立法、司法与理论研究的当务之急。

一本好书可以引发人的思考，启迪人的智慧。正如本书所言：“我们的社会在害怕我们的孩子。我想我们不知道如何对他们设限。他们开始以骇人听闻的方式行事，没有人阻止他们。”“在任何一个被犯罪所诅咒的社会里，主要的问题不是惩罚罪犯，而是防止年轻人接受犯罪训练。”面对未成年人违法犯罪，我们只能未雨绸缪，借鉴国外司法和实践中的可取之处，尽全力去阻止他们，尽可能地去帮助那些误入歧途迷失的孩子，除此之外，我们别无选择！

由于本书的专业性非常强，涉及犯罪学、社会学、刑事司法、少年司法、心理学等多个学科领域，我们在翻译过程中尽管字斟句酌，反复推敲，甚至请教行家，但囿于我们的学科背景、专业积淀和理解表达等所限，我们的翻译作品也难免有缺憾，敬祈读者谅解并指正。

崔海英

2020 年 4 月 29 日

前　言

这个版本的新内容

以下是本书第 10 版不同于前几版的特点。

- 为了更好地说明内容和便于获取信息，每章都包含了更多的总结性陈述、线条图和表格。
- 本版的第 4 章把以前版本的第 3 章“社会结构”和第 4 章“社会过程”进行了整合。
- 第 6 章“跨越生命历程的未成年人违法犯罪”是新增加的内容。
- 第 11 章“药物与未成年人违法犯罪”，不再包含关于未成年人违法犯罪的材料，而是集中阐述药物与犯罪的关联性。
- 第 12 章“未成年人犯罪预防”是新增加的内容。
- 第 16 章“少年惩教”是原来版本“社区矫正”和“机构矫正”的结合。
- 许多章节侧重于循证结果，并包括预防项目中最佳实践的证据。循证结果构成了另一项令人激动的当代研究倡议的核心，这项倡议旨在了解和减少美国的未成年人违法犯罪行为。
- 第 10 版已做大幅度更新，尽一切努力列入与未成年人违法犯罪研究有关的最新资料和相关的统计数据。更新了少年法庭统计数据、未成年人药物滥用行为的共发性资料、少年犯罪数据、未来监测研究的统计数据，以及美国联邦调查局、司法统计局、少年司法和预防犯罪办公室的最新统计数据。
- 全书文本中新增许多专栏，强调美国少年违法犯罪性质的变化和少年司法系统的反应。现在，有两章包含了展示使用旨在降低少年犯在社区惩教和少年监禁机构中面临风险的技术。
- 全书文本中含有“你会怎么做”的专题，旨在提出情境并为学生提供锻炼批判性思维的机会。
- 全书文本中明确了面对少年违法者有效工作所需要的技能。

特定章节的变化

- 第 1 章删除了有关生命历程中少年违法行为和预防的内容，将其放在保留这些主题的章节中，其余章节也是如此。

- 第 2 章更新了数据，包括过去几十年暴力和财产犯罪的数据。
- 第 3 章不仅包括对少年违法行为理性的重新梳理和新研究，还包括关于少年违法犯罪和精神失常的新专栏。
- 第 4 章现在包括未成年人违法犯罪社会学理论的组合，还有几个部分包括这些主题的最新研究。
- 第 6 章是关于生命历程中的违法犯罪，这是一个新章节，包括新的内容以及以前版本中包含的材料。
- 第 7 章包含有关性别和未成年人违法犯罪的新研究。
- 第 9 章包含有关校园欺凌的各个方面以及学校处置少年违法行为的扩展材料。
- 第 10 章更新了有关帮派内容的表格。
- 第 11 章现在完全集中在毒品上，包括更多关于使用大麻的信息，并更新了有关少年违法犯罪和毒品的表格和图。
- 第 12 章是关于未成年人违法犯罪预防的新章节，包括旧版本的内容以及为本版本编写的新材料。
- 第 13 章包含关于不成比例的少数民族监禁 / 接触（DMC）的新内容和数据。
- 第 15 章包含的新内容，是关于美国最高法院和少年司法裁决的历史背景，以及扩大了将少年移交至成人法院的覆盖范围。
- 第 16 章结合了前几章关于社区矫正和机构矫正的内容。

本书内容的组织

克莱门斯·巴特勒斯和弗兰克·施马莱格在俄亥俄州立大学攻读博士学位期间是同学和朋友，二人联手合著了这本以巴特勒斯为第一作者的经典之作。他们认为，读者都会发现本书的以下核心特点，特别有助于理解今天的违法犯罪行为，并为社会应对违法犯罪做好准备，于是一同邀请北卡罗来纳大学夏洛特分校犯罪学和刑事司法教授迈克尔·G. 特纳加入了这个版本的写作队伍。

本书的核心特点有以下几点。

- **强烈的社会学关注。**主要强调的是引起违法犯罪的根源，以及滋生违法犯罪或打击违法犯罪的环境，包括家庭、学校、同龄人和社区。每一章都包含一个贯穿生命历程的违法犯罪主题，这是少年违法犯罪研究中最有前景和最令人兴奋的视角之一，这个主题有助于学生了解未成年人的违法犯罪行为是如何产生的，然后是继续演化为成人犯罪还是停止犯罪。

- **特别注意违法犯罪行为中止，这与对整个生命过程中的行为考察相吻合。**有的人终其一生都坚持反社会行为，而另一些人则决定结束对反社会行为的参与，成为守法公民。这本书有助于确定在特定情境下不同的年轻人可能会做什么。
- **强调性别、种族、社会阶层和居住地在青春期形成中所扮演的重要角色。**具体而言，第 7 章考察性别与未成年人违法犯罪，第 12 章关注种族和民族。
- **讨论帮派和帮派活动。**未成年人违法犯罪的一个日益重要的方面——帮派，得到了特别的报道，并对萨尔瓦多帮（Mara Salvatrucha，MS-13）、第 18 街（18th Street，MS-18）等帮派进行了大量的讨论。
- **强调预防、生命历程中的未成年人违法犯罪行为，以及循证实践。**本书揭示了在预防违法犯罪方面过去所做的尝试，以及令人兴奋的新尝试。
- **大量政策导向的分析。**在全美都在反省如何处理严重和反复的少年犯罪人的过程中，本书几乎每一章都提出了以证据为基础的违法犯罪预防政策的建议，并提出了可能的治疗干预措施。

全书分为四大部分

本书分为未成年人违法犯罪的本质和程度、未成年人违法犯罪的原因、环境对未成年人违法犯罪的影响，以及犯罪预防和少年司法制度四大部分。

- 第一部分探讨未成年人违法犯罪行为如何影响更大的社会，调查现有的统计工具，用于测量未成年人犯罪的本质和程度，并加以报告。
- 第二部分考察四种对未成年人违法犯罪行为的解释：（1）个体原因，从自由意志到生物和心理实证主义；（2）社会结构因素；（3）社会过程因素；（4）社会互动理论。
- 第三部分考察未成年人违法犯罪与性别的关系、家庭问题，如忽视儿童和虐待、在校经历、同龄人和帮派犯罪，以及药物滥用。
- 第四部分对少年司法程序进行概述，包括警察与少年的关系、少年法庭、社区矫正、少年监禁机构和善后服务。

本书特色

本书的特色在于，读者会发现这本书非常有助于了解未成年人违法犯罪，包括其原因、后果、威慑、预防和治疗。

- **主题和专栏。**本书以三个有吸引力的主题为基础：（1）未成年人违法犯罪预防；（2）跨生命历程的犯罪；（3）未成年人违法犯罪与社会政策。文中包括两类专栏：少年法律专栏和单独命名的专栏。
- **埃米·沃特斯的人生历程。**这个假设性的案例研究出现在每一章的结尾。这是一则连续的故事，讲述了一个小女孩从童年到高中的经历。埃米在成长过程中面临的问题和挑战是许多孩子成长过程中的典型特征，但最终她被送进了少年监禁机构，然后成功地返回了社区。埃米生活中每个片段事件都与章节的概念直接相关。

目 录

第 8 章　家庭与未成年人违法犯罪　/ 164

第 9 章　学校与未成年人违法犯罪　/ 190

第 14 章 警察和少年 / 305

第 15 章 美国少年法庭 / 329

第 16 章 少年惩教 / 369

JUVENILE DELINQUENCY

第一部分

未成年人违法犯罪的本质和程度

第 1 章

青春期与未成年人违法犯罪

一个国家未来的希望可以直接通过其少年目前的前景来衡量。

约翰·肯尼迪，美国前总统

犯罪之声

珍妮的故事

在我两三岁的时候，父亲得了多发性硬化症，我六七岁前，父亲都需要依靠轮椅来挪动。随着病情逐渐恶化，他住进了医院里，失去了四肢的所有功能，生活完全不能自理。当妈妈带我们去探望父亲的时候，我难受极了，我们不得不面对父亲的现状。我为父亲和母亲感到难过，在我 15 岁时，年仅 46 岁的父亲去世了，而母亲当时只有 40 岁。我参加了父亲的葬礼，这是我人生第一次经历人的死亡，有一种空虚和被欺骗的感觉。

大概在六七岁的时候，我便开始在当地一家杂货店里偷糖果，母亲在那家杂货店老板那里有一个长期账户。大概在不到十岁的时候，我开始接触香烟，并从各大百货商店偷衣服，我嫉妒其他孩子的衣服——那些我没有也买不起的衣服。我只因为偷了一只手镯被抓过一次。我在警车里被吓了一跳，警察威胁我说要给我父母打电话。

在我十六七岁的一天晚上，我和一个比我大一岁的男孩一起骑着摩托车到乡下一个偏僻的地方。令我吃惊的是，他竟然溜进了一户人家并偷了东西，当时我和他一起，我以前从未做过如此厚颜无耻的事。就是这个家伙让我吸食大麻成瘾，我几乎被吓坏了，从此变得偏执起来。

我认为，自己的很多不良行为都是由于没有父亲的管教，或者是因为没有一个积极的榜样可以学习造成的。在很多的空闲时间，没有大人为我指导。我感到被骗了，因为没有一位真正健康的父亲陪伴我。我不能像其他孩子那样，可以有人带着去钓鱼、去露营、去游泳或打棒球。父亲患有多发性硬化症，不得不忍受痛苦，甚至连说话都很困难，为此我很生气，对我来说这太不公平了。父亲去世了，看到躺在棺材里的他，我有一种被抛弃的感觉，身体像被抽空了一样。

注：本书“犯罪之声”专栏的故事均出自克莱门斯·巴特勒斯的独立研究成果。

在发展心理学和神经科学领域的最新一些研究发现，十几岁孩子的大脑尚未完全成熟，他们通常缺乏判断力，有冲动的倾向。而关于人类发展的最新研究表明，额叶皮层——大脑中负责自我控制、有效判断和灵敏计划的部分——在整个童年和童年早期发育缓慢，这是一项来自人类生理发展的细致研究。此外，研究还发现，成人思维模式和自控能力的发展与情绪大脑的早期发展极不同步。因此，未成年人一方面寻求刺激、喜欢冒险，另一方面又希望遵守纪律，二者存在着差距。总之，正如一位作家所言：“十几岁的孩子被新奇的刺激和活动所吸引，尤其是当他们与同龄人在一起的时候，他们缺乏判断和考虑后果的能力。”在本章中，我们将研究青春期的含义，并追溯对当代未成年人违法犯罪理解的发展过程。

认识青春期

2010年，基于对未成年人和成年人大脑存在根本差异的认识，美国最高法院已废除对未成年人犯下的除杀人行为以外的严重犯罪行为判处不得假释的终身监禁。在格雷厄姆诉佛罗里达州案中，法官们提出，心理学和脑科学的发展证明未成年人和成年人的思维存在根本差异，如大脑中负责行为控制的部分在青春后期持续成熟。未成年人比成年人更容易发生变化，他们的行为很少像成人的行为那样“具有不可挽回性”。两年后，也就是2012年，美国最高法院在米勒诉亚拉巴马州一案中进一步认定，“对未成年人实施不得假释的强制性的生活方式，实则没有考虑他们的实际年龄及相应的行为特征，包括不成熟、冲动、不能预判风险和不良后果”。

任何对未成年人和未成年人不良行为感兴趣的人都可以将他的研究范围扩展到神经科学之外，包括在儿童成长过程中所处的社会环境。例如，一项由美国司法部资助的关于儿童接触暴力情况的研究发现，美国大多数儿童在家庭、学校和社区中均能接触到大量的暴力、犯罪或虐待。研究同时表明，无论是作为受害者还是目击者，儿童接触到的暴力与长期的身体、心理和情感上的伤害有关。最后，研究证实，接触暴力的儿童更有可能滥用药物和酒精，陷入抑郁、焦虑和创伤后应激障碍，遭遇学业困难，沦为不法分子，实施犯罪行为。研究人员称，儿童一旦接触到某种类型的暴力，就会增加他们接触其他类型的暴力及多次接触暴力的可能性。接触暴力的儿童在后来生活中实施犯罪行为并成为暴力循环参与者的风险更高。

未成年人违法犯罪

本书的主题是未成年人违法犯罪。一份最新的美国联邦政府报告指出："大多数人会说少年违法者是 18 岁以下行为不端的十几岁的孩子，他们经常惹麻烦。或者更确切地说，他们经常给警察找麻烦。"人们脑海中浮现出的画面是一个个逃学、酗酒、吸毒、盗窃的青春期少年，他们经常打架斗殴，还可能有暴力倾向。然而，当前最为人们熟知的关于未成年人违法犯罪的概念对于少年司法实践和政策而言不见得是一个恰当的界定，其过于宽泛了。

未成年人违法犯罪是本书的重点，在讨论之初对未成年人违法犯罪这一术语进行简明的界定至关重要。文中对未成年人违法犯罪的界定是：未成年人实施了触犯当地政府拥有管辖权的刑法的行为。还需要着重说明的是，只有当年轻人的违法行为符合以下所有三个条件时，才会被认定为未成年人违法犯罪行为：

1. 当成年人实施该行为也被认定是犯罪行为的；
2. 被控告实施犯罪行为的年轻人的年龄低于刑事法庭传统上承担管辖权的年龄；
3. 因犯罪行为被控告，须由少年法庭做出判决（或其他法庭对未成年人做出的非刑事违法行为进行判决）的未成年人，或者由检察机关和少年法庭法官行使自由裁量权，保留审判权的。

为了使未成年人违法犯罪获得更明确的关注，本章将其置于青春期这样一个更宽泛的背景和处于危险中的青春期少年这样一个更狭窄背景中。高危儿童可以进一步划分为少年违法者和身份违犯者，对此，我们会在后面进行讨论。接下来，本章将要考察关于少年违法者的处置历史。

青春期是指在从儿童期发展到成年期中间的一段时光。2014 年，来自美国国家科学院的一个出版物上发表的一篇文章指出："青春期是介于儿童期和成人期之间一段特殊的时期，一个短暂的发展阶段，处于这一时期的个体期望更多的尝试和冒险，倾向于忽视长期后果，对同龄人和其他社会影响高度敏感。"

在20世纪30年代之前，青春期的少年一词尚不具备当下这一时期的意义。在20世纪中期以前，处于青春期的少年被视为没有权力的小版本的成年人，他们缺乏社会和经济地位。除了七岁以下的儿童，很少有人考虑到我们现在所看到的未成年人的特殊需要，大多数未成年人被期望具有自我控制能力并遵守成人的行为标准。然而，至少从 20 世纪 50 年代开始，术语"青春期"开始被视为人类成长过程中一个可识别且重要的阶段，尽管目前还没有公认一致的方法从时间上或生理范围上来确定这一时期。基于本章的目的，将青春期界定为 12 到 18 岁之间。在这一过渡时期，年轻人经历了许多生物学上的变化，形成新的态度、价值观和技能，并将其带入成年人的早期岁月。

青春期违法犯罪行为和其他问题行为增多有多方面的原因，该时期父母在监督上给予的自由越来越多，伴随着这种自由，孩子们有更多的机会参与到社会上不被认可的行为中。十几岁的少年尝试一些新的、高消费的事物，如音响系统、服饰、汽车和酒精等，但是通过合法的手段往往无法满足这些欲望。在美国文化中，青春期延长进一步加剧了这段人生危机和斗争，从而增加了在法律领域、学校和家庭中出现此类问题的可能性。此外，青春期少年的需求与他们所处的社会环境为其提供的机会常常不相匹配。某些情况下，儿童早期未得到满足的需求和挫折感会演化为日后生活中的社会不可接受之行为。

未成年人处遇的变化

在当今以儿童为中心的文化中，童年这一概念是一个相对较新的概念。有历史记录表明，很多儿童曾遭受过虐待和忽视。美国社会思想家劳埃德·德莫斯（Lloyd de Mause）以其在心理学史领域的著作而闻名，曾描述在历史上儿童被“杀害、遗弃、殴打、恐吓和性虐待”的一段时期，其开头是这样说的：“我们刚刚从童年噩梦的历史中苏醒过来。”

童工的终结是现代未成年人发展的分水岭事件之一。纵观历史，工业革命以前，儿童一直在工作，他们的工作通常是在家里或户外完成的，大部分是在户外。随着工作从家里搬到工厂，儿童成了廉价劳动力的来源。在童工法真正实施之前，在矿山、磨坊和工厂都能见到低至四五岁的儿童。随着科技和机械化的进步，劳动力市场不再需要儿童和青春期少年，直到 1914 年，美国除了一个州外，其他所有州都通过了法律，工厂禁止雇用一定年龄以下的儿童，年龄通常是 14 岁。

现代青春期发展的另一个重要阶段是义务公立教育的出现。正如第 9 章所讨论的，19 世纪的美国学校中充斥着暴力和混乱，教师想方设法去控制那些没有学习动力和不守规矩的孩子，有时还会使用残酷的训诫方法。进步教育运动的兴起部分原因是社会上一些人对学校的不满，约翰·杜威（John Dewey）和其他进步教育家鼓励个人主义和个人在课堂上的成长。义务教育法也是从 20 世纪早期的社会和宗教观演变而来的，当时的社会和宗教观认为，青春期少年应该留在学校，他们需要接受指导和管理。

20 世纪是现代青春期发展的又一个阶段。该时期的人们认为养育孩子与其说是征服他们的精神，不如说是训练技能和培养社交。特别是自 20 世纪 40 年代以来，美国的父母尤其强调帮助关系，他们试图在一个民主和支持性的家庭环境中满足孩子日益增长的需要。正如心理学家埃里克·H. 埃里克森（Erik H. Erikson）所观察到的：“童年是所有压迫和奴役的样本，是一种内在的殖民，这迫使成年人接受内在的压抑和自我约束。”埃里克森等人认为，童年时期压抑的一个主要原因是他们缺乏应有的权利。儿童权利运动包括多种方式，流行于 20 世纪 70 年代，是年轻人缺乏权利的一种补偿方法。最后，关于青春期少年成长为负责任的成年人所必需的要素方面也达成了共识。

总之，在 19 世纪末 20 世纪初，青春期这一概念集中出现在一系列的观念中，在这些观念的影响下，年轻人从劳工世界和成人社会的主流活动中分离出来。延长童年期、推迟成年人责任感的过程不仅受到强烈的人道主义思想的影响，而且也受到经济、社会和政治力量的影响（详见表 1–1）。

表 1–1　　青春期少年处遇的过去和现在

过去的处遇	现在的处遇
少年被当作小大人对待	青春期被视为为成年做准备
在很小的年龄就期望他们在家里或外面工作	就业常在放学后或周末进行，通常被视为一种额外赚钱的方式
教育是次要的，通常只延长几年	教育是义务教育，强调接受大学教育
期望青春期的女孩结婚、成家	女性未成年人受到越来越多的平等对待
由于婴儿死亡率高，父母对孩子的情感依恋程度很低	孩子从出生起，父母就有很高的情感投入
未成年人会像成年人一样受到惩罚	未成年人，特别是那些做出轻微违法行为的未成年人，受到国家的单独保护，将他们与成人分开
未成年人没有什么权利	从 20 世纪的最后几十年一直到 21 世纪，未成年人受到了特别的法律保护

想一想

今天的年轻人通过使用电子社交网络比以往任何一代人都更加紧密地联系在一起。这种联结性对未成年人违法犯罪和犯罪预防有什么影响呢？

青少年文化

青少年文化是近几十年来在美国和其他国家兴起的一种文化，由代表社会年轻人的独特信仰、行为和符号组成。年轻人如何、何时、何地、用什么以及与谁互动是这种文化的一部分。与潮流或风尚的融合是青少年文化的一个主要特征。青少年文化包括独特的服装风格、发型、做派、鞋袜、电子设备和兴趣爱好等，汽车、踏板车、摩托车、滑板、悬浮滑板、冲浪板以及电子游戏等设备在当今青少年文化的发展中发挥着核心作用。我们将在后面的章节中讨论，不同阶级、性别、种族和民族的青少年文化特征。

身体穿孔——涉及男性和女性身体的各个部位的多次穿孔，具体包括舌头、眉毛、嘴唇、脸颊、肚脐、生殖器和乳房；文身在当今的青少年文化中同样广泛存在；仪式性的划痕和 3D 艺术植入非常流行；经皮植入物、牙齿艺术和面部雕塑也很受欢迎。

青春期少年一直与同龄人保持联系，但现在他们时时刻刻都保持联系，上课时发短信，晚上一直发信息。除了持续的交流，少年们也加入了在线群组或社区，发布大量的自画像（或自拍照），创建自己的 Facebook 页面或 Instagram 消息[①]。

有人用“千禧一代”这个词来指代出生在 21 世纪之交左右的人，现在这个词可以用在少年和年轻的成年人身上。无论我们用什么词来描述今天的年轻人，很明显，大多数美国年轻人都受到了媒体的强烈影响，尤其是社交媒体，他们相对擅长通过不断更新的个人技术与他人互动。皮尤研究中心（Pew Research Center）最近的一份报告指出：“一代人和一个人一样，也有个性。”报告显示，大多数年轻人对改变充满信心和开放，但在很大程度上“脱离了机构，与朋友建立了联系”。其他研究人员发现，如今的年轻人对保护环境或发展一套生活哲学的兴趣不如他们的前辈，而且明显比前辈更自恋。一些人提出，如今生活在第一世界国家的年轻人，他们的行为和价值观受到互联网和个人联结的经济与技术的显著影响。

高风险少年

美国儿童的数量正在增加，并且在种族和民族上更加多样化。当前美国大约有 7560 万儿童，年龄从新生儿到 17 岁不等。让人感到惊讶的是，每个年龄组中儿童的数量相当：0~5 岁有 2500 万；6~11 岁有 2400 万；12~17 岁有 2500 万。儿童占总人口比例的 25%，低于 1964 年第二次世界大战后婴儿潮时期 36% 的峰值。预计一直到 2050 年，儿童在人口中所占的比重将保持不变。美国人口普查局（the U.S. Census Bureau）估计，2050 年未成年人的数量将比 2000 年增加 36%。

如前所述，多样性正在增加。2003 年，美国 60% 的儿童是白种人，16% 是非裔美国人，4% 是亚裔。从那时起，西班牙裔儿童的比例比其他种族和民族儿童增长得更快，这一比例从 1980 年的 9% 上升到 2013 年的 24%。

联邦儿童与家庭统计机构间论坛（Federal Interagency Forum on Child and Family Statistics）估计，生活在美国的 2500 万青春期少年（年龄 12~17 岁）中，大约 25% 有做出多种问题行为的高风险。这些行为，特别是违法行为、滥用毒品和酒精，总是能迅速引起少年司法系统的注意。另有 600 万少年（占 25%）从事危险性的行为，但程度较轻，因此不太可能遭受负面后果。

---

① Instagram 是一款移动端上的社交 App，可以将你随时拍下的照片彼此分享。——译者注

一项最近的报告表明："数以百万计的美国少年面临着持续存在的机会缺口和障碍，阻碍他们充分发挥自己的潜力（如图 1–1 所示）。在贫困等不利环境中长大的年轻人，往往从一开始就面临着各种障碍，这种障碍随着时间的推移而加剧，而且少年和刑事司法系统中的不平等待遇也会加剧这种障碍。当经历过这些挑战的年轻人成年后，他们就不太可能具备在当今经济中取得成功所必需的教育水平和劳动力市场技能。"

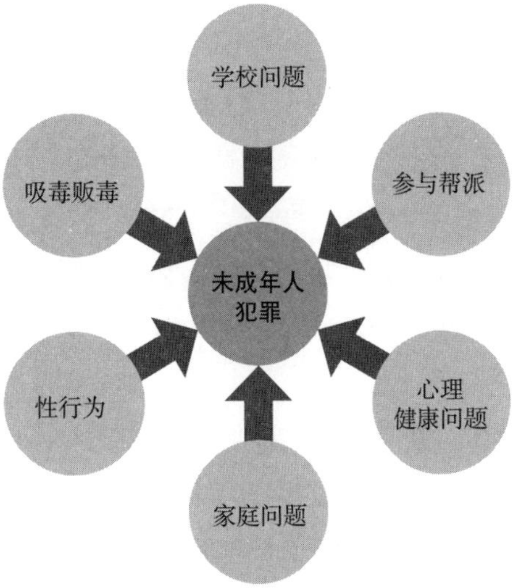

图 1–1　导致未成年人违法犯罪的问题行为

青春期与高风险行为

研究人员在青春期少年的问题行为中发现了一些重要内容，那些在生活中存在特别消极因素的或容易出现问题状况的少年被定义为"高风险人群"。

首先，高风险少年往往经历多重困难：他们的社交环境大多是面临经济压力的家庭和社区，有遭受身体虐待和性侵害的历史，通常缺乏教育和职业技能，很容易卷入酒精和其他药物滥用以及其他形式的不良行为中。这些问题行为出现得越多，少年就越有可能做出社会上不受欢迎的行为。

其次，少年问题行为尤其是违法行为，如吸毒、酗酒、辍学、无保护措施的性行为是相互交织或关联的，也就是说个体对一种问题行为的参与通常意味着对其他社会不良行为的参与。

最后，高风险少年倾向于参与导致意外伤害和暴力的行为，这些行为包括携带武器、酒后驾车、和其他酒后的人一起骑行，以及很少或从不系安全带。

由美国联邦政府资助的犯罪原因和相关研究项目（Program of Research on the Causes and Correlates of Delinquency）也称为原因和相关项目（在第 2 章中将有更详细的描述），包括三个相互关联的纵向项目：丹佛少年调查（Denver Youth Survey）、匹兹堡少年调查（Pittsburgh Youth Survey）和罗切斯特少年发展研究机构（Rochester Youth Development Study）。这三个项目对违法行为与吸毒、求学问题和心理健康问题同时出现的概率或重叠率进行了调查。在这三个研究领域，持续的问题行为发生率通常是一致的：20%~30% 的男性是严重的违法行为人，7%~22% 的有求学问题，14%~17% 的有滥用药物，7%~14% 的有精神健康问题。

另一项研究分析了与少年物质滥用相关的行为同时出现的概率和重叠率，这项研究的核心成果是，如果存在一种与物质滥用有关的行为，那么其他的与物质滥用有关的行为出现的可能性非常大。例如，在报告饮酒的少年中（23% 的 12~17 岁未成年人）吸食大麻的比例为 32%，销售毒品的比例为 23%。

想一想

儿童保护基金（Children's Defense Fund's, CDF）研究机构的出版物《终结儿童的贫困现状》（*Ending Child Poverty Now*）告诉我们，美国有 1470 万贫困儿童和 650 万极端贫困儿童。根据儿童保护基金研究机构的观点，这是对未来国民经济和军事安全的最大威胁，在孩子的成长过程中，年龄越小的孩子就会越贫困。在奴隶制被合法废除 150 年后，这些孩子都是非白人血统，每两个黑人婴儿中就有一个处于贫困之中。

一些研究人员坚决主张，对过早死亡的预期会让那些高风险少年产生恐惧感，这是少年违法犯罪的一个促成因素。那些认为过早死亡可能性很高的少年，尤其是属于帮派团伙的少年，他们没有理由延迟满足自己未来的福利，所以他们追求可以获得即时奖励的高风险行为，如犯罪和暴力。

未成年人违法犯罪行为几乎是所有高风险青春期少年参与的问题行为之一（见第 2 章），尽管我们在日常的对话中常运用“未成年违法者”这个词，但是“未成年人违法犯罪”一词最早是用在法律中，用于 1899 年美国伊利诺伊州通过的第一个适用于未成年人违法行为的法令，这项法令是根据国家新成立的少年法庭的国家亲权理论而制定的。国家亲权是指少年法庭可以针对少年违法者的行为适当介入，以行使替代性的监护人角色。个体受少年法庭管辖的最高年龄各州并不相同，但一般为 16 或 17 岁，之后，违法者在法律的眼里就变成了成年人。

一些证据表明，在美国，犯罪的性质正在发生变化。始于 20 世纪 80 年代末直到整个 90 年代，青春期少年广泛参与街头团伙，有的人为贩运麻醉品提供基地。从 1989 年到 1993 年谋杀率不断上升，青春期少年比以往任何时候都更有可能拥有和使用枪支，越来越多地卷入到各种形式的仇恨犯罪中，这种趋势一直持续到 21 世纪的第一个 10 年。

然而，今天的美国少年违法者更有可能行窃、小偷小摸、吸食大麻、违犯酒类法规或毁坏财产，而不是从事暴力或严重的犯罪行为。2016 年，676 799 名 10 岁至 17 岁的未成年人因实施 146 567 起财产犯罪而被捕，相对而言，41 157 人因为实施暴力犯罪而被捕。换句话说，未成年人因财产犯罪被捕的人数是因暴力犯罪被捕的 4.5 倍。

除了犯下许多与成年人相同的罪行外，未成年人还可能因逃学、屡教不改、违反宵禁和逃跑行为而被捕，这些不法行为被称为身份违犯（status offenses），因为如果是成年人做出上述行为，则不会被定义为犯罪（接下来将详细界定和讨论身份违犯）。法律上区分身份违犯和未成年人违法犯罪行为是很重要的，因为每年有大量的人因为逃学、不服从父母的管教和离家出走等行为而被捕。美国联邦调查局 2016 年犯罪数据（见第 2 章）显示，因身份违犯而被捕的未成年人数量是因暴力犯罪而被捕的三倍。如果将逃学和屡教不改这两种最常见的身份违犯包括在内，那么身份违犯和暴力犯罪之间的比例将会更大。

你会怎么做

当新居民进入禁闭期（通常是在像农舍一样的环境中），他们会经历一段适应期，我们称之为“蜜月期”。在这段时间里，他们通常做得很好，遵守工作人员的指示，并表现出在尽可能短的时间内完成矫正目标，这种情况发生在我所在工作部门的大多数新学员身上。然而，有人没有蜜月期，在这里的第一天，有个家伙就因威胁同伴而受到惩罚，他抬头看了看一个身高比他高 1 英尺[①]、体重比他重 150 磅[②]的工作人员说道：“我曾打倒过比你块头还要大的。”工作人员没有认真对待这句话，他本来应该认真对待的。几秒钟后，他被一拳打在了鼻子上，你会怎么处理这位居民？

未成年人违法犯罪和法律

在美国，每个州都有自己的少年法典，其中详细说明了各州在何种条件下可以合法地干预少年的生活。州少年法典作为少年法庭国家亲权理论的一部分，是早期的英国拥护国家干涉家庭关系的学说，即在儿童的福利受到威胁时，国王有权干预自然的家庭关系。州少年法典的颁布旨在防止少年法庭越过美国宪法赋予未成年人权利的司法任意性，而是要更加宽容地对待未成年人，因为他们被视为对自己的行为不能负全部责任。

各少年法庭法典明确规定，法院对未成年人违法犯罪行为、需要抚养和疏于照顾这三类未成年人行为具有管辖权：（1）当未成年人因为做出了在成人世界里被视为行为不端或重罪而被指控时，法院可能会介入；（2）当未成年人做出身份违犯的行为时，法院可能会介入；（3）当涉及未成年人的需要抚养和疏于照顾的问题时法院可能会介入，如当法院确定儿童被剥夺了必要的支持和监管时，它可能决定将该儿童从家中带走进行保护。

通过对多部少年法庭法典或法规的研究，发现犯罪行为的定义各不相同。有些法规将少年违法者（delinquent youth）定义为实施了犯罪行为或违反了缓刑制度的年轻人；有的法规则根据“与不道德或邪恶的人之间的交往”（西弗吉尼亚州）或“从事不雅或不道德行为”（康涅狄格州）等行为来定义“违法少年”。那么，特定的未成年个体在某些少年法典中被视为少年违法者，在其他法规下可能就不是。

关于未成年人应该在少年法庭的管辖下待多久的问题存在一些争议。少年违法者不再被当作未

---

① 1 英尺 =0.3048 米。——译者注

② 1 磅 =0.4536 千克。——译者注

成年人来对待的年龄从 16~18 岁不等，在美国 41 个州和哥伦比亚特区，18 岁生日以前的因触犯法律而被控告的个体被视为未成年人。有 7 个州少年法庭管辖的年龄上限 16 岁（即 17 岁生日以前），还有两个州上限是 15 岁。

以下是美国各州未成年人违法犯罪行为的定义，这些定义取自各州法典。其中哪一个定义让你最为惊讶？特别是这些定义对于任何特定的经济、种族或民族群体来说，这些定义是特别有利还是特别不利？并解释。

- 违反任何法律或条例；
- 违反少年法庭的命令；
- 与罪犯或不道德的人进行交往；
- 从事任何应受法律惩罚的召唤、职业或展览；
- 经常光顾酒馆或饮酒；
- 夜晚在街头闲逛；
- 在懒散或违反宵禁中长大；
- 进入或参观名声不好的场所；
- 习惯性地逃避责任；
- 习惯性不服从或拒绝听从父母、监护人的合理和适当（合法）的命令；
- 屡教不改或无法控制；
- 未经允许离家的；
- 持续违反学校规章制度；
- 危害自己或他人的福利、道德和 / 或健康；
- （在公共场所）使用卑鄙、淫秽或粗俗的语言；
- （在公共场所附近）抽烟；
- 从事放荡的生活或做出不道德的行为；
- 闲逛或在小巷里睡觉；
- 乞求或接受施舍（或为此在街上乞讨）。

身份违犯者和身份违犯

正如前面提到的，身份违犯是一种因当事人是未成年人而构成犯罪的行为。在多个司法管辖区，身份违犯者被称为需要监管的未成年人、需要监管的儿童、需要监管的青少年、需要帮助的儿童、需要监管的人（persons in need of supervision，PINS）、需要保护和服务的儿童或需要监管的家庭成员。他们也可能被冠以“有前科”“无可救药”“不可控”“无法管理或任性的特征”，这些术语和缩略语的共同之处在于将身份违犯者视为需要监督或帮助的人。

关于身份违犯者有以下三个重要的问题：

1. 为什么有些孩子变成了身份违犯者？
2. 身份违犯者与少年违法者在犯罪行为上有何不同？
3. 少年法庭对身份违犯者是否有管辖权？

关于身份违犯行为的解释

一般来说，很多身份违犯者来自单亲家庭，将他们的问题归咎于家庭中的父母形象或者提出建立饱含温暖、接纳、爱的亲子关系都是不可能的。身份违犯者会对父母产生怨恨和愤怒，父母可能不知如何表达亲昵情感，不会设定合理一致的限制，不知怎样向他们的孩子表示接纳。

相反，在父母心中，那些身份违犯者通常目中无人、要求苛刻、令人讨厌。父母无法控制自己的孩子，孩子也不接受父母对他们行为的限制，从而导致权力斗争。因此，家长们会打电话给警察对他们顽劣或无法管教的孩子进行干预。有时父母要求警察采取行动，因为孩子很晚才回家，他们与年龄较大的青少年或其他违法朋友为伍，对父母做出愤怒的反应。除了拒绝接受父母对他们行为的限制外，身份违犯者往往具有破坏性、蛮横无理、好斗、情绪孤僻或易怒、注意力不集中等特点。许多人通过心理测试发现他们过于活跃或患有注意力缺陷障碍。然后，医生会给他们开不同剂量的药物，通常是丙咪嗪或哌甲酯，以帮助他们集中注意力、控制情绪。典型的身份违犯行为详见表 1–2。

表 1–2 典型的身份违犯行为

1	在家屡教不改
2	在校不服管教
3	离家出走
4	逃学
5	吸烟和使用无烟烟草
6	酗酒

在承认这些心理学解释的同时，相关的理论专家提出社会对身份违犯者的反应，尤其是对女性身份违犯者，是确定谁具有这种法律身份的一个主要因素。在社会上，一些人认为年轻的男性就应该以某种方式行事，通常会对“男孩有男孩的样子”的权利给予宽大处理。然而，社会对年轻女性的期望仍然基于这样一种观念：“糖、香料和一切美好的东西都是小女孩的组成部分。”夏威夷大学妇女研究院的梅达·切斯尼－林德（Meda Chesney-Lind）教授和丹佛大学的丽莎·J. 帕什科（Lisa J.Pasko）教授在研究对女性身份违犯者的司法处理时发现，少年司法系统歧视女孩是源于对性行为的恐惧。

身份违犯者去机构化

身份违犯者去机构化（deinstitutionalization of status offenders, DSO）是指，取消在安全监禁场

所对身份违犯者进行关押，这一做法在过去几十年中得到了很大认可。1974年颁布的《少年司法与少年犯罪预防法案》[*Juvenile Justice and Delinquency Prevention*（*JJDPA*）*Act of 1974*] 及其多次修订案是在全国范围内开展身份违犯者去机构化的最大动力。少年司法和预防犯罪法中包含了一项关于身份违犯者去机构化的条款，要求在拘留场所将身份违犯者与罪犯分开隔离，以此作为各州继续接受联邦资金资助少年司法项目的条件。该法案还限制将未成年人安置在成人监狱中。

身份违犯者去机构化这一条款在促进各州修改相关法律、政策和做法方面取得了成功，这些法律、政策曾导致那些没有做出犯罪行为的未成年人受到了监禁。少年司法和预防犯罪法中的身份违犯者去机构化条款的核心保护措施背后的核心理念是那些表现出问题行为但没有违反刑事法律的未成年人是可以得到社区服务、心理健康和其他社区活动的帮助的，而被安置在严加看管的拘留场所或惩教机构很可能受到伤害。在少年司法和预防犯罪法及其身份违犯者去机构化的条款通过后不久，美国少年司法和犯罪预防办公室（Office of Juvenile Justice and Delinquency Prevention, OJJDP）记录了大约171 581起违反联邦身份违犯者去机构化要求的案件，最近的一份来自少年司法和犯罪预防办公室的合规性监测报告发现，每年违反身份违犯者去机构化要求的案件已降至6334起。

身份违犯者的司法管辖权

一些专家甚至质疑少年法庭对身份违犯者的长期管辖权。批评人士提出了以下至少六项理由，主张将身份违犯者从少年法庭的管辖范围内移除：

1. 由于许多身份违犯者的法律规定缺乏明确性，使得在理解上是否违犯模糊不清；
2. 批评人士称，此类法律往往带有歧视性，尤其是在性别方面；
3. 身份违犯者没有违犯刑法，但常将他们与惯犯或顽固犯一起监禁，这与身份违犯者去机构化的联邦授权不相符；
4. 处理和限制身份违犯者的程序不符合儿童的最佳利益，因此，违反了作为少年法庭制度基础的国家亲权理论；
5. 有人声称，少年法庭对身份违犯者生活的正式干预进一步加剧了他们是“坏孩子”的意识，而不是抑制了非法行为；
6. 显然，身份违犯者是一类特殊的未成年人，必须区别对待，以防止他们变成少年违法者。

另一方面，有些少年法庭提出应继续保留对身份违犯者的管辖权，理由是如果将身份违犯者从少年法庭的管辖范围内移除，他们将处于无保护的状态。另外，如果少年法庭放弃对身份违犯者的管辖权，那么其他机构将不得不接手，而能够为身份违犯者提供帮助或积极环境的替代机构却很少。

美国缅因州、纽约州和华盛顿州等已将身份违犯（如果是成人做出的行为则不认为是犯罪）去罪化了，从而将成年人犯下的不应受到指控的未成年人行为从少年法庭的管辖范围中移除。然而，在缅因州和华盛顿州最初通过的身份违犯立法被部分废除的目的在于赋予这些州的少年法庭保留一定程度的管辖权，特别是对那些被遗弃、离家出走或严重危险的儿童。

最广为人知的剥夺少年法庭对身份违犯者管辖权的事件是在 1985 年纽约州通过的《PINS 调整服务法案》(*1985 PINS Adjustment Services Act*)。根据这一法律规定，需要监管的人其年龄从 16 岁提高到 18 岁，该项立法为了“预防对儿童和少年做出不必要和不适当的家庭以外的安置”，并帮助和支持寻求帮助的家庭照顾有问题的年长儿童。2005 年，纽约州通过另外一项立法，要求纽约市和本州的每个县都对有可能成为 PINS 请愿对象的危险少年提供分流服务。

在不久的将来，让更多的州将身份违犯者的管辖权从少年法庭中移除是不太可能的，反对的声音主要是来自那些认为身份违犯者需要少年法庭给予他们更加密切的监管，防止他们做出更多的犯罪行为。然而，即使是在强烈支持去机构化的州，少年法庭仍然可以通过重新定义犯罪行为使身份违犯者机构化。例如，逃学少年可能被指控犯有轻微的犯罪行为，并被移交法院，或者法院可以要求将上学作为对其犯罪行为的缓刑条件，从而将继续逃学行为纳入其管辖范围。

跨界少年

儿童福利系统中的未成年人经常会跨入少年司法系统。因为这些未成年人在儿童福利系统和少年司法系统都很有名，所以他们常被称为“跨界少年”。其他用于描述这些少年案件的术语有双重管辖案件、双重判决的未成年人和跨系统的案件。跨界少年经常在儿童福利系统和少年司法系统之间来回穿梭，前者将他们视为贫困少年，而后者则把他们视为少年违法者。然而，这两个系统之间很少融合与合作，在司法领域常常发生儿童福利机构突然终止涉及少年司法系统的儿童案件。

许多跨界少年往往同时面临心理健康和药物、酒精滥用的问题，而这些问题在两个系统中都没有得到筛查和治疗，他们在学校常表现不佳，最终被停学或辍学。在儿童福利系统中，那些被安置在家庭环境以外的未成年人更有可能跨界进入少年司法管辖范围。在集体家庭环境中的儿童福利状况能够预测未来个体是否会进入少年司法系统。

另外一个令人关注的问题是少数民族的跨界少年人数过多，少数民族儿童过多地参与福利制度，往往导致跨界少年过多地参与少年司法制度。由安妮 · E. 凯西基金会（Annie E. Casey Foundation）赞助的一项研究报告称，尽管少数民族儿童遭受虐待的情况并不比其他儿童多，但他们常被寄养、得到的照顾更少、被寄养的时间更长，与家人团聚的情况也比白人儿童少。

因此，少年司法系统的专业人士一直在问：“如何才能帮助跨界少年，使他们远离少年法庭。”在 2010 年发布的一份报告中，联邦少年司法咨询委员会（Federal Advisory Committee on Juvenile

Justice, FACJJ）确定了与法庭相关的一些充满希望的做法，通过这些，家庭和少年法庭项目组可以共同努力来解决一些跨界案件的困难。除此之外，联邦少年司法咨询委员会还建议对未成年人收案时进行常规筛选，查明每个未成年人的优势和需求，并明确协调所有参与少年司法系统服务的不同机构。

少年违法者的处置史

历史上，美国社会对未成年人违法犯罪问题的处置可以分为八个时期（如图 1–2 所示）：（1）殖民时期；（2）少年犯教养所时代；（3）少年法庭时代；（4）少年权利时代；（5）改革议程时代；（6）社会控制和未成年人犯罪时代；（7）少年违法犯罪和对犯罪日益增长的恐惧时代；（8）未成年人行为的新理解时代。

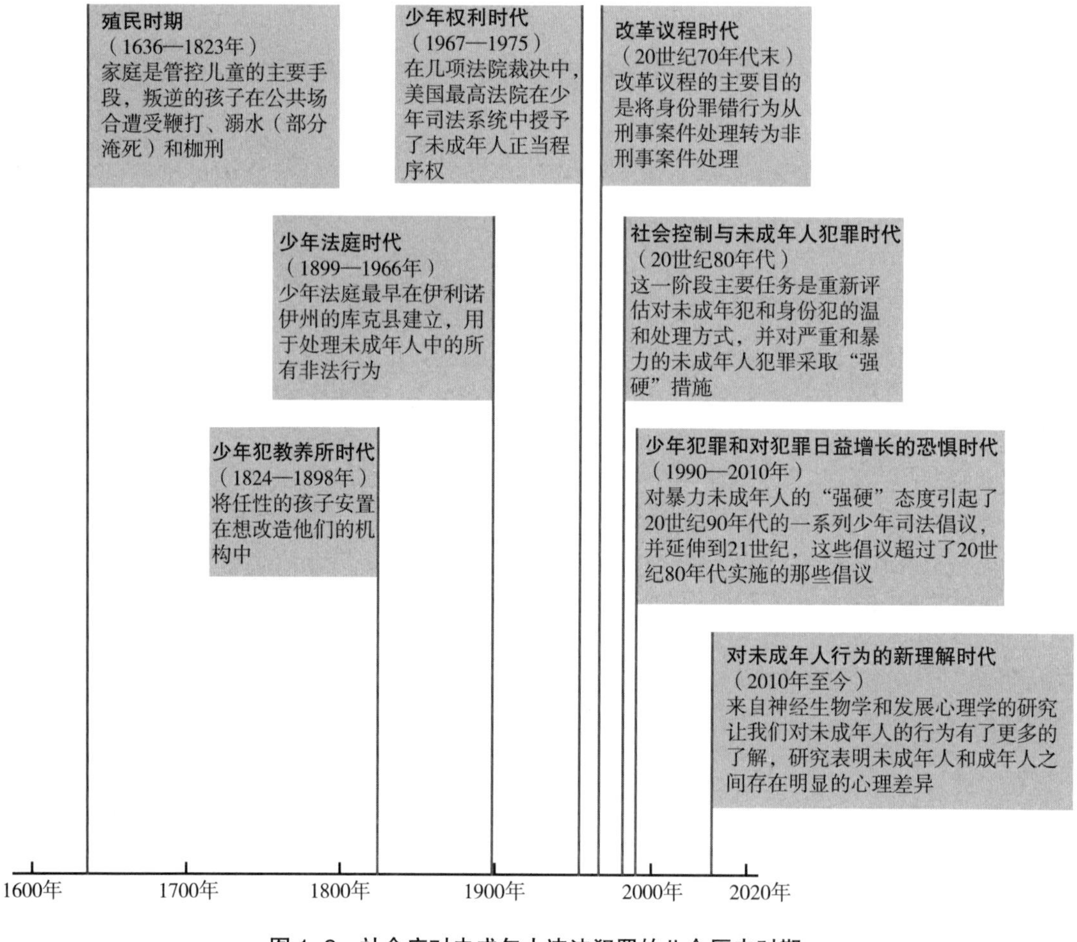

图 1–2　社会应对未成年人违法犯罪的八个历史时期

殖民时期（1636—1823 年）

美国少年司法的历史始于殖民时期。殖民者认为家庭是管控孩子的主要来源和手段。在殖民时期，法律并不复杂，家庭是社会的基石。镇长、治安官和守卫者是唯一的执法官员，唯一的刑罚机构是关押等待审判或惩罚的囚犯的监狱。"因为犯罪付出时间"还没有成为对罪犯惩罚的措施，大多数惩罚都是有形的。

少年违法者不会接触到警察、缓刑官或假释官，少年司法系统也不会试图去矫治他们；相反，大多数少年违法者会被送到他们的家庭接受惩罚。如果他们在挨了棍棒及其他惩罚措施后仍然不思悔改的话，社区官员就给对他们进行惩罚，如当众鞭笞、当众羞辱等，遇到更加严重的情况，他们会被驱逐出社区，甚至被处以绞刑。

少年犯教养所时代（1824—1898 年）

19 世纪，改革者原以为家庭能够控制严重犯罪的发生，现在幻想破灭了，他们只能寻找另一种替代品，一种类似于"理想家庭"的地方。少年犯教养所应运而生，这里井然有序、纪律严明。所有的一切都是为了让这些任性的孩子远离"缺乏权威和道德的父母""街头上形形色色的诱惑"和"孩子们特有的道德弱点"。少年犯教养所作为早期的居住设施可以反映出少年司法的新方向。父母和家庭不再是子女的第一道控制线，家庭的权威已被国家的权威所取代，将不守规矩的孩子们安置在更好的环境中以便更好地改造他们。

在 19 世纪的前 50 年，少年犯教养所繁荣发展，但到了 20 世纪中叶，改革者提出这些少年拘禁机构并不像人们所希望的那么有效，一些机构越来越庞大，但是纪律、高水平的照管及所期望的秩序已经消失。改革者也意识到许多年轻人被关在成人监狱里，试图有效改变未成年人的监狱极其糟糕、充满危险、有损人格、设备简陋。改革势在必行，改革者提议建立一个独立的少年法庭，为违法少年提供更人性化的照管。

少年法庭时代（1899—1966 年）

少年法庭最早在美国伊利诺伊州的库克县建立，用于处理特定年龄以下人群的非法行为。这种专为儿童设计的新型法庭，是基于国家亲权理论而出现的。该理念是中世纪的英国教义——规定只要儿童的福利受到威胁，国王就有权干涉家庭关系。芝加哥律师协会委员会（Chicago Bar Association）解释了这一概念，并创立少年法庭：

> 少年法庭的基本理念是当发现儿童处于有可能滋生犯罪的有害的社会环境或个人环境时，国家必须介入并实施对儿童的保护。少年法庭提出了一个设想，在这里少年应当得到治疗，而不是被当作罪犯或因犯罪而受指控。作为为那些疏于照顾和需要抚养的孩子而打造的州病房，

他们在这里应获得实际的看护、监管和训练，正如该法案所提到的："就像他们的父母应该给予他们的一样给予他们。"

少年法庭的支持者承诺，这里有足够的灵活性，能够对任性儿童的具体问题给予个性化的关注。改革者认为，只要导致行为偏差的原因能够被准确地识别出来，特定的问题就可以得到解决和治愈。因此，人们希望未成年人能够远离监狱，避免受到成年罪犯的感染。在少年法庭时期，少年司法的理念并没有发生根本的变化，因为家庭仍然是国家的附庸，孩子仍然是制度化的结果，所不同的是孩子们对他们的行为并不负全部责任，他们被视为各种因素的受害者，包括贫困、城市生活的弊病、家庭条件的不足、学校及腐败的社区等。年轻的违法者不再被视为罪犯，他们被定义为需要被照顾、保护、道德指导和训练的儿童。因此，少年法庭作为一个官方机构旨在帮助难以控制的儿童。少年违法者将一直受到国家的管理，直到他们改过自新或年龄太大而无法继续接受少年当局的管辖为止。

社会对年轻人的管控还有其他的几种方式，警察部门设立了少年警局。治疗未成年人具体问题的观念在 20 世纪上半叶的缓刑和假释机构的实施中得以证明。送到工读学校是从 19 世纪传承下来的一种做法，是保护社会的一种替代性做法。

少年权利时代（1967—1975 年）

20 世纪 60 年代，关于少年法庭的批评达到顶峰，人们纷纷指责法庭处置的随意性和审判的武断性。为此，美国最高法院做出了一系列改变少年司法进程的决定（见第 15 章对这些案件的讨论）：

- 1966 年，肯特诉美国案（Kent v. United States, 1966）；
- 1967 年，高尔特案（In re Gault, 1967）；
- 1970 年，温希普案（In re Winship, 1970）；
- 1971 年，麦凯佛诉宾夕法尼亚州案（McKeiver v. Pennsylvania,1971）；
- 1975 年，布里德诉琼斯案（Breed v. Jones, 1975）。

高尔特案的裁决是一个具有里程碑意义的案件，表明未成年人有权在诉讼中获得正当程序的保护，在发现犯罪行为可能导致监禁时，未成年人有权知悉指控、获得辩护、法庭对抗和交叉质证，而且享有免于自证其罪的特权。法院裁决的目的是确保儿童在少年司法系统中享有正当的诉讼权利。

改革者还提出，警察的粗暴对待、少年法庭五分钟的听证会、训练学校中有损人格和野蛮的对待方式不是减少了犯罪，而是助长了犯罪。较低级别的联邦法院对警察做出的非专业性司法和在训练学校中实施的压制性司法做出回应，做出了多个裁决使未成年人在被捕和被拘留时享有更多的正当程序权利，并使他们在监禁期间享有更为人道的条件。

20 世纪 60 年代末和 70 年代初，越来越多的州出现了去机构化的趋势，强调只将冥顽不化的犯罪分子送进长期训练学校，以社区为基础的项目受到了强烈关注。在 20 世纪 70 年代早期，社区矫正是如此受欢迎，很多研究者认为少年训练学校很快会消失。

20 世纪 60 年代，儿童权利运动也得到了发展。利益集团开始调查儿童的特殊需要，在 20 世纪 70 年代，儿童权利在法庭上被提起诉讼。在这 10 年中，离婚案件中的监护权、抚养儿童的监护权、隐私权的保护、获得独立的医疗服务以及关于虐待儿童的立法等方面也取得了进展。

改革议程时代（20 世纪 70 年代末）

20 世纪 70 年代中后期的改革议程强调减少使用少年矫正机构，将未成年违法者和身份违犯者从少年司法系统中分流，并对少年司法系统进行改革。改革议程的主要目的是将身份违犯行为由刑事案件处理转为非刑事案件处理。由于 1974 年颁布的《少年司法和少年犯罪预防法案》（*JJDP Act*）的授权（前面已经讨论过），身份违犯者才被给予这样的重视，该法案的主要目标是促进身份违犯者的去机构化，正如对那些需要抚养的、疏于照顾的及受虐待的儿童，鼓励消除监禁未成年人的做法，并鼓励发展"以社区为基础的项目替代少年拘留和矫正设施"。

然而，以帮派犯罪研究著称的艾拉 · M. 施瓦茨（Ira M. Schwartz）、劳埃德 · E. 欧林（Lloyd E.Ohlin）等人认为，这种自由主义议程的支持者犯了一个错误——对严重的未成年人犯罪问题关注太少。当公众对严重的未成年人犯罪问题高度关注的时候，联邦政府却在强调一套完全不同的做法。例如，少年司法和犯罪预防办公室在 1975 至 1980 年间发放的近 1.2 亿美元的可自由支配资金中，只有不到 10% 的资金是针对暴力和严重少年违法者的。当时，欧林预测处理未成年人暴力犯罪和惯犯问题的失败将是"改革进程的致命弱点"。20 世纪 70 年代，改革者针对那些做出严重犯罪行为的年轻罪犯未能提出有意义的方案和政策，从而导致了后来席卷美国的"强硬"立法浪潮。

社会控制与未成年人犯罪时代（20 世纪 80 年代）

20 世纪 80 年代，在媒体的作用下，公众注意到未成年人犯罪的可怕现实，要求采取措施遏制未成年人犯罪的严重趋势。当时罗纳德 · 里根入驻白宫，强硬派原来不温不火的批评突然变成了公共政策。新联邦议程认为《少年司法和少年犯罪预防法案》是"反家庭的"，呼吁打击少年违法者。1984 年 12 月 2 日，少年司法和犯罪预防办公室行政长官阿尔弗雷德 · S. 瑞格瑞（Alfred S. Regnery）在一次演讲中传达了新联邦观点。

1984年，少年司法和预防犯罪联邦国家咨询委员会（National Advisory Committee, NAC）提出：

“现在是时候脱离联邦政府在少年司法领域的现有理念和活动了。”国家咨询委员会建议：“联邦政府在未成年人犯罪领域的努力应主要集中在严重案件、暴力犯罪或惯犯身上。”委员会还建议，联邦倡议应以精心设计和评估的示范项目为依据，限于“信息传播”和“培训和技术援助”。

这一时代的精神要求对严重的少年违法者采取严厉措施，多方面因素促使国家对未成年违法者和身份违犯者进行重新评估：年轻人似乎失去了控制，吸毒和酗酒问题严重，少女怀孕已达到流行病的比例，少年自杀率正以惊人的速度增长。在全美范围内，政客们向他们的选民保证解决未成年人问题的方法正在全面落实。此外，“严厉的爱”和其他类似的运动表明，人们也越来越接受这样一种观念，即父母对孩子必须严格。最后，里根政府竭力表明温和的方式对儿童的生活会造成灾难性的后果，由政府资助的研究表明，越来越多来自中产阶级离家出走的女孩最终沦为了妓女。

里根政府未成年人犯罪控制政策的要点是对严重的暴力少年犯罪采取强硬措施，逐渐削弱 20 世纪 70 年代的改革举措。新联邦授权鼓励开展以下五项活动（这些内容将在本书的其他部分进行描述和评价）：

- 预防性监禁；
- 将暴力未成年人移交至成人法庭；
- 对暴力未成年人实行强制性和确定性的判决；
- 增加对未成年人的拘禁；
- 对实施了极端残忍谋杀行为的未成年人执行死刑。

尽管联邦政府和公众期望对未成年人犯罪采取更加严厉的措施，但在整个 20 世纪 80 年代，少年法庭对少年违法者继续采取三种处理措施（如图 1–3 所示）。一方面，法院将国家亲权理论用于少年违法者和身份违犯者。过去通常认为这些年轻人需要治疗而不是惩罚，因为他们的犯罪行为被认为是源于内在的心理条件或生物条件或者源于环境中的社会因素。另一方面，实施严重的犯罪行为或持续违法的未成年人应该受到惩罚而不是治疗，因为这些未成年人具有自由意志，他们知道自己在做什么。也就是说，法院将严重的少年违法者的行为视为是理性的和有目的的，是他们权衡行

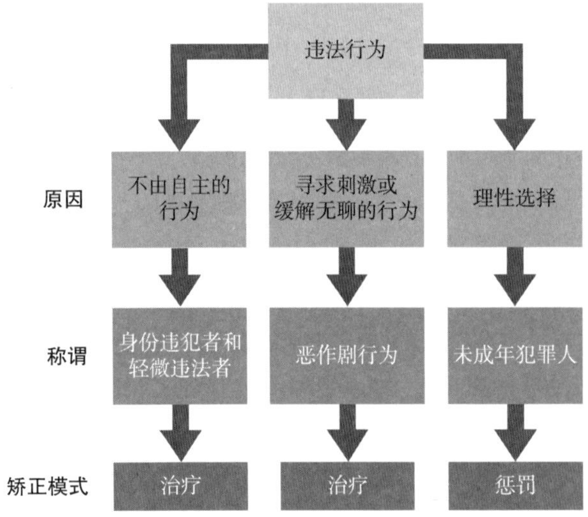

图 1–3　控制未成年人违法犯罪的三种措施

为利弊之后做出的决定，他们认为其所实施的行为能够带来巨大的潜在收益。因此，在这一历史时期，少年违法者被视为坏人，而不是病人，犯罪被视为理性决策过程的终点。从这个角度来看，在少年司法系统中，把少年违法者当作成年犯而不是少年犯来对待就是合乎逻辑的。

在这两个群体中，有一些年轻人将犯罪视为一种游戏，他们做出犯罪行为是因为他们喜欢运用非法手段带来的刺激感，或者是因为他们想要摆脱无聊。虽然犯罪学家提出未成年人实施的犯罪行为是有目的活动，在 20 世纪 80 年代，法院提出这个群体中的年轻人并不像做出严重行为的人那般恶劣，因为这些年轻人在行使自由意志，他们的行为是在搞恶作剧而不是犯罪。今天的少年法庭通常会原谅这种恶作剧的行为。

少年违法犯罪与日益增长的犯罪恐惧时代（1990—2010 年）

20 世纪 80 年代出现了几个相互联系的社会趋势，令人出乎意料的是，到了 90 年代，这些趋势影响了少年违法犯罪的性质和处理，许多影响持续至今。例如，在 20 世纪 80 年代中期，强效可卡因在城市地区广泛使用，迅速发展的毒品流行趋势促使招募年轻人成为毒品贩子。到 20 世纪 90 年代初，毒品流行已经成为全美毒品走私贩卖街头帮派发展和蔓延的主要动力。到 21 世纪初，美国几乎每座城市中的小城镇都发现了这样的街头帮派。

毒品市场的增长与随之而来的街头帮派的扩张导致许多生活在社会边缘的年轻人武装起来。涉毒未成年人开始使用枪支保护自己，以防被抢劫。到 20 世纪 90 年代初，枪支的使用已经从毒品交易的个人蔓延到更多的年轻人。很快，枪支的获得和使用、毒品市场的蔓延及街头帮派的激增共同导致了年轻人中的谋杀率急剧上升。从 20 世纪 80 年代起到 20 世纪 90 年代，越来越多的年轻人卷入各种形式的仇恨犯罪。尽管很多犯罪行为受到性别歧视和种族偏见的影响，但 2001 年“9・11”恐怖袭击活动给这些犯罪行为赋予了新的生命，对伊斯兰教信徒的关注为仇恨提供了一个新的发泄渠道。

犯罪性质不断变化，暴力少年携带武器，常参与帮派行动，媒体的此类报道不断增加，持续强化了公众对未成年人犯罪的态度。由此产生的对暴力少年的“强硬”态度引起了 20 世纪 90 年代一系列的少年司法倡议，这些倡议已经超过了 20 世纪 80 年代所实施的倡议。各州做出反应的紧迫性可以从以下事实中看出，在 20 世纪 90 年代，几乎每个州都颁布了改变处理少年违法者方式的立法。立法使九个州的少年司法倡议至今仍然有效：

1. 扩大宵禁的使用范围；
2. 创新的父母责任法；
3. 有组织地打击街头帮派；
4. 逐步实行制裁行动；
5. 建立少年训练营；

6. 重点关注持枪少年；
7. 改变未成年人诉讼程序和记录保存；
8. 量刑选择。

关于上述这些措施，我们将在以后的章节予以讨论。

对未成年人行为的新理解时代（2010 年至今）

虽然诸多措施已在实施中，国家层面的针对未成年人犯罪的一系列改革正在进行。但是有些人质疑对未成年人犯罪所采取的“强硬态度”，有的人提倡多推广循证矫正项目，还有的人呼吁更多地实施恢复性司法项目，随后我们会更多地讨论循证矫正项目。同样，对未成年人重返社会和善后服务（如少年假释）的做法引起了诸多关注，并制定了联邦授权，以减少有时在监禁机构化背景下发生的受害情况。国家所做的一切在很大程度上是由于最近神经生物学和发展心理学的研究促进了对未成年人行为的认识，发现未成年人和成年人的大脑之间存在显著差异。

未成年人违法犯罪的社会背景

犯罪行为发生在社会环境中，而社会和结构条件影响犯罪行为的发展、犯罪行为的界定、少年违法者的改造，以及惩罚和预防未成年人犯罪的政策。我们必须认识到，犯罪行为发生的社会环境受到历史、法律、社会文化、经济和政治背景的影响（如图 1–4 所示）。

历史背景告诉我们未成年人违法犯罪在过去是如何处理的，如何影响当今看待和处理未成年人违法犯罪。对历史的研究也能够使我们认识到以前少年司法的运作过程，并理解这一过程的出现和最终走向背后所蕴含的哲理。

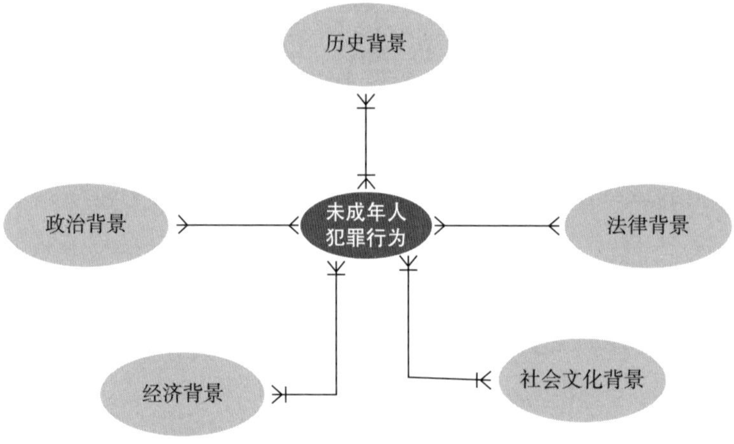

图 1–4　未成年人违法犯罪的社会环境

法律背景对犯罪行为和身份违犯者做出了明确界定，正是在这种背景下，少年法庭的角色和管辖权才得以确定。同时，也决定了少年法庭裁决的法律基础和处理困境少年的宪法程序。

社会文化背景塑造了少年违法者和社会机构之间的关系，包括家庭、学校、教堂或犹太教堂。社会文化研究调查了同辈群体、社区、城市化和工业化对未成年人犯罪行为的影响程度。社会文化力量也塑造了社会规范和价值观，包括对未成年人犯罪的态度。

经济背景决定少年违法者的生存条件，决定经济因素对违法犯罪行为的影响程度。在美国社会经济背景不容忽视，许多人的态度和行为都受到成功目标以及人们为实现目标而采用的合法或非法手段的影响。在财政困难时期，经济背景变得尤为重要，高失业率和紧缩的预算影响社会上的所有监禁机构（包括少年监禁机构）。

政治背景影响地方和国家处理未成年人违法犯罪的政策。正是在这种背景下，我们决定对未成年人违法犯罪的态度是强硬还是温和。政治因素对少年司法机构有直接影响，包括对预算、政策和裁决的影响。

一些少年犯罪研究使用情境分析法探索不同环境之间的相互关系在多大程度上影响对少年违法犯罪的解释和处理。20 世纪 80 年代和 90 年代，运用情境分析法对少年违法犯罪行为研究的兴趣有所增加，我们将在本书后面描述其中的一些研究。

循证实践与少年司法

如前所述，循证实践（evidence-based practices，EBP）是少年司法中具有证据支持的最有效的干预措施。根据彼得·格林伍德（Peter Greenwood）最新的关于循证实践的研究，他将循证实践定义为一种实践，即“利用科学原理获取有关项目有效性的各种证据，并为任何特定领域的最佳实践制定原则”。在过去 10 年中，以证据为基础的项目及评估相关结果证据的方法在少年司法预防和干预领域逐渐成为趋势。例如，少年司法和预防犯罪办公室提供了 200 个以证据为支持的预防和干预项目，涵盖整个未成年人服务体系。在线指南可用于帮助少年司法实务者、管理人员及研究人员旨在追求加强问责，确保公共安全，减少再犯罪率。为了强调循证实践的重要性，后面几乎每一章都会包括一个循证实践的例子。

未成年人违法犯罪与社会政策

未成年人违法犯罪与社会政策告诉我们，可以做些什么来提高年轻人的生活质量，并为有效治疗和控制未成年人犯罪提供思路。在许多出版物中，如儿童保护基金会（the Children’s Defense Fund）的出版物《2014 年美国儿童状况》（*State of America's Children 2014*），提醒我们大量的年轻人在没有充分发挥其潜力的情况下长大会给社会带来怎样的代价。为了鼓励未成年人走上成功的成年之路，应努力出台相应的政策帮助儿童摆脱贫困，保护他们免受虐待和忽视，确保他们可以获得医疗保健、素质教育及坚实的道德和精神基础。如此成功的效果需要以下诸多因素的促进：健康的

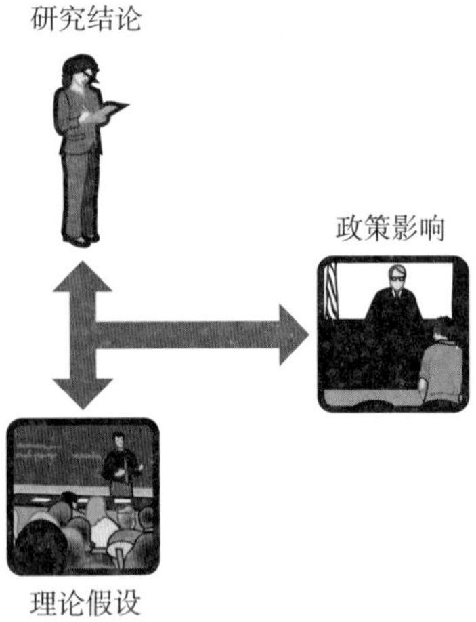

图 1–5　循证实践：研究、理论与社会政策的关系

社区、建设性的同伴关系、富有成效的课后项目和暑期项目，以及积极的榜样。

当经过深思熟虑的理论假设得到合理方法上的研究支持时，有效的政策就会出现。换句话说，社会科学的两大基本工具是研究和理论，两者都有助于指导和引导对方。研究确定收集数据的适当方法，有助于确定要研究的变量，测试变量对研究对象的影响，分析相关变量，并为理论发展提出新的方向；理论则为新的研究指明道路，帮助推导出新的变量，建立变量之间的相互联系，解释新旧思想，建立思想体系，引导新的社会和理论观点；研究通过收集和理论分析、发现并解释理论、反驳和修正理论。研究、理论和社会政策之间的关系如图 1–5 所示。

埃米 · 沃特斯的人生历程（五岁）

直到五岁，埃米 · 沃特斯才知道她的生活和大多数孩子不一样。她出生后不久，她的母亲凯西在一场车祸中丧生。当时埃米只有六个月大，刚开始上幼儿园的时候，她完全不记得自己的母亲。埃米由父亲西蒙抚养长大，父亲慈爱又勤劳，埃米的姐姐乔丹也帮忙带她。然而，在埃米上幼儿园的第一天，她看到许多宠爱孩子的母亲陪着自己的孩子上学，她开始感到不安。埃米的父亲把她送到学校，交给了一位能干的老师，就匆匆去上班了。六年级的乔丹乘公共车上学。尽管埃米在开学第一天就感觉到自己有些不同，但她没有意识到，最近发表的一项终生研究表明，母亲给予年幼的孩子温暖和关爱越多，这些孩子长大后的焦虑、敌意和痛苦就越少。大约在同一时间发表的其他研究揭示了遗传在人格发展中的重要作用，表明患有焦虑症的父母的孩子比其他孩子本身患焦虑症的可能性高七倍。在埃米出生之前，她的生活中还有另一件值得关注的事件。在她的母亲怀孕八个月时，一场三级飓风袭击了他们家所在的佛罗里达州南部。虽然家里没有人受伤，但这段经历给埃米的父母和姐姐带来了很大的压力，给他们的家和周围的社区造成了相当大的损坏。另外，尽管埃米不知道，但研究表明像飓风这样的压力事件会对胎儿的发育产生持久的影响。

在埃米年幼的生活中发生的最有影响的事件是什么？

什么事情可能以不同的方式发生会使埃米的生活往不同的方向发展？

在下一章中，我们将继续讲述埃米 · 沃特斯的传奇故事。

第2章

未成年人违法犯罪的状况和本质

多数未成年人犯罪没有引起少年司法系统的注意。

少年违法者和被害人，摘自《2006年国家报告》(2006 National Report)

犯罪之声

丹尼尔的故事

像我这样曾经和现在都生活在充满虐待的家庭的人不知如何面对生活。我们不知道得到适当的休息、吃一顿营养餐、尊重他人的权利和财产都意味着什么，也不知爱恨、对错意味着什么，在生活中拥有上帝意味着什么。

在我很小的时候，亲眼看见父亲把他的失败、失望和挫折发泄在母亲身上，这让我觉得无法保护我爱的人。

后来在我的生活中，遇到我爱的人受虐待，我便会采取攻击的方式。无论是身体上、心理上，还是精神上受虐待，我都会对他攻击，因为这是我保护那些受虐待的人的唯一方法。

街头生活教会我，如果你愿意不惜一切代价来确保你的团体和你自己不受侵犯，那么你就会有力量和权力来引导团体——这意味着你可以将自己的理念、信仰和规则灌输给跟随你的人。

最终，我在11岁的时候第一次遇到了执法官员，因为我闯进了附近的商店，那些跟随我的人被抓后告诉警察我是他们的头目。

我被关进监狱，一直待在那里直到被审判，被判处在训练学校训练一年。我因为非法闯入、抢劫、袭击和盗窃等犯罪，在训练学校进进出出坐了六七年的牢。在那些年里，我用武力控制着周围的环境。一旦获得释放，我又怀着同样的心态回到了社会。

没过多久，我从训练学校出来进入了成人监狱，因故意伤害他人而被判五年监禁，被送到了一个最低安全机构，后来因为九个月内袭击其他服刑人员，被送进了该州最高安全级别监狱的围墙里。

未成年人实施的耸人听闻的犯罪行为引发了公众对少年违法犯罪的关注，当司法不公发生时，更令人担忧。正如本章中的“想一想”专栏所示，2013 年得克萨斯州“富贵病案”在全美激起公愤，许多人质疑一个造成如此巨大伤害的年轻人，最终受到如此轻微的惩罚。

然而，在这一章中，我们将追问更宽泛的问题：今天的未成年人违法犯罪是否比过去更严重？是增加还是减少？我们对少年暴力和少年惯犯又了解多少呢？未成年人违法犯罪的浪潮是否有可能在未来席卷社会？是现在未成年人中的“恶魔”比以前多了，还是媒体过分渲染了少数人的暴力行为？为了明确这些问题的答案，有必要调查未成年人违法犯罪的程度、与违法犯罪有关的社会因素、犯罪行为的维度以及当今用来衡量犯罪行为的各种方法。

想一想

2013 年 12 月 11 日，一名 16 岁的得克萨斯少年伊森·库奇（Ethan Couch）因醉酒驾车造成四人死亡，被判 10 年缓刑。他承认曾经因醉酒杀人和两起殴打造成对方严重的身体伤害。车祸发生在六个月前，库奇和他的两个朋友从附近的沃尔玛超市偷了啤酒，他驾驶一辆福特 F-350 皮卡，以每小时 70 英里①的速度逃离现场时，撞上了停在路边的一辆报废车辆。库奇的血液酒精含量为 0.24，是得克萨斯州法定上限的三倍并含有安定。法官以库奇富有的父母从未教过他是非来解释对库奇看似“轻微的”宣判。法官可能受到了心理学专家的影响，专家曾采访库奇，用“富贵病”来比喻他所遭受的痛苦。“富贵病”是心理学专家创造的词，是指一些人在成长过程中，在经济上受到特别的优待，以至于他们没有获得我们大多数人所拥有的基本价值观。辩护律师称，库奇需要的是心理咨询而不是艰苦岁月。

2015 年，库奇从少年拘留中心获释后，在与母亲一起逃亡之前举办了一个告别派对，这违反了假释规定。他在墨西哥被捕，已被联邦执行官送回得克萨斯州。2016 年，库奇被判处两年监禁，目前被单独监禁在得克萨斯市中心的塔兰特县矫正中心（Tarrant County Corrections Center）。

耸人听闻的犯罪，如这里讨论的多起死亡事件，如何激起了公众对未成年人违法犯罪的关注？他先前的裁决公平吗？你认为他现在应该得到什么样的裁决？

---

① 1 英里 =1.61 千米。——译者注

未成年人违法犯罪的主要数据来源

统一犯罪报告计划数据库、少年法庭统计数据、队列研究、自我报告式研究和被害调查是研究人员用来衡量犯罪程度和性质的主要数据来源。要想了解未成年人违法犯罪的状况，就必须了解未成年人违法犯罪的流行率和发生率。

未成年人违法犯罪流行率是指在某一特定人群或特定年龄组内做出犯罪行为的人所占的比例；未成年人违法犯罪发生率是指未成年人违法犯罪发生的频率或未成年人违法犯罪事件的数量。正如这一章所揭示的，官方关于犯罪的统计数据有其优势，但也有严重的局限性。

统一犯罪报告

美国纽约州、马萨诸塞州和缅因州是最早收集犯罪统计数据的州。在美国早期历史上，大多数情况下各州和地区的记录是随意的或根本不存在的。1870 年，美国国会成立司法部时，联邦档案管理获得授权。最初，各州和地方警察机构基本上忽视记录、保存的任务（或者是因为漠不关心，或者是因为害怕被联邦控制），但到了 20 世纪，当时国际警察局长联合会（International Association of Chiefs of Police）成立了统一犯罪报告委员会（Committee on Uniform Crime Reports），这种趋势开始逆转。1930 年，美国司法部部长明确要求联邦调查局作为统一犯罪报告数据收集的国家信息交换所。从 2005 年的数据库（发布于 2006 年）开始，统一犯罪报告计划不再发布年度犯罪数据的印刷本，取而代之的是以电子方式发布在联邦调查局的网站上，标题是《×××× 年美国犯罪数据》[*Crime in the United States*（*CIUS*）××××]，其中 ×××× 代表数据的年份。

通过对 2016 年全美犯罪数据考察发现，未成年人因实施了与成年人同样的犯罪行为而被捕，身份违犯也不例外。例如，尽管成年人和未成年人都因严重伤害和谋杀等严重罪行以及简单攻击和携带武器等较轻罪行而被捕，但只有未成年人可以因逃跑、违反宵禁或逃学而被拘留。

联邦调查局收集的关于犯罪的信息分为两类：I 类犯罪和 II 类犯罪。I 类犯罪包括人身犯罪（谋杀、强奸、抢劫和严重伤害）和财产犯罪（抢劫、入室盗窃、汽车盗窃和纵火）。综合起来，I 类犯罪就是联邦调查局所称的犯罪指数，用于比较不同年份的犯罪率，但几年前联邦调查局正式放弃使用这个词。

因实施 I 类犯罪而被捕的未成年人更有可能会像成年人一样接受审判，相对而言，因较轻罪行而被捕的未成年人通常由少年司法机构来处理。适用这项规则的例外情况有：未成年人有多项犯罪记录，包括暴力犯罪，以及被认为对社会构成威胁的在成人法庭接受审判的未成年人。

每个月，美国各地的警察部门都会向联邦调查局报告他们注意到的犯罪数量，以及警方通过逮捕能够清除的犯罪数量。逮捕嫌犯的结案方式是指，因认罪或被证人及其他犯罪证据牵连而被逮捕的人。每个月的报告汇总在年终报告中是美国犯罪的主要官方信息来源，这些数据可以分为许多不同的统计类别，包括被指控的犯罪人的背景和被逮捕的犯罪类型。

为了满足执法过程中需要更灵活的详细数据，统一犯罪报告计划制定了国家基于事件的报告系统（National Incident-Based Reporting System, NIBRS），提供了全面详细的犯罪信息。与统一犯罪报告计划不同，国家基于事件的报告系统的优点在于，它报告犯罪事件中的所有犯罪行为，而不仅仅是最严重的犯罪行为。尽管有很多的执法机构参与其中，但这些数据仍然不够普及，不足以概括美国的犯罪情况。

本章对未成年人违法犯罪程度和本质进行衡量时，需要考虑的重要因素之一是数据来源的效度和信度。《2016 年美国犯罪数据》表现出许多问题。关于效度，备受诟病的是警察只报告他们注意到的犯罪行为，许多犯罪是隐蔽的或者只是没有向警方报告，因此，统一犯罪报告计划大大低估了美国的实际犯罪量。有批评人士指责说，警方只逮捕实施严重财产犯罪和人身犯罪的未成年人，往往忽略年轻人所做的其他违法犯罪行为。这些统计数字可以让我们了解官方的警察政策和做法，而不是未成年人违法犯罪的程度。另外，同样是做出违法犯罪行为，年轻犯罪人比年长的犯罪人更容易被发现，导致年轻人的犯罪率膨胀。最后，关于信度问题：为使问题看起来更糟或更好，当地警察部门是否经常有意识地控制向联邦调查局报告的统计数据？这取决于报告机构的目的（详见表 2–1）。

表 2–1　　美国未成年人违法犯罪的主要数据来源

数据来源	发起机构	信息类型	一般调查结果
统一犯罪报告计划	联邦调查局	逮捕的统计数据	未成年人犯罪在美国社会很普遍，但在过去 20 年里明显减少
全国犯罪被害调查	司法统计局	被害数据	发现的被害数量远远高于向警方报告的犯罪数量
少年法庭统计数据	少年司法和犯罪预防办公室	联邦法院处理的未成年人违法犯罪案件	大多数年轻人进入少年法庭是因为被提交了诉状或接到了投诉
自我报告调查	大学 / 学术研究人员	参与违法和犯罪的个人自我报告	在官方统计中没有报告大量隐蔽的未成年违法犯罪行为

不同年龄组的犯罪状况

统一犯罪报告计划对未成年人的犯罪状况进行考察，将未成年人违法犯罪与成人犯罪进行比较，考察未成年人违法犯罪中的性别和种族差异及未成年人违法犯罪的城市、郊区和农村差异。以下是在与未成年人相关的全国犯罪数据中的主要发现。

1. 未成年人违法犯罪在美国社会很普遍。例如，《2016 年美国犯罪数据》显示，这一年有

681 701 名 18 岁以下的未成年人被逮捕。10 至 17 岁的未成年人约占美国人口的 25%，在因犯罪而被捕的这一年龄组的未成年人中，暴力犯罪占 10.1%，财产犯罪占 13.6%。

2. 被逮捕的未成年人中，违反宵禁、扰乱社会秩序、违反酒类法规、药物滥用、破坏公物、盗窃和离家出走的比例最高。
3. 未成年人因严重的财产犯罪和暴力犯罪而被逮捕（如图 2–1 所示），2016 年，入室盗窃罪占 15%，抢劫罪占 20%，涉及武器类犯罪占 12%，谋杀罪占 7%，严重攻击占 7%。

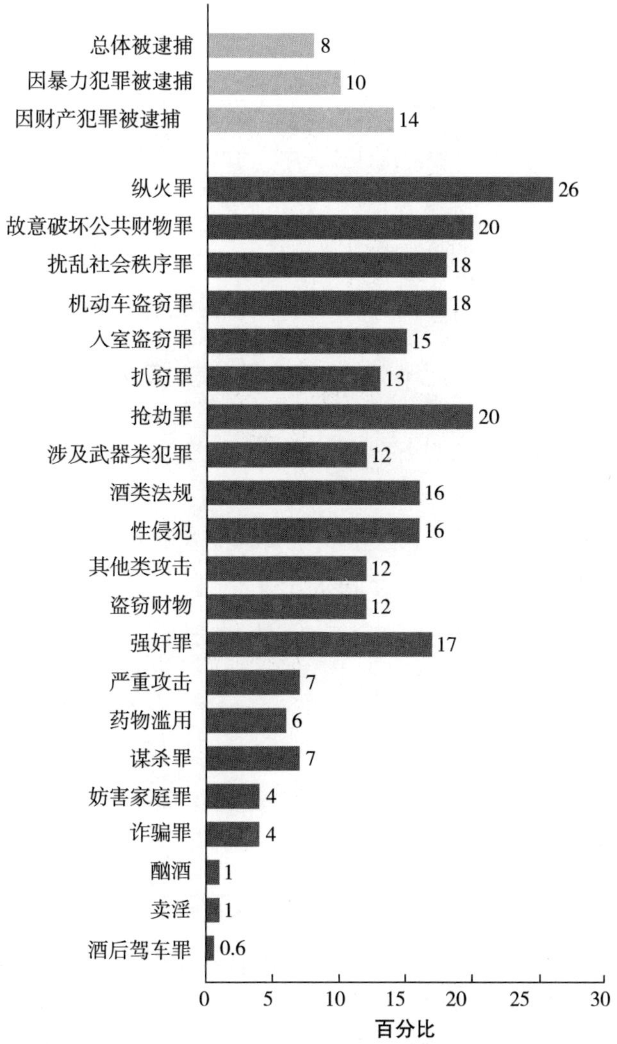

图 2–1　关于未成年人被逮捕的数据

注：图 2–1 没有列出离家出走和违反宵禁的情况，因为根据定义，只有未成年人才会因这些罪行而被逮捕。
数据来源：美国联邦调查局。

4.1987 年至 1993 年间，未成年人谋杀率大幅上升。在高峰值的 1993 年，约有 3800 名未成年人因谋杀被捕；在 1993 年至 2003 年间，未成年人因谋杀而被逮捕的人数有所下降，2016 年的被逮捕人数（682 人）平均不到 1993 年人数的 20%。

5. 并非所有类型的未成年人犯罪都在减少。例如，自 1980 年以来，因轻微袭击而被逮捕的未成年人数几乎增加了两倍，因滥用毒品和扰乱治安秩序而被逮捕的未成年人数增加了一倍多。

6. 2016 年被逮捕的未成年女性占当年所有被逮捕女性人数的 9.9%。

（1）未成年暴力犯罪数量在过去 20 年中一直在下降。其他要点如下。

- 21 世纪头 10 年中期，未成年暴力犯罪的逮捕率有所上升，从 2016 年开始下降到 20 世纪 60 年代以来的最低水平。2016 年的比率比 1980 年的水平低约 50%，低于 1994 年峰值年的 70%。
- 2016 年，每 10 万名 10 至 17 岁的未成年人中有 170 人因暴力犯罪被捕。
- 如果每一次逮捕都涉及不同的未成年人（这是不可能的），那么在 2016 年，每 510 名 10 至 17 岁的未成年人中因暴力犯罪被捕的人数不超过一人，也就是说，在美国生活的所有 10 至 17 岁未成年人中，不到 2‰。

（2）在过去 30 年中，因财产犯罪而被逮捕的未成年人数也在减少。

- 过去 30 年，因入室行窃而被捕的未成年人数在稳步减少。
- 20 世纪 90 年代末以来，未成年人因盗窃罪而被捕的人数一直在下降。
- 20 世纪 90 年代末以来，未成年人因破坏公物罪而被捕的人数也在减少。
- 未成年人因物质滥用而被捕的人数在 1996 年达到顶峰，此后一直在下降。
- 20 世纪 90 年代，未成年人因汽车盗窃而被捕的人数达到顶峰，此后一直在下降。

少年法庭统计数据

有关每年少年法庭出庭的未成年人数的信息来自美国司法部下属机构——少年司法和预防犯罪办公室每年发布的《少年法庭统计数据报告》。

从 1960 年到 20 世纪 80 年代初，少年法庭审理的未成年人数显著增加，之后开始趋于平稳。2017 年，少年司法和预防犯罪办公室公布了 2014 年未成年人犯罪案件的数据，显示少年法庭处理了约 100 万起未成年人犯罪案件，相比 15 年前已大幅下降，其中 34% 是财产性犯罪，27% 是人身犯罪，26% 是公共秩序犯罪，13% 是毒品犯罪。人身犯罪中比例最大的是普通（单纯）企图伤害罪，紧随其后的是加重企图伤害罪，接下来是抢劫罪。扒窃占财产犯罪的比例最大，其次是故意破坏公共财物、入室盗窃和妨碍司法公正，扰乱社会秩序罪占违反公共秩序类犯罪的比例最大。

少年司法和预防犯罪办公室就被带入少年司法系统的年轻人都发生了什么进行了描述，例如：56% 的犯罪案件是由诉状引起的，意思是说这些未成年人进入少年法庭是由于他人提出了申诉或投诉，要求法庭宣布这些未成年人有犯罪倾向或是需要抚养，或是要求将他们移交给成人法庭。另一方面，44% 的未经诉状审理的未成年人犯罪案件是非正式处理的案件。在这些案件中，授权法院工作人员在正式提出申诉之前对案件进行筛选，并决定不起诉犯罪人。

正如《××××年美国犯罪数据》一样，系列出版物《少年法庭统计数据》中的数据也有一些严重的缺陷，数据的效度受收集和公布统计数据时间差以及报告的案件只占少年违法者和犯罪总数的一小部分事实的影响。尽管如此，这些全国性的统计数据和当地少年法庭提供的统计数据也是研究人员全面了解引介的未成年人的特征、查明少年司法新趋势的方法和手段。你将如何改进现有的信息？

你会怎么做

当前在这家住宅矫正机构的人员都是在前几年过来的，来时年龄更小。现在收容的最小的孩子的年龄要求是 12 岁。大多数小时候来这家机构的孩子都已经在一些老的安置地方待过，一直以来都有危险行为。由于他们比一些年长的犯罪同龄人更年轻、更弱小，因此，他们会表现得更加反常来确保自己的安全。一位我曾经的帮扶对象，他会用一些玩具制造武器，从其他机械中取出弹簧制造乐高手枪，用石头射击他的同伴和工作人员，还用鞋带和在地上磨得锋利的树枝做弓箭。

你将如何对这位年轻人做工作？工作中除了与有类似行为的年轻人外，工作人员还需要了解他们周围的环境，并认识到对他们不利的因素。另外，了解当前的工作对象有助于了解他们的能力。

自我报告式研究

在 20 世纪 50 年代末和 60 年代，依赖官方统计数据对被监禁人口进行的未成年人犯罪研究有所减少，而利用社区或学校样本进行的自我报告式调查研究迅速增加。与其他形式的测量一样，自我报告式研究也有不足之处，但犯罪学专家普遍认为自我报告是衡量和理解犯罪行为的有用工具，使用自我报告式调查的主要理由是有很大一部分少年违法者从未被逮捕，官方逮捕统计数据中并没有包含大量的未成年人隐性违法犯罪（也称为“未成年人犯罪黑数”）。

自我报告式研究的逻辑是基于调查研究的基本假设：“如果你想知道什么，尽管去问。”研究人员亲自调查未成年人，要求他们坦言自己曾经实施的任何非法行为。但自我报告式研究之所以也受到了批评，主要有以下三个方面的原因：

- 研究设计往往存在缺陷，导致得出错误的推论；
- 进行研究的社会环境复杂多样，研究人员难以检验假设；
- 研究的效度和信度也值得怀疑。

自我报告式研究的信度和效度

在自我报告式研究中，社会科学研究者最关心的就是效度和信度问题。关于效度，在填写自我报告问卷时，研究人员如何确定未成年人说的是真话？有证据表明，自我报告式研究低估了严重犯罪未成年人的非法行为，因为任何经常犯罪的未成年人都不太可能像犯罪率较低的未成年人那样如实地回答问题。

信度用于衡量问卷调查或访谈的一致性——采取问卷调查或访谈的方法对同一未成年人进行两次或两次以上测量所得结果相一致的程度。在对自我报告式研究的信度进行分析后，迈克尔·欣德朗（Michael Hindelang）和他的同事得出结论："信度测量令人印象深刻，大多数研究的效度系数在中等到强这一范围内。"

自我报告式研究的研究结果

自我报告式研究普遍显示几乎每个年轻人都做出过违法犯罪行为。当然，那些实施暴力或掠夺性罪行的少年违法者比实施轻微罪行的少年违法者更容易被逮捕并移交至少年法庭。然而，富兰克林·W. 邓福德（Franklyn W. Dunford）和德尔伯特·S. 艾略特（Delbert S. Elliott）发现，在他们调查的 242 名自我报告职业犯中，207 人（86%）在三年内没有被逮捕的记录，而在这段时间他们积极参与频繁而严重的犯罪活动。表 2–2 提供了一个自我报告问卷的示例。

表 2–2　自我报告式调查问卷的示例

请说明在过去 12 个月内，你做出下列行为的频率（在符合情况的选项上画 O）					
偷一些没有什么价值的东西	从没有	1 次	2~5 次	6~10 次	10 次以上
盗窃价值超过 100 美元的东西	从没有	1 次	2~5 次	6~10 次	10 次以上
闯入某地方做违法的事	从没有	1 次	2~5 次	6~10 次	10 次以上
故意殴打或伤害某人	从没有	1 次	2~5 次	6~10 次	10 次以上
携带手枪或刀具	从没有	1 次	2~5 次	6~10 次	10 次以上
未经车主允许私自驾驶他人车辆	从没有	1 次	2~5 次	6~10 次	10 次以上
用武器威胁他人取得钱财	从没有	1 次	2~5 次	6~10 次	10 次以上
吸食大麻	从没有	1 次	2~5 次	6~10 次	10 次以上
使用可卡因	从没有	1 次	2~5 次	6~10 次	10 次以上

作为犯罪原因和相关研究项目的一部分，20 世纪 90 年代初在几个地方进行的自我报告式研究表明有很大比例的未成年人实施了暴力行为。

- 未成年人在十或十一年级的时候，54% 的丹佛（科罗拉多州）未成年人和 58% 的罗切斯特（纽约州）未成年人报告说他们曾实施暴力犯罪。
- 长期暴力犯罪人占丹佛样本的 14%、罗切斯特样本的 15%，占丹佛暴力犯罪的 82%、罗切斯特暴力犯罪的 72%。

这些自我报告式研究表明，很大一部分人在很小的年纪 [或初犯年龄（age of onset）很小] 就参与暴力行为，后来发展成长期暴力犯罪人。在丹佛，长期犯罪人共报告了 4134 起暴力犯罪，平均每人 33.6 起；在罗切斯特长期暴力犯罪人报告了 5164 起暴力行为，每人平均 51.7 起。

大卫・S. 科克（David S.Kirk）利用芝加哥社区人类发展项目样本的官方和自我报告的逮捕数据，研究自我报告的少年违法犯罪的生命历程是否与官方的犯罪数据中的表现不同，他发现大量的未成年人自我报告被逮捕的经历却没有相应的官方正式逮捕记录。同时，还有相当一部分有官方逮捕记录的未成年人没有报告自己被逮捕的经历。然而，尽管这两种逮捕措施在许多犯罪职业层面上存在显著差异，但亲子冲突、家庭监管的影响和社区不利条件在这两种类型中的表现相似。

阿拉斯加州立大学犯罪学家安德烈・B. 罗赛（Andre B. Rosay）及其同事对自我报告吸毒的效度进行检验发现，非裔美国犯罪人自我报告的准确性低于白人犯罪人，因为他们比白人犯罪人更容易漏报可卡因 / 快克的使用。同时，与检测结果呈阳性的白人犯罪人相比，检测结果呈阳性的非裔美国犯罪人更容易多报使用强效纯可卡因的次数。

人们希望查明真实的未成年人违法犯罪率，同时认识到未成年人违法犯罪的官方统计数据有严重的局限性，因此越来越依赖于自我报告式研究。综上所述，这些研究似乎揭示了以下几点。

1. 存在大量的未被发现的未成年人违法犯罪行为，警察的逮捕率低，可能不到 10%。
2. 中下层社会的未成年人有大量的非法行为。
3. 并非所有的隐性犯罪都是轻微违法行为，每年有大量的严重犯罪是由逃脱了警方逮捕的未成年人做出的。
4. 社会经济地位较低的未成年人似乎更频繁地实施违法犯罪行为，尤其是在早年，与那些社会经济地位中等的未成年人相比，他们更有可能成为惯犯。
5. 在非裔美国人和白种人做出同等严重罪行的时候，前者比后者更容易被逮捕、定罪及监禁。
6. 女性做出的违法犯罪行为比官方统计数字显示的要多，但男性做出的违法犯罪行为似乎仍然比女性多，而且实施的罪行比女性所实施的更严重。
7. 酒精和大麻是在青春期少年中使用最广泛的物质，但近年来其他物质的使用有所减少。

8. 对高中生的年度调查显示涉毒犯罪有所增加，但其他类型的犯罪没有增加。纵观整体的犯罪趋势，特别是在 17 岁至 23 岁的人口中，没有显示出任何犯罪趋势的增加。

被害研究

我们从美国司法统计局每年进行一次的、由美国人口普查局负责的 2015 年全国犯罪被害调查（National Crime Victimization Survey, NCVS）的结果中发现，12 岁及以上的人当年向调查人员报告的犯罪受害人数超过 1960 万，其中财产犯罪 1460 多万起、暴力犯罪 500 万起，超过 1100 万起盗窃罪被列入财产犯罪范畴。总的来说，调查发现的被害人数远高于向警方报告的犯罪人数。

全国犯罪被害调查的数据显示，与被害人口中的其他年龄组相比，未成年人的比例相当高。在所有暴力犯罪中，16 至 19 岁的青少年的被害率最高，12 至 15 岁的青少年次之，随着被害人年龄的增长，被害率下降。数据还显示，未成年人比成年人更有可能对同龄人实施暴力犯罪，并报告所知道的攻击者。与对成年人的犯罪相比，对未成年人实施的犯罪不太可能报案。

在青春期少年中，男性比女性更容易成为大多数暴力犯罪的被害人，但女性更容易成为强奸和性侵犯的被害人。另外，还有调查表明非裔美国人遭受暴力侵害的可能性是白人的几倍，包括强奸、性侵犯、暴力攻击和抢劫。最后，全美犯罪被害调查显示，16 至 19 岁的人整体上遭受的暴力、强奸、性侵犯及袭击的比率至少略高于其他年龄组。

尽管被害调查在分析未成年人犯罪方面的应用不如《统一犯罪报告》《少年法庭统计报告》、队列研究和自我报告式研究那样广泛，但被害调查仍然大大增加了人们对犯罪全貌的了解。以下是被害调查的一些主要研究结果。

1. 实际发生的犯罪比记录在册的犯罪要多得多，而且声称自己被害的数量与警方所知的犯罪数量之间的差异因犯罪类型的不同而不同。
2. 被害人报告的严重犯罪，除盗窃车辆外，其级别顺序与《统一犯罪报告手册》中的结果相一致。
3. 被害的可能性受犯罪类型和居住地点的影响，城市中心更容易成为暴力犯罪的场所。
4. 未成年人比任何其他年龄组更容易犯罪，特别是财产犯罪；未成年人也比任何其他年龄组更容易被害。
5. 非裔美国人无论是作为犯罪人还是作为严重人身犯罪的被害人，其比例都相当高。官方逮捕数据显示，与被害数据相比，非裔美国犯罪人参与暴力强奸罪、加重企图伤害罪和普通（单纯）企图伤害罪的比例略高。

与自我报告式研究一样，全国犯罪被害调查数据同样存在效度和信度的问题。例如，个人对自己的被害经历的定义与官方的调查工具所定义的可能不同。假设有一名女性可能觉得自己被强奸了，但是她对强奸一词的理解可能与全国犯罪被害调查的研究人员使用的不同。同样，针对受访者的问题，多次询问某人特定的事件可能会得出不同的回答。关于效度，全国犯罪被害调查数据不包括 12 岁以下儿童的受害情况。

想一想

本章指出青春期男性通常比青春期女性更频繁地实施更严重的犯罪。为什么性别在犯罪中扮演着如此重要的角色？社会、文化和生物因素如何放大性别对行为的影响？

队列研究法

当前，关于未成年人违法犯罪的研究视角广泛、方法多样。近年来，纵向方法得到了广泛的应用，队列研究法就是纵向方法的一种。在队列研究中，一组有共同点的人——他们出生在同一年，在同一年从高中毕业，或者在同一年第一次被捕——被持续研究一段时间。

犯罪队列研究通常包括某年出生在某市或某县的所有人，对他们的部分或全部个人生活进行跟踪，这个过程需要大量的投入，但它允许研究人员通过检查警方档案、社区记录和对选定的人进行采访来记录某一段时间的个体生活。

与其他形式的犯罪统计一样，队列研究法也存在一些问题。一个主要的难点是，队列研究法中的研究结论不能确定地推广到队列研究人群之外，这样的研究费时、费力，对 35 岁以下的年轻人样本进行追踪几乎是不可能的，因为姓名和地址会发生变化，有的人会死亡，有的人会失去联系，同样的事实对研究人员及其助手也是如此。要提供每年犯罪率的真实情况，就需要每年在该国的各个地区抽取一份样本。尽管队列研究法存在这些缺陷，但它仍然是其他官方和非官方统计数据公认的和有用的补充，有助于阐明犯罪问题。最近，被称之为发展性的生命历程（Developmental Life Course, DLC）理论在文中提到。

在费城、英国伦敦、威斯康星州拉辛市、俄亥俄州哥伦布市进行的基于官方数据的队列研究，其结果对了解未成年人的违法犯罪情况起了很大作用。

四项队列研究的共识远远大于分歧，表 2–3 是对四项队列研究的比较。最重要的一致性的研究结论是社会下层阶级少数民族男性实施了最严重的犯罪行为，少数犯罪人实施了大多数的或严重的财产和暴力犯罪，少年司法系统的惩罚往往鼓励而不是阻止未来的犯罪行为。人们普遍认为，与女性相比，男性实施了更多更严重的犯罪，未成年人做出的犯罪行为从轻到重，成为成年犯罪人的可能性随着未成年人违法犯罪记录的增加而增加。

表 2–3　四项队列研究结果的比较

	费城组	伦敦组	拉辛组	哥伦布组
样本	1945 年出生的男性与 1958 年出生的男性和女性	1951 年至 1954 年出生的男性	1942 年、1949 年 和 1955 年出生的男性和女性	1956 年至 1960 年间出生的男性和女性
犯罪人口	第一组是 32.6% 第二组是 34.9%	约三分之一	每组中 90% 的男性和 65% ~ 70% 的女性	1138 名在该期间出生的年轻人曾实施了一次暴力犯罪
性别	女性中没有犯罪的	数据缺失	白人女性与警察打交道最少	男性与女性的比例几乎是 6:1
种族	非白人犯了较严重的罪行，更有可能成为再犯	数据缺失	非裔美国男性与警察接触更多，犯下了更严重的罪行	非裔美国人比白人更容易实施暴力犯罪
惯犯	第一组是 6.3% 第二组是 7.5%	6%；396 名男孩中 23 人有六次或更多的犯罪记录	数据缺失	近三分之一的暴力犯被逮捕五次以上
犯罪行为模式	相当稳定	72% 的惯犯在第六次参与中表现出稳定的高再犯率	青春期过后犯罪的严重性下降和犯罪中止	没有从较轻的犯罪发展到更严重的犯罪
司法系统干预后果	如果在犯罪职业生涯早期干预是有益的	对顽固犯的早期歧视和治疗有助于预防其在成年期犯罪	制裁后的严肃性和参与度增加	每次监禁后，在监禁机构外被逮捕的时间间隔缩短

循证实践

最近，澳大利亚总理陆克文（Kevin Rudd）在向各机构负责人和联邦公共服务高级行政人员发表演讲时，将“强有力的、以证据为支持的决策过程”列为其目标之一，这将形成“以事实而非时尚”“以理性而非思想意识”主导的政府。

在做出这一承诺时，陆克文正在加入一个由有类似想法的从政者和其他政策制定者组成的群体。不管怎样，以证据为支持的政策制定理念和这个国家一样古老。例如，戴维斯（Davies）、纳特利（Nutley）和史密斯（Smith）从培根 17 世纪对新亚特兰蒂斯的愿景中描绘了它的历史。在这个愿景中，“政策是由知识、真理、理性和事实所构成的”。以证据为基础的政策可以被描述为一种“通过将研究中得来的最佳证据作为政策制定和实施的核心来帮助人们对政策、计划和项目做出明智的决策。”

毫无疑问，循证政策的现象已经真正出现。循证政策和实践催生了数十种专业期刊，大学的循证研究机构最近一段时间也在蓬勃发展。犯罪学中比较自觉地采用循证政策的方法可能要追溯到评估文献的发展，特别是对矫正效果的元分析评估研究。然而，循证政策理论在犯罪预防领域得到了最充分的发展，在犯罪预防领域，实验 / 评估 / 改进周期得到了广泛的应用，获得了充足的资金支持。

有理由可以解释，为什么理性模型本身不足以描述政策制定的过程。

- 经济和金融因素。考虑到资源的有限性，政策制定者不仅要决定“什么在起作用”，而且还要决定“需要多少成本和我们能否负担得起？”
- 时间因素、战术与战略因素。决策者往往在不确定的条件下运作，必须在严格的时间限制内做出决策，这可能与预算周期、选举周期或制度要求有关。
- 缺乏以研究为导向的文化。在组织中可能没有一种能够理解研究的性质及其在政策制定中所起作用的文化。
- 习惯、传统和官僚逻辑。坚持旧的比冒险进入新的更舒服。
- 政治。如果有其他更紧迫或更具政治说服力的理由以特定方式采取行动，决策者有权拒绝或忽略证据。

在政策研究领域，必须考虑情感在政府决策形成中的作用。如果刑事司法政策能够承认情感、象征、信任、信念和宗教在刑事司法系统中所起作用的重要性，那么这些政策就更有可能被采纳。

思辨与讨论：本文对致力于在少年司法中使用循证实践的人能给予什么样的见解？

与未成年人违法犯罪有关的社会因素

本章前半部分探讨了美国的未成年人违法犯罪状况，下半部分将重点探讨未成年人违法犯罪的本质和对未成年人违法犯罪行为的理解。通过对性别、种族和民族关系、社会经济地位和同伴研究的调查揭示出许多影响美国未成年人违法犯罪的社会因素。第 4 章将探讨社会经济地位和未成年人违法犯罪之间的关系；第 7 章将探讨性别在未成年人违法犯罪中的重要性；第 12 章将探讨对不同种族和民族群体不成比例的处理是一个主要的少年司法问题。在这里，我们关注这些社会因素的测量。

年龄与未成年人违法犯罪

年龄与犯罪的关系是犯罪学文献中最稳定的发现之一。人们普遍认为，犯罪率在青少年时期急剧上升，在十几岁和 20 岁出头时达到顶峰，此后开始下降。因此，15~24 岁的犯罪人占所有被捕人数的 40%，尽管他们只占总人口的 14%。

有几个因素似乎可以解释这种模式。

第一，同龄人之间的关系在一个人一生中的这段时间比晚些时候更重要，因为同龄人在这段时间也比晚些时候更容易成为犯罪人，这意味着十几岁和 20 岁出头的同龄人之间的关系比以后的同龄人更有可能吸引同龄人去犯罪。

第二，少年和年轻的成人比年长的成人更有可能缺乏全职工作，因此，他们更可能需要钱，从而做出获取金钱和其他财产的犯罪行为。

第三，当青少年到了 20 岁出头的时候，他们与传统社会的联系越来越紧密：许多人在这段时间结婚生子，开始全职工作，这些事件和纽带增加了他们的遵从投资，从而减少了他们违法的欲望。

性别与未成年人违法犯罪

官方逮捕统计数据显示，少年男性比女性会做出更频繁、更严重的犯罪行为。表 2–4 详细列出了各种数据收集策略所获得的一些结果。

表 2–4　性别与未成年人违法犯罪——不同数据来源的结果

统一犯罪报告
•《2016 年全美犯罪数据》显示，男性、女性因毒品犯罪被逮捕的比例约为 4:1，因暴力犯罪被逮捕的比例超过了 4:1，因财产犯罪被逮捕的比例接近 2:1
• 有些犯罪的性别比例很接近，扒窃犯罪和贪污犯罪的平均比例约为 2:1。2016 年，青春期男性和女性被捕人数的总体比例约为 3:1（女性约占总被捕人数的 30%）。青春期男性比青春期女性更容易因持有盗窃财产、破坏公物、武器犯罪和攻击而被捕；相比之下，青春期女性更容易因离家出走和卖淫而被捕（因离家出走的被捕人数占所有女性被捕人数的近 20%）
队列研究
• 纵向研究的结果发现男性比女性更容易因严重犯罪而被捕
• 此外，与女性相比，男性犯罪生涯开始的年龄更早，更容易将自己的犯罪生涯延伸到成年生活中
自我报告式研究
• 女性犯罪比官方逮捕统计数字显示的更普遍，也更类似于男性犯罪。例如，熙顺珠（Hee-Soon Juon）和她的同事追踪一个从一年级到 32 岁的由非裔美国人组成的研究样本，发现在一年级经常受到惩罚的女性更可能在以后因重罪被捕，男性来自只有母亲的家庭与来自双亲家庭的相比有更高的因严重刑事犯罪而被逮捕的风险
被害数据
• 被害数据显示，青春期女性比青春期男性更容易成为被害者，个体的被害程度会受性别、种族和社会经济地位的影响
• 一项使用全国犯罪被害调查汇总数据的研究发现，随着时间的推移，女性对男性的加重企图伤害、抢劫和普通（单纯）企图伤害的犯罪率提高了，而不是减少，这项研究与后来引用的对青春期女孩的研究一致，未能揭示女性暴力犯罪的增加
• 虐待儿童的性别差异尤其明显，联邦儿童福利信息门户（前身为国家虐待和忽视儿童信息交流中心）的数据显示，女孩的性虐待率（1.7‰）明显高于男孩（0.4‰）

被害调查数据显示，青春期女性比青春期男性更容易遭遇被害，一般来说，被害受性别、种族和社会经济地位的影响。然而，究竟是什么导致了这种相关性，目前还不完全清楚。2010 年，西雅图社会发展项目的一份报告中对 808 名少年进行了纵向调查，发现法院转介率的性别差异与少年司法程序或执法活动中的性别偏见无关。

种族 / 民族背景与未成年人违法犯罪

基于官方统计的研究报告发现，相对于非裔美国人的人口基数，他们在逮捕、定罪和监禁方面的比例过高。相比之下，大多数采用自我报告方式的研究发现，非裔美国人更容易被判有罪，在犯罪率或犯罪频率上并不比白种人差很多。

使用全美少年数据纵向调查（National Longitudinal Survey of Adolescent Health）数据进行研究，对非裔美国人、亚洲人、西班牙裔人、美洲原住民和白种人卷入严重暴力犯罪的情况进行比较，结果表明非裔美国人、西班牙裔和美洲原住民少年卷入严重暴力犯罪程度明显较高——亚洲人卷入严重暴力犯罪程度明显较低——比白种人有更严重的暴力倾向。研究人员通过社区的不利条件（对非裔美国人而言）、情境（对亚洲人而言）、参与帮派（西班牙裔）和社会纽带（对土著美国人而言）等变量解释白人和少数民族群体之间的统计差异。

以来自费城和菲尼克斯的严重少年违法者为研究样本，采用官方记录和自我报告的资料进行研究，发现少年违法犯罪文献中提到的种族差异在严重的犯罪人样本中并不明显。

最近，另一项使用全美少年数据纵向调查数据的研究，发现非裔美国少年遭受和参与了更高比例的暴力，特别是武装暴力。然而，研究发现非裔美国少年的财产犯罪率或毒品犯罪率并不较高。

另外一项研究使用了北卡罗来纳大学收集的健康纵向研究数据，涉及一个具有全国代表性的青春期少年样本。研究发现邻里关系、社会经济阶层、社会心理过程相结合，可以解释种族与暴力以及种族划分与暴力之间的大部分关系。

2011 年的一项研究发现，与其他种族的儿童相比，非裔美国儿童常因在学校违反纪律而被点名批评。课堂因素、学校因素及学生行为都不足以解释这一现象，因此研究人员指出潜在的社会、社区特征，或者种族偏见也许可以解释这一现象。

另外一项研究发现，学校层面的特征（如非裔美国学生的比例）与整体纪律水平相关，这一结论与种族威胁假说相一致。该假说认为少数民族人口的增多会使多数人感到少数民族的威胁，在少数民族犯罪时倾向于使用更强的社会控制措施，该假设解释为什么少数民族学生在学校的表现不如白人学生好，而且在更小的年纪辍学。

总之，官方统计数据和自我报告数据产生了相互矛盾的结果。官方统计数据表明非裔美国人被捕、定罪和入狱的比率过高，但采取自我报告方式进行的研究表明，非裔美国人在犯罪率或犯罪的频率方面并不比白人差多少。然而，还有证据表明非裔美国人和其他一些少数民族会比白种人做出更严重和暴力的犯罪行为，犯罪行为可能受到邻里环境和社会经济地位的影响。例如，2012 年，美国犯罪学学会（American Society of Criminology）的一份报告中提出，社区犯罪率中的种族不平等是居住环境隔离的结果。

社会经济地位和未成年人违法犯罪

社会经济地位与未成年人违法犯罪之间的关系经过几十年的争论仍未达成共识。特别是：

- 对 35 项社会经济地位和未成年人违法犯罪之间关系的研究进行综述，发现将未成年人违法犯罪视为是下层阶级的一种现象的观点是站不住脚的；
- 自我报告式研究被指责过多地使用调查问卷对轻微违法行为进行调查，因此，当中上层阶级的年轻人记录他们参与轻微的违法行为时，如咒骂或违反宵禁，发现他们和下层阶级的年轻人一样存在违法行为；
- 采用新的、能够代表未成年人可能被逮捕的各种官方行为进行研究，这种措施是自我报告的方法，并将这种方法用于全国未成年人进行概率抽样。研究人员对未成年人违法犯罪数量（流行率）和严重犯罪行为的频率（发生率）进行不同阶层差异的比较。研究还探讨非严重犯罪行为发生率的阶层差异，根据发生率（相对于流行率）的测量方式，发现差异非常普遍、明显。

综上所述，传统的研究无法证明社会经济地位与未成年人违法犯罪之间具有强有力的联系，这可能是因为下层阶级的少年与中上层阶级的少年在违法犯罪频率上并没有太大的区别，区别只在于违法犯罪行为的类型上，来自下层阶级的少年其违法犯罪行为比具有上层阶级背景的少年犯下的罪行更严重。

社会经济地位与未成年人违法犯罪

下面接受采访的是来自中产阶级的一位年轻人，她从未被逮捕或移交至少年法庭，尽管她曾做出过身份违犯行为和犯罪行为。这次采访最初是在 1995 年进行的，有些信息在 2003 年更新，2010 年再次更新。

我 10 多岁的时候真是一团糟，念高中时加入了一个团伙，我的母亲是一名医生，我和一帮律师、医生的孩子到处乱跑，别人都视我们为富人家的孩子，但当时我没什么很强的自尊心，为了交朋友我什么都愿意做。

14 岁对我来说是一个很大的转折点，第一次喝了啤酒，抽了第一支烟，有了初次性体验，并开始吸毒。我会和男生上床只是为了让自己觉得自己被喜欢。上学前我们会寻求刺激，或者逃课后去寻求快感。一开始是大麻，但到了大三我就开始吸食酸性物质了。每个周末都喝醉，酩酊大醉那种，有时一周醉几次。很多和我一起出去玩的人都吸过可卡因，但我基本上不吸。

我从来没有参与过犯罪，因为我过去是个好学生，我上的是一所天主教学校，我可以轻而易举地取得好成绩。在大三的时候曾离家出走，和一个虐待我的男朋友待了一个星期，为此我差点被学校开除。

我来自典型的功能失调家庭，我父亲是个酒鬼，他控制我生活的方方面面。我的父亲除了爱自己以外，没有能力爱其他人。我生活的转折点是高中四年级时父母离婚。

在摆脱掉虐待我的男朋友后，我开始长大，意识到自己并非一无是处。现在我是大学四年级的学生，已经有两年没吸毒了。我有一个爱我的男朋友，我们想结婚，我从自身的经历中学到了很多，感恩我拥有的，感恩现在的自己。

我现在和孩子们一起工作，他们像极了过去的我。唯一不同的是我从来没有卷入过这个系统，而这些孩子已经被逮捕，被提交到少年法庭，并被送到这个住宅矫正机构。

同伴与未成年人违法犯罪

同伴行为与未成年人违法犯罪之间的相关性是未成年人违法犯罪研究中得到的最一致的结论之一。研究发现，同伴对某些特定形式的违法犯罪行为有影响，如吸毒取决于邻里环境，在有更多犯罪机会的社区，同伴效应最初表现得很强烈，但随着同伴物质滥用的增加影响会逐渐减弱。在违法犯罪机会较少的社区，同伴行为的影响最初很小，但随着与有违法犯罪行为同伴交往的增加，同伴对其他年轻人行为的影响也随之增加。

关于与少年违法者亲密接触的重要性存在着相当多的争论。例如，特拉维斯·赫希（Travis Hirschi）认为，大多数少年越轨者之间的关系可以用“冷漠而脆弱”来形容，赫希认为：“由于少年违法者对普通成年人的依恋程度不如非少年越轨者强烈，因此他们彼此间的依恋程度也较低。”

最近的一项研究对少年违法者之间冷淡和脆弱的关系这一提法发出了挑战，该研究是由博林格林州立大学研究人员正在开展的托莱多少年关系研究（Toledo Adolescent Relationships Study, TARS）的一部分，其中对少年浪漫的恋爱关系特点与少年违法犯罪的关系进行了分析。研究人员调查了 957 名有过约会经历的十几岁的孩子，发现这些少年实际上比其他少年更频繁地与他们的恋人接触。

研究还发现，恋爱关系的持续时间并没有因受访者的违法犯罪水平而有所不同，但很多犯罪少年提到他们与伴侣发生了较激烈的言语冲突。

未成年人违法犯罪和社会政策：枪支和少年暴力

当前未成年人违法犯罪中一个最重要的议题是未成年人暴力的持续减少。全美少年暴力流行始于 20 世纪 80 年代中期，在 90 年代达到高峰，之后开始下降。人们普遍认为，这次少年暴力的爆发和以往一样致命，他们携带和使用的枪支比以往任何时候都多。13 至 17 岁男性的他杀死亡率增加了两倍，主要是源于枪支袭击。

研究还报告了以下发现：

- 携带枪支的年轻人更有可能生活在枪支拥有率较高的社区；
- 生活在高暴力发生率社区的少年比生活在低暴力发生率社区的少年更有可能携带枪支；
- 携带枪支的少年比不携带枪支的少年更容易发生严重攻击行为和抢劫事件；
- 与非贩卖毒品的少年相比，各个年龄贩卖大量毒品的少年更有可能携带枪支；
- 从事大量毒品和金钱交易的年轻人更有可能携带枪支，因为他们认为携带枪支是保护自己和他们的投资的必要手段；
- 吸毒成瘾的年轻人更有可能携带枪支，他们认为从武装毒贩手中购买毒品有必要将自己武装起来；
- 与非帮派成员相比，帮派成员中的年轻人偷偷携带枪支的可能性更高；
- 少年惯犯及参与帮派的成员在大多数少年杀人案中都起到了一定的作用，他们既是犯罪人，也是被害人。

警察在减少未成年人使用枪支方面发挥了重要作用，他们的努力减少了亚特兰大、波士顿、底特律、印第安纳波利斯、洛杉矶和圣路易斯的枪支暴力。波士顿枪支项目是最成功的项目之一，其停火行动有两个主要内容：（1）给予向未成年人提供枪支的枪支贩运者进行直接执法打击；（2）试图对帮派暴力产生强大的威慑力量。1996 年 5 月第一次对帮派干预后，未成年人杀人事件急剧减少，并一直维持在低水平。

少年司法和犯罪预防办公室实施了减少少年枪支暴力伙伴关系计划（Partnerships to Reduce Juvenile Gun Violence Program），重点关注枪支暴力和未成年人。拥有、持有和携带枪支导致了毒品交易、学校和帮派中的暴力。全面审查全美 400 个枪支暴力项目后，如果要实现项目的目标，就必须实施图 2–2 所示的七项战略。

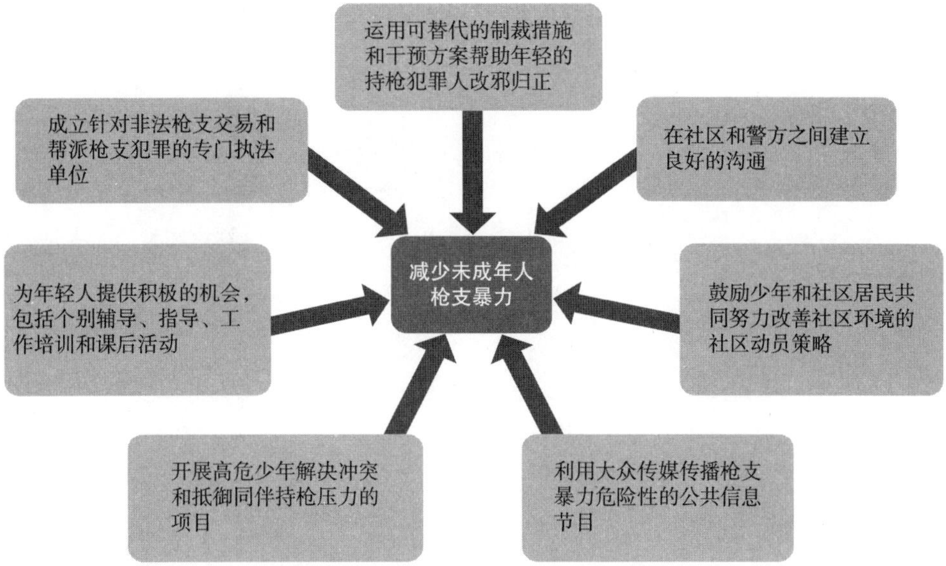

图 2–2　减少未成年人枪支暴力的七项策略

埃米 · 沃特斯的人生历程（八岁）

当埃米八岁的时候，她上三年级。一天，老师给班上所有的学生发了一份一页的问卷，让他们用铅笔画圈回答其中的 10 个问题。匿名问卷实际上是一个自我报告的社会调查，目的是让当地大学的研究人员了解早期违法行为的例子。研究人员试图找出儿童生活中可能使他们容易犯罪的因素，他们还试图了解该社区三至六年级儿童中未报告和未发现的违法行为状况。当第四个问题问到是否偷过东西时，埃米的回答为"是"，然后在"药店"上画了圈圈，以便提供更多关于她从哪里偷东西的细节。尽管她只偷窃过两次，从她和父亲曾去过的沃尔格林药店的美容部偷东西，分别偷了指甲上的胶水和指甲油。她告诉过几个朋友，但她的父亲并不知情。最重要的是，她没有被抓住。第九个问题问埃米是否考虑再次偷窃，她回答"是的"。

1. 埃米年幼时最重要的影响事件是什么？

2. 有什么不同的事情发生会导致她的生活走向不同的方向？

在下一章中，我们将继续讲述埃米 · 沃特斯的传奇故事。

JUVENILE
DELINQUENCY

第二部分

未成年人违法犯罪的原因

第3章

未成年人违法犯罪的个人原因

> 美国减少犯罪最大的希望是减少未成年人违法犯罪和青年犯罪。
>
> 总统执法和司法委员会，1967年

犯罪之声

埃玛的故事

在吸食毒品期间，父母注意到了我的变化。一天晚上，当我回家时，他们翻了我的钱包，发现了0.25克的毒品，我撒谎告诉他们那是我认识的一个孩子的，他们告诫我不能再和他在一起了。我没有听父母的，一周后他们又搜查了我的钱包，又发现了0.25克的毒品。

我得了严重的肺炎，为此一个半星期没有去上学，身体非常虚弱。康复之后，在上学前的一个早晨，我感到恶心，后来见了医生，得知自己怀孕了。这对于我来说是一个沉重的打击，我决定不告诉父母，自己解决这个问题。我告诉了汤姆他干的好事儿，当我预约到医生的时候已经怀孕三个月了，那天汤姆借了他母亲的车，我们开车去看医生。我很紧张，汤姆所做的只不过是和跟我们一起来的朋友在楼下抽大麻。当我们到达医院时，我在前台做了登记，当我办理完登记手续，汤姆就说他不想在那儿等，他更想去散散步。在将近三个小时的时间里，汤姆并没有和我联系过。去洗手间换完衣服，我又吐了，头晕目眩，护士们最后不得不帮我结束手术，带我去大厅。她们告诉汤姆，他必须帮助我，汤姆只是帮助我走出大楼，然后他的朋友帮助了我。汤姆说他很生气，花了这么长时间，他很饿。回家的路上我们在麦当劳吃了东西。不过，我还是一直在和他约会，我为自己所选择的事感到内疚，但也感到轻松了。

大约在1月下旬，我又开始吸可卡因，变得暴躁易怒。和我在一起的一些人开始越来越依赖它。一个月来，我几乎不睡觉，也不吃东西，以至于两周内减重12磅多。和我一起共事过的一些朋友知道我在做什么，他们告诉我，我需要振作起来。我终于学会了振作，现在是一名大学四年级的学生。

我们将在本章对未成年人违法犯罪行为做出可能的解释。有研究者认为，许多未成年人违法犯罪行为不是由违法者无法控制的因素引起的，而是由一种有意识的思考过程决定的，这种思考过程考虑了特定行为的成本和收益，并带有一定程度的计划和远见来推断这种行为是否可取。

另一方面，有些人行为冲动，他们可能无法做出完全清醒的选择，认为未成年违法者无法阻止自己做出社会不接受的行为，这种确定性的观点以实证主义的思想为基础，这是犯罪学中一个主要的理论立场。

古典学派和未成年人违法犯罪

犯罪行为与犯罪理性之间的联系起源于18世纪的古典犯罪学派，这一学派的创始人有查尔斯–路易·德·斯贡达·孟德斯鸠（Charles-Louis de Secondat Montesquieu）男爵、切萨雷·博内萨纳·贝卡利亚（Cesare Bonesana Beccaria）侯爵和杰里米·边沁（Jeremy Bentham），这些思想家把人类看作理性的生物，他们愿意让出一定的自由给国家，以便社会能够为维护社会秩序建立规则和制裁措施。

- 孟德斯鸠。孟德斯鸠在其1747年出版的《论法的精神》（*On the Spirit of the Laws*）一书中提道："惩罚的严厉程度更适合以恐怖为原则的专制政府，而不是以荣誉和美德为力量的君主制或共和国。"孟德斯鸠补充说："在一个温和、宽容的政府下，对不良行为的最大惩罚是定罪。"
- 贝卡利亚。1764年，切萨雷·贝卡利亚所著的《论犯罪与刑罚》（*On Crimes and Punishments*）出版了。贝卡利亚提出刑事制裁的合法性建立在社会契约之上。贝卡利亚认为，惩罚是一种必要的邪恶，并建议"惩罚应该是公开的、及时的和必需的，在既定条件下，尽量轻微，同犯罪相对称，并由法律规定。"他将惩罚的目的和后果界定为"制止人们犯罪，而不是进行社会报复。不是惩罚的严厉性，而是惩罚的确定性和及时性才能够确保这种结果。"
- 边沁。1780年，英国人杰里米·边沁出版专著《道德与立法原理导论》（*An Introduction to*

the Principles of Morals and Legislation），进一步发展了古典学派的哲学。边沁认为，一名理性的人所做的事是为了获得最大的快乐和最少的痛苦，主张当惩罚与犯罪行为相适应的时候，惩罚可以阻止犯罪行为。边沁认为，惩罚有四个目的：（1）尽可能阻止一切犯罪；（2）对决定实施犯罪的人，劝说其实施较轻的罪行，而不是较重的罪行；（3）（使下定决心实施特定犯罪行为的人）不做超过其目的所必需的更多的危害行为；（4）以尽可能低的社会成本预防犯罪。

古典犯罪学派的理论建构

- 人类被视为理性的生物，可以自由选择自己的行为，能够对自己的行为负责。这种自由意志的学说取代了以前被广泛接受的神学决定论，神学决定论认为人类注定要采取某些行动。
- 刑罚之所以是正当的，是因为它的实用性或功用。以报复为目的的刑罚或把刑罚作为以罪过和偿还的迷信理论为基础的赎罪不再是可以接受的。
- 功利主义认为，刑罚的目的是保护社会，其主旋律是威慑。
- 古典学派的代表认为，人是一种受幸福计算所支配的生物，目的是为了获得快乐和痛苦的良好平衡。
- 合理的刑罚应足以抑制进一步犯罪行为的发生，并能防止他人效仿他的负面榜样。
- 刑罚在使用前应是规定好了的，刑罚应与罪行相称，并应大于犯罪的收益。
- 法律面前人人平等。
- 法律应该根据个人的行为定罪，而不是他们的思想。

根据古典犯罪学派的原理，那些做出严重犯罪行为或持续违法行为的未成年人应该受到惩罚而不是治疗，因为他们拥有自由意志，他们知道自己在做什么。古典犯罪学派的支持者认为，犯罪是一种有目的的活动，是理性决定所导致的，在做决定的过程中犯罪人权衡利弊，并做出能够为其带来最大潜在收益的行为。

未成年人犯罪预防与惩罚哲学

如果犯罪是理性的行为，那就可以通过惩罚来预防。刑罚的目标可分为一般威慑、特殊威慑、丧失行为能力，以及康复、恢复和公平 / 补偿等不同领域。康复、恢复和公平 / 补偿的目标稍后将讨论，这里先简要讨论一般威慑、特殊威慑和丧失行为能力。

一般威慑

威慑是一种刑罚目标，旨在防止他人做出类似的犯罪行为。公开实施刑罚会产生一般威慑效果，目的在于向社会大众表明犯罪或违法行为是得不偿失的。通过严厉惩罚那些被认为有违法犯罪行为的未成年人，可以让那些正在考虑实施犯罪行为的人感到害怕、受到震慑，并阻止他们原来计划的行动。

特殊威慑

特殊威慑的理念侧重于这样一个事实，即犯罪人应直接认识到当他们实施严重犯罪行为而遭受严厉的刑事处罚时，犯罪是得不偿失的。这一立场表明刑罚所造成的痛苦应当抑制未来的犯罪或违法活动。

虽然有研究发现，特殊威慑形式的刑罚可以对未来的犯罪行为产生实质性的影响，但这些研究结果被那些未能揭示特殊威慑效果的研究结果抵消了，大多数罪犯（80% 以上）在获释后不久将再次犯罪。大多数被定罪的犯罪人再次犯罪的事实削弱了刑罚产生特殊威慑效果的论点。

丧失行为能力

刑罚的另一个目的是使危险的人丧失行为能力，使他们没有机会伤害他人。犯罪人被判入狱，限制他们的人身自由，在他们被监禁期间，社会得到了保护，被称为丧失行为能力。以丧失行为能力为目的的判决受到自由派和保守派的欢迎。自由主义者认为监狱应留给那些特别危险的惯犯，在他们接受治疗和改造的过程中需要剥夺他们的行为能力以保护社会。保守主义者可能不太关心治疗，但他们认为无行为能力是一种预防犯罪的策略，可以通过监禁大量的重罪犯来降低犯罪率。

理性与未成年人违法犯罪

20 世纪 70 年代和 80 年代，来自不同学科的大量学者，包括越轨社会学、犯罪学、经济学和认知心理学开始将犯罪视为理性选择和决策的结果，特别是犯罪学中的生态传统和市场经济理论将理性选择概念用于犯罪。生态学研究人员从特定犯罪的分布情况推断犯罪人做出了理性的选择，例如：几项研究结果显示，在富裕地区的边缘地带，房屋遭受盗窃的风险最大。

根据犯罪行为的经济学分析，犯罪人和非犯罪人一样，都是对激励和威慑做出反应的积极、理性决策者。在犯罪决策的经济学模型中，犯罪被认为是一种理性的计算，本质上是一种经济交易或职业选择的问题。

理性选择理论

理性选择理论主要借鉴了经济学中的功利模型，受到犯罪学、社会学、政治学、法学等领域学者的关注，该理论假设违法者或犯罪者选择做出违反法律的行为是有自由意志的。至少在某种程度上，纯粹形式的理性选择理论可以被看作古典学派威慑理论的延伸，这种理论包括激励和抑制，侧重于个人在违法和犯罪行为发生之前对报酬和成本的理性计算。更具体地说，传统的威慑理论只关注犯罪的成本，而理性选择理论则把重点放在犯罪人通过犯罪获得的潜在利益上。

几年前，雷蒙德·帕特诺斯特（Raymond Paternoster）在评价理性选择理论的贡献中提出“威慑 / 理性选择模型”的概念，用于检验未成年人参与、继续或停止犯罪行为的决定。帕特诺斯特认识到，在理性选择的过程中存在“选择建构”变量，选择不需要完整的信息或理性的分析方法。同样，2011 年，卡内基梅隆大学的莎蒙娜·阿尼瓦尔（Shamena Aniwar）教授和马里兰大学的托马斯·洛克伦（Thomas Loughran）教授在针对严重的少年违法者威慑学习理论的测试时发现，随着时间的推移，个体会增加风险感知的准确性以响应在犯罪经历中得到的暗示。

最近，杰弗里·费根（Jeffrey Fagan）和亚历克斯·R. 皮奎罗（Alex R.Piquero）提出，随着时间的推移，法律社会化和理性选择因素都会影响犯罪行为模式。当惩罚风险和成本提高时，犯罪率会随着时间的推移而降低。研究还表明，发育成熟和心理健康会调节行为人感知到的犯罪风险和成本对犯罪的影响。

日常活动理论

另一种探讨犯罪理性的理论是日常活动理论，这种方法将犯罪率的变化与当今美国社会日常活动结构的变化、目标适应性的相应增加及邻居、朋友和家人等“监督人”的减少联系起来。例如，日常家庭和社区成年看护人员的减少，在一定程度上是由于女性参与劳动的趋势在上升，这使得家庭和社区越来越容易受到犯罪活动的影响。一些对日常活动理论有贡献的重要研究文献包括以下的理论家及其观点。

- 在生态学概念和犯罪人是理性人的假设的指导下，劳伦斯·E. 科恩（Lawrence E.Cohen）和马库斯·菲尔逊（Marcus Felson）提出了分析犯罪率趋势和周期的日常活动方法。他们认为，掠夺性犯罪的数量和分布与美国社会日常生活活动的三个变量之间的相互作用有关：（1）合适目标的可获得性；（2）缺乏监督人；（3）有犯罪动机的个体出现。
- D. 韦恩·奥斯古德（D.Wayne Osgood）和埃米·安德森（Amy Anderson）使用一个国家的五次样本数据分析个体的日常活动和越轨行为的变化时发现，“在缺乏权威人物的情况下，与同伴进行的无组织的社交活动会带来越轨的机会”。
- 凯瑟琳·诺瓦克（Katherine Novak）和莉莎贝丝·克劳福德（Lizabeth Crawford）在 2010

年进行的一项研究中，检验参与不同的日常活动模式的性别差异在多大程度上可以解释犯罪中的性别差异。尽管参与日常活动的性别差异不能解释男性相对于女性的高水平越轨行为，但在高中二年级参与宗教和社区活动似乎能缓和性别对随后越轨行为的影响。

- 邦妮·费舍尔（Bonnie Fisher）和她的同事们发现，对于单一被害人和重复被害人来说，考察日常活动，发现没有什么不同的作用。然而，在最初被害时使用自我保护措施的妇女不太可能重复被害。

理性选择与未成年人违法犯罪

有些年轻的犯罪人明显地从事犯罪行为，因为他们认为这种行为的成本或风险很低。因此，许多犯罪行为可以解释为一种解决问题的形式，以应对青春期的压力。未成年人发现自己正在与可感知到的控制力量做抗争，追求积极的自我评价，应对惩罚、制裁或拒绝他们的人所带来的负面影响，他们通过从事犯罪行为获得短期快感来解决这些问题。相反地，犯罪人也可能基于理性的理由认为继续犯罪行为的风险不能由回报来解释。更重要的是，大多数顽固不化的犯罪人在接近 30 岁或 20 岁出头的时候似乎就不再犯罪了，他们声称，继续犯罪与拥有一份全职工作或安定下来结婚成家是不相容的。停止犯罪或在犯罪中成熟，是一个犯罪收益小于停止犯罪所获得收益的决定过程。

然而，在犯罪行为中假设太多的合理性也有重要的条件，理性选择理论是建立在犯罪行为至少在某种程度上是有计划的基础上的。计划与以下行为有关：（1）在做某件事之前或意图做某事之前制订一个计划或设定一个程序；（2）评估可供选择的行动方案；（3）选择一个特定的过程；（4）建构一系列复杂的行为以达到预期的结果。

理性的概念也假设个人有自由意志，不受情绪控制，但许多年轻人似乎不具有这种控制。患有精神疾病或从事强迫性行为的年轻人，诸如强迫性纵火犯、偷窃癖或性犯罪人，似乎被情感所束缚。此外，在考察理性选择的实际过程中，很明显，所有未成年人都有某种程度的自由，未成年人的理性是以情境为导向的。某种程度自由的概念表明，少年违法者“既不是完全自由的，也不是完全受限制的，而是介于两者之间。”理性的情境特征进一步表明，在大多数情况下，少年违法者确实对自己的行为有一定的控制力，但在某些情况下，他们可能几乎没有控制力。

表 3–1 就理性选择理论和日常活动理论或方法进行了阐述。

埃默里大学的罗伯特·阿格纽（Robert Agnew）教授对强硬和软性 / 温和决定论的研究得出结论：选择自由因个人而异，这取决于在选择之前已经存在的生物因素、心理因素或社会本质等因素。例如，一个人可能因为心理上的限制而被迫在两种不同的选项中做出选择，但另一个人可能有六种不同的选项供其选择，因为他感知受到的限制较少。阿格纽说后者有更大的选择自由。

表 3–1 理性选择和日常活动理论

观点	理论提出者	基本原理
理性选择	帕特诺斯特	理性选择理论认为不需要完整的信息行为就能发生
理性选择	阿尼瓦尔和洛克伦	随着时间的推移，个体会根据他们在犯罪经历中收到的反馈来更新风险感知
理性选择	费根和皮克罗	当惩罚风险和成本增加时，犯罪率会随着时间的推移而降低
日常活动	梅斯纳和塔迪夫	在以极端贫困和婚姻破裂（即离婚或分居）为普遍特征的社区，凶杀率往往最高
日常活动	科恩和菲尔逊	目标的可获得性、缺乏监督人和有犯罪动机个体的出现，这三个变量反映了日常生活活动，有助于掠夺性犯罪的上升
日常活动	奥斯古德和安德森	与同伴在无组织的活动中度过的时间可以在很大程度上解释少年犯罪率的变化，即使这些少年上的是不同的学校
日常活动	诺瓦克和克劳福德	参与宗教和社区活动对女孩随后的越轨行为有缓和作用

实证主义与未成年人违法犯罪

这一部分将探讨生物学和心理学实证主义的观点，以了解这些理论如何加深我们对未成年人违法犯罪行为发生原因的理解。实证主义者并没有像理性选择理论者那样，将未成年人违法犯罪视为一系列可供选择的行为中的逻辑选择；相反，他们认为社会世界就像物理世界一样，是按照法律或规则运作的。因此，实证主义认为，少年违法者受到生物学或心理学因素的影响，这些因素（1）破坏或改变了他们的决策能力；（2）可以通过使用社会科学技术来识别。

实证主义成为少年司法的主导哲学观点，与此同时，少年法庭在 19 世纪的最后一年成立。在进步时代，席卷美国社会的乐观主义浪潮使实证主义或者是研究社会问题的社会科学方法被人们所接受。新兴社会科学学说使改革者相信社会问题可以通过应用实证主义原则来解决。最初的步骤是收集案件的所有事实。利用这些数据，人们期望改革者用科学的方法分析问题，并发现解决问题的办法。

有了这些原则，20 世纪初社会改革家们开始着手处理犯罪问题，他们相信自己知道如何找到犯罪的原因。有进步人士首先关注环境因素，提出贫困是犯罪的主要原因，其他实证主义者则被优生学的学说所吸引，相信某些生物学特征驱使年轻犯罪人犯罪，最终，与环境或生物学的观点相比，犯罪的心理根源更被人广泛接受。

想一想

理性选择理论认为，人们对自己的行为会做出有意识的和明智的选择，无论出于何种原因，他们有时会选择犯罪或违法行为，而不是遵守社会规则。为什么他们会做出倾向于犯罪的选择呢？难道他们不担心自己的选择可能带来的后果吗？

生物学和心理学实证主义与未成年人违法犯罪

生物学实证主义、社会学实证主义和心理学实证主义是用来解释犯罪的三种实证主义，下面将一一进行解释。

生物学实证主义的早期形式

对犯罪行为的生物学解释有着悠久的历史。例如，面相学的研究是由古希腊人发展起来的一门学问，它试图通过外表来辨别个人的内在品质。事实上，那个时期的一位面相学家就指出，苏格拉底的脸反映了一种残忍的本性。

美国对生物学实证主义的关注可以分为两个时期，第一个时期由以下特点组成：

- 19 世纪下半叶和 20 世纪初的自然 – 养育争论；
- 意大利犯罪学家切萨雷・龙勃罗梭（Cesare Lombroso）19 世纪晚期提出的身体异常理论、系谱研究和人类体型（身体类型）的相关理论的影响，这些理论代表了将犯罪和违法与生物学因素联系起来的早期方法。

龙勃罗梭被认为是生物学实证主义的奠基人，他最著名的理论是返祖性犯罪人理论。根据龙勃罗梭的说法，天生犯罪人是返祖性的，也就是说，他是一个返回到早期进化形式或水平的人。龙勃罗梭认为，返祖个体表现出男性和女性在早期进化时期最原始的特征，这种特征会周期性地在某些人身上重现，导致他们犯罪，因为他们也可能拥有原始的冲动。

大约在同一时间，美国著名心理学专家、优生学专家亨利・戈达德（Henry Goddard）发现，在他所研究的少年违法者中至少有一半有精神缺陷，这一发现引发了十多年的激烈争论。戈达德的发现与美国犯罪学家埃德温・H. 萨瑟兰（Edwin H. Sutherland）的发现相矛盾，萨瑟兰很快就阻止了未来对智力与犯罪之间关系的调查研究。萨瑟兰在对少年违法者和罪犯的智商研究进行评估时得出结论，认为罪犯智商较低的现象更多地与测试方法和记分方式有关，而与罪犯的实际心智能力无关。

最后，德国医学研究人员恩斯特·克雷奇默（Ernst Kretschmer）提出存在两种身体类型的观点：精神分裂性气质者的体型和躁郁性气质者的体型。[①] 据克雷奇默说，精神分裂性气质者的人体格健壮、肌肉发达，而躁郁性气质者皮肤柔软、缺乏肌肉。

20 世纪初，其他著名的社会研究者如美国人威廉·谢尔顿（William Sheldon）、谢尔顿·格卢克（Sheldon Glueck）和埃莉诺·格卢克（Eleanor Glueck）、胡安·B. 科尔特斯（Juan B.Cortes）和弗洛伦斯·M. 盖蒂（Florence M.Gatti），也支持体型理论。科尔特斯和盖蒂甚至利用体型理论发展了一个广泛的少年犯罪的生物心理学理论。

当代生物学实证主义：社会生物学与生物社会犯罪学

生物实证主义第二阶段的核心是社会生物学，它强调个体内部的生物因素与特定环境的影响之间的相互作用，生物学实证主义的支持者认为，与其他行为一样，产生犯罪行为的是遗传特征和社会条件的结合。

学者们通过孪生子和领养研究考察环境和遗传的影响，还探讨了少年犯罪中的智力、神经心理因素（包括大脑功能和气质以及学习障碍）及生物化学因素。下面将对这些调查领域进行逐一探讨。

孪生子和收养研究

大量的孪生子和领养研究表明，遗传因素对行为有影响。这些研究早期得到了丹麦和其他欧洲国家研究的支持，最近在美国的研究中也获得了支持。

孪生子研究

同卵孪生子又称单卵孪生子，与同性异卵孪生子或者异卵双生孪生子（又称异卵孪生子）的比较为探索遗传对人类变异的影响提供了最全面的数据。同卵孪生子是由一个受精卵发育而来的，受精卵分裂成两个胚胎，因此，他们的基因是相同的。异卵孪生子是由两个独立的卵子发育而来，这两个卵子都是在受孕过程中受精的，因此它们的基因大约有一半是相同的。

许多孪生子研究发现了遗传因素对犯罪行为的影响。在 1955 年发表的一项早期研究中，斯堪的纳维亚社会科学家卡尔·O. 克里斯蒂安森（Karl O.Christiansen）和南加州大学 S.A. 梅德尼克（S.A.Mednick）教授报告了从 1870 年到 1920 年对 3586 名对来自丹麦的孪生子进行的跟踪调查，研究使用的小组样本几乎包括 1881 年至 1910 年在丹麦某个地区出生的所有孪生子。通过对这段时

① 克雷奇默首先提出了自己的人格分类，把人格分为循环型和精神分裂型两类。他发现，这两种人格类型与两种气质类型的关系密切：循环型人格与躁郁性气质相对应，而精神分裂症人格与精神分裂性气质相对应。后来他发现，这两种气质类型的人往往表现出不同的体型。——译者注

间的刑事司法统计数据进行检查，发现7172对孪生子中有926起犯罪，来自799对孪生子。尽管这项研究中的一致性比率（即孪生子二人表现出相同特征的频率）低于先前的调查，但仍然是显著的，这表明犯罪行为可能是遗传因素造成的。

将近20年后，明尼苏达大学明尼苏达孪生子和收养研究中心主任小托马斯·布沙尔（Thomas Bouchard，Jr.）对三个大型数据集进行检验，以评估外向性、神经质、亲和性、尽责性和开放性这五种基本人格特质的遗传力。布沙尔总结道："我们在血缘亲戚间看到性格相似性几乎完全是遗传的。"

2003年，荷兰研究人员M. J. H. 里特维德（M.J.H.Rietveld）及其同事对3853对孪生子进行了一项研究，发现共享环境（通常被认为是家庭环境）对孩子的过度活跃水平几乎没有影响。这项来自荷兰孪生子登记处的孪生子研究表明，注意力问题更多的是由于遗传因素而不是环境的影响，这项研究增加了支持遗传因素在人类行为决定因素中具有重要作用的文献的分量。

2009年，一项来自明尼苏达孪生子家庭研究的数据分析发现，同卵孪生子的孩子有着相似的脑电波模式，在能力（算术和词汇）方面变得更加相似，并且倾向于在大约相同的年龄死亡。随着年龄的增长，异卵孪生子在能力上变得不那么相似，在脑电波模式上也没有表现出那么多的相似性，而且很可能在不同的年龄死亡。

收养研究

一项对犯罪行为进行的最大规模的系统收养研究调查了1924年至1947年间丹麦所有的非家庭收养，抽样调查对象包括14 427名男性和女性被收养者及其亲生父母和养父母。在这项研究中，丹麦研究员卡尔·O. 克里斯蒂安森得出结论，在预测孩子的犯罪倾向方面，亲生父母的犯罪行为比养父母的犯罪行为更为重要，这一发现表明某些因素或与犯罪有关的因素存在遗传传递。

总而言之，来自这些和其他关于孪生子和被收养者研究的相关证据令人印象深刻。然而，这种孪生子研究方法存在许多缺陷。同卵孪生子和异卵孪生子相似性的差异告诉我们，只有在同卵孪生子——异卵孪生子的差异与环境差异无关的情况下，才有可能与遗传有关。另外，孪生子的数量很少，使得进行充分的统计比较变得困难。此外，确定孪生子是同卵还是异卵并不总是那么容易。最后，对犯罪和违法的官方定义尽管有其局限性，但都是专门使用的。

智力

随着20世纪60年代和70年代人们对社会生物学的接受程度日益提高，研究人员再次将注意力转向智力，认为智力可能是少年犯罪行为的一个因素。对此已经开展了大量的研究，包括社会学家罗伯特·A. 戈登（Robert A.Gordon）的一项研究，他对犯罪流行率和犯罪发生率进行了比较，发现无论在农村或城市的任何特定地理位置，少数民族未成年男性的逮捕率和出庭率都高于白人未成年男性或女性。戈登提出，智商可能是非法行为持续的差异性的最有力解释。在另一篇论文中，戈登指出“低智商比收入、教育或职业地位更能成功地解释黑人 – 白人的犯罪差异”。

特拉维斯·赫希和迈克尔·欣德朗对三项研究重新进行检验，包括赫希从加利福尼亚收集的早期数据、马文·E. 沃尔夫冈（Marvin E.Wolfgang）和同事收集的来自费城的数据及约瑟夫·G. 韦斯（Joseph G.Weis）收集的来自华盛顿州的数据，发现“充分的证据表明智商在预测少年违法犯罪方面比种族和社会阶层更重要”。这些研究人员反对智商测试存在种族和阶级偏见的观点，并提出智商测试不利于中产阶级的白人年轻人，而不是对少数民族年轻人不利。研究结论是独立于种族和民族的低智商影响未成年人的学校表现，导致增加了其犯罪行为的可能性。

2011 年，汤姆·肯尼迪（Tom Kennedy）、肯特·伯内特（Kent Burnett）和威廉·爱德蒙（William Edmonds）对一批少年违法者进行检验以确定哪些人更有可能因暴力与非暴力犯罪而被监禁。他们发现较低的语言智力，特别是通过学校成绩测试衡量的阅读能力与犯罪人身份密切相关，可以用来正确划分暴力犯罪人。

最近，一项由鲁斯·库尔霍夫（Roos Koolhof）、罗尔夫·洛伯（Rolf Loeber）、伊夫林·魏（Evelyn Wei）、达斯汀·帕迪尼（Dustin Pardini）和安妮马特·科洛特·德斯库里（Annematt Collot D’Escury）进行的研究发现，做出严重犯罪行为的男孩通常都是冲动型的，但智商较高的严重少年违法者似乎应该有更好的认知控制系统，这项研究的结论是，针对低智商男孩的干预措施应侧重于矫正行为冲动和认知冲动。

当今的研究人员明白，无论智商和犯罪之间的关系如何，这种联系都会因环境因素而进一步加强，如家庭环境、学校表现和同伴的影响。

神经心理学因素

一些神经心理学因素似乎比其他因素更直接地与犯罪行为相关，与其他因素相比，如下这些神经心理学因素在各种研究中受到了更广泛的关注。

- 由德英心理学家汉斯·艾森克（Hans Eysenck）开展的关于自主神经系统的经典研究，起源于早期试图了解体质因素与犯罪之间的关系，但其本人提出的社会生物学理论更进一步地指出了生物和环境因素的相互作用。艾森克认为，有些孩子由于其自主神经系统的遗传敏感性，在道德上比其他孩子更难培养。他认为，个体的范围是从那些很容易激发条件反射的人，到那些很难抑制条件反射的人，再到那些条件反射难以调节并容易消除的人。然而，艾森克说，孩子的道德条件作用也取决于孩子在家庭中所接受的条件反射教育的质量。
- 罗纳德·L. 西蒙斯（Ronald L.Simons）和他的同事们使用由数百名非裔美国男性组成的样本数据进行纵向研究，检查三种基因的变异方式——5– 羟色胺转运体基因、多巴胺受体基因和单胺氧化酶基因——如何调节社区逆境和家庭逆境对个体适用街道行为准则和实施侵犯行为的影响，他们发现这三种基因中的任何一种变异都使犯罪人更容易适用街头行为准则和行为攻击模式。

大脑功能与气质

儿童的气质很难定义，但更容易被与之相关的行为所识别。活动和情感是其中的两种行为，术语“活动”在这里指的是大运动动作，如移动手臂和腿、爬行或行走。

参与少年法庭的未成年人经常遭受精神健康方面的困难和障碍，这些精神健康障碍是导致未成年人参与犯罪行为和犯罪活动的一个重要因素，这已经是一个标准的调查结果。哪些特定的心理健康障碍可以预测因严重或暴力犯罪而被拘留，帕特里夏·斯托达德–达雷（Patricia Stoddard-Dare）和同事对此进行了研究。他们发现被诊断为患有注意力缺陷/多动障碍和行为障碍的年轻人实施个人犯罪和随后被拘留的可能性显著降低。相反，患有双相情感障碍的年轻人实施个人犯罪和随后被拘留的可能性显著增高。

与同龄人相比，运动量过大的儿童有时被贴上“多动症”的标签，或者被称为注意力缺陷/多动障碍。情绪性的范围从几乎没有反应到失控的强烈情绪反应。

多动的孩子在气质上仍然是一个谜，这种类型的孩子有三种行为特征：（1）注意力不集中（孩子很容易分心，不想去听）；（2）冲动性（他从一个活动转向另一个活动非常迅速）；（3）过度的运动（他不能安静地坐着，跑来跑去、喋喋不休和吵闹不停）。教育工作者注意到，患有注意力缺陷/多动障碍的儿童很难坚持完成任务，在学校环境中很难获得学业成就，在认知上很难保持条理性，对自己行为很难控制。

注意力缺陷/多动障碍是影响儿童的神经行为障碍中最常见的一种，在美国有5%～10%的儿童患有这种障碍。研究表明，三分之二的多动症儿童至少有一种其他症状，如抑郁、焦虑或学习障碍。还有证据表明，患有多动症的儿童除了那些在学校里的问题外，还有其他的问题，这些问题行为增加了少年参与违法行为的可能性，甚至在其成为成年人之后仍在犯罪。以下是关于注意力缺陷/多动障碍的其他信息：

- 不注意细节或粗心犯错；
- 无法保持注意力；
- 似乎不会听；
- 难以按照指示执行；
- 缺乏组织能力；
- 不喜欢需要持续脑力劳动的工作；

- 东西随意摆放；
- 容易分心；
- 容易健忘。

学习障碍

有证据表明，学习障碍与参与犯罪行为之间存在联系。

学习障碍可能对个人生活的许多方面，如上学或工作、家庭生活、日常生活甚至友谊和游戏存在终生影响。有些人有多重学习障碍，而另一些人可能只有一个单独的学习问题，对他们生活的其他领域几乎没有影响。学习障碍可以分为以下三类：

1. 发展性言语和语言障碍；
2. 学术技能障碍；
3. 其他（其他分类未涵盖的特定协调障碍和学习障碍的所有类别）。

学习障碍最常见类型有失读症、失语症和运动机能亢奋过度。失读症表现为阅读问题，特别是无法解释书面符号。失语症主要是言语表达困难，通常由听觉和视觉缺陷引起。运动机能亢奋过度通常等同于多动症，是过度的肌肉运动。下面所描述的发展器质性或神经性疾病以注意力缺陷 / 多动障碍以多动 – 冲动型为主（ADHA-HI），是导致学习障碍的主要原因，包括出生损伤或任何导致早产、婴幼儿疾病、头部受伤或缺乏适当的健康护理或营养：

- 在椅子上扭来扭去或坐立不安；
- 坐着不动有困难；
- 过度攀爬或奔跑；
- 很难安安静静地参加活动；
- 他的动作非常活跃；
- 过于喋喋不休；
- 提问还没结束就迫不及待说出答案；
- 轮流做某事和等待别人需要付出努力；
- 经常打断或侵犯他人的权利。

学习障碍与少年违法犯罪之间存在联系的可能性一直是争论的焦点，但研究结果却五花八门。虽然学习障碍与未成年人违法犯罪之间的联系值得怀疑，但事实是有学习障碍的少年确实学习成绩不理想，少年司法系统的法官在处理案件时似乎受到他们在学校表现不佳的影响。

如前所述，学习障碍最常见类型有失读症、失语症和运动机能亢奋过度。导致学习障碍的主要原因是器质性或神经性疾病，包括出生损伤或任何导致早产、婴儿或儿童疾病、头部受伤或缺乏适当的健康护理或营养。

最近的一项研究调查了学习障碍和少年违法犯罪之间的联系。社会工作者凯伦·马特·大岛渚（Karen Matta Oshima）和他的同事利用美国中西部某州的经验数据进行调查，发现残疾少年的少年法庭申诉率高于类似的低收入同龄人。

生物化学因素

研究表明，有些未成年人违法犯罪行为可以归因于体内矫正分子失衡或脑毒性（“矫正分子”一词是指体内矫正化学物质的平衡）。生物化学家认为，当正常功能受到饮食、污染物和 / 或遗传缺陷的影响时，如对某些物质过敏、异常缺陷或大脑分子浓度过高，会导致各种心理和行为问题，包括犯罪。

例如，2011 年的一项研究对暴力倾向进行检验，确定影响负面行为结果的早期健康风险因素，这些因素包括产前和产后营养、孕期吸烟、母亲抑郁、出生并发症、创伤性脑损伤、铅暴露和儿童虐待。由此形成的框架强调围生期和产后阶段，此时儿童的发展至关重要，行为和环境改变的机会很大。

总之，有人支持这样的观点，即由于营养不良、过敏和接触铅等物质而导致的体内化学物质失衡与未成年人违法犯罪行为有关。但是这种联系非常微弱，尽管不良的饮食和维生素缺乏可能会影响未成年人的情绪感受，但并不一定意味着未成年人会卷入违法犯罪行为。

生物社会学观点

在过去 10 年或 20 年里，出现了新的少年犯罪视角，关注生物学和社会学的相互作用，被称为生物社会犯罪学，将生物学与物理和社会环境之间的相互作用视为理解人类行为（包括少年犯罪和成人犯罪）的关键。尽管传统的生物学方法与生物社会研究者有着共同的兴趣领域，但目前的生物社会犯罪学研究并不试图确定犯罪基因或寻找导致犯罪的大脑特定区域。相反，他们试图探索人体生理学的不同方面，并研究人类有机体如何与周围环境相互作用以产生行为。尽管生物社会理论家认识到了个体的 DNA、遗传力、环境污染物、营养、激素、身体创伤（特别大脑创伤）和身体化学物质在认知、感觉和行为中的作用，但仍然强调的是生物与文化和社会环境之间的相互作用产生了行为，遵守社会规则和犯罪都是这种相互作用的结果。

一些生物社会学理论，包括宾夕法尼亚大学犯罪学家阿德里安·雷恩（Adrian Raine）提出的理论，强调了一串生物标志物之间相互作用的重要性，这些生物标志物包括大脑功能障碍、葡萄糖代谢、营养不良、生理反应（如皮肤抵抗力和心率）及产生越轨和犯罪行为的社会环境。雷恩认为，对生物指标的测量和对社会环境的观察可以用于准确地识别在未来会做出犯罪行为的个人。

尽管对整个生物社会犯罪学范围的讨论超出了本书所涵盖的范围，但应当指出，儿童和十几岁孩子的大脑发育是生物社会研究的中心领域。例如，最近，加州大学欧文分校心理学和社会行为学教授伊丽莎白·考夫曼（Elizabeth Cauffman）向一位州立法者提问："为什么大多数少年开车时都会觉得大脑缺失了一部分？"她的回答是："因为他们就是那样。"考夫曼描述发育神经生物学领域的最新发现显示，前额叶皮层是大脑中控制冲动、体验情感的部分，这一部分直到 25 岁左右才完全形成。尽管人类大脑在生命早期就发展出处理感官输入信息的能力，同时也发展出控制身体功能的能力，但最后发展起来的心理部分是坚实的判断力。本书第 1 章的故事回顾了对人类神经发育的最新理解，以及它们对美国最高法院有关未成年人的裁决所产生的影响。因此，对人类神经发育的最新理解对美国最高法院有关未成年人的裁决产生了影响。下面报告了一项关于犯罪少年功能损害的研究结果。

违法未成年人的功能损害

一项对芝加哥库克郡未成年人临时拘留所的未成年人进行的纵向研究，发现少年违法者在社会中存在问题，参与者是西北未成年人项目的一部分，是 1995 年 11 月 20 日至 1998 年 6 月 14 日期间被逮捕和扣留的 1829 名少年（10 至 18 岁）。作者呈现了他们对参与者功能损害的检验结果，这些结果是在他们从拘留所被释放三年后进行的评估。主要结果包括：

- 只有 7.5% 的年轻人没有明显的功能障碍；
- 大约每五个少年中就有一个存在明显的功能受损；
- 功能明显受损的男性比女性更常见，但女性比男性更容易在心境 / 情绪和自残方面受到严重损害；
- 就居住在社区的男性而言，非裔美国人和西班牙裔比非西班牙裔白人更容易在学校和工作中受到严重功能损害。

这项研究与其他发现一致，即少年司法系统中的大多数少年都有社会、学习和精神方面的困难。

思辨与讨论：如果像这项研究和其他研究所显示的那样，少年违法者作为一个群体受到损害，那意味着什么？

心理学实证主义

有理论提出，未成年人违法犯罪是因为他们有潜在的情感问题或干扰。根据这些理论，未成年人在家里可能没有得到足够的养育，而且情感匮乏，他们很难在社会环境中发挥作用，比如在上学、体育运动或社区活动中，他们可能感到沮丧、愤怒或被疏远，这会对他们沾染毒品和酒精、参与财产犯罪，甚至暴力犯罪产生影响。心理学家认为，不同性别、种族/民族和阶级之间都存在这种情感，这些在解释犯罪行为方面最终比社会因素更重要。因此，心理学实证主义不同于古典的和当代的生物学实证主义，前者更关注人格的情感构成，而不是个体的生物本质。最初，精神分析理论（弗洛伊德学说）被广泛地应用于少年犯罪，但最近其他的行为主义和人本主义心理学流派也已经用于解释少年犯罪问题。

精神分析的解释

20世纪早期，作为20世纪最著名的心理学家西格蒙德·弗洛伊德（Sigmund Freud）创建了著名的精神分析理论，关于未成年人违法犯罪，弗洛伊德提出了在20世纪大部分时间里具有影响力的三个见解：

1. 儿童尚未学会控制本我的原始驱动力（原始本能和原始动力），他们很难区分社会可接受的行为和社会不可接受的行为；
2. 儿童必须学会控制他们的性冲动和攻击冲动，这会使孩子们必须以社会可接受的方式来缓解内心紧张；
3. 儿童在五岁时的情感经历会影响他的余生。童年期经历的情感创伤，包括无意识的负罪感，很可能导致终生的心理问题。

其他的心理学家已经将精神分析的观点应用于少年违法者的情境研究中，其中一些研究如下：

- 理论先驱者威廉·希利（William Healy）关注由不满意的家庭关系引发的心理冲突；
- 出生在维也纳的精神分析学家奥古斯特·艾其霍恩（August Aichhorn）认为，由于家庭关系的冲突性，少年违法者对父母有很大的怨恨，会把他们的怨恨转移到其他权威人物身上；
- 奥地利出生的精神病学家凯特·弗里德兰德（Kate Friedlander），主要研究人格中反社会特征的发展，如自私、冲动和不负责任，弗里德兰德将这些特征定义为幼儿时期自我发展紊乱的结果。

寻求刺激和未成年人犯罪

寻求刺激是一种与心理学实证主义完全不同的路径。根据最佳唤醒理论，寻求刺激可以被定义为“个体对变化的、新奇的和复杂的刺激和体验的需求，以及为了这些体验而愿意承担身体风险和社会风险的意愿。”寻求刺激的观点假设有机体被驱使或激励以获得最佳的唤醒水平。这种对刺激的追求会成为导致未成年人违法犯罪的因素吗？

一些观察家已经注意到，未成年人违法犯罪是一项令人愉快的活动。在 2004 年的一项研究中，R.N. 罗宾斯（R.N.Robbins）对冲动性寻求刺激和未来取向之间的关系进行研究，发现未来取向更积极的人在性行为中使用大麻、烈性毒品和酒精的可能性更小，而且比那些不太乐观的人存在更少的酒精问题；相反，越冲动的少年存在的酒精、饮酒、安全套使用、吸烟等问题越多。在 2004 年的另一篇文章中，M.D. 斯莱特（M.D.Slater）和他的同事对媒体暴力和攻击性之间的关系进行研究，发现这种联系在那些受同龄人伤害，寻求刺激的学生中表现得更为明显。

加州大学洛杉矶分校社会学家杰克·卡茨（Jack Katz）在其颇具争议的著作《危机传导》（*Conductions Of Crisis*）中推测，当个体做出犯罪行为时，他们会卷入“一个情感过程”“具有特殊动力的诱惑和强迫”，正是这种“神奇的”和“变革性的”体验使违法犯罪变得“明智”，甚至“在感官上令人不可抗拒”。例如，卡茨曾说过，对于许多青春期少年来说，商店行窃和破坏公物给人一种“令人激动的情节剧的吸引力”，因为“除了被拿走的东西之外，他们可能认为‘得逞’是令人激动的个人能力的表现，尤其是这些行为是在成年人的眼皮底下完成的”。

卡茨认为，我们不应该从传统的关注背景因素的角度来看待犯罪或违法行为，而应该更多地考虑情境因素中直接导致反社会行为和反映犯罪欲望的突出因素。卡茨认为，犯罪人的直接社会环境和经验鼓励他们将犯罪行为视为在感官上是不可抗拒的。

想一想

一些理论家提出寻求刺激可能与更高的少年违法犯罪风险有关，而那些千方百计寻求刺激的年轻人比其他人更容易犯罪。如何引导寻求刺激的年轻人做出积极的、有益的活动呢？

强化理论

詹姆斯·Q. 威尔逊（James Q. Wilson）和里查德·赫恩斯坦（Richard Herrnstein）的犯罪与人性理论将生物社会因素、心理学研究与理性选择理论相结合，重新发展了强化理论。威尔逊和赫恩斯坦在强化理论（reinforcement theory）的背景下考虑犯罪和非犯罪的潜在原因，强化理论认为行为受其相应的奖惩所支配，这反映在个人的历史生活上。

威尔逊和赫恩斯坦认为，犯罪回报表现为物质利益、对敌人的报复、同伴认同和性满足，犯罪后果包括良心上的痛苦、同伴反对、被害人报复，最重要的是惩罚的可能性。犯罪回报往往更直接，而非犯罪回报往往体现在未来。威尔逊和赫恩斯坦展示性别、年龄、智力、家庭、学校、社区、劳动力市场、大众媒体、毒品及跨时间、跨文化和跨种族的变化是如何极大地影响犯罪行为倾向的，特别是暴力犯罪的倾向。

2011 年，詹妮弗・史蒂文斯（Jennifer Stevens）及其同仁进行发展模式研究，用于解释人生不同阶段有不同类型的犯罪，对 800 名被监禁在中西部州的少年违法者进行数据调查发现，年轻人可能为了追求内在的满足感而参与犯罪，由于从同伴那里获得外在的满足感而继续参与违法犯罪。

你会怎么做

很多人认为，作为一个块头更大、更强壮的男性员工，我在与少年当事人合作时具有优势。然而，这不是我的优势，而是最大的劣势之一。我必须特别努力地与当事人建立关系，否则很多人会害怕我。一位当事人曾说："你不像我想象的那么刻薄。"在这之前，我没有与该当事人共事的经验。当我着手处理不同的状况时，我需要意识到我的大块头。有一天，我遇到了一件事，在当事人看到我走在门口时，他做出了更具攻击性的姿势，克服这一点的方法是使我的声调更柔和，确保我不会当即变得咄咄逼人，也不会进行权力争斗。你会怎么做呢？

人格与犯罪

基于特质的人格模型为探索犯罪行为的根源提供了另一个视角。特质是与各类行为有关的个体本质的人格特征，包括违法行为和犯罪行为。在这一领域做出了贡献的研究包括以下这些内容。

- 谢尔顿・格卢克和埃莉诺・格卢克的经典研究《解开未成年人犯罪之谜》（*Unraveling Juvenile Delinquency*）对 500 名少年违法者和 500 名非少年违法者进行了抽样调查，试图发现这两类群体在人格特征上存在的显著差异，发现与非少年违法者相比，少年违法者更富有挑战性、对待权威心里更矛盾、更加外向、更害怕失败、更为愤懑敌意、更加多疑和防御性更强。
- 约书亚・D. 米勒（Joshua D. Miller）和唐纳德・R. 林纳姆（Donald R.Lynam）对人格的基本模式进行了元分析，确定了反社会人格的某些特征——敌意、自我为中心、充满恶意、嫉妒和对他人漠不关心。反社会的个体往往缺乏野心、毅力和动机，拥有非传统和非正统的价值观与信念（如责任心低），难以控制自己的冲动。
- 罗尔夫・洛伯和杰弗里・伯克（Jeffrey Burke）在 2011 年的一篇文章中对有关犯罪行为发展路径的实证性研究进行了总结，该研究的一个重要贡献是确定了不同的破坏性行为障碍的诊断路径，包括对立违抗性障碍、行为障碍和反社会人格障碍。

精神病态者

顽固不化的少年违法者有时被诊断为精神病态者，也称为反社会者。根据美国精神病学协会《精神障碍诊断和统计手册（第 4 版）》（*Diagnostic and Statistical Manual of Mental Disorders, DSM-*

IV），这类人通常被诊断为行为障碍。精神病态者或反社会者是不受欢迎的、被排斥的孩子，他们长大后仍然是未被教化的“孩子”，他们对他人从不信任或忠诚。赫维·克莱克利（Hervey Cleckley）很早就描述了这种类型的人格表现，列出了他在实践中注意到的 16 个特征。最近，犯罪心理学家罗伯特·D. 黑尔（Robert D. Hare）和他的同事研发了一个新的精神病态检测表，用于有行为障碍的反社会人格者。清单中最重要的项目如下：

1. 狡猾和操纵；
2. 缺乏悔意或愧疚感；
3. 冷漠和缺乏同情心；
4. 缺乏现实的长期目标；
5. 冲动；
6. 对自己的行为不负责任。

心理学家琳达·米利（Linda Mealey）认为，有两种反社会者——初级反社会者和次级反社会者。一般认为，初级反社会者具有遗传特点，这促使他们实施非法行为；相反，次级反社会者在体质上是正常的，但却受到诸如养育不良等环境因素的影响。因此，米利认为，一类反社会行为有遗传基础，另一类则是环境诱导所致。

有些研究者对测量未成年人的精神病态和暴力行为之间的关系有兴趣。当前已经有至少四种工具用来评估未成年人的人格异常特征：

- 《精神病态检测量表：未成年版》（*Psychopathy Checklist, Youth Version, PCL:YV*）；
- 两种版本的《反社会过程筛查设计》（*Antisocial Processes Screening Device, APSD*）；
- 以米伦少年临床问卷为基础的《精神病态内容量表》（*Psychopathy Content scale on the Millon Adolescent Clinical Inventory, MACI*）。

在最近的一项研究中，丹尼尔·C. 莫里（Daniel C. Murrie）和同仁的研究发现 PCL:YV 分数与先前暴力的严重程度、暴力犯罪史和监禁机构暴力显著相关。大约在同一时间，雷蒙德·R. 科拉多（Raymond R.Corrado）和同仁的研究显示，PCL:YV 分数能够显著预测男性少年违法者的暴力再犯和一般再犯。

2012 年，杰森·奈兰（Jason Neland）和迈克尔·迈纳（Michael Miner）对触怒儿童和触怒同伴的青春期男性的精神病态特征进行研究，他们发现大多数精神病态特征和反社会行为在所有性犯罪人中都相似，而母亲的功能障碍和自恋特征将少年违法者中的性犯罪人与非性犯罪人区分开来。

患有精神疾病的未成年人 / 情绪失常的少年违法者

根据德赛（Desai）及其同事的调查，在少年司法系统中，65% 的未成年人被诊断为精神或物质滥用障碍，75% 的受访者患有一种疾病，符合两种或两种以上障碍的诊断标准。另一项研究发现多达 70% 的被监管未成年人患有精神障碍，而 66% 的未成年人患有双重障碍，同一项研究还发现，20% 的未成年人患有严重的精神疾病，导致他们无法作为一个年轻人发挥作用，也无法成为一个负责任的成年人。

一位名叫哈蒙德（Hammond）的研究者说，当一个孩子因为焦虑或抑郁而无法正常生活时，就会出现情绪障碍。她说道，据估计，每 33 个儿童中就有一个，以及每八个未成年人中就有一个受到抑郁症的影响。研究还表明，少年违法者的抑郁率往往高于其他未成年人。当涉及像多动症这样的行为障碍时，男孩受影响的可能性是女孩的两到三倍。在拘留所，30% ~ 50% 的未成年人被诊断为破坏性行为障碍。

认知理论

另一种被应用于未成年人违法犯罪行为的心理学方法是认知理论，这要归功于 20 世纪中叶的瑞士心理学家让·皮亚杰（Jean Piaget）。他提出儿童的推理过程是有序发展的，是通过自我激励作用建构认知能力的，将儿童的认知发展划分为以下四个主要时期：

1. 感觉运动期（0~2 岁）；
2. 前运算时期（2~7 岁）；
3. 具体运算时期（7~11 岁）；
4. 形式运算时期（11 岁到成年期）。

最后一个阶段是儿童过渡到成年，并开始有效地运用抽象和逻辑思维的时候。

劳伦斯·科尔伯格（Lawrence Kohlberg）后来将认知理论应用于儿童道德判断中，分为三个水平和六个阶段。他就“海因茨的困境”采访了来自芝加哥的 72 名白人男孩，询问他们，一个名叫海因茨的虚拟人物，他经济非常拮据，为他垂死的妻子偷药治病是对还是错？科尔伯格发现，年幼的孩子们认为他们别无选择，只能遵守当局制定的规则。因此，处在第一个发展阶段的孩子会认为海因茨偷药是错误的，“因为偷是不好的”“或者因为偷是违法的”。然而，大多数孩子后来会意识到这个两难困境，如何从自身利益出发做出符合道德的选择（第二个阶段）。改善个人关系是第三个阶段主要关心的问题，而到了第六个阶段，个人会为了社会道德、正义而努力，甚至违抗不公正的法律。

科尔伯格后来将研究扩展到犯罪人，发现犯罪人的道德判断明显低于非犯罪人，前者的大多数处于发展的第一和第二阶段，而后者的大多数可能处于发展的第三和第四阶段。后来在对少年违法者的研究中，科尔伯格发现他们被“卡在”道德不成熟的状态，通常可以处于前三个阶段中的任何一个阶段。进一步研究发现，许多顽固不化的少年违法者处在惩罚阶段（第一阶段），因为他们只相信某些事情是对的或错的，因为如果你做了在社会上被认为是错的事情，就会受到伤害。

作为认知理论的代表人物，亚伦 · T. 贝克（Aaron T. Beck）也对犯罪人进行了调查，发现犯罪人的个人脆弱感表现为对特定类型的社会对抗（包括支配或轻蔑）的敏感，这些人的反应是反击或攻击较弱的对手。无论是青少年还是成年人，暴力犯罪者都将自己视为被害者，将他人视为施害者。犯罪人的思想是由诸如“权威的控制和惩罚”“配偶的欺骗”“拒绝和操纵”“他人的自私”“敌对和背叛”“无人可以信任”等僵化的思想所塑造的。

总之，一些心理学理论试图解释违法和犯罪行为，有文献综述将这些解释分为以下五类：

1. 学习理论；
2. 智力理论；
3. 人格理论；
4. 精神病态理论；
5. 认知和社会发展理论。

纵观心理学理论，可以得出结论：大多数犯罪分子在正常人格范围内，他们具备一定的心理特质，但有的犯罪分子带有严重的情绪缺陷。表 3–2 是对犯罪的生物学、社会生物学和心理学理论进行的总结。

表 3–2　犯罪的生物学、社会生物学和心理学理论综述

理论	提倡者	确定的犯罪原因	研究支持度
返祖的（或天生的）犯罪人	龙勃罗梭	返祖犯罪人是早期进化形式的回归	弱
谱系学研究	达格代尔（Dugdale）、戈达德	犯罪倾向是遗传的	弱
身体类型	谢尔顿、格卢克夫妇、科尔特斯、盖蒂	中胚层体型与犯罪有关	弱
遗传因素	克里斯蒂安森、梅德尼克	孪生子和收养研究表明遗传对犯罪倾向有影响	中等强度
生物社会学因素	阿德里安 · 雷恩、凯文 · 比弗（Kevin Beave）	行为是人类有机体与自然环境和社会环境相互作用的结果	中等强度

续前表

理论	提倡者	确定的犯罪原因	研究支持度
智力	赫希、欣德朗	当智商与环境因素相结合，智商对于犯罪行为而言是一个非常有意义的因素	中等强度
自主神经系统	艾森克	自主神经系统不敏感，以及父母错误的调节，可能会导致不良行为	弱
精神分析理论	弗洛伊德	童年早期经历所产生的无意识动机会导致犯罪	弱
精神病态或反社会人格	克莱克利	内在的空虚和生理上的局限会导致犯罪倾向。	中等强度
强化理论	威尔逊、赫恩斯坦	几个关键的身体和心理因素会导致犯罪	弱
认知理论	皮亚杰、科尔伯格和贝克	缺乏理性和道德发展导致了犯罪行为	中等强度

循证实践

针对那些特别有希望的项目

利普西（Lipsey）等人对近10年公认的一些研究进行总结后发现，一些广受欢迎的项目根本不起作用。例如，尽管公众和专业人士所支持的节目《现身试法》（*Scared Straight*）和《超胆侠》（*DARE*）给人的“感觉良好”，而且似乎很有道理，但花费了数百万小时的时间，损失了数百万美元。

利普西等人的元分析研究让专业人士和实践者更加专注于最有效的方法和相应的计划，研究结果集中在青少年的风险水平、治疗与对照治疗理念、一般项目类型和嵌入模型项目、服务的数量和质量。

针对高风险案例

研究发现，应该关注高风险未成年人而不是低风险未成年人。研究表明，未成年人无论如何都不太可能让自己陷入既花费资金又没有回报的麻烦中。针对高风险未成年人花费时间和成本是值得的，很多研究表明再犯率显著降低。

使用可以促进个人发展的项目

对治疗方案和对照方案的分析显示出相当大的差异。与接受治疗计划的未成年人相比，那些作为纪律灌输项目对象的未成年人、被期望远离犯罪的人和被严密监视或在项目控制下以远离不良行为的人再犯罪率更高。例如，接受发展技能、建立关系、培养洞察力、咨询和病例管理的年轻人进步显著高于对照组。

支持在研究中表现出最大效果的项目类型

一般类型的项目，如不同类型的咨询，都显示出未成年人有积极的收获。小组项目、辅导、混合法、家庭和家庭危机计划都是成功的，并且包括功能性家庭治疗和多系统治疗等“品牌”技术。认知行为疗法、行为技术和社交技能训练在分析中得分较高，正如所预料的那样，在不同的治疗方法中发现了差异，但是这些项目的总体影响是积极的。

执行选定的项目

提供的服务质量和数量很重要，不需要花费太多的费用，适量用于年轻人的“药物”必须得到最大的利益，这些项目的质量，虽然没有很好的报道，但可以通过辍学率、员工流动率和缺乏培训的员工等因素来衡量，后面提到的这些因素必须加以特别注意。

复原力

复原力是未成年人犯罪预防领域最重要的概念之一。当今许多年轻人在生活中面临着许多负面影响，如滥用药物、加入帮派、少女怀孕、校园暴力，等等。尽管有这样和那样的一些困难，一些年轻人仍然保持适应力，他们能够在困难面前坚持自己，成为社区中有用的公民。一般认为，年轻人是有复原力的，他们能够依赖明显的与生俱来的特征来抵御生活不幸或从生活不幸中恢复过来。

犯罪预防专家提到，为什么有些年轻人在遇到不幸时仍然会成长，而其他人却没有。加米泽（Garmezy）将保护年轻人使其远离高风险环境的因素分为以下三个重要的方面：

1. 儿童或少年的个人属性；
2. 家庭内的气氛和资源；
3. 社区内现有支持系统的可用性和依赖性。

例如，杜克大学的乔安娜·马塞尔克（Joanna Maselko）在 2010 年的一项研究发现，母亲与孩子的互动质量在决定孩子成长过程中压力和焦虑水平方面显得尤为重要。特别是，马塞尔克发现，在孩子八个月大的时候给他们提供高水平的母亲般慈爱的情感与压力降低有关，并对成年后的心理健康产生持久的积极影响。研究复原力的学者们还发现，依赖保护性因素将少年与高风险环境隔绝方面存在显著的性别差异。

一些专家认为，当年轻人能够依靠明显的自身特征来抵御生活不幸或从生活不幸中恢复过来时是学习复原力的最好时机。还有支持者提出，当年轻人生活在这样的环境：

1. 充满关怀和支持的环境；
2. 对（自己和他人的）行为和态度抱有很高的期望；
3. 为有意义的参与活动提供机会时，他们的学习弹性最好。

另外，还有研究提出在危险环境中生存的孩子，很大程度上得益于他们的个人品质，如强烈的自信、应对能力和避免危险环境的能力。有研究提出，我们生来就具有一定的适应力，在此基础上发展出社会能力、解决问题的技能、批判意识、自主意识及目标感和责任感，在该研究中，我们试图找出在高风险环境下，具备复原力的年轻人所具有的使他们成功实现生活目标的特征。

2015 年，美国海豹突击队前队员艾瑞克・格雷滕斯（Eric Greitens）收到了另一名前海豹突击队战友的来信，他一直在与一系列问题做斗争，包括酗酒。战友需要帮助，格雷滕斯开始与其通信，告诉他在生活中建立适应力意味着什么，他的信收录在《复原力》（*Resilience*）一书中，解释如何建立目标、面对痛苦、发展职业、施予同情心、寻找导师和创造幸福。该书的论点是我们都会面临困难、怀疑和痛苦，但我们有控制自己生活的工具。这就是发生在年轻人身上的让他们有韧性来应对这些压力和斗争。

理论的重要性

本书第 1 章指出理论和研究是相互交织的，是美国未成年人违法犯罪政策建议的基础（如图 3–1 所示）。研究人员花了大量的时间和精力试图了解未成年人违法犯罪的原因和相互之间的关联。问题是“研究未成年人违法犯罪行为理论有什么价值？”也许这个问题的答案可以在那些接触少年司法系统并被判有罪的少年的生活中找到。

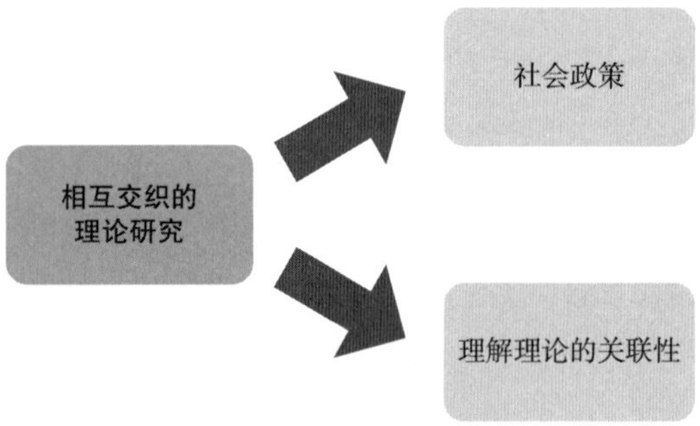

图 3–1　理论的重要性

针对每个少年违法者的生活，都可以提出这样的问题：

- 这个人的家庭背景如何影响他的犯罪过程？

- 在学校好的或坏的表现如何影响后来的行为？
- 他如何受到环境的影响？
- 他为什么会卷入青少年帮派？
- 为什么他会吸毒？
- 是什么让他不再吸毒或参与其他的非法活动？

正如将要讨论的，少年犯罪理论有助于理解为什么年轻人做出这样的行为。具备了这些知识，就可以为那些与违法少年一起工作的人提供指导和方向；具备了这些知识，父母也可以了解如何养育和接纳孩子；最后，具备了这些知识，研究人员可以设计研究，以便能够进一步深入理解未成年人违法犯罪行为的理论知识基础。

埃米·沃特斯的人生历程（九岁）

当埃米九岁的时候，她的父亲为她举办了一个生日派对，邀请了一些埃米在学校的朋友，聚会是在埃米家后院的露营餐桌举行的。一位名叫卡桑德拉的客人，她和埃米差不多大，送给埃米一本一年级的读物作为生日礼物，埃米一直不明白卡西（埃米所认识的那个女孩的昵称）是打算把这本书送给她，还是她把这本书与另外一本书搞混了。当埃米打开礼物时，她觉得自己受到了侮辱。“天呀，”她想，“怎么会有人送我这么幼稚的礼物呢？”难道卡西是想说埃米像个一年级的学生吗？埃米在朋友面前感到尴尬，一打开礼物就勃然大怒，扑向卡西、抓她的头发、把她拖到地上。当她们在后院的草地上翻滚时，埃米的父亲不得不把尖叫的埃米从卡西身上拉开。

本章提道：“理性的概念……假设个体拥有自由意志，不受情绪控制，但很多年轻人似乎没有这种控制能力。”为什么埃米会缺乏自控能力？什么样的经历可以帮助青春期少年建立起自我控制能力？

在下一章中，我们将继续讲述埃米·沃特斯的传奇故事。

第4章

未成年人违法犯罪的社会原因

犯罪之声

莱琼的故事

我记得在小时候，有很多次我妈妈半夜叫醒我们让我们穿上衣服，我们从来没有自己的房子，大部分时间，我们都和祖母住在一个四居室的房子里。妈妈是个很固执的女人，只要她一生气，就会起身离开，带着我们去她朋友家、我爸爸家或我姐姐的爸爸家。

我是一个没有受过教育、没有目标、无用的黑人男孩。那该怎么办？辍学后，我意识到了自己所处的困境，我试图改变自己，努力工作，但我做的大多数工作都是扯淡。情况不太好，钱挣得也不多，所以我说“去他的吧”。

没有教育背景，没有希望，曾经拥有的美好愿望也消失殆尽，这让我有了这样的想法：无论风把我带到哪里都行，随波逐流。生活在水泥丛林，这种态度意味着站在了法律的对立面。

我对自己想要的东西没有耐心。我需要钱，对我来说，靠偷窃来钱太慢，偷了东西必须先找个地方藏起来，再找个人来买，有时还得把东西交给那个要从你手里拿走它的人，对我来说这些步骤太多余。

当时在我的地盘卖毒品是很困难的，因为警车就停在那儿，你肯定不能到另一个地方去卖毒品。

第一次在街上持枪抢劫时，我就只是在抢劫的过程中协助别人，这太容易了。我们会先去踩点，把车停在一个街区，戴着面具，手里拿着枪，大喊大叫，然后“砰”的一声逃离现场（“砰”的意思是钱到手了）。

在第三次抢劫后，我就上瘾了。在第七次抢劫时，我们已经下定了决心，这是最后一次。我有钱、有车，还有一套配有新家具的公寓。我准备金盆洗手了。那我们为什么还要再做一次呢？狗屁，我真不知道，我想其中的原因之一是你得到的越多，你想要的就越多。

入狱是我一生中最重要的一件事，入狱让我意识到犯罪是死路一条。入狱让我意识到，我不仅伤害了自己，也伤害了那些爱我、关心我的人。

这一章详细讨论社会环境的特征，即影响年轻人做出违法犯罪行为的社会结构和社会过程。

社会结构理论

"社会结构"一词有多种含义，如被社会学家使用，可以指群体关系模式，是社会系统内个体相对持久的行为模式，或隐藏在社会系统中影响犯罪行为和犯罪人的社会结构和社会规范。社会结构中的儿童贫困、种族差异、无组织社区、失业率提升等因素导致未成年人违法犯罪行为的发生。

本章所考察的许多社会结构因素可能在一个小男孩的生活中都能找到，比如本章的开头故事的主人公来自一个社会组织混乱和贫困的社区。他很可能是同龄人文化的一部分，与传统价值观没有什么关系，他的确有必须赚钱的压力，加上缺乏合法获取金钱的能力，导致从事非法活动。

根据社会结构理论家的观点，个体层面的解释，如心理学家所提供的解释，无法明确导致未成年人违法犯罪行为的更为重要的潜在的社会条件和文化条件。社会文化理论家认为，整体的犯罪图景反映了社会状况，从而可以产生集体的解决方案。他们认为在减少犯罪的努力中，应当将社会改革而不是个人咨询放在最高优先地位。

社会结构理论家认为，未成年人违法犯罪的原因包括未成年人成长的社会与文化环境和 / 或他们所处的亚文化群体（表 4–1）。

表 4–1　犯罪的文化偏差理论

理论	在理论中确定的犯罪原因	研究支持度
肖和麦凯	未成年人违法犯罪行为是社会化的一种可替代模式，通过这种模式，年轻人作为无组织社区的一部分被社区犯罪价值观和犯罪传统所吸引	中等程度
米勒	下层阶级社会的文化有其独特性，其关注的焦点或价值观使下层阶级社会的男孩更容易卷入犯罪	弱
沃尔夫冈和费拉库蒂（Ferracuti）	暴力亚文化存在于下层阶级社会男性中，这种亚文化使暴力行为"合法化"	弱

以利亚 · 安德森写了一本很有影响力的书，追溯了社区的结构崩溃和犯罪之间的关系。此外，伊

莱贾·安德森（Elijah Anderson）写了一本颇具影响力的书，追溯了社区结构解组与犯罪之间的关系。

伊莱贾·安德森和街道法则

伊莱贾·安德森的街道法则源于安德森在费城两个社区所做的民族志研究，其主题是城市内部年轻人生活中的人际暴力。关于为什么城市内部有如此多的青春期少年卷入暴力和攻击？他得出的结论是：在少年生活的经济贫困和毒品泛滥的社区，“街道法则”已经取代或至少削弱了法律规则。

非正式的规则或行为规范都是为了寻求尊重。对于尊重的理解是“支持者”（或适当的应得）。安德森认为，在这种街头文化中，尊重很难赢得，也很容易失去，需要时刻保持警惕。尊重是社会资本的一种形式，当其他形式的资本无法获得或已经丧失时，尊重这种社会资本尤其有价值。

在城市中心年轻人中，“男子气概”这一概念表达了尊重和认同，男子气概要求冷酷无情和具备一定的照顾自己的能力，还要求具备控制感、责任感、勇气。个人的男子气概必须通过言语、手势和行动来表达。年轻人明确表示，每个人都明白，如果你惹了他们，就会遭受“街头正义”的制裁或严重后果，因为他们足够有男子气概，会让你付出代价。

社会解组理论

社会解组可以被定义为“一个社区结构无法实现其居民的共同价值并维持有效的社会控制”。社会解组理论认为，宏观社会力量（大规模的行动，如移民、种族隔离、经济结构转型、住房歧视）与社区层面的因素（如地区性贫困、家庭破裂、住宅更替）相互作用，阻碍有效的社会组织。这种关注社区社会组织的结构特征和中间过程的社会学观点有助于解释犯罪，同时也认识到更大的历史、政治和社会力量有助于塑造当地的社区。

社会解组理论的思想渊源可以追溯到法国社会学家埃米尔·迪尔凯姆（Emile Durkheim）的著作。在迪尔凯姆看来，失范或无规范状态是由于社会未能对其成员的态度和行为提供适当的规范。当社会及其成员发生了迅速的变化，法律跟不上时代的步伐时，可能会发生监管失控。

肖和麦凯

社会解组理论是由克利福德·R. 肖（Clifford R. Shaw）和亨利·D. 麦凯（Henry D. McKay）在 20 世纪上半叶提出的，肖和麦凯的观点是后来芝加哥社会学派的基础，芝加哥学派特别关注社区的社会特征，并将其作为未成年人违法犯罪的原因。芝加哥学派开创性的调查发现，犯罪率与到城市中心的距离成反比，与社会经济地位成反比，无论该地区的种族和民族构成如何变化，住宅区的犯罪率都持续存在。

社会解组与社区

肖和麦凯认为，未成年人违法犯罪是由于像家庭和社区等传统的最重要群体的社会控制的失败导致的。快速工业化、城市化、移民过程导致社区的混乱，因此，犯罪行为成为一种可替代性的社会化模式，其中未成年人是解组社会的一部分，被越轨生活方式所吸引。犯罪的价值观和传统，取代了传统的价值观和传统，代代相传。

想一想

根据社会解组理论的观点，犯罪是社会控制机制失败和社会秩序混乱的结果。然而，2011 年，日本在地震和海啸灾区几乎没有发生抢劫事件，为什么那里的社会秩序依然完好？

肖和麦凯用生态学的概念来说明社会无组织状态和少年犯罪之间的关系。帕克（Park）和伯吉斯（Burgess）早先曾用社会生态学的观点来解释城市的发展，社会生态学考察人与制度之间的距离和相互依赖性。例如，伯吉斯认为，城市不仅仅是在边界上不断扩张，而且是从中心呈同心圆状径向扩张的趋势，每个同心圆都逐渐向外移动。图 4–1 是伯吉斯设想的增长区示意图。

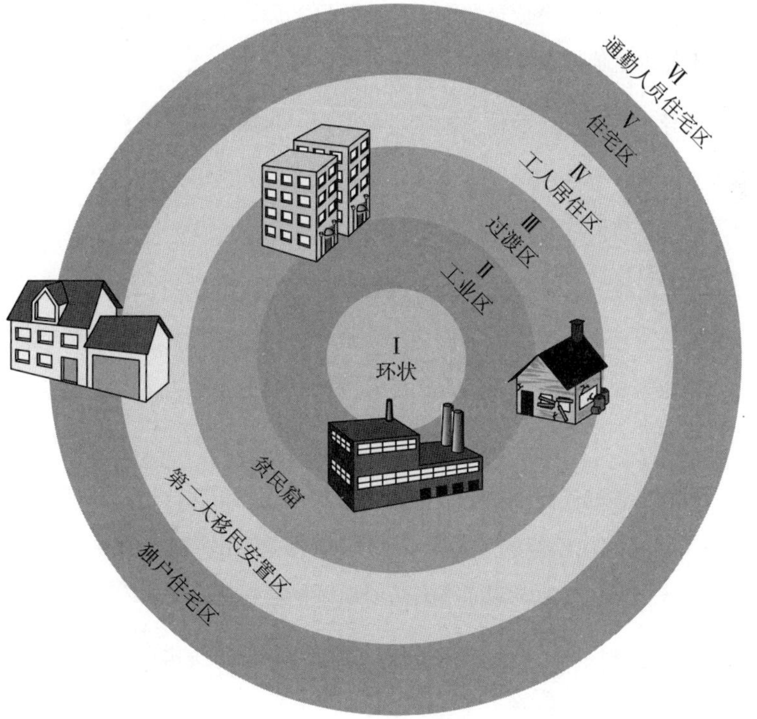

图 4–1　芝加哥同心区

1929 年，肖报告说，学校逃学率、未成年人犯罪率和成人犯罪率在芝加哥不同地区存在显著差异，这些比率与到城市中心的距离成反比，也就是说一个地方离城市中心越近，其未成年人犯罪率和成人犯罪率就越高。1942 年，肖和麦凯发表经典著作《未成年人违法犯罪与城市空间》（*Juvenile Delinquency and Urban Areas*），该著作进一步发展了生态学的观点。他们发现，在 33 年的时间里，绝大多数的犯罪行为发生在邻近城市中心的商业区和城市工业区，或者发生在芝加哥河两个岔口附近的社区。

然后，应用伯吉斯的城市增长同心区假说，他们构造了一系列同心圆，就像靶子上的圆，城市中心是靶心。按地区和地区内的不同区域来衡量未成年人犯罪率，发现犯罪率最高的是第 I 区（城市中心），第二高的是 II 区（紧挨着城市中心），以此类推，循序渐进地向第 VI 区的最低比率发展。值得注意的是，虽然犯罪率从一个时期到下一个时期有所变化，但不同地区犯罪率之间的关系保持不变，即使是在人口种族构成完全改变的社区。例如，在 20 世纪的头 10 年，犯罪多发地区人口中最大的一部分是德国人或爱尔兰人，但 30 年后是波兰人和意大利人。

机会结构和未成年人违法犯罪

肖和麦凯最终将他们的分析重点从社区社会解组的影响转移到经济对高犯罪率的影响。他们发现与当地社区的社会生活相比，更大社会的经济结构和职业结构对少年违法犯罪行为上升的影响更大。他们的结论是，下层阶级社会成员留在市中心社区的原因与其说是他们新来的原因和对美国制度缺乏文化适应，不如说是他们在社会中阶级地位的作用。

差异性机会结构导致当地社区的价值观发生冲突：一些居民容忍不合法的行为标准，而另一些人则坚持传统价值观。少年犯罪团伙的特点是，他们有自己独特的标准，肖和麦凯越来越多地参与调查少年违法者学习和传播这些标准的过程。

文化传播理论

肖和麦凯详细阐述了社会解组论，他们提出未成年人违法犯罪行为是一种可替代性的社会化模式，通过这种模式，作为无组织社区一部分的年轻人被越轨的生活方式所吸引。这一思想是社会解组理论的文化越轨成分。

肖和麦凯进一步认为，取代传统社会标准的犯罪价值观和犯罪传统不是任何一个民族或种族群体的特性，而是在文化上代代相传的。研究人员发现，尽管几乎所有这些地区的人口都发生了变化，但某些市中心地区仍然是芝加哥犯罪率最高的地区，这是支持文化传播理论的证据。

肖和麦凯认为，这些地区的未成年人和成年人帮派是犯罪传统传播的原因。图 4–2 描绘了肖和麦凯的社会解组理论的理论建构。

图 4–2　肖和麦凯的社会解组理论

评价肖和麦凯的社会解组理论

20 世纪 60 年代末和 70 年代，社会解组理论作为一种主要的犯罪学理论在很大程度上失去了生命力，部分原因在于这一时期的理论和研究主要侧重于个人特征，而不是群体和社区特征。尽管有的评论这样说道："社会解组理论在 20 世纪 80 年代及以后经历了'一次平静而重大的复苏'。"社会解组理论的重新兴起表明，肖和麦凯的研究及社会生态学观点对美国的犯罪研究产生了持久的影响，尤其是：

- 肖和麦凯的研究从多个层面分析了犯罪问题，他们将注意力从犯罪人和非犯罪人的个人特征转移到犯罪的群体传统习俗和较大社区的影响上；
- 肖和麦凯的社会解组理论有助于重新认识社区在犯罪研究中的重要性，这个重新发现有助于得出结论：要充分了解非法行为的原因，就需要对社会结构、个人以及在个人和社会结构之间起中介作用的其他社会背景（如主要群体）进行考察；
- 肖和麦凯的理论对个人和机构适应环境的研究产生了影响，它将犯罪帮派视为贫民窟状况和当地环境社会剥夺的正常反应。

最近对社会解组理论的研究开辟了令人激动的新的研究途径，这些已经超越了肖和麦凯的最初研究。例如，肖和麦凯的研究被社会生态学内在的思想更新，这一立场的主要论点是生活在充斥着贫困、毒品、暴力和疏离等不断恶化社会环境会导致高犯罪率。在本章的后面部分将探讨促使不断恶化的社区重获新生的方法——芝加哥社区人类发展项目和"集体效能"的概念。

关于社会解组理论的生命力，通过对犯罪的宏观预测因素进行元分析表明，由肖和麦凯所评测提出的"集中劣势"，如贫困、族群异质性、居民流动性等概念仍然是总的犯罪率和少年犯罪率的主要预测因素。更具体地说，对诸多社会解组理论的实证检验后，将其认定为违法和犯罪的有力预测因素。

你会怎么做

在我工作的社区中心，大多数当事人都是在无组织的环境中长大的，当你开始与这些当事人接触时，首先需要让他们感到安全。只有他们感到安全的时候，你才可以开始其他治疗。有位当事人每天都会发生人身事故，直到他自己被限制起来，才会停止危险的行为。一段时间后，治疗小组发现在他被限制之后，在当天余下的时间里不会再发生任何事情，即使后来被释放。治疗小组开始思考其他和这位当事人合作的方式以保证他的安全，他们开始每天拥抱他。他们还能做什么？你会怎么做？

文化越轨理论

社会解组理论关注城市社区的结构解体，而文化越轨理论关注的是下层阶级社会文化中存在的犯罪价值观，这两种观点都可以被称为“文化传播理论”，因为社会解组理论看到环境的失序导致了文化越轨。

文化越轨理论的核心理念是违法犯罪行为对某些文化价值观和规范的遵从，而这些价值观和规范与更大社会的价值观和规范背道而驰。社会学家鲁思·罗斯纳·科恩豪泽（Ruth Rosner Kornhauser）认为，在文化越轨模式中，少年违法犯罪必要的和充分的原因是对亚文化价值观的社会化，将其视为正当行为，而法律控制系统将其定义为犯罪。

米勒的下层阶级文化与犯罪价值观

沃尔特·B. 米勒（Walter B. Miller）的下层阶级文化与少年犯罪价值观理论是一种解释未成年人违法犯罪行为的文化越轨理论。

下层阶级文化关注的焦点

米勒认为，下层阶级关注的焦点构成了这个社会经济群体的特征，内容包括麻烦、刚性、聪明、兴奋、命运和自主，这些引起了广泛的关注和高度的情感参与。

米勒关注的焦点

- **麻烦**。米勒认为，远离麻烦对下层阶级公民而言是一个重大挑战，而个人地位往往取决于个人在法律面前“惹麻烦”的频率。一个人生活中的“麻烦”越多，别人就越崇拜他。
- **刚性**。体力，如所显示的力量和耐力，在下层阶级文化中是很重要的。在下层阶级男孩的眼中，坚强、无畏、不流露感情的硬汉及善战的斗士才是理想的男人。
- **聪明**。在下层阶级文化中，更聪明、更狡猾、更机智、欺骗、愚弄、利用别人的能力是很重要的。此外，一个人还必须能够避免被欺骗、被愚弄或被利用。聪明也是一种不需要付出体力就能获得物质财富和个人地位的方式。
- **兴奋**。寻求快感或刺激是下层阶级社会生活中的另一个关注点。
- **命运**。米勒认为，下层阶级社会的个体常常觉得他们的生活受到一系列无法控制的力量影响，他们接受命运这一观念，并相信他们的生活是由强大的精神力量所引导的。
- **自主**。追求个人独立的愿望是一个重要的关注点，部分原因是下层阶级社会的个人在很多时候感觉被他人控制。

米勒研究的中心思想是：社会经济地位较低的人群拥有独特的文化，文化的关注点或价值观使下层阶级的男孩更容易卷入犯罪活动。米勒说，这些男孩想证明他们很坚强，比别人更聪明。他们也把追求犯罪视为一种刺激，但他们很可能相信，一个人被抓是他无能的表现。因此，犯罪能够允许下层阶级少年从对他们的控制中表现出个人独立性，同时也为少年提供他们希望以最少的体力获得物质财富和个人地位的途径。米勒的理论建构如图 4–3 所示。

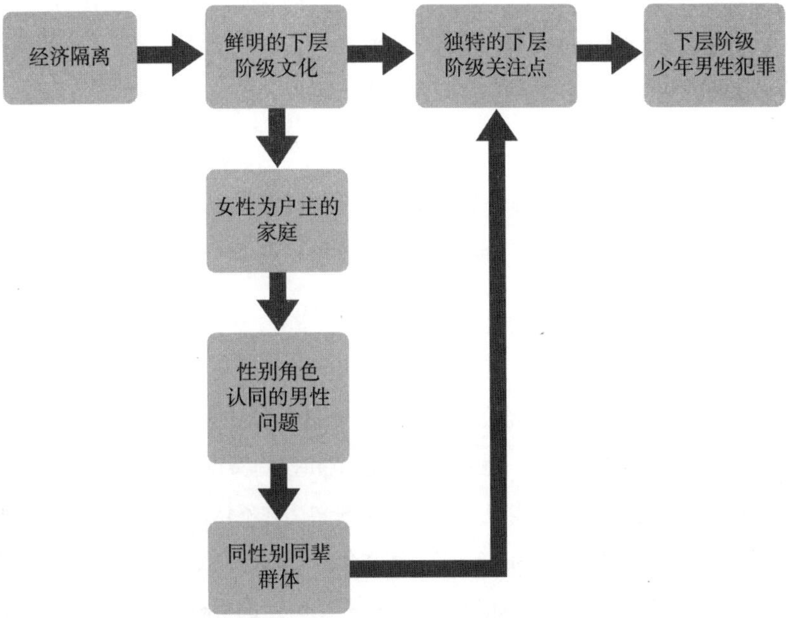

图 4–3 米勒的下层阶级文化理论

米勒理论的评价

米勒的理论在适用于解释下层阶级帮派成员的行为时似乎最为合理，正如一些研究人员指出的，帮派有自己的价值观和规范，它与更大的文化价值观和规范不同。与这一观点相一致，米勒同时代的马文 · E. 沃尔夫冈和弗朗哥 · 费拉柯蒂（Franco Ferracuti）认为，下层阶级的年轻男性中存在的暴力亚文化使得使用暴力合法化。

然而，米勒提出的关于下层阶级具有独特价值观的论点遭到了广泛批评。有批评人士认为，证据表明下层阶级的年轻人与更广泛的文化中年轻人所持有的价值观相同。例如，理查德 · A. 克洛沃德（Richard A.Cloward）和劳埃德 · E. 欧林以及犯罪学家阿尔伯特 · K. 科恩（Albert K.Cohen）声称，下层阶级的年轻人将中产阶级的价值观进行内化，他们的犯罪行为反映的是中产阶级的价值观。

紧张理论

紧张理论认为，犯罪是由于个体在无法实现自己所期望的目标时所感受到的挫败感造成的。罗伯特·K.默顿（Robert K.Merton）是最有影响的紧张理论家之一。

默顿的失范理论

罗伯特·K.默顿是20世纪最具影响力的社会学家之一，他对我们理解不同的社会结构是如何产生越轨行为的做出了重要贡献。默顿在其经典著作《社会理论与社会结构》（*Social Theory and Social Structure*）中写道：

> 社会越轨行为和墨守成规行为一样都是社会结构的产物……我们的主要目的是发现社会结构如何对社会中的某些人造成一定的压力，迫使他们从事违法乱纪的行为，而不是遵纪守法的行为。

默顿强调社会和文化系统的两个要素：文化取向目标和制度化手段。文化取向的目标、目的和利益是“作为社会所有成员或处于不同位置成员的合法目标”，是人们认为值得奋斗的目标。另一个重要方面，社会认可的制度化手段，是“规定、规范和控制实现这些目标的可接受的手段”。虽然一个特定的目标可以通过多种方式实现，但更广泛的文化并不认同所有的方式。因此，默顿将可接受的方法称为制度化手段。默顿认为，要使一种文化稳定而顺利地运行，这两个要素（目标和手段）必须合理地、很好地结合在一起。如果人们认为一个特定的目标是重要的，那么他们应该运用合法的手段去实现它，但当一种文化中缺乏这种整合，就会出现一种无规范或失范（anomie）的状态。默顿进一步断言，当代美国文化似乎“处于一种截然对立的类型中，其中特别强调成功的目标，但却没有对制度性的手段给予同等的重视”。例如，社会要求大多数下层阶级成员将获取财富作为他们的行为目标，但他们基本上被剥夺了达到这一目标的合法手段。文化理想与社会结构所承载的可能性之间的冲突，造成了一种失范状态，或者说是对越轨行为产生的强烈压力，可以将这种压力描述为张力或紧张。

表 4–2　默顿的失范理论

适应模式	文化取向目标	制度化手段
遵从	+	+
创新	+	–
形式主义	–	+
退却主义	–	–
反叛	±	±

默顿提出了个人在面对失范时可能使用的适应模式类型。表4–2呈现个人适应的五种类型——遵从、创新、形式主义、退却主义和反叛。加号（+）表示接受，减号（–）表示拒绝，加号/减号（±）表示拒绝现行值并替换为新值。

默顿的理论运用这些适应模式来解释社会结构是如何产生一般越轨行为的，也可以应用于解释未成年人的违法行为。下面内容更全面地描述这五种适应类型。

遵从

如果社会融合得很好，没有失范，那么遵从文化取向目标和制度化手段将是大多数人最常见的适应方式。遵从的未成年人接受文化取向目标及实现这些目标的制度化手段，他们以合法的方式努力工作以取得成功。

创新

当青春期少年接受文化取向目标但排斥实现这些目标的制度化手段时，他们可能会寻求其他在文化价值方面往往不合法的途径，这种不合法的“创新”行为通常被我们称为犯罪行为。

形式主义

虽然有些未成年人可能已经放弃了实现既定文化取向目标的努力，但他们仍继续参与到可接受的实现目标的途径中。形式主义包括“个人寻求从危险和挫折中解脱出来……包含在主要文化取向目标的竞争中，放弃这些目标，更加严格地遵守安全惯例和制度规范。”

退却主义

有些人拒绝文化上认可的目标和手段，又逃避社会。无家可归者、幸存者、吸毒成瘾者和精神障碍者可以被归类为退却主义者。

反叛

反叛包括拒绝所在社会的文化取向目标和价值观，并用一套新的目标和价值观来代替它们。无政府主义者和革命者是美国社会反叛者的缩影，任何采取戏剧性的另类生活方式者都可以归入这一类。

默顿认为，失范理论“旨在解释一部分人的行为，却不是全部，越轨行为的形式通常被描述为犯罪或违法行为”。因此，默顿没有试图解释刑法所禁止的所有行为，而是将注意力集中在文化取向目标与社会结构中固有的机会之间的差异所造成的压力或紧张状态上。关于默顿理论整体的理论建构请参见图 4–4。

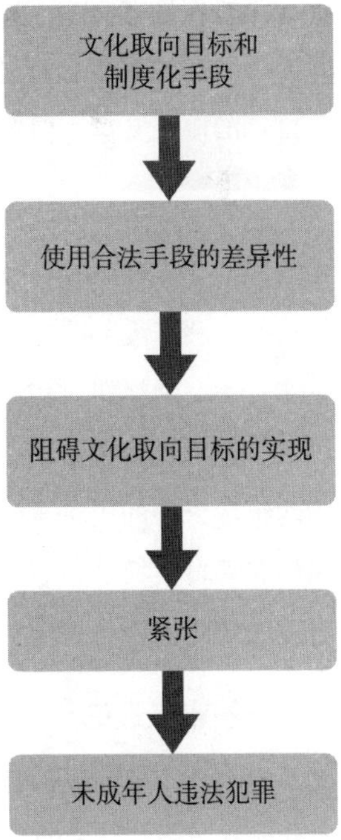

图 4–4　默顿的紧张理论

制度性失范理论

20 多年前，史蒂文 · 梅斯纳（Steven Messner）和理查德 · 罗森菲尔德（Richard Rosenfeld）在合著《犯罪与美国梦》（*Crime and the American Dream*）一书中提出了制度性失范理论，他们同意默顿的观点，认为成功的目标在社会上广泛存在，“美国梦”既是一个目标也是一个过程。作为目标，美国梦包括物质和财富的积累。作为过程，在社会化的过程中，让人们相信这个目标是可以实现的，并教导他们怎样才能实现它。实现美国梦的愿望产生了导致犯罪的压力。

根据梅斯纳和罗森菲尔德的说法，美国社会的独特之处在于，社会失范状态被允许发展到如此高的程度，而这反过来又助长了高犯罪率。内布拉斯加大学犯罪学研究者尤卡·萨沃莱恩（Jukka Savolainen）在 2000 年的一项研究中通过对跨国数据集的测试，发现结果支持制度性失范理论。

对默顿理论的评价

默顿对失范理论的修正被称为“越轨社会学中最具影响力的一个系统的表述……可能是现代社会学中引用频率最高的一篇论文”。默顿理论的一个主要侧重点，一个被大部分人忽视的侧重点：“它是一个社会失范的理论，而不是个人感受到的压力。”该理论对后来的著名犯罪研究者理查德·A. 克洛沃德、劳埃德·E. 欧林、阿尔伯特·K. 科恩的理论贡献有重大影响，由此表明，默顿的失范理论对少年犯罪理论的重要性。

紧张理论和个体层面的分析

紧张理论，特别是失范的学说，在 20 世纪 60 年代末和 70 年代初标签理论获得认可之前，一直主导着 20 世纪 60 年代的犯罪学。紧张理论被广泛接受的一个主要原因是，它的核心论点机会受阻引起了美国人的共鸣，他们越来越关注机会平等，担心社会的不公正有很深的文化根源。

紧张理论在 20 世纪 70 年代末遭到越来越多的批评，当时人们开始认为，该理论没有实证支持，不应该作为犯罪的解释。20 世纪 80 年代，托马斯·J. 伯纳德（Thomas J.Bernard）成功地捍卫了紧张理论的概念基础，但承认该理论没有得到充分的检验。

发展于 20 世纪 80 年代的由罗伯特·阿格纽修正的少年犯罪紧张理论指出，另一种挫折感和紧张的来源于疼痛 / 回避行为的阻碍。阿格纽认为，当未成年人被迫留在痛苦或厌恶的环境中时，比如他们不感兴趣的功能不健全的家庭或学校，随之而来的挫败感很可能导致尝试逃避或基于愤怒的犯罪行为。阿格纽对转型期青少年调查数据进行研究，发现其在学校和家庭中所处的令人厌恶的环境对“犯罪有直接影响，通过愤怒产生间接影响”。阿格纽使用了自主性量表，经测试能够准确预测两年后男孩的犯罪情况，问卷的内容包括“我的人生目标之一是不受他人控制”等问题，那些最渴望获得自主权的男孩，无论其社会经济地位如何，也不管在家里或学校是否存在社会控制，都极有可能转向犯罪。

一般紧张理论

25 年前，罗伯特·阿格纽提出一般紧张理论，该理论对默顿最初的紧张理论有所扩展，丰富了潜在的造成紧张的来源，包括：

1. 未能实现的积极的有价值的目标；
2. 从个体身上移除积极的有价值的刺激；
3. 呈现消极的刺激。

阿格纽指出，紧张最终导致消极的情绪状态（即愤怒和沮丧），这些情绪是由压力引起的消极情绪。未成年人可以通过违法犯罪行为来应对这些紧张状态。换言之，犯罪行为可能是逃避或减轻紧张状态的一种方式（如为了达到金钱目标而盗窃）。以下这些紧张状态比其他紧张状态更容易导致犯罪：

1. 重要程度高的；
2. 不公正的；
3. 与较低的自我控制有关的；
4. 为了犯罪而制造出压力或产生犯罪动机的。

另外，阿格纽的一般紧张理论为测量紧张状态提供了指导方针或策略，并探索在什么样的条件下紧张可能导致“非违法犯罪的和违法犯罪的应对方式”。

想一想

反应形成描述的是心理策略，是用以应对因无法实现中产阶级目标而带来的挫败感。怎样才能减少这种挫败感？

一般紧张理论的实证检验表明，该理论可以充分解释少年违法和犯罪及具体的行为，如霸凌、亲密伴侣暴力和白领犯罪。也用一般紧张理论来解释未成年人违法犯罪中的性别差异、犯罪的持续性和中止等维度及犯罪的稳定性和变化。约翰·罗德里格兹（John Rodriguez）和斯科特·贝尔肖（Scott Belshaw）2010 年考察一般紧张理论如何有助于解释犯罪的种族差异，研究比较了一般紧张理论和白人未成年人违法犯罪及与拉丁美洲裔未成年人违法犯罪的测量结果，发现拉丁美洲裔未成年人虽然承受着不同程度的紧张状态，处理紧张的方式也不同，但他们因紧张而违法犯罪的可能性较小。相比之下，研究发现白人未成年人比拉丁美洲裔未成年人更倾向于因为紧张状态（压力）而实施更严重的违法犯罪行为。

2011 年，林文旭（Wen-Hsu Lin）和他的同事运用一般紧张理论来评估暴力被害、替代性暴力被害（在目睹他人的暴力被害时发生）的程度及双重暴力被害（当一个人是暴力犯罪的被害者，同时也目睹他人的暴力被害）是如何影响未成年人暴力 / 财产犯罪和吸毒的。总之，个体层面的紧张理论，曾一度被遗忘，现在又出现了复苏，这主要是通过罗伯特·阿格纽提出的一般紧张理论来实现的。

科恩的犯罪亚文化理论

1955 年，著名社会学家阿尔伯特・K. 科恩所著的《犯罪男孩：帮派文化》（*Delinquent Boys: The Culture of the Gang*）出版后备受欢迎，在书中科恩指出，下层阶级年轻人正完全内化中产阶级的文化取向目标，因为无法实现这些目标，所以他们常遇地位挫折或紧张状态。因此，紧张可以解释他们在犯罪帮派中的成员身份、非功利主义、恶意和消极行为。

犯罪亚文化

科恩声称，美国社会的社会结构对公民有着巨大的影响，即使是 12 岁和 13 岁的孩子也知道社会经济地位的现实。科恩说，美国的阶级制度决定了中产阶级的价值观和规范。

在学校的地位尤其是用中产阶级的标准来衡量的。教师的首要任务是灌输美国价值观，并培养学生的中产阶级个性。其次，教师很可能是一个重视雄心和成就的中产阶级，他能很快地认识到并奖励他人的这些美德。最后，科恩指出，教育系统本身偏爱“安静的、合作的、行为端正的学生”，这样的学生让老师的工作更轻松；教育系统不喜欢“精力过剩的、不负责任的、喧闹的年轻人，他们破坏课堂秩序、课堂规范和课堂预期。”

如前所述，科恩理论中的一个关键假设是，下层阶级男性内化了中产阶级的规范和价值观，但随后发现自己无法实现这些目标。地位挫折随后发生，开始运用反应形成机制来解决：一方面，根据科恩的说法，犯罪人声称中产阶级的标准无关紧要；但另一方面，他的反应是对值得尊敬的中产阶级社会的规范表现出非理性的、恶意的、无法解释的敌意。

科恩提出了衡量中产阶级的九个标准：

1. 野心；
2. 个人责任；
3. 成就；
4. 节制；
5. 理性；
6. 礼貌和亲和力；
7. 降低身体攻击性；
8. 教育性的娱乐；
9. 尊重财产。

由于未能实现其中的许多目标，犯罪亚文化为下层阶级男性提供了他们在更大的文化中无法获得的地位，但犯罪亚文化所提供的地位只是在犯罪同伴眼中的地位。

科恩补充说，犯罪亚文化是非功利主义的：犯罪分子实施犯罪行为“是为了好玩”，没有打算从犯罪行为中获利。科恩还声称，恶意在犯罪亚文化所滋生的犯罪中是显而易见的，犯罪者往往在他人的不适中表现出喜悦，在违禁中表现出快乐。再者，从犯罪亚文化的标准来看，犯罪人的行为恰恰是正确的，但是从更大的文化标准来看，它是错误的。此外，犯罪亚文化在少年违法犯罪行为中表现出多样性，亚文化的成员不像成年犯罪团伙和“单独”犯罪人那样专门从事任何特定形式的犯罪或越轨行为。犯罪亚文化的特征是短期享乐主义，其成员对计划活动、设定长期目标、时间预算、需要实践才能获取的知识和技能、深思熟虑和学习的兴趣不大；相反，帮派成员只是在街角闲逛，等待时机。犯罪亚文化的另一个特点是强调群体自治，帮派成员无法忍受除了非正式的帮派压力之外的任何约束。科恩理论的整体理论框架见图 4–5。

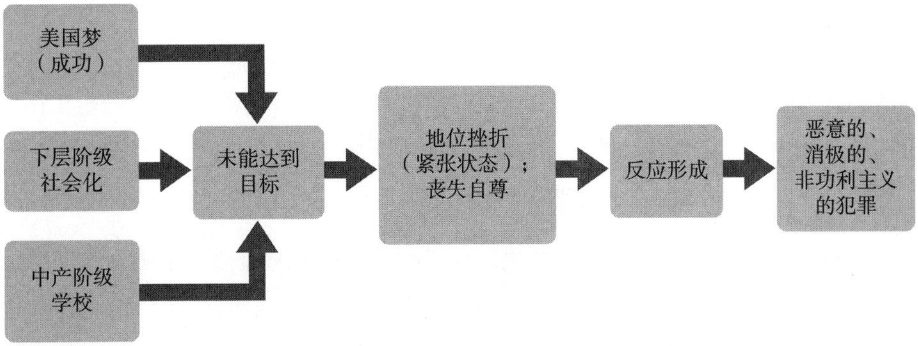

图 4–5　科恩的犯罪亚文化理论

科恩理论的评价

科恩的著作《犯罪男孩：帮派文化》对犯罪文学做出了开创性的贡献。科恩的理论之所以重要，是因为它将犯罪视为少年违法者与他人互动的过程，而不是默顿在其理论中所提出的是紧张状态或失范的意外产物。科恩认为，犯罪是在一个持续的互动过程中产生的，在这个过程中，一个人的自我变化是由他人的活动造成的。特拉维斯・赫希是对科恩的理论提出最严厉的批评者之一，他质疑将地位挫败感作为解释犯罪行为动力的可行性，因为大多数违法犯罪男孩最终会成为守法的公民，即使他们的下层阶级地位没有改变。此外，科恩没有提供任何实证证据来支持他的理论，反应形成和中产阶级价值观的下层阶级内化等概念的模糊性使科恩的理论很难得到检验。

然而，科恩的理论及由此产生的批判和争论都对犯罪理论的进一步发展起到了很大的推动作用，围绕犯罪因果关系所开展的研究很大程度上也是建立在科恩的研究成果之上的。

表 4–3 对未成年人违法犯罪的紧张理论进行了概括性总结。

表 4–3 总结未成年人违法犯罪的紧张理论

紧张理论	特点	支持度
默顿	社会结构对不能达到成功的文化取向目标的人施加压力，导致他们做出不符合法规的行为	中等程度
阿格纽	疼痛回避行为受阻促使做出犯罪行为	中等程度
科恩	下层阶级的男孩无法达到中产阶级文化的目标，因此做出非功利性的、恶意的和消极的行为	弱

机会理论

社会学家理查德·A. 克洛沃德和劳埃德·E. 欧林试图将默顿和科恩的理论贡献与埃德温·H. 萨瑟兰的思想结合起来（见第 5 章）。尽管默顿认为下层阶级的年轻人为了追求金钱上的成功而奋斗，但科恩则认为他们是为了地位而努力，而克洛沃德和欧林却认为成功和地位是相互独立的奋斗目标。在机会理论中，克洛沃德和欧林认为寻求地位提升的少年违法者想努力成为中产阶级的一员，而其他的少年违法者则试图在不改变阶级地位的情况下改善他们的经济地位。

克洛沃德和欧林认为，最严重的少年违法者是那些经历了与中产阶级价值观最大冲突的人，他们“既因为确实想要的东西（如中产阶级的生活方式）又因为不想要的东西（如粗俗的物质主义）而被人看不起”。克洛沃德和欧林用默顿的理论来解释未成年人做出的犯罪行为，他们认为，因为这些年轻人没有合法的机会来改善他们的经济地位，所以才会卷入三种专门的帮派亚文化之一：“犯罪人”“冲突制造者”或“退缩者”。正如我们接下来讨论的，每一种亚文化都有其自身的价值观和行为，或次文化。

表 4–4 机会理论

机会理论	特征	支持度
克洛沃德和欧林	下层阶级的男孩如果不能通过合法的手段达到中产阶级的成功的目标，就会寻求非法手段来达到这些目标，通常是通过三个专门的帮派背景之一来实现的	中等程度

表 4–4 是对机会理论进行了概括性总结。

犯罪亚文化

犯罪亚文化主要是以犯罪的价值观为基础。在犯罪亚文化中，敲诈勒索、诈骗和盗窃等非法行为作为取得经济成功的手段是可以接受的，这种亚文化提供了一种社会化，通过这种社会化，新成员欣赏和尊重年长的犯罪人，并采纳他们的生活方式和行为。随着新成员通过犯罪经历掌握犯罪技巧并获得犯罪世界的价值观时，他们对主流社会的代表产生敌意和不信任，认为他们是一群只要有可能就会被利用的“傻瓜”。

冲突亚文化

暴力是冲突亚文化的关键组成部分，其成员通过武力或武力威胁追求地位（或“名誉”），勇士般少年帮派是这种亚文化的典型。“黑帮老大”是最基本的榜样，他们努力赢得其他帮派成员的尊重，并要求成人世界的遵从。由于他在亚文化中所扮演的角色，人们期望他在面对个人危险时表现出极大的勇气，并始终捍卫自己的个人诚信和帮派的荣誉。

强硬做派的声誉是暴力帮派追求的首要目标，这可以确保同伴的尊重和成年人的恐惧，同时也是获得稀缺资源的途径，能够在资源匮乏的地区提供乐趣和机会。帮派成员与成人世界的关系通常很弱，因为他们找不到恰当的能够为他们提供成功机会的成人榜样。

退缩亚文化

毒品消费是退缩亚文化提倡的基本活动，此类亚文化下的成员感觉自己被排除在家庭或职业世界的常规角色之外，他们退却到一个终极目标是“极度刺激”的竞技场，意味着酒精、大麻、烈性毒品、性体验、激动人心的音乐，或这些项目的任意组合。无论选择什么，退缩者都在寻求一种强烈的生活体验和一种“走出这个世界”的愉悦感。退却主义亚文化产生了新的目标秩序和成就标准，但退却主义不想把他们的价值体系强加给世界的其他地方，他们只满足于在自己的亚文化中获取地位和尊重。

克洛沃德和欧林指出，虽然这三种亚文化在本质上表现为不同的方向，但它们之间的界线模糊。例如，涉及冲突亚文化的个体可能有时卷入有组织的盗窃，或者犯罪亚文化的成员有时可能卷入与敌对帮派的冲突中。图 4–6 是克洛沃德和欧林理论的整体理论架构。

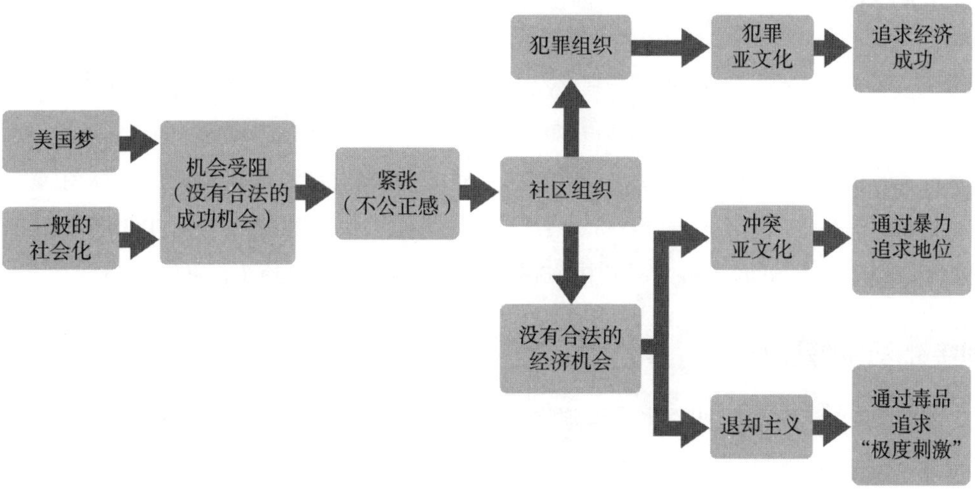

图 4–6　克洛沃德和欧林的机会理论

克洛沃德和欧林理论的评价

克洛沃德和欧林提出的机会理论，其重要性在于它对公共政策和其他犯罪学理论的发展产生了影响。但有的研究结果与机会理论的假设相差甚远。尽管如此，机会受阻的作用在默顿还是克洛沃德与欧林的理论中无论是否得到确认，其在少年男性犯罪的社会学分析中都受到了相当大的关注。

社会过程理论

前面部分回顾了少年违法犯罪的社会结构理论。下面的内容将关注社会过程理论。少年违法犯罪的社会过程理论采用互动主义的观点，考察个人与环境之间的互动以探索少年违法和犯罪的根源。大多数年轻人都受到家庭、学校经历和同伴的影响，正是在这些社会机构中发生的社会化过程和社会结构使少年远离犯罪或促使他们从事犯罪行为。

关注社会过程的理论被广泛地用于解释未成年人违法犯罪。例如，在 20 世纪 60 年代不同接触理论（differential association theory）、漂移理论和社会控制理论开始流行起来，它们提供了一种理论机制，用于理解社会环境是个人行为的决定因素。不同接触理论研究少年违法者是如何向他人学习犯罪的。根据漂移理论，任何对越轨过程的考察都必须认真地对待个体的内部因素和外部环境因素的影响。社会控制理论解释了为什么一些年轻人违反法律，而另一些人则抵制住了成为犯罪人的压力。除讨论这三种社会过程理论外，本章还描述和评价了三种整合理论，从生命历程的视角考察社会过程理论。

不同接触理论

根据埃德温·H.萨瑟兰的不同接触理论[①]，犯罪者向他人学习犯罪。这一理论的基本前提是，犯罪和其他任何形式的行为一样，是社会互动的产物。在发展不同接触理论时，萨瑟兰主张，当个体在亲密群体的互动中了解他人的观点和期望时，个体是不断变化的。萨瑟兰首先提出一个观念，即犯罪行为是由那些已经内化了大量有利于违法行为定义的个人所期望的，并于 1939 年在《犯罪学原理》（*Principles of Criminology*）一书中首次提出这一理论，并不断修正，直到 1945 年最终成型。

不同接触理论的基础

萨瑟兰的不同接触理论可以概括为七个命题，不同接触理论的七个命题建立在规范的（文化）冲

---

① 有研究者将不同接触理论译为差异交往理论。——译者注

突、不同接触和差异的社会组织这三个相互关联的概念之上，这些概念又有社会或群体以及个人两个层面的解释。

萨瑟兰认为，犯罪人的反社会行为是习得的。没有做出社会排斥行为的人已经被传统的价值观社会化或同化，而做出犯罪行为的人之所以这样做是因为他们学习了其他价值观。萨瑟兰提出了一个数量化的隐喻，其中符合规范的和犯罪的价值体系是由被称为“观念”的基本单位所组成的。萨瑟兰认为，一个人之所以犯罪是因为他接触到（并吸收）了更多的犯罪观念，而不是符合规范的观念。萨瑟兰“观念”中的每一个单位都可以通过联系的频率、优先度、持续时间和强度来加权，违法或犯罪行为是由这些加权单位的代数和来确定的。图 4–7 描述了萨瑟兰对不同接触的解释。

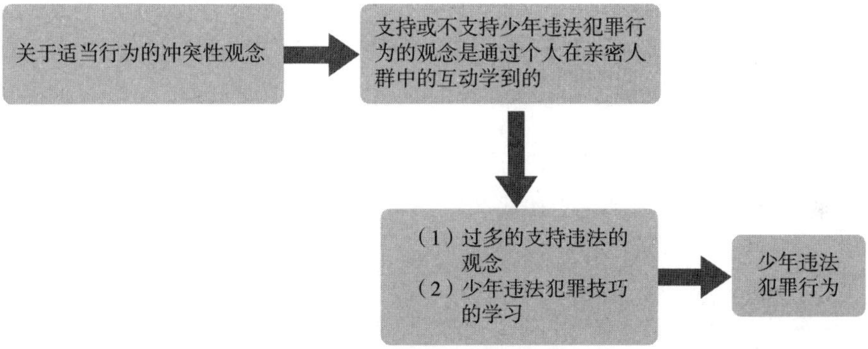

图 4–7　萨瑟兰的不同接触理论

不同接触理论评价

萨瑟兰的不同接触理论代表犯罪学的一个分水岭。在萨瑟兰的理论之前，学术界对犯罪学进行了严厉的批评，认为犯罪学缺乏可以用来整合研究结果和指导研究的一般理论。不同接触理论除了能够提供这样的理论视角外，还具有以下优势。

- 未成年人违法犯罪是向他人学习的结果，这一论点很难反驳。不用说，未成年人从他人那里学习基本价值观、准则、技能和自我认知。相应地，认为未成年人也从其他重要人物身上学习违法犯罪行为模式的观点似乎是不可辩驳的。
- 年轻人从他人那里学习支持违法的观念，这一命题符合我们对未成年人和他们极易受群体影响的理解。最近的一项研究发现，无论来自哪个种族，与违法犯罪同伴交往是少年犯罪行为的最大预测因素。最近的另外一项研究考察好友的违法犯罪行为作用和感知到友谊质量在违法犯罪发展中的作用，研究结果更支持不同接触理论，而不是社会控制理论。
- 该理论并没有将违法犯罪行为简化为心理学和生物学模型，这些模型假定个人的缺陷不受外部环境所影响；相反，萨瑟兰认为个人是可以改变的，并且受他人观点和价值观的影响。

因此，预防犯罪的首要任务是努力改变少年参与的小群体，而不是试图改变整个社会。

不同接触理论对未成年人违法犯罪研究产生了持久的影响，这一点在正在进行的修正理论的尝试中显而易见。丹尼尔·格拉泽（Daniel Glaser）对不同接触理论的修正是其中之一，叫作差异认同理论，该理论应用了互动主义的自我概念："一个人追求犯罪行为的程度，是他把自己认同为真实的人或想象的人，从这些人的角度看犯罪行为似乎是可以接受的。"小罗伯特·J. 伯吉斯（Robert J.Burgess，Jr.）和罗纳德·L. 阿克斯（Ronald L.Akers）的差别强化理论，根据强化和惩罚（操作性条件作用）等思想，对不同接触理论进行了循序渐进的重新论述。这种新的表述，即现在所说的社会学习理论，认为犯罪或违法行为主要是从"个人主要的强化源群体中"习得的。马文·D. 克罗恩（Marvin D.Krohn）的违法犯罪行为网络方法融合了不同接触理论的一些元素，克罗恩的"网络分析"一词是指由社会关系网联结起来的一系列群体或组织。克罗恩认为，在说明少年违法犯罪原因中最重要的概念是多重性——如果一个社会网络的成员联合参与多个活动，那么他们很可能会影响网络内行为者的行为。

关于不同接触理论最严厉的批评有如下三点。

1. 来自不同接触理论的术语非常模糊，几乎不可能对其进行实证理论检验。例如，如何从统计学上衡量"犯罪观念的过量"？如何研究"频率""持续时间""优先度"和"强度"？如何才能更明确地规定"学习过程"？"个人亲密人群"如何界定？年轻人到底从别人身上学到了什么技巧、动机和合理化方式？
2. 不同接触理论被指责不能解释有关向他人学习犯罪过程中的几个关键问题。例如，为什么有的年轻人抵挡不住犯罪的诱惑，而有的年轻人却没有犯罪呢？为什么接触到犯罪观念的年轻人在大多数时候仍然会做出符合规范的行为呢？首个"老师"是如何学习犯罪技巧和犯罪观念的传递呢？为什么大多数年轻人在17岁或18岁时就会停止犯罪行为？为什么年轻人在反社会刺激（犯罪同龄人）消除后仍经常继续犯罪行为？最后，惩罚对犯罪有什么影响？
3. 批评者指出，不同接触理论没有给人类的目的和意义留有余地，将个体最终还原为一个仅仅对外力冲击做出反应的对象，个体不能拒绝所出现的刺激。根据不同接触理论，犯罪者只是一个被动的容器，各种观念被注入其中，由此产生的结果是年轻人无法控制的。

总的来说，尽管不同接触理论多年来受到了尖锐的抨击，但它仍然是最著名和最持久的犯罪行为理论之一。25年前，华盛顿大学社会学家罗斯·L. 松枝（Ross L.Matsueda）对不同接触理论进行了支持性的分析，建议做一些研究来明确"该理论抽象原则的具体要素"，特别是明确"支持犯罪观念的内容"。当代研究人员继续按照松枝的思路进行研究。

想一想

戴尔·文森特·博格尔（Dale Vincent Bogle）首次入狱是在 20 岁之前，他后来成了九个孩子的父亲，是一个反面的教材，误导大部分孩子走上了犯罪道路。

他被人们称为“公鸡”，在得克萨斯州长大。1961 年，年轻的他搬到了俄勒冈州。成家后，他经常殴打妻子，并在孩子们很小的时候教他们去商店偷窃。博格尔家族的男孩们闯入酒品商店偷了拖车，而博格尔家族的女孩们则转向轻微犯罪以满足吸毒需要。

该家族的族长于 1998 年去世，今天博格尔家族的 28 名成员，包括“公鸡”的兄弟及其家人和“公鸡”的孙辈都已服完兵役。然而，“公鸡”的一个女儿，她从来没有被逮捕或滥用药物的经历，她的工作对象是重刑犯，并为刚获释的服刑人员开办中途之家。

“公鸡”儿女众多，但他造成的影响并不稀奇。美国司法部报告说，州监狱中 47% 的服刑人员的父母或其他近亲都曾被监禁。同样，今天在押的未成年人中有一半人的父母或近亲有犯罪记录。

俄勒冈州矫正人员发现，父母正在“训练”他们的孩子走上犯罪之路，他们计划找到犯罪人的家庭，通过酒类与毒品咨询、愤怒管理和心理健康指导来引导他们走上正确的道路。

对于为什么有这么多重刑犯的后代追求犯罪的生活，专家们的意见并不完全一致，有人认为是不良的榜样和功能失调的家庭所致，但也有人说，这可能与贫困、糟糕的学校教育、缺乏机会甚至父母的基因有关。

漂移理论与未成年人违法犯罪

加州大学伯克利分校社会学家大卫·马茨阿（David Matza）在其 1964 年的经典著作《少年违法犯罪与漂移》（*Delinquency And Drift*）中指出，当一个未成年人从法律的道德边界里将自己中立起来，并“漂移”到违法犯罪时，他成为一名违法者的过程就开始了。马茨阿说，漂移意味着“违法者暂时处于符合法规和犯罪之间的边缘地带，对双方的要求轮流做出反应，时而接近一方，时而又转向另一方，推迟承诺，逃避决定，在违法犯罪行为和规范行为之间摇摆不定”。

漂移和不同接触两个概念有许多共同的假设，但与不同接触理论相比，马茨阿提出的漂移理论（drift theory）更加注重未成年人选择权的行使和未成年人因其不遵循传统规范所受到的歧视性待遇而感到的不公平感。

明确犯罪人是在传统和越轨之间徘徊的人之后，马茨阿接着考察了法律规范失去效力的过程。他的基本论点是，违法犯罪少年仍然融入了主流社会，违反法律规范并不意味着放弃对法律的忠诚。

对马茨阿而言，当消除责任感时，违法犯罪行为是允许的。中和理论提供了一种理解犯罪人如何使自己免于对错误行为负责任的方式，有五种方法来中和或正当化犯罪行为，通过将其定义为可接受的，使这种行为成为可能：

1. 否认责任（“我不是故意的。”）；
2. 否认伤害（“我没有伤害任何人。”）；
3. 否认受害者（“他们自找的。”）；
4. 指责对他们做出谴责的人（“每个人都在挑我的毛病。”）；
5. 上升为更高的忠诚（“我这样做不是为了自己。”）。

马茨阿声称，亚文化中的违法少年内心里充满了不公平感，因为他们所依赖的是充满了矛盾的记忆内存。男性违法少年追求亚文化的美德，这些美德强调“传统的男子汉气概，赞美他们所做的荣誉、英勇、忠诚的英雄传奇”。

“为犯罪行为的实现提供推力和动力”的缺失元素是意志。意志在平凡和不平凡的场合都会被激活。但是，如果少年违法者在过去失败了，他不太可能有再次做出这类行为的意愿：“只有小丑和傻瓜才会喜欢从事他们做不好的活动。”马茨阿认为，绝望可以激发一个人违规的意志。当绝望和宿命的情绪交织在一起，少年违法者觉得自己被人摆布，他需要做些什么来恢复他的权力感和控制感。于是，犯罪使他们把自己看成行为的原因而不是结果。马茨阿提出漂移理论可以用以解释为什么大多数青春期少年会不时地做出违法犯罪行为（如图 4–8 所示）。

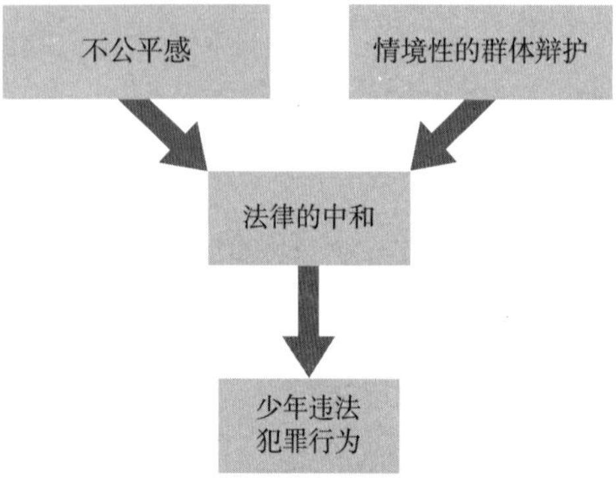

图 4–8 马茨阿的漂移理论

英国犯罪学家杰玛·希尔斯（Gemma Shears）最近的一项研究，调查少年违法者、被评估有可能转向犯罪的人和非犯罪人在生活目标和态度上是否存在差异，研究发现这三组成员在所认定的生活目标方面存在差异。少年违法者更重视犯罪、自由、自主和与实现社会形象相关的目标，而少年非违法者更重视人际和教育目标。换言之，希尔斯的研究发现，少年违法者和少年非违法者的生活目标和态度确实存在显著差异。

漂移理论的评价

近年来，漂移理论在很大程度上被忽视了，这非常不幸，因为漂移理论有下列优点。

- 漂移理论建立的研究假设，即少年违法犯罪行为发生在与他人互动的学习过程中，该理论对群体如何鼓励年轻人从共同的传统道德感中解脱出来进行了探索。

- 漂移理论有助于解释为什么大多数少年偶尔会做出违法犯罪行为，但随后又会成长为守法的成年人这一事实。马茨阿认为，未成年人接近成年后犯罪率下降是因为很多少年违法者一开始就没有决心遵从犯罪规范。
- 漂移理论有助于我们理解少年违法犯罪行为的情境因素。马茨阿认为，少年违法者是在特定情境背景和该背景的规范下，被迫做出违法犯罪行为的年轻人。马茨阿还提出一个正确的观点，即少年受群体过程的影响会实施在其他条件下不会实施的行为。
- 在《少年违法犯罪与漂移》一书中，马茨阿又对少年违法者是“被迫”做出违法犯罪行为的观点提出了挑战。他提出硬性决定论远不能预测犯罪，而软性 / 温和决定论能够更准确地解释未成年人违法犯罪行为。这里提到的软性决定论的证据最早出现在漂移理论中，类似于控制理论、理性选择理论、社会学习理论和冲突理论中后来出现的软性决定论或非决定论。

漂移理论认为，少年违法者和少年非违法者对非法行为的态度基本相同，关于这一点，文献中有各种各样的发现。

最后，西北大学社会学家约翰 · 哈根（John Hagan）将漂移理论、社会控制理论和生命历程概念化相结合研究文化分层（即社会阶层），研究发现，“与那些有更多控制源的少年相比，脱离了父母和教育控制的少年更有可能做出轻微的或更严重的越轨亚文化的偏好行为。另外，工人阶级出身的男性对少年犯罪亚文化的认同对其在成年早期获得社会地位的轨迹有负面影响。”

综上所述，尽管近年来与中和理论相比，马茨阿的漂移理论受到的关注较少，但它仍然是最有用的能够说明未成年人为什么会卷入违法犯罪行为的动力学解释之一。

你会怎么做

与年轻人一起工作时，庆祝其取得的成就很重要。如果他们看不到自己所做的积极行为所带来的回报，那么他们可能不会想继续朝着好的方向前进。我在一家行为矫正机构工作，这家矫正机构每周举行一次表彰仪式，通过“周五欢乐之夜”来庆祝成绩。工作人员与孩子们一起工作并让他们遵守适当的规范是很重要的，如果他们在一周内没有表现出积极的行为，他们将不被允许参加有趣的晚会。有一位当事人为了不让其他人参加，故意做出破坏晚会的行为。遇到这种情况，如果你是这家矫正机构的工作人员，你会怎么做？

控制理论与未成年人违法犯罪

不同接触理论和漂移理论都是犯罪的学习理论，但控制理论更侧重于研究有助于未成年人避免犯罪行为的内在机制。控制理论的核心思想源远流长，至少可以追溯到 19 世纪。控制理论提出者一致同意的一个特别重要的观点：如果要抑制犯罪的趋势，就必须对人加以控制或以某种方式加以控制。控制论者也普遍认为，犯罪是由某些方面的缺陷造成的，未成年人违法犯罪是因为某种控制力的缺失或缺陷。

早期版本的控制理论包括小阿尔伯特·J. 赖斯（Albert J.Reiss，Jr.）提出的个人和社会控制理论和 F. 伊凡·奈（F.Ivan Nye）提出的以家庭为中心的社会控制理论。赖斯对自我意识薄弱的少年违法者如何缺乏做出符合规范行为的个人控制进行了描述。奈补充说，理论研究者的问题不是要找到对少年违法犯罪行为的解释，而是要说明为什么违法犯罪行为并不常见。沃尔特·C. 雷克利斯（Walter C.Reckless）的遏制理论和特拉维斯·赫希的社会控制理论是控制理论中最成熟的例子，下面我们将对它们进行研究。

遏制理论

俄亥俄州立大学社会学家沃尔特·C. 雷克利斯在 20 世纪 50 年代和 60 年代提出用于解释犯罪行为和违法行为的遏制理论。遏制理论有两个强化要素：内部遏制系统和外部遏制系统，既能解释符合法规的行为，又能解释越轨行为。遏制理论假设坚固的内部遏制系统和加强的外部遏制系统为越轨行为提供了绝缘作用。

遏制理论的要素

雷克利斯将内在遏制的要素界定为自我控制、积极的自我概念、发展良好的超我、自我力量、高度的挫折容忍度、高度的抵抗力、高度的责任感、寻找替代性满足的能力、目标取向和减少紧张的合理化方法。

外部遏制，或者说外部调节器，是个体直接接触社会或环境时存在的结构性缓冲，这个缓冲器能够使他保持在一定的限度内。外部遏制包括下列内容：向潜在的越轨者提供一致的道德界线；个体的规范、目标和期望的制度性强化；有效的监督和纪律；规定合理的活动范围，包括限制和责任；以及接受、认同和归属感的机会。

犯罪或越轨行为的内在推动因素包括鼓励个体参与社会不接受行为的驱动力、动机、挫败感、不安、失望、反叛、敌意和自卑感。环境压力是指与贫困或剥夺、冲突和纷争、外部约束、少数民族群体地位，以及在机会结构中获得有限的成功机会等有关的压力。最后，环境中充满了促使犯罪和越轨行为的拉力，包括干扰、吸引、诱惑、越轨模式、同伴、媒体、社会上的犯罪广告和宣传等。

遏制与未成年人违法犯罪的关系

如果个体的外部遏制系统薄弱，他要遵守法律就需要内部控制系统来处理外部压力和拉力。如果个体的外部缓冲器相对强大和有效，他的内部防御就不必发挥如此关键的作用。类似地，如果年轻人的内部控制力与一般的推动力不对等，一个有效的外在防御系统会有助于将他的行为控制在社会可接受的范围内。如果内部防御系统处于良好的工作状态，外部结构就不必进行救援。因此，那些有很强的外部遏制系统和内部遏制系统的未成年人与那些仅有很强的外部遏制系统或很强的内部遏制系统的未成年人相比，犯罪的可能性小得多。外部控制和内部控制都薄弱的年轻人最容易出现犯罪行为，尽管薄弱的内部控制似乎比薄弱的外部控制更容易导致犯罪行为。

自我概念是未成年人违法犯罪的“绝缘体”

20 世纪中叶，雷克利斯在俄亥俄州立大学与西蒙·迪尼茨（Simon Dinitz）共事，两人研究发现，守法行为的前提条件之一是良好的自我概念。自我概念对犯罪行为的隔离作用是一个持续的过程，反映了非犯罪行为价值观的内在化，并符合父母、老师和同龄人的期望。因此，良好的自我概念是良好社会化的产物，通过充当犯罪的内在缓冲器或遏制因素，引导未成年人远离违法犯罪。

有几项研究发现，积极的自我概念确实有助于青春期少年远离违法犯罪行为。同时，其他研究发现积极的自尊与犯罪率降低之间的关系不大。另外，有研究者认为人们的行为是为了最大化他们的自尊，所以年轻人为了提高自尊而选择越轨的参照群体，违法犯罪行为变成了一种抵御消极自我评价的应对策略。

在美国和土耳其最近的一项双重研究中，乔安娜·罗伯特（Joanne Roberts）及其同事对家庭仪式和自尊是否有助于社会控制，从而减少越轨行为进行了研究。土耳其的研究还评估了宗教信仰对社会控制的影响，同时美国的研究评估了参与符合规范的活动的影响。以雷克利斯的遏制理论为基础，提出自尊与宗教信仰的内在遏制观念、家庭仪式与参与符合规范活动的外在遏制观念，会减少被调查者犯罪行为的数量。然而，他们发现，研究对象中只有参加符合规范活动的美国大学生减少了违法犯罪行为的发生。

内在遏制或自我概念理论的主要缺陷是研究人员难以明确他们正在准确测量的这个概念的关键要素。迈克尔·施瓦茨（Michael Schwartz）和桑德拉·S. 坦格里（Sandra S.Tangri）提出，糟糕的自我概念除了容易导致犯罪外，可能还会导致其他后果，他们进一步质疑雷克利斯和迪尼茨的自我概念测量的充分性，并质疑标签效果对男孩随后“好”“坏”行为的影响。

社会控制理论

美国犯罪学家特拉维斯·赫希是与社会控制理论或社会纽带理论联系最为紧密的理论家。图 4–9 描述了赫希理论的主要结构。赫希在《少年犯罪原因探讨》（*Causes of Delinquency*）一书中将犯罪行为、个人与社会的纽带质量联系起来，指出“当个人与社会的纽带薄弱或破裂时，就会产生犯罪行为”。用赫希自己的话说：“我们都是动物，因此自然都有犯罪的能力。”他认为人类基本的冲动促使他们参与犯罪和违法行为，除非有理由抑制这种行为。赫希认为，最重要的问题不是提出标准问题："他们为什么这么做？"而是问"他们为什么不这样做呢？"

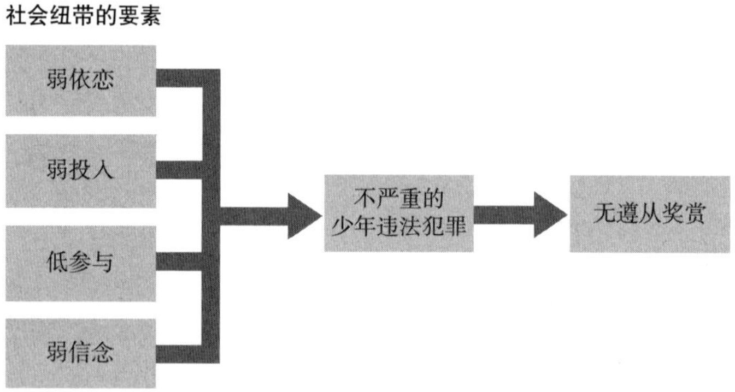

图 4-9　赫希的社会控制理论

根据赫希的理论，与家庭、学校和有成就的同龄人等积极的社会群体联系最紧密的个体不太可能做出犯罪行为。赫希认为，致力于社会纽带的四个主要因素是依恋、投入（或奉献）、参与（或卷入）和信念。

依恋

个人对遵守社会规则的个体形成依恋是社会纽带的第一个要素。赫希认为，对他人的敏感性与内化规范和培养良知的能力有关。对他人的依恋还包括孩子与父母、老师、朋友之间的情感联系和对他们的尊重。个体对他人的依恋越强，当他被引诱做出犯罪行为时，他就越有可能考虑到这一点。对父母的依恋是使孩子免受犯罪行为影响的最重要的变量，即使一个家庭因离婚而破裂，孩子也需要对单亲或双亲保持依恋，以免受到犯罪影响。赫希提道："如果孩子与父母疏远，他就不会发展出适当的良心或超我。"

投入（或奉献）

社会纽带的第二个要素是对传统活动和价值观的投入（或奉献）。投入的程度是个体为了实现传统的目标，如教育、财产或声誉，而愿意投入的时间、精力和自我感。当一个有责任心的人在考虑犯罪行为的成本时，他运用常识就能得出结论：失去在传统行为中已经做出的投资，此风险是不可接受的。赫希认为，如果未成年人致力于传统的价值观和活动，他们会在这些活动中获得收益，并避免犯罪行为。

参与（或卷入）

参与还可以使个人远离犯罪行为的侵害，任何个人的时间和精力都是有限的，参与符合常规的活动就不会有时间参与犯罪行为。赫希推理说："参与常规活动的个体忙于约会、截止日期、工作时间、计划等有关的活动，所以，做出越轨行为的机会很少出现。鉴于个体越轨在常规活动的集中程度，他甚至没有精力考虑越轨行为，更不用说表现出越轨的倾向了。”

信念

社会纽带的第四个要素是信念，少年违法犯罪行为的出现是由于缺乏能够有效阻止社会不接纳行为的信念。这种信念包括对法律和社会规范的尊重，个体对法律和法律制度价值的尊重是通过与他人的亲密关系（特别是父母）发展起来的。赫希描绘了这样一条因果链：“从对父母的依恋，到对权威人士的认可，再到相信社会规则对个人的行为具有约束力。”

理论的实证检验

赫希通过对加州康特拉科斯塔县 4077 名初中和高中学生进行自我报告调查，从而对理论进行验证，通过使用校本档案和警方档案，分析从问卷中获得的关于社会纽带的基本要素资料。

赫希分析被调查者对父母、学校和同龄人的依恋状况，他发现对父母的依恋越深的孩子，越不可能卷入犯罪行为。事实上，除了与父母沟通之外，沟通的质量或亲密程度是关键因素，在与父母的关系中发现的爱和尊重越多，在潜在犯罪状况发生时，孩子就越有可能会想起父母。

社会控制理论的评价

社会控制理论得到了广泛的支持，有以下几个优点。

- 社会控制理论是经得住实证检验的，与本节讨论的其他理论家不同，赫希能够用一组少年数据来检验自己的理论。社会控制理论最基本的概念（如对父母的依恋、参与学校活动、对传统活动的投入）都有明确的界定，能够进行测量。
- 社会控制理论对理解少年违法犯罪行为提供了有价值的见解，例如，家庭内部关系的重要性已经通过理论检验得到了证实，学校与少年违法犯罪之间的关系是社会控制理论研究的另一个重要领域。根据理论检验的结果，尤其有效的是这一命题——个体对社会机构（社会纽带）的依恋和投入与低犯罪率相关。
- 研究者正在越来越多地使用社会控制理论来综合解释未成年人违法犯罪行为。

总之，虽然社会控制理论不能解释所有的少年违法犯罪行为，但它比其他的犯罪解释获得了更多的实证支持。然而，即使赫希的理论能够充分解释少年轻微的犯罪行为，但是仍会提出这个理论能否解释少年严重的犯罪行为？社会控制理论也无法解释削弱社会纽带的事件链。2012 年的一项研究发现，父母教养与违法犯罪之间存在相互关系，也就是说个体与父母的依恋对违法犯罪有影响，同时少年违法犯罪也会影响父母的依恋。

与这一理论同样重要的是，在充分确定社会控制理论的理论价值之前，必须更加重视社会纽带要素的操作性定义。

未成年人违法犯罪的整合理论

未成年违法犯罪的整合解释理论一直是犯罪学中备受推崇的概念之一。理论整合通常意味着基于对所掌握的两个或多个情境的共性进行整合，包括现有的理论、不同层次的理论、社会背景或个人背景。理论整合试图将多个对犯罪行为的理论解释结合成一系列连贯的事件和结果，这会引起一些问题和关注的焦点。

- 因为要解释的犯罪行为的具体形式因理论的不同而不同，所以，任何整合理论的功效都可能存在差异。
- 运用哪种理论代表整合模型中的不同观点是一个问题，不同接触理论说明了第二个问题，将该理论分成七个命题甚至更多的子范畴。问题是，哪一个命题应该作为不同接触理论的代表？
- 为整合所做的努力有时会引起一个问题，即该理论是否适用于人群中的所有阶层。例如，大多数少年犯罪理论关注的是下层阶级的少年男性，但是这些理论可能适用 / 不适用于下层阶级的少年女性，也可能适用 / 不适用于中上层阶级的少年男性和少年女性。
- 另外一个让人关注的问题是，所包含的理论在关于引起犯罪的动机、态度和具体的因素方面可能有不同的基本假设。特别是跨学科的理论，对少年违法者的情感和态度提出了相反的观点，社会结构理论和社会过程理论对少年违法者的态度和动机及刺激的效果有着大相径庭的观点，这并不少见。

尽管面临着这些严峻的挑战，但关于犯罪行为的整合理论已经形成，其中三个最重要的理论是迈克尔 · R. 戈特弗雷德森（Michael R.Gottfredson）和赫希的犯罪的一般理论（general theory of crime）、德尔伯特 · S. 艾略特的综合社会过程理论（integrated social process theory），以及特伦斯 · P. 索恩伯里（Terence P.Thornberry）的互动理论（interactional theory）。

戈特弗雷德森和赫希的犯罪的一般理论

1990 年出版的《犯罪的一般理论》一书中，美国犯罪学家戈特弗雷德森和赫希指出，缺乏自我控制是导致问题行为的共同因素。

在犯罪的一般理论中，另外一个核心构成是犯罪机会，它是个体所遇到的结构性环境或情境性环境的功能。这两个构成综合起来，旨在获取外部约束和内部约束对行为的同步影响（如图 4–10 所示）。

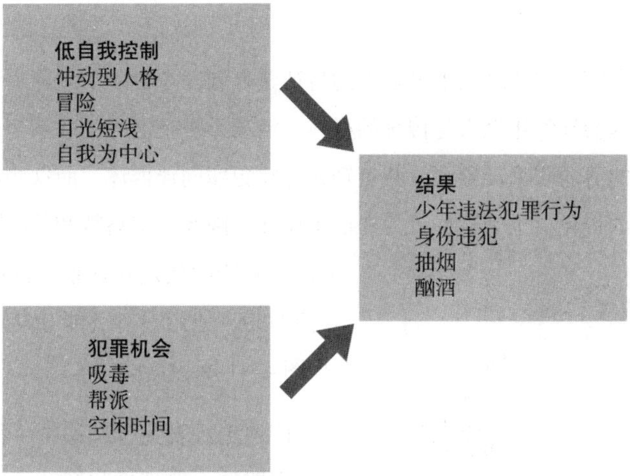

图 4–10 戈特弗雷德森和赫希的犯罪的一般理论

关于犯罪的一般理论已经进行了几十项研究，绝大多数研究支持该理论。大学生、未成年人和成年人自我报告的犯罪与自我控制有关，它倾向于预测未来的刑事定罪和自我报告的犯罪，还与犯罪以外的社会后果有关。自我控制主要是在儿童时期通过父母的养育发展起来的，在整个生命过程中相对稳定。将与犯罪的一般理论有关的实证研究进行元分析发现，自我控制是犯罪和类似行为的重要预测因素，纵向数据支持该理论的证据较弱，社会学习变量仍旧得到支持。

戈特弗雷德森和赫希的关于自我控制的理论是一种趋势的一部分，该趋势将犯罪和违法的原因进一步追溯到家庭生活的过程中。在某些方面，这是对格卢克夫妇研究（见第 3 章）的再次强调，也类似于威尔逊和赫恩斯坦的强化理论中的重要主题。这种强调儿童早期社会化的犯罪原因的确背离了在理性选择理论和大多数社会学理论中发现的犯罪直接原因。戈特弗雷德森和赫希对一维特征的关注也背离了向多维和整合犯罪理论的发展趋势。

关于犯罪的一般理论的批评主要集中在其概念缺乏明确性上。有人认为，该理论的关键要素仍有待检验，该理论没有能力解释所有形式的违法和犯罪，而且"关于自我概念的普遍存在问题仍然存疑"。尽管存在这些批评，犯罪的一般理论可能会继续引起人们的兴趣和研究。

艾略特等人的整合社会过程理论

德尔伯特 · S. 艾略特和其同事们提出"将传统的紧张理论、社会控制理论和社会学习理论的观点扩展、整合到一个单一的范式中，形成用于解释未成年人违法犯罪和药物滥用的模型"。他们认为，这三种理论在解释少年违法犯罪行为方面都有缺陷：紧张理论可以解释一些最初的犯罪行为，但不能充分解释为什么有些未成年人会进入犯罪生涯，而另一些则避免这样做；控制理论无法解释在没有奖励的情况下为什么少年还长期参与违法犯罪行为；社会学习理论认为，当犯罪人面对犯罪行为产生了强化结果时，他们却将少年违法者描述为被动的、易受影响的。

艾略特和他的同事们将这些理论中最强大的特征整合到一个单一的理论模型中，他们认为生活在社会组织混乱的地区会导致年轻人与传统的群体、活动及规范之间的联系变得薄弱。高强度的压力，以及与传统群体的薄弱联系，导致一些年轻人寻找犯罪同伴群体，而这些反社会同伴群体既为犯罪行为提供了积极的强化，也为这种行为提供了榜样。因此，艾略特和他的同事们认为，当少年个体与犯罪团伙建立联系，再加上与传统群体的联系薄弱时，他们很有可能会参与少年违法犯罪行为（如图 4–11 所示）。

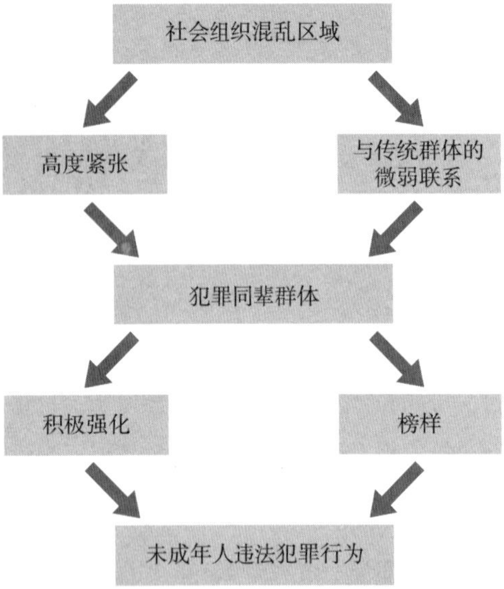

图 4–11　艾略特的整合社会过程理论

该理论代表整合理论的一种纯粹的类型。可以说，犯罪的一般理论和互动理论都不是完全整合的理论，而是对已有理论的阐述。相比之下，整合社会过程理论无疑是一种整合理论。

对整合社会过程理论的检验结果整体上是积极的，但有研究者对该理论在各种类型的犯罪行为中的应用提出了质疑。人们甚至对它在不同类型的吸毒行为中的应用效果提出了质疑，例如，该理论可以解释 59% 的人为什么吸食大麻，但只能解释 29% 到 34% 的人为什么使用硬性毒品。

索恩伯里的互动理论

根据索恩伯里的犯罪互动理论，导致犯罪的最初动力来自人们与传统社会的联系减弱，与传统社会的联系表现为对父母的依恋、对学校的投入和对传统价值观的信仰。与犯罪同伴的联系和犯罪价值观构成了学习和加强犯罪（特别是长期严重犯罪）的社会环境，这两个变量连同犯罪行为本身，形成了一个相互加强的因果循环，导致随着时间的推移，犯罪参与越来越多。

此外，这一互动过程在人的生命周期中发展。在少年早期，家庭是使他们与传统社会建立联系和减少犯罪最重要的因素，但随着少年的成熟和进入青春期，朋友、学校和青少年文化成为影响他们行为的主要因素。当一个人进入成年期时，对传统活动和家庭的投入，特别是对家庭的投入，为重塑他与社会的联系和参与犯罪行为提供了新的途径。

最后，互动理论认为这些过程变量与少年在社会结构中的地位有系统的联系。社会阶层、少数民族群体地位和社区的无组织状态都会影响交互作用变量的初始值和行为轨迹。有人认为，来自社会最弱势背景的年轻人开始了与传统社会联系最少、与犯罪世界接触最多的过程，这一过程的本质增加了他们继续从事严重犯罪活动的机会。另一方面，中产阶级家庭的年轻人进入了一个趋向于遵从规则和远离犯罪的轨道（如图 4–12 所示）。

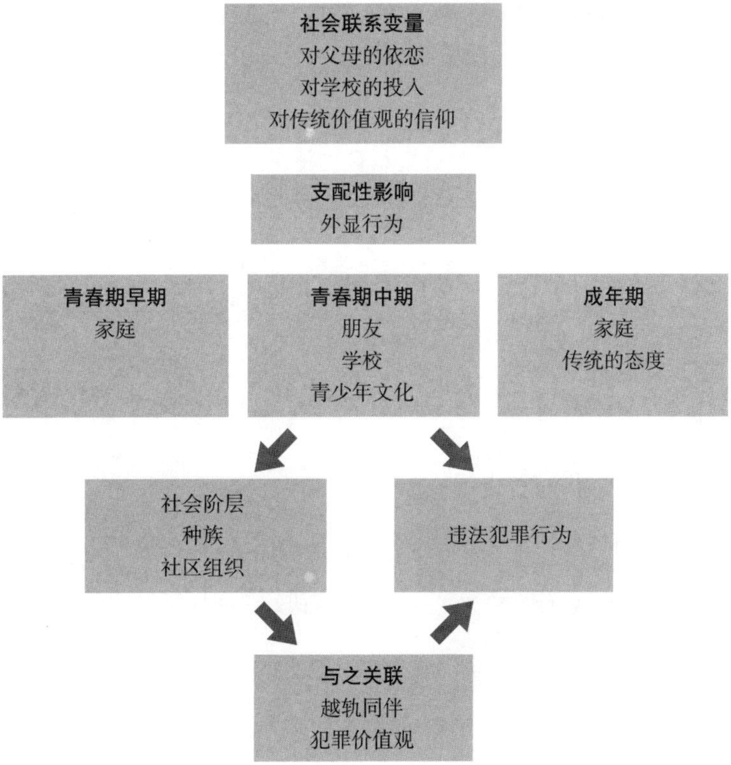

图 4–12　索恩伯里的互动理论

索恩伯里的理论本质上把少年违法犯罪视为在发展过程中发生的事件的结果，犯罪不是最终产品；相反，违法犯罪本身导致犯罪价值观的形成，进而导致社会纽带的中断、对反社会同伴的依恋更多及对犯罪行为参与得更多。正如在其他发展理论中所发现的那样，有的因素在特定年龄段会影响非法行为，而在其他年龄段则是其他因素影响非法行为。

互动理论有积极的特征，应继续对其进行检验。许多关于犯罪行为解释的文献似乎都很有意义。另外，使用互动理论框架的研究不仅在犯罪研究者中变得更为常用，而且越来越多地用于跨学科研究。最后，互动的方法与个人生活、互动的社会环境是一致的。

互动理论也有缺点，最重要的是，互动理论未能解释中产阶级的少年违法犯罪，且基本上忽略了种族和性别问题。根据互动理论，犯罪行为将贯穿整个青春期，并持续到成年期（戈特弗雷德森和赫斯基对此表示赞同），这使得短期内停止或永久终止非法行为模式的空间很小。

最佳实践证据

确定能够证明对预防未成年人暴力和未成年人违法犯罪有效的项目至关重要。过去14年来,“暴力预防蓝图”作为最重要的循证预防项目之一,一直是从事犯罪预防工作人员的重要资源。蓝图由科罗拉多州暴力研究和预防中心（Center for the Study and Prevention of Violence ,CSPV）发起，也是科罗拉多州的一项倡议，最初的资金来自科罗拉多州刑事司法司、疾病控制和预防中心以及宾夕法尼亚州违法和犯罪行为委员会。蓝图是为了确定预防暴力的示范方案，并在科罗拉多州进行开展。项目启动后不久，少年司法和犯罪预防办公室积极支持，为暴力研究和预防中心提供资金，资助在美国各地进行项目复制。至此，蓝图已经发展成为一项大规模的预防措施——一个既确定项目模型，又提供技术支持，帮助进行场地选择以及实施高度完整的项目。

除了提供资金支持继续确定有效的预防项目外，少年司法和犯罪预防办公室还倡导采用以研究为基础的项目，资助全国范围内进行“暴力预防蓝图”复制。这一举措使得需要其向许多正在发展蓝图项目的地方提供培训和技术援助。

暴力预防蓝图倡议有四个中心目标：

1. 确定有效的、以研究为基础的项目；
2. 提供培训和技术援助，以传授实施这些项目所需的知识和技能；
3. 监控实施过程，现场提供反馈，确保项目的实施符合其初衷和设计；
4. 收集和传播有关提高执行质量和执行精确度的因素的信息。

在第11章和第12章中，我们将会了解到有关“暴力预防蓝图”的更多信息。

埃米·沃特斯的人生历程（九岁）

埃米已是三年级的学生，成绩很好。她为自己的成绩感到骄傲，在圣诞假期来临前被提名为优等生，得到了老师的表扬，老师在她的年中成绩单上写道：“埃米是一名聪明的学生，有很大潜力。”

然而，却发生了令人气愤的事，当埃米和她的父亲逛街来到一家昂贵的商店时——这家商店他们以前从未去过，店员站在一排色彩鲜艳的丝巾旁，斜视着他们父女二人，低声咕哝着侮辱她的话，埃米听到这样的话：“为什么这些穷人都想浪费我的时间？”

她的父亲也听到了店员们说的话，他抓住埃米的手，迅速把她带出了商店。这是埃米有生以来第一次感到异样，而且在某种程度上感到卑微。

本章指出，一个社会的社会结构会以它构建的机会来影响在这个社会中发生的行为，埃米的生活机会受到她的社会经济地位怎样的限制呢？在学校的学业成绩能帮助她克服这些限制吗？

在下一章中，我们将继续讲述埃米·沃特斯的传奇故事。

第 5 章

未成年人违法犯罪的社会互动理论

我们总担心孩子明天会怎样，恰恰忽视了他的今天。

斯塔西亚·陶舍（Stacia Tauscher），摘自美国国家少年司法中心 2003 年年度报告

犯罪之声

艾米莉的故事

一切都是从 14 岁开始的，那时我开始抽烟，寻找和我一样的人，在认识他们之前，我认为他们不会惹麻烦。我努力在 16 岁以前不惹麻烦，直到那年秋天遇到了一个叫曼迪的女孩，我的生活从此改变了。她也曾招惹过麻烦，我去见她的朋友，我们一起去附近的牛顿镇玩耍，我喝酒、抽烟比以前更多了。感恩节过后不久，我遇到了曼迪的哥哥托尼，他因盗窃而入狱，刚刚获得释放。他和我开始聊天，我们相处得很好，他和我以前见过的那些男孩子不一样。

4 月，托尼和我开始约会，见面后不久，他被送到一个大城市的矫正机构。看到他离开，我很伤心。托尼在矫正机构惹了麻烦，又被送回监狱。看着男友被送进监狱的那天是我一生中最艰难的日子之一。在把他带出法庭之前，我抱抱他，对他说的最后一句话是："我爱你。"之后我哭了好几天，我觉得生活彻底完了，那只会使我更加沉迷于吸毒和酗酒。如果我不在打工场所或学校，就会去朋友家。我想你可能会说，朋友会支持、安慰我，但是他们并不是以他们应该的方式，他们确实听我哭诉，但更多的是陪我使劲儿抽烟，玩命喝酒。

标签理论解释标签如何在人们身上体现以及标签如何影响少年违法犯罪的性质和程度。符号互

动论认为，越轨或少年违法犯罪行为是由参照群体和同伴塑造的。冲突理论认为，当具有不同利益的群体或阶层相互作用时，少年违法犯罪行为是冲突的副产品。恢复性司法侧重于调解过程，并希望能够为参与犯罪事件的各方提供公平的“正义”。

综上所述，将这四种理论视角统称为未成年人违法犯罪的社会互动理论，因为它们的解释来自社会群体之间、个人与社会之间不断发生的互动，本章将依次讨论。

标签理论

在 20 世纪 60 年和 70 年代，标签理论是理解犯罪和少年违法最有影响力的方法之一。标签理论或标签视角，有时也叫越轨互动理论或社会反应理论，这是基于这样一个前提：社会通过给行为偏差者贴上与其他人不同的标签来制造越轨者，而事实上他们之所以不同是因为他们被贴上了越轨的标签。相应地，标签理论研究者关注个体参与越轨行为的过程，强调社会大众所扮演的角色以及他们对个体违反规范行为的反应。

一段时间以来，人们已经认识到，对犯罪行为正式和非正式的社会反应会影响犯罪人随后的态度和行为。弗兰克·坦南鲍姆（Frank Tannenbaum）、埃德温·M. 莱默特（Edwin M. Lemert）和霍华德·贝克尔（Howard Becker）是标签理论的三个主要代表人物，他们关注的是通过正式的社会控制代理人对个体行为的反应来改变个体自我概念的过程。本节还将讨论标签理论的最新研究进展。

想一想

被霸凌的少年自杀的发生率非常惊人，例如，2013 年 10 月 15 日，12 岁的丽贝卡·安·塞德威克（Rebecca Ann Sedwick）被十几个年轻人霸凌后，从佛罗里达州莱克兰一家旧水泥厂的塔顶跳下身亡。在她自杀前，其他年轻人在网络上发表的评论让她沮丧，他们给她发来了诸如“去自杀吧！”“你为什么还活着？”之类的信息。她很害怕，发信息询问“需要服用多少非处方药才能死呢？”2013 年的另一起事件中，12 岁的乔斯·雷耶（Jose Reyer）被同龄人多次辱骂后，带着枪来到学校，开枪打死两名同学，并在开枪自杀前打死一名教师。一位目击者说，乔斯告诉受害者：“你们毁了我的生活，所以我要毁了你们的生活。”最近发生的另外一个事件，得克萨斯州斯帕克斯市的一名学生和新墨西哥州阿尔伯克基市的另一名学生在受到霸凌后，刚刚看了一段反霸凌的视频后就自杀了。刘易斯是其中一名学生的父亲，说道：“我所知道的是他们在讨论霸凌的问题，展示霸凌的行为，在视频节目结束时，他们展示了夺走他们生命的孩子的照片。”刘易斯说：“当一个孩子或一个人走投无路时，他们认为无处可去，他们认为任何人都没有采取任何行动，他们在视频中看到的刚好引起了他们的共鸣。”

有什么方法可以改变持宿命论孩子的人生观，特别是在贫困中长大的孩子？

弗兰克·坦南鲍姆：邪恶的戏剧化

1938年，奥地利裔美国社会学家弗兰克·坦南鲍姆在其著作《犯罪与社会》（*Crime and the Community*）中提出了最早版本的标签理论。坦南鲍姆研究一名少年如何引起当局者的注意并被贴上与其他少年不同的标签的过程，他认为这一过程改变了司法系统对这些人的处理方式以及他们如何看待自己：

> 因此，制造犯罪的过程是一个贴标签、下定义、识别、分离、描述、强调、使别人有意识和使行为人形成自我意识的过程；制造犯罪的过程有刺激、暗示、强调和唤起所投诉的特殊特质。

坦南鲍姆称这一过程为“邪恶的戏剧化”，他写道，给未成年人贴标签的过程导致未成年人与少年违法者发生了联系，这种联系意味着试图逃避给他贴上负面标签的社会。随后，少年违法者开始走上越轨的职业生涯，不管社会和司法系统中的个人如何努力改变他的“邪恶”行为，负面行为变得越来越固化老练，他们对积极的价值观也越来越抵触。坦南鲍姆提出，邪恶被戏剧化的程度越低，年轻人步入越轨道路上的可能性越小。

埃德温·莱默特：初次越轨和继发越轨

20世纪中叶，相对于肖和麦凯的社会解组理论、埃德温·H.萨瑟兰的不同接触理论和默顿的社会结构研究而言，美国社会学家埃德温·M.莱默特的社会反应理论提出了一种截然不同的视角选择。莱默特将注意力集中在社会控制代理人和规则违反者之间的相互作用以及行为是如何被贴上犯罪、违法或越轨的标签的。

莱默特的初次越轨和继发越轨概念被认为是标签理论最重要的理论概念之一。莱默特认为，初次越轨由个体的规范性行为组成，继发越轨是社会对初始行为反应后的回馈。莱默特认为，社会对离经叛道者的反应可以解释为迫使他们地位或角色的改变，也就是说，社会对越轨者的反应导致个体身份的转变。社会对越轨者的反应，无论是一个不赞成的眼神还是彻底的污名化，对于理解个体对越轨生活方式的渐进投入至关重要。

莱默特对越轨过程进行了描述。

社会对越轨行为的反应表现在互动过程中。社会反应是一个总称，它概括了他人对越轨行为的道德愤慨和控制越轨行为的行动表现。这一概念还包括社会组织的视角，作为一种组织反应，社会反应的概念是指社会控制代理人对越轨者的行为施加约束的能力，这种约束体现在治疗、矫正和惩罚等方面。

霍华德·贝克尔：越轨的职业生涯

晚于莱默特的另一位主要的标签理论家霍华德·贝克尔，将社会规则和被贴上局外人这一标签过程的关系进行了概念化。

贝克尔认为，一旦一个人被抓获并被贴上标签，这个人就成了局外人，获得了新的社会身份，这将对其本人的自我形象和公众身份都产生影响，个体就会被视为另一个人。虽然从社会互动的角度看，导致“越轨者”标签被强加是一个序列性事件过程，但一旦被贴上标签，分析框架就会转向对社会结构的分析。换句话说，在个体被贴上标签之前，他参与了社会互动的过程，但一旦被贴上标签，他就被赋予了社会结构中的一个新身份。

想一想

霍华德·贝克尔认为，一旦个体被抓获并被贴上标签，这个人就会成了局外人，作为一个局外人会有什么样的后果呢？

少年司法过程与标签作用

很长一段历史的争论认为，在少年司法系统的正式处理过程中发现的标签作用是影响未成年人持续犯罪的第二反应因素。塔夫茨大学经济学家埃德温·舒尔（Edwin Schur）辩称，大多数少年违法行为都是微不足道的、良性的、不需要惩罚的，但当年轻人被逮捕并被带到少年法庭时，他们就被定型为不同的人。获得这一标签后，他们会受到当局者更多的关注，而且由于这种关注的增加，他们很可能在司法系统中受到更多的介入。舒尔认为，少年犯罪的法律实际上适得其反，因为它们产生的犯罪行为比它们阻止的要多。1973 年，舒尔甚至主张采取激进的不介入，意思是“尽可能不要干涉孩子”。

最近，有几项研究表明，在某些情况下“官方惩罚似乎增加了随后出现越轨行为的可能性，这与标签理论的观点一致。”弗朗西斯·波利玛丽亚（Francis Polymaria）、弗朗西斯·T. 卡伦（Francis T.Cullen）和乔安妮·C. 格斯滕（Joanne C.Gersten）发现，对少年违法犯罪行为的正式反应会影响随后犯罪行为的可能性，造成的影响与反应类型和越轨行为类型有关。大约 10 年前，安东尼·马塔拉佐（Anthony Matarazzo）、彼得·J. 卡林顿（Peter J.Carrington）和罗伯特·D. 希斯科特（Robert D.Hiscott）对过去和现在的少年法庭处置结果之间的关系进行调查，调查结果支持标签理论，即使控制了相关变量，少年法庭过去的处置对当前的处置也有显著影响。关于标签理论的一般假设，请参见图 5–1。

图 5–1　标签理论的一般假设

标签理论的最新发展

早期版本的标签理论由于理论缺陷和缺乏支持而受到严重的抨击。批评者指责说："标签理论倡导者通过提出标签作用是导致持续越轨行为的唯一因素，并暗示标签总是增加随后违反规则的可能性，严重夸大了标签的作用。"因为受到这些和其他方面的批评，到1980年标签理论遭遇到严重挑战，正如马里兰大学犯罪学家雷蒙德·帕特诺斯特和奥尔堡大学教授利安·伊瓦尼（Leeann Iovanni）观察到的那样，这个理论"在1985年被宣布无价值"。然而，标签理论后来因为其更复杂的应用而重新兴起。

标签理论的最新应用

犯罪学家露丝·安·特里佩特（Ruth Ann Triplett）和G. 罗杰·贾茹拉（G.Roger Jarjoura）提出"探索标签效应的新途径"。他们将标签分为正式标签和非正式标签：正式标签是早期标签理论家所强调的，是司法系统的官方代理人对非法行为的反应；相反，非正式标签是"试图将一个人定性为一个特定的'类型'……由非官方社会控制代理人做出，以及在非正式社会控制仪式的情况下做出。"换句话说，非正式的标签是父母、邻居和朋友给的，例如，澳大利亚犯罪学专家约翰·布雷斯韦特（John Braithwaite）对家庭中的耻辱进行了研究，发现家庭有目的地使用耻辱，或者布雷斯韦特所称的"重整羞耻"理论，使犯罪人回归他们的信仰。

特里佩特和贾茹拉还将标签分为主观标签和客观标签。观众对演员的反应是一个客观的标签，而演员对这个反应的解释是一个主观的标签。符号互动主义是标签理论的重要根源之一，虽然一直强调主观标签的重要性，但在标签理论和研究中仍需大量的探索。特里佩特对埃利奥特的全美少年调查（National Youth Survey）的四轮数据进行总结发现，重要他人（父母）的非正式标签直接或间接影响白人的犯罪行为，但重要他人的非正式或主观标签对非白人的犯罪行为并没有一致的直接或间接影响。此外，特里佩特和贾茹拉将标签分为排他性和包容性的社会反应，J.D. 奥克特（J.D.Orcutt）在研究小群体对越轨的反应时引用了这两种反应类型。

罗伯特·J. 桑普森（Robert J.Sampson）和约翰·H. 劳布（John H.Laub）声称，贴标签是导致在未来生活机会上"累积性劣势"的一个因素（见第4章），增加个体在成年期间参与犯罪行为的可能性。这种生命历程的视角将公开贴标签视为一个过渡性的事件，该事件可以将年轻人推上结构性劣势和参与违法犯罪行为的轨道。冰岛大学社会学家乔恩·冈纳·伯恩堡（Jon Gunnar Bernburg）和美国犯罪学家马文·D. 克罗恩对罗切斯特少年发展研究机构的数据进行分析发现，司法系统的官方介入降低了被贴标签者高中毕业的概率。他们提出，受教育水平对就业有直接影响，青春期的官方介入使他们受教育和获得有报酬的职业所提供的生活机会受阻，从而增加成年早期参与犯罪的可能性。

伯恩堡和他的同事们对标签理论的纵向检验进一步支持了官方介入导致持续犯罪的观点，他们的研究数据来源于罗切斯特少年发展研究机构，揭示了少年司法介入会影响随后参与严重犯罪或与犯罪同伴和街头帮派的关系。根据这项研究，在许多情况下，正式贴标签确实增加了与其他少年违法者的联系，也与随后的越轨行为紧密相关。

对标签理论的评价

标签理论受到了褒贬不一的评价，但确实有以下优点：

- 标签理论可以解释为什么参与少年司法程序的少年经常继续实施违法犯罪行为，直到他们的青春期结束；
- 标签理论强调规则制定和社会权力在越轨行为产生中的重要性；
- 通过对标签过程更广泛的背景加以考虑，把参与犯罪的关注点从个体身上移开，并将重点放在行为人与社会背景的互动上；
- 作为一个更大的符号互动主义理论的一部分，标签理论指出，个体承担着他们被期望的角色和自我概念，这意味着他们确实可以成为自我实现预言的受害者；
- 20 世纪 90 年代初以来，标签理论的应用越来越成熟，使得人们对未成年人违法犯罪行为的理解从涉及个人选择的一维过程转变为更复杂的社会互动过程，包括标签的直接和间接影响。

然而，标签理论同样一直受到批评，因为它未能回答几个关键的问题：我们所熟知的概念（如遵纪守法者或越轨者）是否真的正确？究竟是谁的标签更重要？个人身份何时会因标签过程而改变，个人身份又会因谁的污名化结果而改变？坏名声会导致坏行为吗？社会对犯罪的反应更多的是由犯罪事实产生的，还是由违法者的与法律无关的社会特征产生的？如果官方的标签如此重要，那为什么有这么多少年在青春期晚期不再犯罪了呢？关于对标签理论的评价见表 5–1。

综上所述，少年违法犯罪行为显然与官方标签以外的因素有关，过于重视标签过程对少年随后的身份和行为的影响是非常值得怀疑的。然而，在过去的 20 年中，人们对标签理论的兴趣重新燃起，这或许说明它的确为犯罪学研究者提供了帮助。

表 5–1 对标签理论的评价

主张者	理论	标签后果	优点	批判
坦南鲍姆	经历过少年司法程序的少年被贴上标签，并被视为不同的人	越轨的生涯和邪恶的戏剧化	引入标签的概念	没有考虑少年的继发越轨
莱默特	初次越轨和继发越轨的概念	个人身份的转变	明确越轨的过程	没有考虑少年的继发越轨
贝克尔	将社会规则和成为局外人过程之间的关系进行概念化	个人成为局外人	给予局外人一个新的身份	没有考虑少年的继发越轨
舒尔	被贴上标签的少年在司法中会受到更多的介入	官方的惩罚增加了越轨的可能性	文献中的支持	没有考虑少年的继发越轨
特里佩特和贾茹拉	提出正式和非正式的标签以及排他性和包容性标签概念	更全面地检验了标签的效果	扩大了标签的效应	没有考虑少年的继发越轨

你会怎么做

通常情况下，在住宅矫正机构的少年当事人会被居住在附近社区的人贴上标签。我工作的一位当事人有一次到城镇的公共游泳池游泳。当他来到游泳池时，家长们会把孩子拉开；当他试图和孩子们说话时，家长们变得不安，其中一位家长向泳池工作人员报告说，他们觉得在公共泳池和这位当事人在一起很不舒服。如果你是收容这位当事人的住宅矫正机构的工作人员，你会怎么做？

符号互动理论

美国社会学家罗斯·L. 松枝和凯伦·海默（Karen Heimer）提出少年违法犯罪的符号互动理论。该理论认为，社会秩序是一个动态的过程，是一个不断发展的社会互动和交流系统的产物。该理论提出用语言作为中介的自我发展来解释少年违法犯罪行为，语言是符号互动发生的中心媒介。另外，至关重要的是，共享意义、行为预期和反映评价（如我们对他人如何看待我们的理解）的过程都是通过互动建立起来的，并应用到行为中。海默认为，这种互动主义的观点也“有可能揭示出性别不平等、种族不平等和违法行为之间的动态关系”。

符号互动主义的思想根源来自苏格兰道德哲学家［如大卫·休谟（David Hume）和亚当·斯密（Adam Smith）］和美国实用主义者的传统思想［如查尔斯·H. 库利（Charles H.Cooley）、约翰·杜威、威廉·詹姆斯（William James）和乔治·赫伯特·米德（George Herbert Mead）］。到20世纪中叶，通过芝加哥社会学学派学者的努力，符号互动主义在社会学理论中占据了主导地位。对于符号互动主义来说，个人、群体、社会系统和情境共同构成了一个持续的社会过程，相互影响，在日常互动的人际网中不知不觉地融合。米德的工作对这一理论的发展意义非凡，他对社会行为的强调是当代大多数符号互动主义版本的基础。

角色扮演与未成年人违法犯罪

松枝和海默也以社会行为为基本分析单元，从少年违法犯罪行为的直接情境入手，该情境是由两个或两个以上个人之间的社会互动构成的。情境可以通过两种方式影响犯罪：首先，未成年人遇到的具体情境可能会给犯罪行为带来机会；其次，也是更重要的，直接情境通过对社会交往的内容和方向产生作用来影响未成年人违法犯罪行为。

在分析社会互动时，符号互动主义者将分析单位定义为在两个或两个以上个体之间的互动中发生的交易。角色扮演是互动者相互影响的重要机制，米德认为角色扮演是社会控制的关键。

交易是通过这种相互角色扮演的过程建立起来的，在这个过程中，一个人发起合法或非法的行动，另一人承担另一方的角色并做出回应。然后，第一个人对回应做出反应，该反应持续到达到共同的发展目标、替换新目标或交易结束为止。通过这种相互的角色扮演，个体的行动路线是相互的，并采取协调一致的行动来实现这一目标。这意味着一位少年的违法犯罪行为可能会引起另一位少年的消极反应，也许会促使该群体寻找另一个更合适的替代方案。松枝建议："一个目标是否通过非法手段实现，取决于其中每个人对交易方向的贡献，而这些贡献又取决于个人先前的生活经历或传记。"

松枝总结说，关于角色扮演的讨论包含自我和犯罪行为理论的四个特征。

1. 自我是由个人如何感知他人对自己的看法而形成的，因此根植于符号互动。
2. 自我是一个客体，"部分内生于情境，部分外生于先前经验遗留下来的情境自我"。
3. 作为客体的自我是一个过程，这个过程是由自我在过去的时间点决定的，也是由先前问题情境的解决方案决定的。
4. 违法犯罪行为的发生，部分是因为习惯的形成，部分是因为个体对自己的稳定认知是由他人的立场塑造的。

根据经典的符号互动理论，松枝提出自我在不同的情况下是相对稳定的和一致的。查尔斯·H. 库利将这个自我称为"镜像自我"，米德称其为"作为一个物体的自我"。自我由三个部分组成：他人如何看待我们（他人的实际评价），我们如何看待他人看待我们的方式（反映的评价），以及我们如何看待自己（自我评价）。因此，个体的自我，部分是由他人对自己的评价，即"反映性评价"构成的。

松枝用全美少年调查的样本来检验他的理论，他的研究成果以多种方式支持反映性评价和犯罪的符号互动主义概念。未成年人从父母、朋友和老师的角度对自己的反映性评价"合并为一致的自我，而不是被分割成不同的自我。”无论是违规者还是社会化的年轻人，反映出来的评价都是如此。与标签理论一致的是，在非白人、城市居民和违法者中，父母将少年认定为违反规则者的可能性更大。少年违法者“对自己的评价也受到父母对他们独立评价的强烈影响。”此外，过去的违法犯罪行为，无论是直接的还是间接的，都反映了对自我的评价；违规者的反映性评价对违法行为有很大的影响，而且违规者的父母评价对违法行为有很大的中介作用。最后，年龄、种族和是否居住在城市对犯罪行为有显著影响，其中大多数是通过先前的犯罪行为间接起作用，部分是通过违规者的反映性评价起作用。

性别、种族和少年违法犯罪的互动主义观点

海默认为，“结构性冲突导致不同性别和种族之间在违法动机上存在差异。”因此，从互动主义的角度来看，种族和性别不平等是违法行为的后果，因为它们限制了少数民族群体和女性的地位，从而抑制了人际交流网络和影响他人所需的权力。

对符号互动理论的评价

少年违法犯罪的符号互动理论有以下几个优点。

- 建立在美国社会学重大的传统理论——符号互动论的基础之上，符号互动这一传统理论在扮演他人角色、通过角色投入联系更广大的社会组织、对他人和参照组概括化的过程中，确定了社会控制的轨迹。
- 建立在标签理论的基础上，对标签理论进行了拓展。在标签被重新制定并以一种更复杂的形式出现的时候，松枝、海默和他们的同事将符号互动主义和少年违法犯罪联系起来时所提供的见解，有望丰富标签理论并对我们理解少年违法犯罪做出更大的贡献。
- 少年违法犯罪行为的符号互动理论对于守法少年和违法少年如何形成自己的观念以及这些观念如何影响他们的决策具有深刻的见解。
- 少年符号互动理论有助于我们深入理解犯罪同伴和群体背景对少年自我评价的影响。

关于符号互动理论的概述详见表 5–2。

表 5–2 符号互动理论概述

主张者	符号互动的界定	角色扮演和少年违法犯罪	性别和种族	优点	批判
海默和松枝	动态的过程，一个不断发展的社会互动和人际交流系统的产物	一人发起非法行动，第二人扮演另一个人的角色并做出反应	结构性冲突导致违法动机的性别和种族差异	建立在标签理论的基础之上，增加了标签理论的优势	只在少数几种情境中进行过测试

当前，我们对符号互动论的评价是有限的，因为松枝、海默和他的同事们只是在少数几种情境下对该理论进行了测试。所以，符号互动理论在多大程度上能够解释少年违法犯罪，甚至是群体犯罪，仍是不确定的。许多针对标签理论的批评也适用于符号互动理论。尽管如此，符号互动理论仍然是解释少年违法犯罪行为的一种有希望的尝试。

冲突理论

根据冲突理论，社会控制是任何社会经济和政治权力分配不均的最终结果，冲突理论研究者认为，法律是有权势者为自身利益而创造的工具。冲突模式的发展得益于“辩证法”的概念，这个概念和秩序概念一样，可以追溯到古希腊的哲学家。在古代，辩证法一词是指通过揭示和解决反对者争论中的矛盾来进行辩论或揭示真相的艺术。

乔治・F. 黑格尔（Georg F.Hegel）用辩证思维这一概念来解释人类的进步和社会的变化。黑格尔认为，一个占主导地位的观点或“论题”最终会受到相反的观点或“对立观点”的挑战。由此产生的冲突往往会导致二者的融合，即“综合”，综合逐渐被接受为论题，但随后又会受到新的对立观点的挑战，因此辩证思维将贯穿整个历史。

20 世纪的冲突理论家乔治・F. 西梅尔（Georg F. Simmel）认为，统一与不一致是密不可分的，它们是社会中的一种整合的力量。西梅尔补充说：“可能不存在一种社会统一性，其中成员之间的趋同和分歧的潮流不是不可分割地交织在一起的。”因此，西美尔的辩证法概念承认有序和无序倾向的存在。

最近，拉尔夫・达伦多夫（Ralf Dahrendorf）争辩说，功能主义者通过过分关注秩序和共识来歪曲现实，他们描述了一个乌托邦社会，一个从来没有存在过、也可能永远不会存在的社会。达伦多夫提出，社会研究者选择冲突模式是明智的，因为冲突模式提出了更现实的观点——社会是通过约束而不是共识来维系的，不是通过普遍的协议，而是通过一些人对另一些人的强迫。

理查德・奎尼（Richard Quinney）认为，刑法是国家的一种社会控制手段，有组织地为占统治地位的经济阶级、资本主义统治阶级的利益服务。 威廉・邦格（William Bonger）早前也提出过同样的观点：“在每个划分为统治阶级和被统治阶级的社会中，刑法基本上都是按照前者的意志制定的。”

更人道的社会秩序是一些激进的犯罪学家的愿景。理想社会的目标是减少不平等，减少对正式司法机构的依赖，减少物质主义，这种社会秩序的社会关系致力于发展自力更生、自我实现和互助的社会环境。和平的社会可以通过建立社区级的调解和协商措施来化解暴力的社会结构，以这样的方式将社区组织起来以预防犯罪，在犯罪发生时帮助受害者而不惩罚犯罪人。关于犯罪学与争端调解（peacemaking）的进一步讨论如下。

争端调解与犯罪学

争端调解犯罪学有多种方法，包括人道主义、宗教、女权主义和批判性传统。争端调解犯罪学的方法确实存在以下一些共同点。

- 共同点包括联结性、关怀和正念的主题。
- 争端调解犯罪学中的另一个共同点是，不论采取何种具体做法或传统的方式，它提供了刑事司法中“打击犯罪”模式的另一种选择。
- 第三个共同点涉及个人和社会变革的概念。正如 H. E. 佩宾斯基（H. E. Pepinsky）所说，争端调解是一门艺术和科学，将自己与他人编织并重新编织成一个相互关爱、相互尊重和相互关心的社会结构。或者正如 R. M. 波姆（R. M. Bohm）所说，强调的是人类的转变，强调内在的重生或精神复兴（内在的和平），使个人能够与那些不幸的人产生共鸣，并回应他人的需求。
- 争端调解犯罪学的最后一个共同点可以从它对主流犯罪学理论和政策的批判中看出。因此，争端调解犯罪学家倾向于研究不同类型的犯罪（从街头犯罪到白领犯罪，再到政治犯罪），研究它们对社会造成的各种危害（人际的、社会结构的、国际的）。为了减少这些罪行 / 社会危害，争端调节犯罪学倡导者提出调解的替代性方案（从团体到组织，从国家到国际），同时还试图通过更人性化的法庭处理、警察工作和惩戒来变革目前的刑事司法制度。

冲突犯罪学的维度

冲突犯罪学家的观点存在着很大的差异。有的强调社会经济阶层的重要性，有的主要关注权力和权威关系，还有的则强调群体和文化冲突。

社会经济阶层与激进犯罪学

20 世纪 70 年代初出现了一种新的犯罪学流派，这一学派被描述为批判主义的、社会主义的、左翼的新犯罪学或激进犯罪学。

马克・科尔文（Mark Colvin）和约翰・保利（John Pauly）提出整合的犯罪结构理论，其目的是提供“全面的理论方法来理解社会出现的严重模式的犯罪行为”，并利用他人的实证结果支持他们的模型。他们声称最下层工人阶级所受的权力关系是强制性的。

科尔文和保利认为，父母在工作场所的强迫经历有助于形成强迫性的家庭控制结构，从而导致他们疏远了孩子。许多人工作的强迫性社会环境降低了他们作为父母以其他的非压制性方式对待自己孩子的能力，父母经常使用体罚，这种惩罚阻碍了孩子和父母之间积极联系的发展。

根据科尔文和保利的说法，如果父母关系疏远，情况会更加恶化，未成年人更有可能被安排在强制的学校环境中。未成年人与家庭和学校的疏离会促使他们与被疏离的同龄人交往，形成同辈群体。同辈群体创建了两条与犯罪相关的路径：

1. 同辈群体的强迫性与未成年人早期的疏离体验相互作用，促使他们形成严重的、模式化的、暴力的犯罪行为；
2. 来自非法来源的奖励体验会对严重的、模式化的犯罪行为提供持久的吸引力。

赫尔曼·施文丁格（Herman Schwendinger）和朱莉娅·西格尔·施文丁格（Julia Siegel Schwendinger）也指出，从经济的角度来看，资本主义产生了一个边缘阶层，而这些人是多余的。他们甚至说："历史事实是不可改变的。资本主义撕碎了古代政权，将生活在各个阶层的年轻人引向犯罪。"

施文丁格进一步提出，社会系统内的社会化代理人，如学校，倾向于在每个新生代中重新创造同一个阶级系统："家庭越富有的孩子得到的越多，因为公共教育系统将人转化为潜在的商品。"学校倾向于奖励和帮助那些早期在高等院校和后期在就业市场上表现出成功迹象的年轻人，但这种选择是以牺牲那些在早期接触教育系统时没有表现出这种潜力的人为代价的。

权力和权威关系

冲突犯罪学中第二个重要的方面是对权力和权威关系的关注。马克斯·韦伯（Max Weber）、拉尔夫·达伦多夫、奥斯汀·T. 特克（Austin T.Turk）和约翰·哈根都为这一学术体系做出了贡献。

韦伯的理论包含社会分层理论，已经应用于犯罪研究。尽管韦伯认识到经济背景在分析社会分层中的重要性，但他不认为这种一维的方法能够令人满意地解释社会分层现象。韦伯在强调财产的基础上增加了权力和威望，并认为这三个变量对社会中等级制度的发展负有责任。他还提出，财产差异导致阶级的发展，权力差异导致政党的产生和阶级的发展，威望差异导致身份群体的发展。

韦伯进一步讨论"生活机会"（life chances）的概念，认为生活机会与社会阶级有不同的联系，从这个角度看，犯罪存在于所有的社会中，是不同群体之间为争取或增加自己的生存机会而进行政治斗争的结果。

达伦多夫和特克在犯罪学领域扩展了韦伯的传统理念，强调当局者和隶属国民之间的关系。达伦多夫认为，权力是解释犯罪的关键变量。

特克从韦伯和达伦多夫的著作中提出自己的思想，他认为社会秩序是建立在当局者和隶属国民之间的冲突和支配关系之上的。冲突理论以权力和权威关系为中心，考察在政治集体中制造、解释和执行对错标准的法律当局与那些接受或反对但不做出这种法律决定的人群之间的关系。特克还指出，当局者和隶属国民之间的冲突发生在广泛的社会和文化规范中。

约翰·哈根和他的同事认为，性别和非严重犯罪之间的关系与权力和控制有关。他们利用在安大略省多伦多市收集的数据，提出父亲权力的存在和对女孩更大的控制可以解释为什么男孩比女孩更经常犯罪。与赫希的控制理论不同，哈根和他的同事以父母在工作岗位上的权威来衡量阶级，假设父母在工作岗位上的权威转化为在家庭中的支配条件和父母对子女的控制程度，他们在此基础上提出了权力控制论。

根据罗伯特·M.雷戈里（Robert M.Regoli）和约翰·D.休伊特（John D.Hewitt）的差异压迫理论，在美国，权威被不公正地用来对付儿童，儿童"必须适应成年人的'好孩子'的观念"。在这样的观点下，儿童体验到了压迫，因为他们生活在一个成人认为他们低人一等的社会世界里，相比成年人而言，他们缺乏社会权力。当成年人利用他们的权力阻止儿童获得有价值的资源，或阻止他们发展作为一个主体自我而不是一个客体自我时，压迫就发生了。因此，儿童必须服从成年人的权力和权威，当儿童对这些压迫做出消极反应或不遵守时，导致犯罪行为发生的过程就开始了。

雷戈里和休伊特认识到对儿童的压迫是一个连续体，一些儿童受到的压迫比其他儿童更严重。差异压迫理论的基础是基于这样一种信念，即在极度压迫的家庭环境中长大的孩子比那些没有在这种恶劣的环境中长大的孩子更有可能成为少年违法者。

群体与文化冲突

冲突犯罪学的另一个维度是以群体冲突为中心的文化冲突理论。托尔斯滕·塞林（Thorsten Sellin）和乔治·B.沃尔德（George B.Vold）主张运用这种方法来研究犯罪。塞林认为，要理解犯罪原因，就必须理解行为规范的概念，行为规范指的是一个群体在特定条件下的行为方式规则。违反这些规则会引起集体反应。每个人都是许多群体（家庭群体、工作群体、游戏群体、政治群体、宗教群体等）的成员，每个群体都有自己独特的行为规范。

塞林指出，当一个人发现自己所处的具体生活环境受到或多或少不同的行为准则支配时，他就会经历一种规范冲突。违反行为规范的行为是"异常行为"，犯罪是一种特殊的异常行为，区别于犯罪是违反刑法规定的行为规范的界定。

塞林还提出"基本的和从属的文化冲突"理论。当一个人或一个群体接触到另一种文化中的一个人或一个群体，且两种文化的行为准则不相容时，就会发生基本的文化冲突；从属的文化冲突是指当社会有不同的亚文化和行为规范时所产生的冲突。

沃尔德和塞林一样（继承了西梅尔的传统理念），也分析了群体冲突的维度。他认为，社会“是各种群体的集合（聚集）体，这些群体在不断变化的、但又相互对立的群体利益和争斗的动态平衡中聚集在一起”。沃尔德提出了群体冲突理论，并将其应用于特定类型的犯罪研究，但他并没有试图解释所有类型的犯罪行为。沃尔德说群体成员不断地维护和提升群体的地位。当群体进入彼此的领域或势力范围并开始在这些领域竞争时，群体间的冲突是不可避免的。除非达成和解，否则群体冲突的结果会导致出现赢家和输家，但当一个群体明显弱于另一个群体时，和解永远不会发生。与西梅尔一样，沃尔德认为群体忠诚在群体冲突中发展并增强。

综上所述，冲突犯罪学家可以分为三个基本群体：强调社会经济阶级的、强调权力与权威关系的、强调群体与文化冲突的群体。强调社会经济阶级的犯罪学家自称是激进的、批判的、人道主义的，或是新犯罪学家，他们并不认同其他两个群体。

对冲突理论的评价

冲突犯罪学对社会秩序的批判，确实为揭开未成年人违法犯罪的原因之谜在两个方面做出了重大贡献：首先，各种冲突犯罪学的观点呼吁人们关注导致未成年人犯罪率居高不下的宏观社会结构缺陷；其次，激进的人道主义，也植根于社会秩序的结构性不平等，强调人的尊严，并很快确定美国儿童遭受压迫的情况。

未成年人违法犯罪的社会背景：恢复性司法与争端调解

恢复性司法的倡导者认为，在依赖法律机制 25 年之后，许多人清楚地看到，法律标准不足以创造健康、道德的社会行为。法律制度与日常生活的距离太远，难以发挥效力，而且过于复杂和抽象，无法让人们感受到他们是所制定标准的一部分，或者他们有责任在社区中执行这些标准。此外，由于法律制度涉及强制和剥夺自由，因此只能设定最低限度的行为标准。鼓励合作和自愿参与的恢复性司法程序可以建立最大限度的行为标准。

恢复性司法教育年轻人要发展移情能力。根据凯·普拉尼斯（Kay Pranis）和其他恢复性司法支持者的说法，我们与别人的孩子之间还有着巨大的距离，我们还没有开始了解他们，也没有对他们在情感上、物质上和精神上进行幸福投资。此外，我们也没有通过实例来教他们理解事物间的相互联系以及有必要去理解我们的行为对他人造成的影响。发展移情能力需要：

1. 定期反馈我们的行为是如何影响他人的；
2. 发展与他人的关系，在关系中我们感到被重视，价值被认可；
3. 当我们处于痛苦中时，能体会到来自他人的同情。

恢复性司法为重建社区成员与年轻人之间更恰当的关系，减少成年人对年轻人的恐惧提供指导理念。恢复性司法的过程，特别是面对面的过程，会涉及在私密的环境中讲述个人故事。在年轻人和成年人面对面接触和尊重的情境下，对群体的刻板印象和泛泛的概括是难以维持的。恢复性司法程序假定每个人都是有价值的，因此以一种尊重的方式将每个人呈现给另一个人，强调每个人的尊严。

社区会议与圆桌审判

社区会议使受害者、少年和社区成员能够彼此见面，以解决犯罪者犯罪引起的问题。一种非常有前景的社区会议被称为圆桌审判。历史上，圆桌审判来源于美国本土和加拿大的土著文化。随后在 20 世纪 80 年代圆桌审判被刑事司法系统采纳，因为育空地区的原住民和地方刑事司法官员努力在刑事司法系统和基层社区之间建立更具建设性的联系。1991 年，育空地区法院（Yukon Territorial Court）法官巴里・斯图尔特（Barry Stuart）引入了圆桌审判，以便赋予社区参与司法程序的权力。

正如 L. 帕克（L.Parker）所指出的，圆桌审判中最有趣的发展之一是空心水第一民族社区整体康复圆桌（Hollow Water First Nations Community Holistic Healing Circle），这里同时处理犯罪人造成的伤害，治愈受害者，恢复社区善意。圆桌审判在加拿大西部省份的发展最为广泛，在现代美洲印第安部落（如纳瓦霍法院）中也经历了复兴。如今，在大多数主流刑事司法环境中可以找到各种小组。例如，在明尼苏达州，各小组以多种方式用于不同的犯罪和环境中，夏威夷一所最低安全级别的监狱有重新进入恢复性小组的计划，该计划始于 2005 年。

圆桌审判是如何运作的？治疗或圆桌审判的参与者通常会在传递“发言牌”（talking piece）① 时大声说话。最初为受害者和犯罪人设立单独的治疗小组，在治疗小组开会之后，圆桌审判（包括听取来自家庭、社区和司法系统的反馈意见）确定一个行动方案，然后其他小组跟进以监测遵守情况，例如是否涉及赔偿或社区服务。

对恢复性司法的评价

恢复性司法正迅速得到少年司法系统和成人司法系统的接受。与依靠法律干预来处理未成年人的不良行为和社区冲突不同，恢复性司法团体越来越多地进行干预，试图在犯罪人、受害者和社区之间进行和解。它的基本方法是重视少年，肯定他们的长处，并寻求与他们的交流，这与前面讨论过的积极少年发展路径有很多共同之处。

南希・罗德里格斯（Nancy Rodriguez）使用一个城市地区少年法庭的官方数据进行调查，发现

---

① 这里的 talking piece 是象征发言权或发言机会的物品，可以是羽毛、石头、小棍等。——译者注

参加恢复性司法项目的未成年人比对照组的未成年人再犯的可能性更小。她的研究进一步显示，有轻微犯罪史的男性和女性未成年人参与这些项目效果最好。另一项关于引介恢复性司法对再犯流行率、随后官方接触次数及随后犯罪行为严重程度的长期影响的研究发现，恢复性司法项目对所有上述分类都有积极的影响。格温・罗宾逊（Gwen Robinson）和乔安娜・沙普兰（Joanna Shapland）认识到了恢复性司法能够减少再犯的可能性。恢复性司法是解决未成年人违法犯罪问题最有前景的方法之一，特别是对未成年人的轻微犯罪。关于恢复性司法理论和基于该方法制定的项目概述详见表 5–3。

表 5–3　恢复性司法和相关的治疗干预措施

理论	治疗干预
为社区成员与年轻人建立沟通网络以解决轻微纠纷提供指导理念	社区会议和争端调解
使受害者、少年和社区成员有可能解决少年成员的犯罪问题；关于行为的后果遵循治疗小组和圆桌审判的决定	社区会议和量刑
运用家庭群体决策模式试图制止家庭暴力	家庭群体会议
专为非暴力犯罪人和被确定再犯风险低的犯罪人而设计赔偿项目	赔偿与归还
能够以实物或实际的方式归还丢失的东西；可以在更大的背景下进行弥补	恢复原状项目
鼓励通过调解员对被害人 – 犯罪人进行一对一的刑事和解	被害人 – 犯罪人会议

最佳实践证据

十大循证原则

- 原则 1：以犯因性需求为目标。好的项目针对的是可以改变的与犯罪相关的因素。
- 原则 2：通过风险和需求评估，制定针对高风险罪犯的项目。风险评估提供了风险测量的原则，该原则规定，高风险罪犯如果不接受治疗，重新犯罪的可能性就高；低风险罪犯如果不接受治疗可能重新犯罪，但低风险罪犯即使不接受治疗，也有可能不重新犯罪。
- 原则 3：基于一个经过验证的理论模型进行设计和实施。有效的项目是在一个已被证明的（基于证据的）犯罪行为理论的背景下运作的，已被证实的理论包括社会学习理论和认知行为理论。
- 原则 4：运用认知行为方法。思想和行为是相互联系的：少年犯罪人之所以行为像犯罪人，是因为他们像罪犯一样进行思考，改变思维是改变行为的第一步。有效的项目试图改变罪犯的维持反社会行为的认知、价值观、态度和期望，强调通过角色扮演、逐步练习和行为预演来解决问题、做出决定、进行推理、自我控制和行为矫正。
- 原则 5：打破少年违法犯罪的人际网。有效的项目计划提供了一系列的安排，使少年违法者将自己置于亲社会活动占主导地位的环境（人和场所）中，从而破坏违法犯罪的人际网。有效的项目也帮助犯罪人了解与其他罪犯保持友谊的后果。角色扮演可以帮助他们建立新的亲社会性质的友谊。

- 原则6：提供集中的服务。有效的项目提供的服务，占少年违法者参与项目中的40%~70%的时间，并持续3~9个月。项目的实际长度由项目的具体行为目标和罪犯个体的具体需求来决定。
- 原则7：适当的课程设置和方法与罪犯的个性和学习风格相匹配。这就是所谓的“响应性”原则。少年的学习风格和个性风格与他们所处的环境或情境有着重要的内在联系。
- 原则8：包括复发预防成分。在训练学校和社区，应该提供复发预防的内容。在可能的情况下，也应该包括：

（1）排练其他可供选择的亲社会反应；

（2）通过奖励日益困难情境下的应对能力的提升来练习亲社会行为；

（3）训练家人和朋友为当事人的亲社会行为提供强化；

（4）在正式治疗阶段以后为少年违法者提供加强课程。

- 原则9：融入社区服务。有效的项目是指引介少年参加其他有良好记录的项目。
- 原则10：强化服务的完整性。有效的项目会持续监控项目开发、组织结构、员工发展和培训以及其他核心组织过程。有效的罪犯干预治疗方法的一个重要部分是项目评估。

未成年人违法犯罪与社会政策：冲突的视角

在处理美国未成年人违法犯罪的问题上，冲突的理论视角做出了贡献。冲突的理论视角强调改善人权，提醒政策制定者和所有的儿童利益集团，少年在美国社会中发挥其最大潜能的能力很大程度上受到人权问题的影响。种族的公平和赚取适当标准的生活费用能力是否得到保障，影响少数民族儿童和来自贫困家庭的儿童长大后是否会面临歧视和贫穷。同样，妇女的权利也影响到全国成千上万名在单亲家庭中长大的儿童。最后，儿童权利承诺将授予或保障未成年人享有比成年人更多的基本权利。

冲突犯罪学也有很多东西可以教授给儿童权益倡导团体，让他们了解权力和统治如何影响政策的制定。例如，这些理论认为，在我们的社会中，控制力是由那些拥有最多权力和资源的群体掌握的，一旦一个群体获得了对他人的支配地位，它就会利用现有的社会机制来保持这种支配地位，法律是为优势群体的利益而制定的，结果是那些弱势群体所共有的行为可能会受到限制，执法系统和控制系统会不成比例地处理社会中权力较弱的成员。

根据冲突的视角，社会的机会结构和经济剥削是理解下层阶级少年犯罪的关键变量。在经济剥削严重、机会有限的社会里，犯罪率可能很高。因此，为所有美国人提供足够的生活水平，增加年轻人的就业机会，成为遏制少年犯罪的关键问题。“犯罪之声”中的许多故事，特别是那些进入成人矫正系统的年轻人的故事，揭示出经济被剥夺和遭受虐待的背景让他们感到无能为力、受人支配，便出击报复。

最后，冲突犯罪学家认为，社会不公在美国社会盛行。这些犯罪学家认为，相对于穷人的孩子、出现“道德”过错的女孩、非白人少年，正式的少年司法系统和非正式的少年司法系统对富人的孩子、做出犯罪行为的男孩、白人少年会执行不同的公正。图 5–2 描述了冲突视角对社会政策的贡献。

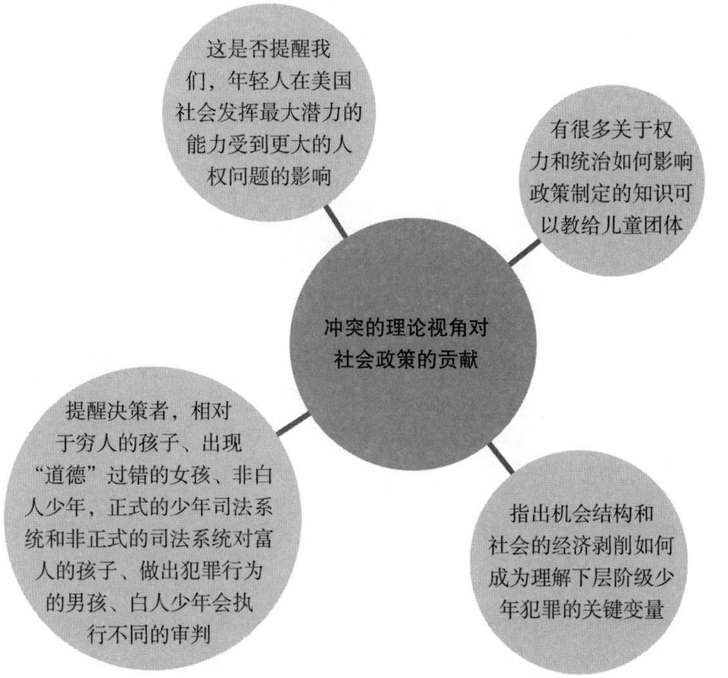

图 5–2　冲突的视角对社会政策的贡献

埃米·沃特斯的人生历程（10 岁）

如果你问埃米，在她生命的第 10 年里发生的最重要的事件是什么，她可能会说，那是警察打电话说她的父亲西蒙在监狱里的那一天。父亲因吸食大麻后驾车而被捕，埃米接到电话时惊慌失措，因为家里没有大人可以求助。大约一个小时后，她的父亲从监狱打来电话，让埃米给几英里外的弗雷德叔叔打电话求助。弗雷德会交保释金，她爸爸说，这样他就可以出狱了。果然，弗雷德叔叔顺利交了保释金，埃米的爸爸那天晚上晚些时候就回来了。

研究表明，未成年人违法犯罪行为更容易发生在父母自我控制能力低的家庭。值得一提的一项研究似乎表明，父母的低自我控制与孩子的低自我控制存在着显著的联系。此外，这种联系被证明在父母自我控制能力低下的家庭中长大的儿童与较高犯罪发生率相关。这个专栏中描述的事件是否意味着埃米的父亲自控能力低？如果是的话，对埃米会有什么影响？

在下一章中，我们将继续讲述埃米·沃特斯的传奇故事。

第6章

跨越生命历程的未成年人违法犯罪

生命历程框架包括……关注整个生命过程中年龄的社会意义、社会模式的代际传递，以及宏观事件（如大萧条或第二次世界大战）对个人生活史的影响。

罗伯特·J.桑普森和约翰·H.劳布，摘自《犯罪之形成：人生道路及其转折点》

（*Crime in the Making: Pathways and Turning Points through Life*）

犯罪之声

迪伦的故事

我的家庭一直都不正常，我记不起我们是否有真正好好相处的时候。我父亲是个酒鬼，从我记事起，他就一直酗酒。

三岁的时候，我从操场的滑梯上头朝下摔了下来，这件事对我来说是混乱童年的开始。

五岁的时候，趁父亲睡觉我把他的床点着了，我很害怕，爬到了床底下。我知道父亲会做什么，我宁愿面对火灾也不愿面对他。父亲把我从燃烧的床底下拖了出来，尽管我试图抓住燃烧的床腿，我当时害怕极了。父亲把我拉出来，我逃跑并藏了起来，这次他没有打我。

还是在我五岁时，我用剪刀刺伤了妹妹的眼睛，我不知道自己为什么要这样做。仍然是在五岁，我父亲用电灯泡打了我的眼睛，他喝醉了，和母亲争吵，就把气出在我身上，他总是骂我“混账东西”“狗娘养的”这样的脏话……

依然是在五岁，我站在椅子上，打开了门，去了离房子200英尺远的一家商店，偷了一包六瓶装的百事可乐，这是我跟哥哥学的。在我的狗皮特被车撞了以后，我们就搬家了，从一个糟糕的社区搬到另一个，我从小就是一个动物爱好者，直到今天仍然是……

我母亲也把她母亲的死归咎于我，她说我不让她去看她临终的母亲，我也因此被臭骂了一顿。我无法阻止我母亲去看望她母亲，外祖母住在离我们两英里远的地方，我不认为我应该为此承担责任。

在前几章中，一直围绕着传统的和当代的少年犯罪原因理论进行探索。在这一章中，我们将讨论理解少年违法和犯罪行为如何在生命历程中消解的重要性。

生命历程理论

生命历程理论是一个组织框架，允许学者们在更广泛的结构、社会和文化背景下研究个体的生活。该理论并不认为犯罪是特定生活经历的结果；相反，生命历程理论试图确定具体的生活事件是如何随着时间的推移而显现作用的，从而形成个体在较长一段时间内的行为。

在社会学和犯罪学的研究中，随着对生命历程理论的日益重视，人类能动性再次引起了研究者的兴趣。根据人类能动性的原则，未成年人和世界各地的人一样受到社会机会和结构性限制的影响，他们的个人选择和决定是基于所面临选择的成本和收益做出的。生命历程理论将个人与广泛的社会环境联系起来，认识到在社会的限制范围内，个人有目的地从他们面临的选择中进行计划和选择，而这些决定在很大程度上决定了他们的生命历程。

发展性生命历程理论关注未成年人犯罪研究中以下四个主要问题：

1. 犯罪和反社会行为的发展；
2. 保护性因素；
3. 不同年龄段的犯罪风险；
4. 生活事件对人的社会发展和个人发展的影响。

发展性生命历程理论试图将有关个人、家庭、学校、同龄人和社区对犯罪产生的影响因素整合起来，还包括整合早先试图解释未成年人违法犯罪的理论中的关键元素，如紧张理论、控制理论、不同接触理论和社会学习理论（所有这些都已经在第4章讨论过）。

最后，发展性生命历程理论认为，人的发展和衰老是一个终生的过程，人是理性的行动者，在一生中会做出明智的选择。然而，人们做出的选择可能会受到“转折点”或生活经历（如结婚）的影响，这些经历会改变社会联系的性质或强度。根据生命历程犯罪学，(1）当个体与更广泛的社会联系被破坏时，以及（2）当生命历程的轨迹趋于连续时，犯罪更容易发生。因此，为什么有些年轻人在少年时尝试过违法犯罪行为，但成年后却没有继续从事犯罪活动，解释这一点就变得很重要。

生命历程理论的起源是一场关于个人犯罪生涯性质的复杂辩论。一般将犯罪生涯定义为个人开始、继续和停止其违法和犯罪行为的时期。关于犯罪生涯的争论已经持续了几十年，受到数位犯罪学家的影响，并导致了犯罪学家对少年违法和犯罪的解释如何解读。我们在这一章讨论犯罪生涯研究的历史和当代根源。

犯罪生涯的历史

是否存在犯罪生涯是犯罪学家之间一个重要的争论焦点。尽管近年来犯罪学的重要性有所上升，但犯罪生涯研究的基础可以追溯到谢尔顿·格卢克和埃莉诺·格卢克夫妇开创性的工作。尽管格卢克夫妇的研究因非理论性（即缺乏全面的理论）和方法上的折中而受到广泛批评，但他们的关于整个生命过程中个体犯罪的研究，对影响犯罪的各个层面的因素提出了见解。他们的研究大多被称为“多因素”方法，主要涉及个体层面相关的跨学科研究——少年违法和犯罪的生物学和心理学研究。这种传统的方法也尽量缩小传统社会学变量（即分层、同辈群体和社区特征）的影响。正如格卢克夫妇所述，“独立收集的独立研究结果整合成一种动态模式，这种模式不仅是生物的，也不仅仅是社会文化的，而是身体、气质、智力和社会文化力量相互作用的结果。”

为了更准确地理解犯罪行为的性质，格卢克夫妇主持了几项最耗费人力的前瞻性纵向数据收集的研究项目。前瞻性纵向研究设计是指在较长时间内定期（如每年）收集个人数据。在这些研究中，随着个体生命历程的发展，积累了大量的信息。但是，如前所述，格卢克夫妇没有利用他们的实证研究提出少年违法和犯罪的系统理论；相反，他们感兴趣的是界定与个体积极参与犯罪行为的维度相关的政策含义。特别是，他们致力于达成两个相互关联的政策取向的目标指导了大部分的研究计划，这些目标是：

- 改进刑事司法官员的决策过程；
- 早期识别潜在的少年违法者，以帮助提供治疗干预措施。

简言之，格卢克夫妇致力于发展客观性的手段来区分犯罪人和非犯罪人，从而改进犯罪控制政策。

在实现这些目标的过程中，格卢克夫妇设计了预测量表，其中特别考虑了与家庭相关变量的影响，尤其是家庭教养因素。他们发现，一系列与父母有关的因素会增加少年参与问题行为的风险，这些因素包括不一致的管教习惯、过于严厉和具有威胁性的惩罚手段、对儿童行为的不适当监督以及不良的亲子关系。运用预测工具对 500 名 10 至 17 岁的白人违法男孩和 500 名 10 至 17 岁的非违法白人男孩的样本进行调查发现，相比较而言，那些经历了更多与家庭有关的不利环境因素的少年参与违法犯罪的比率更高。

然而，区分犯罪人参与犯罪或开始犯罪的因素并不是格卢克研究计划的唯一重点。与当代版本的犯罪生涯观相比，格卢克夫妇认为对犯罪其他维度的研究，如持续性和停止，也值得关注。事实上，格卢克夫妇可能是做出此类研究最有影响力的学者，他们对犯罪不同维度的兴趣一部分是源于他们的信念，即犯罪某一维度的原因（如开始）与犯罪其他维度的原因不同（如持续性和停止），这一观点在当代犯罪生涯研究中一直存在争议。然而，格卢克夫妇并不主张用统一的理论视角来解释这些维度，他们拒绝拘泥于任何一种理论框架；相反，他们选择使用数据以实证的方式来解释生命历程中少年违法和犯罪原因。正如格卢克夫妇所提出的，“直觉和理论推测都不能消除事实，尽管这些事实可能不完全符合关于人性和犯罪因果关系的各种先入之见。”

尽管格卢克夫妇努力从实证经验中理解犯罪人参与犯罪并在其一生中不断升级的犯罪过程，但他们还是受到了犯罪学家严厉的批评，并从根本上予以摒弃，尤其是受到了埃德温·萨瑟兰的批评。在某种程度上，这种批评可以归因于萨瑟兰与格卢克夫妇方法论上的差异，也可以归因于前者努力将犯罪学领域完全置于社会学框架内。鉴于萨瑟兰的批评，当代对格卢克夫妇研究的引用常常是为了找出其方法上的缺陷，并对其实质性的发现提出质疑。尽管如此，犯罪生涯理论视角仍然得益于谢尔顿·格卢克和埃莉诺·格卢克的工作以及他们对犯罪行为不同维度相关因素的研究。

当代的犯罪生涯研究

尽管萨瑟兰成功地削弱了格卢克夫妇关于犯罪生涯的研究，但这类研究只是暂时停滞不前。20 世纪 60 年代末，随着犯罪率和监禁率开始上升，公众对监狱系统改造罪犯的能力越来越不信任，犯罪生涯视角重新获得了关注。然而，当代的研究几乎只限于寻求改变和改进犯罪控制政策的研究。值得注意的是，这类研究的大部分目的是使犯罪率高的罪犯能够被识别出来和选择性地使其丧失行为能力。简而言之，通过学者们对犯罪生涯纵向研究所提供的数据，可以评估个人犯罪生涯以及区分不同类型罪犯的特征。这个领域的研究途径可以追溯几个重要的资料来源。

首先，当格卢克夫妇完成他们的数据收集时，马文·E. 沃尔夫冈和他的同事们在费城才刚开始他们著名的出生队列研究。沃尔夫冈和他的同事对 9945 名从 10 岁到成年的个体进行跟踪调查，发现其中大约 35% 的个体在人生的某个阶段与警察有过接触。然而，更重要的是，沃尔夫冈的研究显示，一小部分人是警方接触的大多数。也就是说，研究群体中大约 6% 的“长期”犯占警方接触者的一半以上（52%），类似的发现在 1958 年出生的年轻人中也很明显。

在考虑沃尔夫冈等人的研究结果时，詹姆斯·Q. 威尔逊建议，如果惩教政策能够及早发现长期犯，使他们丧失行为能力，那么犯罪就会大大减少。因此，利用沃尔夫冈及其同事的出生队列研究得出的有关个人犯罪行为的知识，威尔逊主张采取保守的犯罪控制政策，旨在于较长的时期内剥夺长期犯的行为能力。然而，这种方法的一个根本问题是不能预先确定长期犯。也就是说，长期犯只有在进行了大量的犯罪活动后才能被识别。

其次，随着人们对犯罪率不断上升的担忧，阿维·伊扎克（Avi Itzhak）和辛纳（Shinnar）通过建立数学模型对选择性丧失行为能力政策对犯罪的影响进行估计。研究集中在以下两个问题上。

1. 在监狱中对罪犯进行身体隔离（即丧失行为能力）能避免多少犯罪?
2. 丧失行为能力效应对易受公共政策操纵的变量（如刑期长度）有多敏感?

在建立模型时，这些学者认为，犯罪生涯是一段主动犯罪的时期，开始于先前的一个时间点，随后有一个终止的时间点。这种犯罪生涯的概念不仅让人怀疑政策的含义，而且将个体分为罪犯和非罪犯也成为理论争议的焦点。

最后，当代犯罪生涯视角最有影响力的贡献或许是阿尔弗雷德·布鲁姆斯坦（Alfred Blumstein）提交给国家犯罪生涯研究委员会的报告。以纵向研究为基础，这个报告的一个主要发现是，在评估总犯罪率时未能充分采集个别罪犯的活动。因此，布鲁姆斯坦将总犯罪率分为两个部分：

1. 参与犯罪活动的人口比例；
2. 积极参与犯罪的人，他们犯罪行为的性质和程度。

在主动犯罪组中，研究人员可以评估犯罪的维度，包括犯罪的频率、犯罪的严重程度及犯罪生涯的持续时间。将犯罪人的生涯划分成这些部分，可以让研究人员更全面地了解犯罪人的犯罪生涯。

布鲁姆斯坦和他的同事们认为，在界定不同的犯罪维度时，应根据每个维度对犯罪率的贡献不同，犯罪控制政策也应该不同。例如，如果总犯罪率是大量的个人参与犯罪的函数，而不是一小部分长期犯罪行为的函数，那么政策建议则不应相同。正如布鲁姆斯坦所阐述的，“首先，参与与预防个人卷入犯罪的努力有关；其次，参与的频率、严重性和犯罪生涯长度是刑事司法系统决策的核心。”

除了当代犯罪生涯研究中所固有的犯罪控制政策的后果之外，学界还出现了一种学术兴趣，它试图区分和解释不同类型的犯罪人和不同的犯罪维度。将犯罪率分解成几个组成部分意味着，犯罪人可以根据下面的内容进行分类：

- 违法或犯罪行为的开始年龄或初犯年龄（如早发的开始者和晚发的开始者）；
- 初次犯罪后继续保持犯罪的程度；
- 停止违法或犯罪行为的时间点；
- 他们在犯罪类型中专业化或多样化的程度。

尽管实证研究表明存在着不同类型的犯罪人和犯罪的维度，但犯罪生涯研究者没有对犯罪人类型的不同分类法提出理论解释。然而，考虑到个人犯罪的动态本质，发展性的或生命历程理论家最近开始提出创新的理论观点。以下部分包括对在生命历程中影响少年违法和犯罪因素的概述，并简要回顾少年违法和犯罪的维度，这是生命历程发展观的基础。

跨越生命历程的少年违法和犯罪

未成年人违法犯罪是一种典型的开始于童年期或青春期的行为，它可能会持续到成年构成成人犯罪，甚至可能会持续到个体死亡。与许多其他的社会行为一样，未成年人违法犯罪受几个普遍因素的影响，这些因素包括青春期缺乏能力、累积性劣势、转折点和 / 或新身份的确立。

青春期缺乏能力

约翰·克劳森（John Claussen）在大萧条时期关于儿童的经典研究是对伯克利（Berkeley）纵向研究的研究对象进行了近 50 年的跟踪调查，从研究对象所生活的儿童时期一直持续到晚年。克劳森发现，青春期末期的能力和社会影响形成了生命演变的过程。克劳森将所谓的“计划能力”定义为包含自信、可靠性和智力投资的不同维度。他发现，一个表现出有计划性能力的年轻人，“具有准确评估个人努力、他人的意图和反应的能力，拥有对自我、他人和选择的充分认识，并具有追求既定目标的自律能力。”

克劳森认为，参与者的早期能力意味着他们在 50 岁之前的每一个 10 年出现的危机更少。能力强的男性更有可能找到合适的工作，并继续从事这项有回报的工作，而能力强的女性更有可能找到合适的丈夫，并在家庭生活中获得回报。选择和抉择都意味着：做出有吸引力的选择和被选择的能力允许最有能力的人利用他们的机会优势。相比之下，克劳森总结到，缺乏计划能力的少年有着不同的人生轨迹或路径，他们会做出导致工作困难、婚姻破裂的选择，以及陷入个人在法律和权威人物方面的困境。

累积性劣势

大多数少年违法者的生活并不是以有计划能力为特征的，计划能力引导他们在整个人生过程中不断获得成功；相反，少年违法者所面临的是导致一系列个人累积性劣势的个人缺点。例如，索恩伯里和同事对罗切斯特的数据进行研究发现，那些很早就开始反社会行为的个体存在着个体缺陷（如消极的气质品质），这些缺陷既会导致父母的不良表现，也容易受到父母缺陷的负面影响（如爆发式身体惩戒模式和低情感联结）。研究者认为，随着时间的推移，这些父母和孩子会发展出一种强迫性的互动，其结果是孩子表现出持续的对立和攻击行为模式。

少年生活中的混乱使犯罪行为、吸毒和参与帮派更具吸引力。参与各种形式的犯罪，更有可能使这些年轻人辍学、怀孕或使他人受孕、成年的时候失业、被少年司法系统和随后的成人司法系统逮捕、定罪和判刑。因此，偏离了传统的生活模式，他们会变得更多地参与反社会行为，这种行为会从青春期持续到成年。

累积性劣势概念表明，犯罪人生活中的每一个负面事件都倾向于限制个人的积极选择，并成为过无犯罪生活的劣势。特别是监禁，会导致其他领域的累积劣势。因此，逮捕和监禁可能会导致学业失败、失业和脆弱的社区纽带，而这些反过来又会增加成人犯罪。

转折点

罗伯特 · J. 桑普森和约翰 · H. 劳布在其著作《犯罪之形成：人生道路及其转折点》中探讨了“转折点”的概念，并在《共同的开始和不同的生活》（*Shared Beginnings, Divergent Lives*）一书中进一步发展了这一概念。桑普森和劳布对社会控制的解释强调在社会依恋纽带存在的情况下逐渐积累的投资，他们发现犯罪终止过程中有婚姻 / 配偶、就业、少年管教学校、参军和社区的变化五个转折点，这些都是“结构性导致的转折点，是维持长期行为变化的催化剂”。

沙德 · 马鲁纳（Shadd Maruna）对英国有前科者的研究出现了另一个转折点。马鲁纳声称，有前科的刑满释放人员发展出一致的、亲社会的自我身份时就会停止犯罪。因此，他们需要一个前后连贯的、可信的自述，用于向自己和他人解释他们的过去如何促成他们的新身份。马鲁纳将这个自述称为“救赎剧本”，并描述了受访者如何使用这样的剧本将自己的过去生活与积极的结果联系起来。

佩吉 · C. 佐丹奴（Peggy C.Giordano）等人以做出严重犯罪行为的青春期女性为样本进行跟踪调查研究，提出认知转换理论来解释犯罪终止行为。研究人员发现，终止过程中有以下四种类型的认知转换：

1. 行动者对改变持开放的态度；
2. 个体暴露在一个或一系列变化的情境中；
3. 个体开始想象和塑造一个吸引人的、传统的“替代自我”；
4. 行动者对以往越轨行为或生活方式的看法发生转变。

各种各样的认知转换或变化不仅会影响个体对一个或多个变化情境的接受度，而且还激励、指导着个体的行为。

总而言之，停止犯罪要求积极的态度、亲社会行为、加强向婚姻、家庭和职业的转变相结合取代在违法、犯罪和涉毒行为中的消极模式，这个过程不仅需要人的能动性，而且是渐进的，甚至可能是犯罪人当时不知道的。

跨越生命历程犯罪的不同维度

对少年违法和犯罪行为感兴趣的学者提出了一个问题；少年违法犯罪行为是否会在青春期结束，还是会在一生中一直持续下去？对有些个体而言，他们的违法犯罪行为仅仅发生在青春期，有的则相反，违法犯罪行为从青春期过渡到成年时期。

发展性的生命历程犯罪学尤其关注记录和解释在整个生命历程中个人违法犯罪行为的变化，这一范式极大地促进了对以下犯罪生涯特征的测量：

1. 初犯年龄；
2. 持续性和持久性；
3. 犯罪升级；
4. 犯罪专业化；
5. 长期犯罪的倾向；
6. 犯罪生涯的长度。

发展性的生命历程犯罪学在20世纪90年代变得非常重要，因为这10年里发表了大量关于犯罪纵向研究的成果。

初犯年龄

研究发现，初犯年龄是预测未成年人犯罪生涯长短和强度的最佳指标之一。

- 未成年人犯罪的官方研究普遍发现，个体逮捕的发生率在13岁时加速，在17岁左右达到高峰，但这种模式在自我报告研究中并不那么明显。
- 另一项研究表明，那些在最低年龄（10至12岁）首次被定罪的人与那些在相对较低年龄首次被定罪的人相比，前者犯罪率更高、持续时间更长。
- 例如，西雅图社会发展项目数据显示，在自我报告和法院转介中，较小的初犯年龄可以预测较高的犯罪率。在法院转介和自我报告的少年违法者中，犯罪行为有显著的连续性，但法院转介的少年违法者的犯罪连续性更大；自我报告的少年违法者的犯罪行为的集中性更强，长期犯更显重要。
- 另一项研究，通过对俄勒冈州少年司法系统中先前被监禁的少年进行抽样，考察早发和晚发少年违法者之间的差异，最后确定有寄养经历的少年成为早发少年违法者的可能性是没有寄养经历少年的四倍。

犯罪升级

犯罪升级，个体犯罪行为频率和严重程度的增加，比初犯年龄更复杂。

- 未成年人违法犯罪的官方研究普遍发现，个体在 13 岁时逮捕的发生率加速，在 17 岁左右达到高峰，但这种模式在自我报告研究中并不那么明显。
- 罗尔夫·洛伯等人对匹兹堡 1517 名少年男性的反社会和亲社会行为发展的纵向研究发现，三个样本中有许多与犯罪行为升级相关的因素，确定了以下三种导致少年犯罪的发展路径：（1）早期的“权威冲突”路径，包括一系列的顽固行为、蔑视和逃避权威行为；（2）“隐秘”路径，包括轻微的隐秘行为、财产犯罪和从中度到严重程度的犯罪行为；（3）“公开”路径，包括打斗、攻击和暴力。

他们得出结论，这些途径是相互关联的，也就是说，年轻人可以同时走上两条或三条途径。本研究的一个推论是，少年的问题行为可能会随着少年参与一个以上的发展路径而升级。关于这三条通向男孩破坏性行为和犯罪行为路径的图解表示如图 6–1 所示。

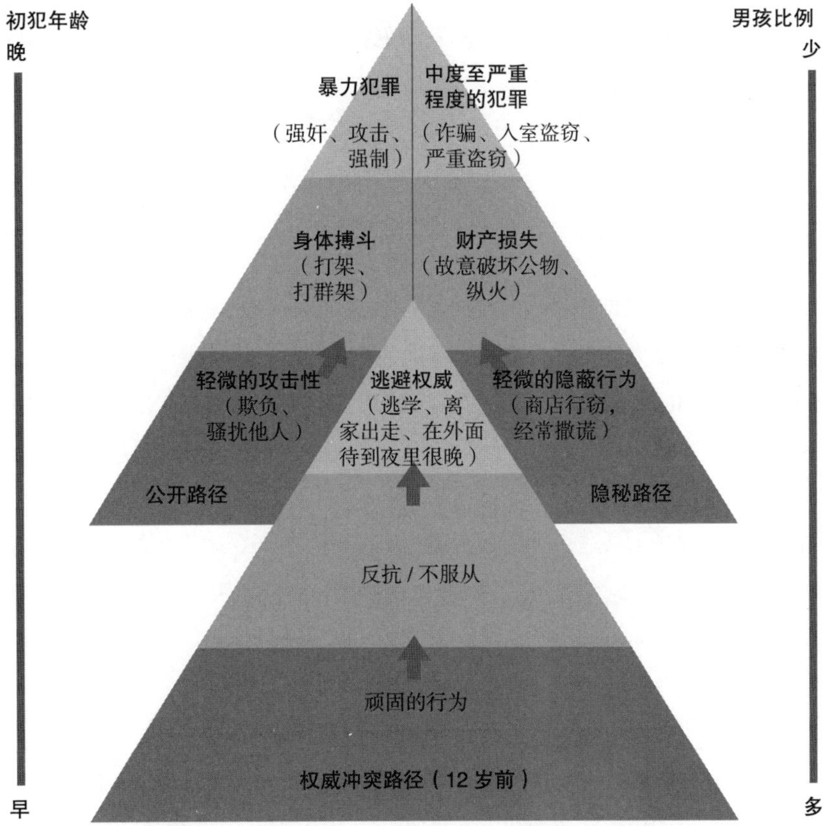

图 6–1　男孩破坏性行为和违法犯罪的三条路径

20 世纪 90 年代中期，苔莉·莫菲特（Terrie Moffitt）从更大类别的“仅限于青春期”的男性少年犯罪人中区分出一小部分早发性持续性犯罪人，发现这两类人在与年龄相关的犯罪特征上和早期风险模式上有差异。对于持续性犯罪人来说，风险集中在童年早期明显的个人弱点上；相比之下，对于晚发型仅限于青春期的少年群体而言，他们的社会心理风险和个人风险处于更边缘的水平，他们的青春期困境被认为是由经历与青春期成熟差距相关的挫折和模仿越轨同伴的行为所引发的。

2007 年，亚历克斯·R. 皮克罗等人利用来自巴尔的摩的国家合作围生期项目的部分数据，对莫菲特的假设进行检验，即终生坚持犯罪的罪犯（被称为“持续终身型犯罪人”）在中年会因身心健康不佳而面临高风险，出现早期疾病和心血管疾病。这项研究发现，与少年违法者相比，持续终生型犯罪人更容易遭受不良的身心健康后果，因为他们比同龄人更有可能参与反社会的生活方式，这会增加他们发生不利健康后果的风险。

犯罪专业化

大多数早期的研究得出未成年违法犯罪人群很少或不存在专业化这个结论，但最近的一些研究发现了专业化的证据。一项研究考察了性别和年龄在犯罪开始时的相互作用，并探寻这些因素与专业化的关系。这项研究发现，在生命历程中早发型犯罪人在犯罪模式上更加具有多样性，而晚发型犯罪人往往更加专业化。早发型女性比早发型男性更倾向于犯罪多样化，而在晚发型群体中，男性比女性更倾向于犯罪多样化。

然而，另一项研究发现，暴力犯罪人更有可能参与更多的暴力犯罪行为，而非暴力犯罪人更有可能继续非暴力犯罪模式。

D. 韦恩·奥斯古德和克里斯托弗·J. 施雷克（Christopher J.Schreck）使用来自三项研究的 2007 年数据进一步研究发现，暴力行为中存在相当程度的专业化水平，随着时间的推移，专业化程度仍相当稳定，而专业化之间的一致关系在一定程度上可以从性别、父母教育和追求风险中得到解释。

想一想

少年长期犯罪人占少年主动违法者的大多数，这一事实对社会政策和未成年人犯罪控制意味着什么？

长期犯罪人

由于一些原因，长期犯罪人行为正引起越来越多的关注。有些人认为，在所有犯罪活动中，占少数的少年长期犯罪人实施的犯罪活动在所有犯罪中所占比例很高，这有助于解释人们日益关注的问题。为了了解少年长期犯罪人，研究者对他们的社会背景和犯罪史进行调查，并分析长期犯罪人的潜在预测因素。从社会背景来看，大多数队列研究认为，绝大多数的长期犯罪人来自不断增长的少数民族下层阶级社会，他们被困其中。关于犯罪史，不同的队列研究一致报告说，少年长期犯罪人比其他少年犯更经常参与暴力，他们比其他少年犯更有可能使用快克、可卡因或其他严重致瘾的毒品（hard-core drugs），或在学校和社区向其他未成年人贩运毒品。

长期犯罪人的预测因素

一个最重要但又有争议的问题是，是否可以预测未成年人的习惯性犯罪行为。有几项重大的研究试图确定少年犯罪人群中习惯性犯罪的预测因素。

阿尔弗雷德·布鲁姆斯坦等人确定了从未卷入过执法的“无辜者”、再犯率相对较低的“业余者”、再犯率相对较高的“执迷者”三个人群。他们还发现有七个因素可以将执迷者（或长期犯罪人）与其他被定罪的罪犯区别开来：

- 13 岁以前被定罪；
- 低收入家庭；
- 8 至 10 岁时被老师和同龄人评价为“令人头疼的”；
- 10 岁时在学校表现不佳；
- 精神运动迟滞；
- 非言语智商低；
- 有被定罪的兄弟姐妹。

然而，2006 年，莉拉·卡泽米安（Lila Kazemian）和大卫·P. 法林顿（David P.Farrington）以来自英国的男性及他们的父亲为样本进行纵向研究，考察剩余犯罪生涯年限（即最后一次犯罪前的平均犯罪生涯剩余年限）和剩余犯罪数量（即犯罪生涯中的平均剩余犯罪数量），结果发现官方记录难以准确预测犯罪生涯的结果。

逮捕的累积流行率

如本章前面所述，在过去 50 年中，未成年人逮捕率发生了重大变化。据发现，有逮捕记录的个体，他们工资较低，失业时间较长，工作不稳定，受教育程度较低，发生家庭冲突的风险会增加。鉴于被逮捕记录的不利之处，犯罪学家和公众一样都很关注在某一年龄段经历逮捕的人口比例（即逮捕累积流行率）。

1965 年收集的历史数据表明，大约有 22% 的人报告在 23 岁时遭遇过逮捕。所收集的 1997 年的全美少年数据纵向调查最新数据表明，18 岁青少年的累积逮捕率在 15.9% 至 26.8% 之间，而到

23 岁时，这一比例增加到 25.3% 至 41.4%。最近的研究表明，累积逮捕率在种族 / 民族背景和性别方面有显著的差异，大约 37.9% 的白人男性在 23 岁时遭遇逮捕，而大约 48.9% 的非裔美国男性报告有逮捕经历。

少年犯罪和成人犯罪

未成年时被监禁的经历会严重影响个人成年后的多个生活领域，对女性来说尤其如此。研究表明，监禁经历对多个生活维度的早熟、不稳定、不确定和不满意的状况有很强的预测力，但对行为结果的预测力要小得多。

例如，迈克尔・R. 戈特弗雷德森和特拉维斯・赫希在他们广受欢迎的经典著作《犯罪的一般理论》（*A General Theory of Crime*）中总结说，有说服力的研究经常表明，犯罪的最佳预测指标是先前的犯罪行为。丹尼尔・S. 纳金（Daniel S.Nagin）和雷蒙德・帕特诺斯特在研究少年违法与成人犯罪之间的关系时，对这种关系提出了两种解释，一种解释是“事先参与少年违法对个人的行为的确有影响。例如，事先参与违法可能降低对从事犯罪行为的抑制”。这被称为状态依赖性效应。另一种解释是，个人有不同的犯罪倾向，每个人天生的“倾向性随着时间的推移而持久存在”，这被称为持续的异质性效应。

在一本现已成为经典的著作中，对那些有少年违法行为的人，理论家罗伯特・J. 桑普森和约翰・H. 劳布试图用一个三重命题来解释从少年犯罪到成年期的成人犯罪和非犯罪（即变化）的连续性。

桑普森和劳布从早期纵向研究获得的生活史数据中发现，尽管成人犯罪与童年行为有关，但通过成人社会纽带的变化仍会发生渐进和突变。成年人与工作和家庭之间的牢固纽带的出现，改变了早期确立的行为轨迹。劳布和桑普森还指出，促使成年人与工作和家庭建立牢固联系的事件往往是偶然发生或由于运气的原因。他们的理论被称为逐级年龄生命历程理论，该理论认为成年后的依恋或社会纽带会增加社会资本（或从优质社会关系中获得的个人资源），从而导致终止大多数的越轨行为。

犯罪生涯的长度

犯罪生涯的长度一直是实证研究比较忽视的问题。最近，英国研究人员布莱恩・弗朗西斯（Brian Francis）等人利用 1953 年至 1978 年间六个不同的出生队列数据（来自英格兰和威尔士的男性和女性，共 58 000 名）对犯罪生涯的长度进行研究，得到了四个关键性的发现：

1. 可以根据第一次法庭定罪时可用的变量来预测犯罪生涯的长度；
2. 如果犯罪人在第一次定罪后没有立即停止犯罪，那么在 20 至 25 岁期间，停止犯罪的风险保持不变；

3. 最重要的变量是第一次定罪的年龄；

4. 性别差异和出生队列具有重要意义。

在早期的一项研究中，亚历克斯·R. 皮奎罗和他的同事们为了研究犯罪生涯的长度，以 20 世纪 70 年代加州少年司法部门假释的人员为样本，追踪他们到成年早期。研究发现，严重犯罪实施者的平均犯罪生涯为 17.3 年，白人假释人员的犯罪生涯比非白人假释人员要短（16.7 年对 17.7 年）。这项研究进一步揭示：初犯年龄、低认知能力和恶劣的童年环境对他们的犯罪生涯有显著的影响。

迈克尔·E. 埃泽尔（Michael E.Ezell）也对加州少年管理局（California Youth Authority）1981 年至 1982 年释放的犯罪人进行了随机抽样，跟踪调查他们直到 30 多岁，调查了五类犯罪，包括严重犯罪、暴力犯罪、严重暴力犯罪、毒品犯罪和财产犯罪的犯罪生涯，得到了五个结论。

总之，本节讨论了评价发展性生命历程理论的一些重要问题，这些问题包括为什么少年犯罪人开始犯罪、如何解释犯罪发生的顺序、为什么从青春期到成年期犯罪具有连续性、为什么早发型犯罪可以预测较长的犯罪生涯、犯罪是否具有多变性、预测长期犯罪人的主要因素是什么，以及我们对于犯罪生涯的长度有哪些了解。这些研究显示，关于未成年人违法犯罪上述内容的某些方面比其他方面存在更加一致的结论，他们代表着对未成年人违法犯罪行为性质有益的理解。关于未成年人违法犯罪的不同维度的总结详见表 6–1。

表 6–1　　未成年人违法犯罪行为的不同维度

维度	研究结果	一致性程度
初犯年龄	初犯年龄是违法犯罪行为持续时间和连续性的最佳预测因子	强
犯罪升级	官方研究普遍发现，逮捕的发生率在 13 岁时加快，在 17 岁左右达到峰值	复杂的
专业化	大多数研究发现很少或根本不存在专业化犯罪	非常强
长期犯罪人	小部分犯罪人实施了最严重的犯罪	强
少年犯罪与成人犯罪	一些儿童期因素已被确定为有助于犯罪行为的持续性	相当复杂
犯罪生涯的长度	暴力犯罪人、有前科者和少数民族犯罪人的犯罪生涯往往更长	需要更多的研究来确定结果

未成年人违法犯罪的发展理论

尽管学者们已经提出了犯罪存在不同的维度，但理论家现在面临着挑战，他们要能够证明和解释与这些维度相关联的因素。在过去的几十年，发展理论家们在构建能够解释整个生命历程中的少年违法和犯罪行为的理论方面取得了重大进展。明确发展理论的倡导者所做的假设非常重要，首先，假设行为及其许多不同的表现形式在生命历程中以渐进的方式发展，并受到各种生物、心理和社会因素的影响。具体而言，年龄和某些行为的出现是高度相关的，个体迈出的第一步、学到的第一句话、入学、进入青春期往往是在大致相同的年纪。由于这与犯罪学有关，这一假设可以推广到少年违法或犯罪行为的性质和程度上。因此，这意味着少年违法和犯罪的变化与年龄的关系是有序的，纵向研究清楚地表明了这一点：儿童期早期犯罪率极低，在儿童期后期和青春期早期迅速上升；在中后期达到高峰，在青春期后期和成年期显著下降。发展主义者面临的众多挑战之一，是从理论上解释这些行为在生命过程中的持续性和系统性变化。

发展主义者所提出的第二个假设，也反映在犯罪生涯文献中，独特的原因或因果过程可以解释犯罪的不同维度。换句话说，发展理论的支持者假设不同的因果过程可以解释不同的犯罪维度。但是并非所有学者都接受这一假设。值得注意的是，发展理论的批评者认为，犯罪倾向的变化足以解释个人为什么犯罪以及为什么终止犯罪，那些停止犯罪的个体，他们的犯罪倾向低于那些坚持犯罪行为的人。然而，来自发展视角的理论公式必须解释为什么预测或解释少年违法或犯罪行为发生的因素不同于预测这些问题行为持续或停止的因素。

与之相关的第三个假设是，在生命早期促使早发型犯罪的原因或解释性因素与在生命后期促使晚发型犯罪的因素根本不同。在否定一般因果关系的假设时，发展主义者认为，导致少年违法和犯罪行为发生时间的因果过程是独特而复杂的，在不同发展时期，一个因素或一组因素无法解释犯罪行为的出现。在做出这一假设的过程中，发展的犯罪学家面临着一个复杂的问题，那就是证明犯罪人的类型不同，而不是程度不同。

苔莉·莫菲特和杰拉德·帕特森（Gerald Patterson）的研究基于这一假设。尽管存在着细微的差别，但这些理论家们争辩说，年龄 – 犯罪曲线掩盖了两种性质完全不同的犯罪人的存在。莫菲特和帕特森各自提出，一小部分人在生命历程早期表现出反社会行为，并在青春期和成年期坚持违法和犯罪行为。莫菲特将这一群体称为“持续终身型”，帕特森称他们是“早发型”。另外，还有更大的一个群体他们在青春期开始犯罪，在进入成年期后停止犯罪活动，莫菲特将这一群体称为“仅限于青春期型”，帕特森则使用“晚发型”这一术语。尽管正如下文将讨论的那样，这两个群体在技术上都被认定为“犯罪人”，但从理论上讲，引发他们做出犯罪行为的因果机制在性质上是不同的。因此，他们认为每一组犯罪人都需要自己的理论解释。

区分早发型和晚发型以及犯罪生涯的持续时间与发展主义者面临的第四个挑战有关：从理论上解释整个生命历程中的违法犯罪行为的稳定性和变化。尽管人们普遍认为大多数反社会的成年人也曾经是反社会的儿童，但是正如罗宾斯在其对四项纵向研究的回顾中指出的，“大多数反社会的儿童不会变成反社会的成年人”。因此，从发展的角度来看，犯罪学理论必须解释以某些个体为例的违法犯罪行为的实质稳定性和以其他个体为例的违法犯罪行为的实质性变化。

总之，与非发展或静态方法相比，理解少年违法和犯罪病因的发展性方法提供了许多优势，这种方法认识到年龄的重要性及其与违法和犯罪性质的关系，认识到不同的原因或因果过程对犯罪的不同维度和这些行为的开始有着独特的影响。同时，这种方法也解决现实问题，即理论表述必须考虑到违法犯罪行为的稳定性和变化。简而言之，发展主义者接受了可能存在多种违法犯罪行为路径的立场，一个人可能很早就开始违法和犯罪，并一直持续到成年，而另一个人可能很晚才开始犯罪，结果很快就逃离了这个过程，过上了守法的生活。

未成年人违法犯罪的纵向研究

本节会呈现三个著名的关于犯罪和犯罪者的纵向（或随时间推移）研究信息：

1. 由苔莉·莫菲特及其同事开展的但尼丁市（新西兰）多学科健康和发展研究（Multidisciplinary Health and Development Study）；
2. 由理查德·E. 特雷姆布雷（Richard E.Tremblay）及其同事进行的蒙特利尔纵向实验研究（Montreal Longitudinal Experimental Study，MLES）；
3. 由大卫·P. 法林顿主持的剑桥未成年人违法犯罪发展研究（Cambridge Study in Delinquent Development）。

但尼丁市纵向研究

苔莉·莫菲特、唐纳德·R. 林纳姆和菲尔·A. 席尔瓦在对 1000 名 1972 年出生的新西兰人的神经心理学状况进行调查时发现，糟糕的神经心理状态的分数“与早发的犯罪有关，但与青春期开始的犯罪无关”。神经心理学是指神经系统之间的关系，尤其是大脑与诸如感知、记忆和语言等心理技能之间的关系。莫菲特的发展理论认为，犯罪的出现是沿着两条路径发展的。

1. 根据其中一条路径，儿童早在三岁时就出现了持续终身的犯罪倾向。莫菲特认为，这些持续终身型犯罪人很可能在一生中持续从事非法活动，而不论他们所经历的社会条件和个人情况如何。
2. 莫菲特还发现了另一条路径，少年犯罪人在青春期开始犯罪，然后在 18 岁左右停止犯罪行为。莫菲特将这些少年犯罪人称为仅限于青春期型犯罪人，正是这种有限制的少年犯罪形式构成了大多数儿童参与非法活动的特征。

莫菲特在但尼丁市开展的研究今天仍在继续，她还通过环境风险纵向双胞胎研究追踪了 1994 年至 1995 年间出生的 1100 对英国双胞胎的发展。

表 6-2　　未成年人违法犯罪的生物学、社会生物学和心理学理论概述

理论	经典研究	确定的犯罪原因	研究的支持度
返祖的（天生的）犯罪人	龙勃罗梭	返祖的犯罪人是早期进化形式的一种回归	弱
谱系学研究	达格代尔、戈达德	犯罪倾向是遗传的	弱
身体类型	谢尔顿、格卢克夫妇、科尔特斯和盖蒂	中胚层体型与犯罪行为有关	弱
遗传因素	克里斯蒂安森和梅德尼克	双胞胎和领养研究表明，遗传因素对犯罪倾向有影响	中等强度
智力	赫希和亨德兰	当与环境因素相结合时，智力因素在犯罪行为中是一个有意义的因素	中等强度
自主神经系统	艾森克	自主神经系统不敏感，以及父母错误的调节，可能会导致犯罪行为	弱
精神分析理论	弗洛伊德	儿童早期经历产生的无意识动机导致犯罪	弱
精神病态或反社会性人格	克莱克利	内在的空虚和生理上的局限导致了犯罪倾向	中等强度
强化理论	威尔逊和伯恩斯坦	几个关键的身体和心理因素导致犯罪	弱
认知理论	皮亚杰、科尔伯格、贝克	缺乏理性和道德发展导致未成年人违法犯罪行为	中等强度

蒙特利尔纵向实验研究

蒙特利尔纵向实验研究始于1984年，首席研究员是理查德·E.特雷姆布雷，研究对象是有攻击性的7~9岁儿童，最初的研究目的是了解从幼儿园到高中阶段的反社会行为的发展，主要关注亲子互动的作用。这项研究最初评估了位于蒙特利尔社会经济贫困地区的53所学校的所有幼儿园男孩，试图找出最具破坏性的男孩。母亲和教师评分以及自我报告的越轨行为是蒙特利尔纵向实验研究中评估行为问题的主要工具。在5~12岁之间表现出高攻击性和好斗性的男孩在11~12岁时的心率通常低于其他男孩，这与青春期状况、男孩体型和家庭多样化水平有关。

剑桥未成年人违法犯罪发展研究

剑桥的未成年人违法犯罪发展研究由英国剑桥大学犯罪学研究所首席研究员大卫·P.法林顿开展的，是一项为期40年的纵向调查，追踪来自伦敦南部的411名男孩的反社会行为的发展，其中

大多数男孩出生于 1953 年。这项研究旨在尽可能多地测量可能有助于违法犯罪发展的因素。研究的参与者从 8~46 岁（即 1961 年到 2001 年），他们定期接受采访，定期在学校、家里和研究人员的办公室接受测试。孩子们的老师、家长和生活中的重要他人也接受了采访。研究的主要发现如下：

- 在 17 岁以前，犯罪的发生率一直上升，然后开始下降；
- 犯罪发生率上升的峰值年龄为 14 岁；
- 从某年龄段到另一个年龄段发生的连续的违法犯罪行为中可以看出违法犯罪行为的持续性；
- 大多数少年犯罪人和年轻的成年犯罪人被定罪源于和他人共同犯罪，但随着年龄的增长，共同犯罪的发生率呈稳定下降趋势；
- 影响随后犯罪行为最重要的危险因素有：（1）儿童时期的反社会行为，包括制造麻烦、不诚实和攻击性；（2）多动–冲动性；（3）智力低下；（4）学习成绩差；（5）家庭成员犯罪；（6）家庭贫困；（7）家庭教导不善。

这里讨论的三项发展性研究的总结详见表 6–3。

表 6–3　发展性研究的比较

	但尼丁市多学科健康和发展研究	蒙特利尔纵向实验研究	剑桥未成年人违法犯罪发展研究
主要研究者	苔莉·莫菲特	理查德·E. 特雷姆布雷	大卫·P. 法林顿
样本	追踪 1000 名 3~29 岁的男性和女性	追踪蒙特利尔出生的孩子	1951 年至 1954 年出生的男性
有违法倾向的人群	确定了两组罪犯：仅限于青春期型犯罪人和持续终身型犯罪人	潜在的违法行为可以早在幼儿园就被发现	大约三分之一的未成年人有违法倾向
性别	对于女性来说，持续性的犯罪道路是非常少见的	研究中只有男孩	研究中只有男孩
种族	数据缺失	数据缺失	数据缺失
长期犯罪人	数据缺失	数据缺失	6%；396 名男孩中有 23 人有六次或更多的犯罪记录
犯罪行为模式	仅限于青春期型犯罪人在青春期犯罪率可能与持续终身型犯罪人一样高，但持续终身型犯罪人进入成年期仍继续犯罪	幼儿园期间较高水平的破坏性行为可以预测高中前较高水平的少年违法	对持续性少年犯罪的早期鉴别和治疗有助于预防成人犯罪

保护性因素与生命历程

传统的犯罪学研究已经对可能降低少年犯罪可能性的因素进行了检验。在调查生活在高犯罪率地区的 12~16 岁白人男孩时，学者发现，自我概念好的男孩比自我概念差的男孩更不容易犯罪。非犯罪人对自我更有利的投射被认为是他们早期社会化经历的产物。虽然这些研究不一定考虑保护性因素的研究，但似乎提供了犯罪学的理论基础，通过保护性因素可能缓解居住在高风险环境下的影响。

保护性因素的重要性根植于抵御高风险环境影响的能力中。简言之，保护性因素是用来缓冲、调节或隔离高危人群的因素。迈克尔·鲁特（Michael Rutter）支持这一观点，他将保护性因素定义为“调整、改善或改变个体对环境中的危害做出反应的因素，环境中的危害容易诱发个体出现不适应的结果”。鲁特对保护性因素的定义表明，保护性因素在一定程度的风险和功能建立后开始起作用，以缓和个体出现问题的可能性。当暴露在危险程度较高的环境中时，能够区分适应和不适应群体的因素被认为是保护性因素。在发展的后期阶段评估保护性因素的效果而不是风险同样重要。

虽然关于保护性因素的理论作用已被学者们普遍接受，但关于这些因素的概念化和操作化的过程几乎还没有达成共识。分歧尤其集中在研究风险性因素和保护性因素对问题行为的独立影响时，是否应将风险性因素与保护性因素区分开来。也就是说，一些学者支持将保护性因素操作化为没有风险或风险因素的对立面。在这个概念中，低智商可以被认为是一种风险，它会提高或增加表现出问题行为的可能性，而高智商会缓冲或降低这种行为的可能性。同样，一个充满关爱的情感咨询人的存在被认为是防止心理病态的一个重要保护因素，而没有这样的一个人被视为一个重大风险，这种概念化使得很难区分哪些因素应被视为风险性，哪些因素应视为具有保护性的作用。

然而，其他学者提出了一个论点，他们认为风险性因素和保护性因素在概念上是相互区别的，而不是一个单一维度的两端。根据这种提法，保护性因素被视为对问题行为有直接影响或能调节风险因素与行为之间关系的自变量。如果个体经历同等程度的高风险，能够区分适应不良和适应良好（如少年违法者和非少年违法者）个体的因素被认为是具有保护性作用的因素。

鉴于这些问题，研究表明，保护性因素的影响不应在不同人群中被平等看待。也就是说，与风险的影响类似，保护性因素的影响似乎因年龄、性别和种族等多种人口统计学特征的不同而有异。脆弱性不仅会根据这些特征发生变化，而且对风险隔离因素的可用性和依赖性也会发生变化。

评估保护性因素影响效果的研究通常分为以下三个阶段。

- 第一阶段，学者们调查了表现出良好应对能力的高危儿童。
- 保护性因素研究的第二阶段集中于寻找这种适应性行为在儿童、家庭和观察到该行为的不同情境中的相关性上。因此，本阶段的研究目标是双重的：（1）调查那些成功和不成功地克服风险的高危个体；（2）区分促进适应性行为的各种因素。
- 保护性因素研究的第三个阶段涉及系统地探索儿童抗压力行为表现的过程或机制。虽然审查与第三阶段有关问题的努力相对有限，但初步的见解表明，保护性过程包括：（1）通过减少或改变个人接触风险来降低风险水平或影响；（2）减少与风险累积相关的负面连锁反应；（3）通过可用的支持性关系来提升自尊或自我效能感；（4）发展社会中的机会。

埃米 · 沃特斯的人生历程（11 岁）

当埃米进入青春期后，她开始质疑自己的自我价值。尽管她并没有意识到这一点，但失去母亲给她造成了一种被排斥和个人能力不足的感觉。埃米发现她很难相信有人爱她，特别是她姐姐约尔丹，她们总是打架。埃米的父亲西蒙很少在她身边，因为他要努力工作养家。约尔丹承担了许多家务活，从保持家里整洁到做饭和洗衣服，这些家务活本来可以由母亲来完成。令埃米非常反感的是，她的父亲还告诉约尔丹要“盯紧”她，并安排她做家务。

然而，在埃米 11 岁时发生的最糟糕的事情是，一小群恶霸开始欺负她。在学校，埃米不是“小圈子”的一员，她没有钱买那些可能会让她更容易被社会接受的衣服和电子产品。结果，一些似乎令人仰慕的女孩开始骚扰埃米，她们告诉埃米，她的发型是一场“无法挽回的灾难”，并辱骂她，对她是一种真正的伤害。

埃米在家里感受不到爱，在学校受到威胁，结果她在学校被一群制造麻烦的少年接纳了。当她想到这一点时（这种情况很少发生），埃米告诉自己，她并不是真的像那些和她一起出去玩的人一样，但她认为自己需要他们的保护。果然，当大家知道埃米已经成为某难缠群体中的一员时，霸凌就停止了，她感到自己在学校同学中获得了新的尊重。

为什么埃米讨厌约尔丹？父亲可以做些什么来缓和两个女孩之间的紧张关系呢？为什么埃米选择加入一个“难缠”的团伙？她还有什么别的选择吗？

在下一章中，我们将继续讲述埃米 · 沃特斯的传奇故事。

JUVENILE DELINQUENCY

第三部分

环境对未成年人违法犯罪的影响和犯罪预防

第 7 章

性别与未成年人违法犯罪

人们越来越关注的是，尽管未成年人被捕量已大体下降，但未成年女性被捕量在某些犯罪类别（如毒品和酒精违法）中仍在上升。

美国三角研究院（Research Triangle Institute）女孩研究小组

犯罪之声

海伦的故事

我记得有一次我的哥哥丹尼斯烤好了饼干，父亲告诉我晚饭前不要吃。我不知道当时是不是心不在焉，但过了一会儿，我吃了一块饼干。我发誓我不是故意违背他的意愿，但我没有办法向父亲解释。

丹尼斯下楼告诉了父亲，很快我就听到了他上楼的脚步声。他问我到底怎么了，而我却不明白他在说什么。他逼问我为什么违抗他的命令吃了饼干，但我很难让他明白我只是忘了他的话，或者只是当时心不在焉没听到，我拿饼干的时候根本想都没想。他一气之下走过来想扇我耳光。我看他表情不对就从沙发上抓起一个枕头挡住他的手，把他按在地上，让他放过我，后来在挣扎中他倒在我身上。一听到动静，我哥哥就冲了出来，我忘不了父亲朝我大喊大叫时丹尼斯脸上得意的嘲笑。他几乎是在享受这一切。

因为被父亲扇了一巴掌，我的下巴有瘀伤并肿了起来，难以张合。我和一个学校的护士谈过了，她给我父亲打了电话，但学校能做的只有这么多。他们很清楚我在家里的遭遇，但从来没有尝试去解决这个问题。

这场战斗愈演愈烈，在14岁生日两天后，我就离家出走了。我不知道要去哪里，但对我来说唯一重要的事就是逃跑。几小时后的深夜，我姑姑发现我时，我正在去附近的一个小镇的路上。后来，我去了祖母那里，直至去佛罗里达州和母亲一同过暑假。回到艾奥瓦州后，我就去和姑姑一起生活，她住在离我家大约五个小时车程的一个大镇子上。

近年来，对未成年人违法犯罪的研究主要还是集中在男性未成年人违法犯罪。早在1973年，由于古典犯罪理论在研究传统上对女性主义视角的忽视，美国社会学家卡罗尔·斯玛蒂尔（Carol Smart）和多里·克莱因（Dorie Klein）开始倡导建立女性主义犯罪学，克莱因呼吁“对女性和犯罪进行一种新的研究——一种有女性主义根基和激进倾向的研究”。本章我们将跟随克莱因的思路，关注未成年人违法犯罪中的性别差异。

性别与未成年人违法犯罪

美国最受尊敬的研究女性犯罪问题的权威之一米达·切斯尼–林德（Meda Chesney-Lind）说，对犯罪问题的研究仍然常常带有性别偏见，犯罪理论仍然更多关注男性犯罪。因此她认为，我们对未成年人违法犯罪和少年司法程序的认识很大程度上是由男性经验和男性对社会的理解所决定的。

尽管许多关于未成年女性违法犯罪的研究都是在女性主义者的规劝下进行的，但在2003年，当时联邦少年司法和犯罪预防办公室向北卡罗来纳州三角研究院授予了一笔用于研究未成年女性违法犯罪及其后果的科研资金，进一步助推了此进展。利用少年司法和犯罪预防办公室提供的资金，三角研究院成立了女孩研究小组，其对外宣称的成立宗旨是能够制定出防治未成年女性违法犯罪和暴力行为的健全的理论对策。研究人员和工作者们一直在回顾和分析现有的文献，并努力探索能够有效预防和减少未成年女性违法犯罪的解决方案。近年来，女孩研究小组发行了许多出版物和研究报告，本章后续内容将对其中一部分进行探讨。

当今的女性主义犯罪学家一致认为，青春期少年的经历、发育速度、男性和女性犯罪模式中的范围和动机等方面存在着性别差异。人们也普遍认为，未成年女性比男性拥有更多的社会支持，也更容易受到行为约束。此外，对现有研究数据的回顾发现，未成年女性违法犯罪倾向低于男性，而且实施某些类型犯罪的可能性更小。研究人员通常认为，高自尊水平会抑制未成年女性的冒险行为偏好，而会助长未成年男性的冒险行为偏好。

然而，在如何处理根深蒂固的、男性主导的未成年人违法犯罪问题上仍存分歧。一种讨论集中在普遍性问题上，性别中立立场的支持者调查了诸如家庭、社会关系、社会学习和不良同伴等因素，并在小范围调查了威慑和压力状况，结果显示，迄今为止几乎没有任何证据表明，需要用单独的理论来解释未成年男性和女性的违法犯罪问题。他们还声称，引发未成年女性违法犯罪的环境和因素与男性类似，且实证研究的结果也说明，男女性别内的差异要远大于性别之间的差异。因此，一些女性主义理论家建议在教科书中将未成年女性的违法犯罪问题纳入“一个完整的整体而非一个单独的章节”。

相反，其他女性主义理论家认为需要建立新的理论以帮助理解未成年女性的违法犯罪问题，以及其参与的成人犯罪问题。例如，社会学家艾琳·伦纳德（Eileen Leonard）就质疑社会失范、标签主义、不同接触理论和亚文化能否用来解释未成年女性的违法犯罪模式，并认为这些传统理论基本上已经过时了，是行不通的。切斯尼－林德把以男性为主导的理论应用到未成年女性犯罪研究后提出，现有的犯罪理论不足以解释未成年女性犯罪问题，因为在一个男权语境下对女性未成年违法者和身份违犯者的所有解释和处理都被预先定型，因此必须构建一个女性主义模型。她认为，未成年女性在家里所遭受的性和身体上的侵害——以及这些经历和其罪行之间的关系——被全盘忽略了。

伦纳德认为，阐释女性犯罪问题的新理论必须包括对性别、种族、阶级和文化等因素的相关分析。社会哲学家伊丽莎白·V. 斯皮尔曼（Elizabeth V.Spelman）在指责一些女性主义者忽视女性中存在不同种族、阶级、民族、宗教与文化的差异后，得出了这样的结论：只有通过对这些压迫女性的因素进行调查，才能更清楚地理解和把握女性犯罪问题。切斯尼－林德进一步扩展了这一论点，她说，少女和妇女因为性别、阶级和种族等原因被经济社会边缘化，她们是“多重边缘化”的受害者。她还指责，给一个女孩贴上“违法犯罪”的标签是在这样一个世界里发生的，“在这个世界里，性别仍能在很大程度上塑造并影响着年轻人的生活，因此性别在女孩的生活中很重要，它的影响方式因女孩出生的环境和文化而有所差异”。面对这两种不同的立场——一种是试图解释性别差异并努力保持性别中立，另一种是强调性别在解释违法犯罪中的重要性——达雷尔·斯特芬斯迈尔（Darrell Steffensmeier）和艾米丽·艾伦（Emilie Allen）试图将这两种方法结合起来。在一篇如今已成为经典的文献中，他们声称“没有必要去做专门的性别理论”，尽管他们也承认，“定性研究揭示了在犯罪背景和性质方面存在显著的性别差异”。斯特芬斯迈尔和艾伦后来发展出了一种“中间立场”，然而此立场并未得到太多支持。

2006 年，在俄亥俄州一项重犯研究中，佩吉·C. 佐丹奴和其同事访谈了 109 名第一次进入未成年犯矫正机构的年轻女性，并对她们进行了跟踪研究（直到平均年龄 29 岁），研究结论是：“强调传统框架与女性主义框架之间的差异所提出的非此即彼的二分法，对理论构建过程既无必要也无帮助”。他们认为俄亥俄州的研究，“说明这些表面上对立的观点，它们的基本原则在本质上并非不相容，而是需要一种更综合的方法”，他们还发现，这点对于那些有严重犯罪史的女孩们来说尤其如此。

佐丹奴及其同事对女性严重犯罪人亚群的研究表明，要全面了解她们的犯罪行为，我们需要借助犯罪经典理论以及强调性别独特性的当代观点。这些女孩的生活经历存在充分的社会动力学证据，而且在研究报告中，贫困社区、经济边缘化以及“过多导致违法的因素”等描述会频繁出现。“与此同时，研究发现，这些女孩在早年家庭生活中，父母就有犯罪史和 / 或严重的酗酒与吸毒，而且这种困境充斥着她们的整个童年和少年时期。”对成人的跟踪研究进一步支撑了这个观点，即与持续犯罪或停止犯罪相关的一些历程似乎是“通用的”（也就是说，这类生活经历不分男女），而其他人似乎更关注性别特性。

想一想

人们普遍认为，对于大多数形式的违法犯罪活动，女性比男性涉案的可能性要小得多。为什么？

犯罪性别比例

需要说明一个重要的问题，按性别区分的犯罪率，即犯罪性别比例，男女截然不同。为什么在大多数案件中，女性涉案的可能性比男性低得多？相反，为什么男性比女性更容易犯罪？如何解释这些犯罪率的性别差异呢？

犯罪的性别比例问题立即引发了一项对阻止或限制女性参与犯罪的因素的调查。可以这么说，这项调查“反映了一种以男性为中心的观点，即认为男性的行为是一种标准，而女性似乎会因为犯罪数量有限而不符合这种标准”。

一些女性主义理论家建议将性别作为社会组织的一个关键因素，而非作为一种个体特征，这样就能够对性别差异进行更深入的调查。例如，有关犯罪趋势的数据显示，性别差异体现在某些罪行中比其他罪行更持久，并随着阶层、种族 / 民族和年龄的变化而改变。仅研究性别差异，就会错失调查风险因素是如何在重要的社会维度上有差别地影响男女犯罪的机会。米勒和马林斯（Mullins）通过指出“社会底层”的生活条件与非裔女性犯罪行为之间的相关性证明了这一点。然而这种相关性在其他社会环境下并不能对女性犯罪行为做出解释。

凯伦·海默及其同事研究了“经济边缘化命题”，该命题指出：“当女性的生活水平下降时，犯罪性别差距缩小，女性犯罪所占比例更大”。“不仅女性比男性更有可能生活在贫困中，”他们又补充道，“而且对犯罪高发群体中的女性来说，贫困率的性别差距也在继续扩大。”他们的结论是，对女性持续的经济压迫而非增加她们的经济机会，可能是过去 40 年犯罪性别差距缩小的根本原因。

澳大利亚犯罪学家凯瑟琳·戴利（Kathleen Daly）提出了一项概念性方案，为探索犯罪性别比例的复杂性提供了一条前景看好的路径，该方案包括以下三个研究领域：

1. 性别化路径。女性和男性的犯罪路径是什么？什么样的社会环境和因素促成了犯罪的发生和停止，它们又是如何产生性别差异的？
2. 性别化犯罪。街头生活、性和毒品市场、犯罪机会、非正式经济和犯罪集团是如何根据性别和其他社会特征进行组织的？在女性和男性违法的顺序和背景中，能观察到发生了什么变化？
3. 性别化生活。性别如何影响女性和男性的日常生活？性别如何建构身份认同和行动方针？这些生活经历是如何与违法行为发生作用的？

未成年人违法犯罪的社会环境：性别角色与未成年人违法犯罪

在很大程度上，人们对性别和基于性别的角色理解是通过社会化获得的。儿童在既定的性别中进行社会化，并在这些框架中去构建对自我和人际关系的理解。正如伯克利大学教授巴里·索恩（Barrie Thorne）在她著名的早期著作《性别游戏》（*Gender Play*）中所指出的：

> 父母给女婴穿粉红色的衣服，给男婴穿蓝色的衣服，按性别给他们取名和买玩具，并期望他们有不同的表现。在课堂上，老师通常给予男生更多的关注。对性别的刻板印象会充斥在书籍、歌曲、广告、电视节目和电影中，孩子们会受到潜移默化的影响，而置身于受性别观念影响的同辈群体，也使性别类型的游戏和互动永久化。简而言之，如果男孩和女孩是不同的，那么不是天生的，而是后天塑造的。

美国大学妇女联合会（American Association of University Women，AAUW）进行了一项具有里程碑意义的实证研究，研究对象包括有色人种和所有社会阶层的女生，研究内容是调查女生们的课堂行为和待遇。这项研究最令人吃惊的发现是，白人女生在从小学升入高中的过程中往往会失去自尊；相比之下，美国非裔女生能够保持自尊，但往往会与学校和学业脱节。

在美国大学妇女联合会的研究和佩吉·奥伦斯坦（Peggy Orenstein）在《女学生》（*Schoolgirls*）一书所描述的女生中，高学龄女生有一些独特之处：她们极其关注外貌，在意自己的形象而不是成绩所带来的人际魅力，在青春期后期由于性萌发而受到更多管束，注重同伴关系但母女关系紧张。研究发现，美国贫民区的非裔和拉丁裔女生在应对艰难社区生活的方式上也有一些独特之处：塑造坚强不好惹的外表被认为是保护自身免受帮派和暴力侵害的关键所在；多数女生都经历过早孕。简言之，女生受到的伤害——从在学校或街上的性骚扰到遭受性侵害——是这些女生现实生活的写照，从而严重影响她们的个性成长和未来发展。

在为俄勒冈州撰写针对性别的指导方针中，莫尼斯·摩根（Monice Morgan）和潘·巴顿（Pam Patton）认为，虽然这些说法可能并不适用于所有的女孩和男孩，但一般来说存在以下假设：

- 女孩在与他人的关系中发展自己的身份，而男孩在与世界的关系中发展自己的身份；
- 女孩基于关系解决冲突，而男孩基于规则解决冲突；
- 女孩注重关系和相互依赖，而男孩注重独立和自主；
- 女孩表现出关系攻击，而男孩表现出过度攻击。

尽管近年来人们重新认识到生物学在决定与性别相关的行为中的重要性，当今社会的儿童仍持续有效地进行着社会化，扮演性别角色。索恩提醒她的读者，儿童在社会中扮演着积极主动的角色，性别的社会建构是他们生活中一个主动持续的过程，在游戏中最为明显。当观察中学的孩子们时，她发现在教室、餐厅和操场上都存在着性别的分离和融合。儿童在性别建构中的积极作用可以从他们组成团队、选择座位、说闲话、取笑、寻求或回避特定活动等方面体现出来。社会学家巴里·索恩特别发现，在成人无法控制的操场自由活动中，儿童普遍按照性别自动分离。

除性别角色的社会建构外，有大量证据表明，女孩的发展与男孩不同。自 1980 年开始，临床心理学家马蒂·拜尔（Marty Beyer）就对全美的青春期男孩和女孩进行了研究，拜尔说，研究“发现了女孩们存在不同的脆弱性因素和保护性因素”。例如，女孩更倾向于将自己的经历内化，她们比男孩更容易焦虑、抑郁、退缩和饮食失调。拜尔称，女孩也比男孩更注重人际关系。有关性别角色的对比可参见表 7–1。

表 7–1　性别角色

	身份发展	处理冲突的方法	关注点	攻击类型
女孩	在和他人的关系中	基于关系的	关系和依赖性	关系攻击
男孩	在和世界的关系中	基于规则的	独立和自主性	过度攻击

女性未成年违法者

近来，越来越多的研究致力于探讨女性未成年违法者的特征。研究者已经确定了基本人口统计学信息、犯罪模式以及背景特征，如家庭功能障碍、创伤、身体虐待、心理健康问题、物质滥用、危险性行为、学业问题和不良同伴等，作为在押女犯的共同特征。

同样，风险未成年女性的画像也有一些共同特征，包括受害经历、不稳定的家庭生活、学业失败、反复的身份违犯、心理健康和物质滥用等问题。B. 布卢姆（B. Bloom）和 S. 科温顿（S.

Covington）描绘了一个典型女性未成年违法者的画像（如图 7–1 所示）。

- 她的年龄在 13~18 岁
- 她有学业失败、逃学和辍学的经历
- 她曾备受侵害，尤其是身体、性和精神上的虐待
- 她来自一个不稳定且有犯罪史的家庭，社会支持系统匮乏
- 她曾有不健康的依赖关系，尤其是与年长的男性
- 她有包括物质滥用在内的心理健康问题
- 她很可能是有色人种社区的一员

图 7–1　典型的女性未成年违法者画像

本章开篇提到的女孩研究小组研究了诸如少年违法犯罪模式、男孩和女孩之间的差异、与性别相关的风险性因素和保护性因素、女孩违法犯罪的原因和相关影响因素等问题。达娜 · L. 海尼（Dana L.Haynie）和其同事在评估女孩是否比男孩更容易受到同伴参与暴力或犯罪行为的影响时发现，的确如此。这项研究表明，在女孩中，朋友参与暴力和犯罪行为是确定友谊纽带的一个特别决定因素，该研究小组于 2010 年发布的报告如下。

男孩和女孩的违法差异

2010 年 4 月，由美国司法部司法项目办公室（Office of Justice Programs at the U.S. Department of Justice）资助的一个合作项目“女孩研究小组”发布了一份 20 页的报告，题为《女孩违法犯罪的原因及其影响因素》（*Causes and Correlates of Girls'Delinquency*）。该报告总结了过去 20 年来有关未成年女性违法犯罪的 1600 项研究结果。以下是一些最有意思的发现。

- 迄今为止的研究表明，某些生理机能和心理特征的细微差异可能会导致在某些环境条件下的性别变化。
- 总体而言，女孩的违法犯罪行为通常没有男孩那么频繁，而且往往也没有男孩那么严重。
- 有证据表明，女孩在青春期经历的负性生活事件比男孩多，因此她们对这些事件的影响可能更敏感，当负性生活事件来自家庭时尤为如此。
- 有证据表明，女孩比男孩更容易遭受某些类型的创伤，如性虐待和强奸。
- 许多关于性虐待发生率的研究表明，有反社会行为尤其有暴力倾向的女孩，相比男孩而言，曾经遭受性虐待的情况更为普遍。
- 除了对某些压力源存在性别差异外，男孩和女孩对同一压力源的敏感性也可能存在差异。例如，有些研究表明，女孩可能对家庭功能障碍和原生家庭创伤更敏感。
- 在注意力缺陷 / 多动障碍和其他品行障碍的诊断中，男孩与女孩的比例为 3:1。

- 与生活压力和受害经历相关的心理健康问题，如焦虑、抑郁和创伤后应激障碍等，在女孩中被诊断出的比例较男孩高得多。
- 早熟给女孩带来了特别的风险，因为身体性征发育成熟与认知情感系统发育速率不一致。
- 一些研究发现，与其他女孩相比，早熟的女孩更容易出现违法和其他冒险行为。有证据表明，早熟的女孩更容易受到各种高危行为的威胁，如物质滥用、逃学和离家出走。
- 女孩早熟似乎是青春期遭遇亲密伴侣暴力的一个危险因素。
- 青春期提前是预测女孩犯罪的一个关键的性别因素，特别是当这些女孩生活在贫困社区并遭遇着家庭冲突的时候尤为如此。
- 复杂的家庭生活，如父母监管、依恋和虐待等重要因素有助于解释女孩和男孩违法犯罪伊始的差异。

乔安妮·贝尔纳普（Joanne Belknap）和克里斯蒂·霍尔辛格（Kristi Holsinger）认为，近年来最重要和最有潜力的犯罪学研究是对女孩和女性犯罪路径的认识。女性进入少年司法系统的第一步是受害经历。据报道，受访少女被殴打、强奸、刺伤或枪击的年龄可追溯到 13 岁、14 岁。多数女孩最初是因为离家出走而进入少年司法系统的，她们屡次尝试摆脱家庭的虐待。

这些少女被送进少年司法系统后也会受到不公对待。据说她们所遭遇的虐待有：工作人员不断使用侮辱和苛刻的话语；工作人员不合理的触摸、推、打；因微不足道的原因而被关禁闭；干净衣服被扣；甚至有些女孩还曾当着男性工作人员的面被强制脱衣搜身。

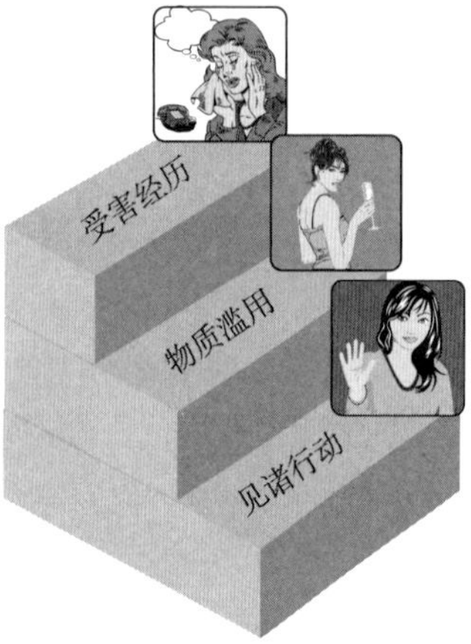

图 7–2　未成年女性违法犯罪的三条路径

女孩进入少年司法系统的第二步涉及物质滥用。女性物质滥用与早年性侵害呈高度相关，尤其是白人女性。文献资料一致得出，儿童期虐待与后来酗酒和其他毒品问题的发展之间存在着很强相关性。值得注意的是，与上述受害经历发生的年龄相似（通常是在女孩 13~14 岁之间），女孩们开始使用成瘾物质。

女孩进入少年司法系统的第三步就是见诸行动，在家庭、学校、性行为、违法行为和加入帮派等方面表现出来。困扰女孩的情感问题通常与消极行为相关，所以她们在学校表现得很差，甚至会被停学、开除或辍学。她们离家出走，交由少年法庭处理，或因参与帮派或违法行为而被移送法庭。图 7–2 描述了上述未成年女性违法犯罪的三种路径。

对未成年女性违法犯罪的解释

关于未成年人中男女违法犯罪成因是否不同这个议题，犯罪学家们有截然不同的结论。早期对未成年女性违法犯罪的解释主要关注女性共有的生理和心理因素，认为未成年女性具有某些生理特征或心理倾向使她们更容易实施某些类型的犯罪。然而，当今的犯罪学家对此提出了质疑，他们认为未成年女性的问题是男性主导的父权社会的产物。因此，近年来诸多对未成年女性违法犯罪的解释更加强调社会因素。

一些犯罪学家质疑是否有必要用性别来解释违法犯罪行为，因为现有的社会科学理论可以同时解释男性和女性的违法犯罪行为。然而其他人则主张用性别特定的解释，原因是那些阐释违法犯罪行为的传统社会学理论不能对女性经历提供适当的解释。本章后续将讨论性别特定的理论。

生物学和体质解释

虽然社会学理论仍处于犯罪研究的前沿，但近年来的焦点已然转移到可能与未成年女性违法犯罪有关的生物和心理易感因素上来，这些因素分为五大类：

1. 压力和焦虑；
2. 多动症和品行障碍；
3. 智力缺陷；
4. 青春期早熟；
5. 心理健康问题。

上述因素同样适用于解释未成年男性的犯罪行为，虽然在某些情况下他们常常被贴上标签，比如有多动症，但诊断后却发现女孩们似乎有更大的易感性。例如，研究人员近期发现，与性别相关的差异也许能解释男女在面对压力时的不同反应，这些区别导致女性在应对生活创伤事件时更容易出现行为问题。换言之，相对于男孩，女孩的确可能对负性生活事件更敏感，从而产生更强烈的情绪反应。

心理学解释

早期和近期对未成年女性违法犯罪的心理学解释发生了很多变化。早期的研究探讨的是女性“先天的”本性及其与不良行为的关系，而近期的研究重点则更强调社会环境对女性违法犯罪问题的推波助澜上。

例如，吉塞拉·科诺普卡（Gisela Konopka）的早期研究发现，女性未成年违法者家庭贫困和深刻的孤独感与其低自尊水平有关。她对犯罪的理解很大程度上依赖个体病理学的概念，并认为只有那些“有病”的女性才会去犯罪。科诺普卡指出了未成年女性违法犯罪的四个关键因素：

1. 独特急剧的青春期生理发育；
2. 由于女孩与母亲的竞争而带来的复杂的身份认同困境；
3. 女性文化定位的变化及由此产生的不确定性和孤独感；
4. 世界展现给年轻女性的敌意画面。

与此相反的是一项关注未成年女性身体和性虐待的当代研究，该研究发现曾经受虐待的女犯有罹患精神疾病的倾向，比如创伤后应激障碍、自杀行为、解离性障碍和边缘型人格障碍等。总之，近年来关于未成年女性犯罪的研究已经从精神分析的角度转移，并开始强调性别化行为的社会环境。

社会学解释

从 20 世纪 70 年代末开始，诸多研究都是围绕这样一个假设：传统上与男性相关的社会过程也会影响女性的犯罪行为。无论是否为女性主义者，人们都达成了普遍的共识，即从社会学角度研究未成年女性犯罪的文献结论比生物学或心理学视角更有价值。研究人员关注的社会因素包含机会受阻、妇女解放运动、社会关系、男性化、权力控制和同辈群体影响等。研究发现，这些理论提出的原因能够解释犯罪中大多数的性别差异。

一般紧张理论

男性可能比女性更容易参与犯罪，这是因为他们往往会经历导致犯罪的紧张情境，并通过犯罪来应对压力；而女性可能在经历某些压力的情况下表现出受人支配的犯罪行为。无论如何，一般紧张理论解释了未成年女性违法犯罪的原因，该理论认为许多女性经历了导致犯罪的紧张情境，比如严厉的管教、父母的拒斥、同伴的虐待、负面的在校经历、无家可归以及对金钱的强烈需求等。

机会受阻理论

在对男性犯罪的社会学分析中，受阻或有限的机会这一变量备受重视（见第 4 章），而此变量对女性犯罪的影响却在很大程度上被忽视了。这是因为社会普遍认为，男性更关注获得（无论短期还是长期的）地位和经济上的成就，而年轻女性没有这些欲望，反而满足于扮演依赖男性的角色。然而有几项研究也发现，机会受阻与女性犯罪的关联要比男性更密切。非裔女性和白人女性罪犯比样本中的男性罪犯在谈论机会时更悲观；相对于未违法者，身份违犯者也认为自己机会不利。

社会学习理论

社会学习理论认为，男性之所以比女性犯罪率更高，主要是因为他们往往和有不良行为的同伴交往，而且更经常性地加入帮派。也有人认为，与跨性别或全男性同伴群体相比，女性同伴群体更不容易犯罪；反过来，男性比女性更倾向于犯罪。然而，根据社会学习理论，一些女性比其他女性更容易参与犯罪，这是因为她们往往与那些接触犯罪、强化犯罪行为、教导犯罪身份认同的人交往。

社会控制理论

社会控制理论的倡导者认为，女性相对于男性较少参与犯罪，这是因为性别角色社会化使女性比男性有更多的人际联系和更强的社会纽带；此外，青春期女孩通常会受到父母更密切的监督，因此违法犯罪的机会较少。根据社会控制理论，有犯罪行为的女性较少受到父母的监督，与家庭和家族成员的联系较少，与父母和老师的联系较弱，在学校表现较差，花在家庭作业上的时间较少，与有违法犯罪行为的同伴群体交往，并且自制力较差。

不同接触理论

凯伦·海默和史黛西·德·科斯特（Stacy De Coster）发现，个体和家庭之间的情感纽带与暴力习得，对于女孩呈负相关，而与男孩无关；高压的管教方式和有攻击性的同伴这两个因素与男孩暴力习得呈正相关，而与女孩无关；男权社会的性别观念对女性暴力行为有抑制作用，而对男性暴力行为没有任何影响。

男性化假说

几项关于女犯的研究提出了男性化假说。弗雷达·阿德勒（Freda Adler）认为，随着女性变得更像男性并有更多男性化特征，她们就更容易违法犯罪。弗朗西斯·T. 卡伦和其同事发现，未成年男性和女性具有的“男性”人格特质越多，他们就越有可能参与犯罪，但在男性化和犯罪之间的关联度上，男性比女性更强。威廉·E. 桑顿（William E.Thornton）和詹妮弗·詹姆斯（Jennifer James）发现，男性化自我期待和犯罪之间存在一定程度的关联，他们的结论是，无论男性化程度如何，未成年男性违法犯罪的可能性仍高于女性。

权力控制理论

约翰·哈根和其同事（见第 6 章）提出了一种权力控制理论来解释女性犯罪问题。他们基于阶层框架以及在多伦多、安大略收集的数据得出，家庭中当母亲有与丈夫相当的权力（一般通过家庭以外的工作获得）时，女儿和儿子都会被鼓励更开放地承担风险。因此，在平等主义家庭中，父母会重新分配他们对子女的管控，女儿受到像儿子一样的控制，而非像父权制家庭那样女儿被教导要规避风险。哈根和其同事们推断：“父权制家庭中犯罪的性别差异较大，而平等主义家庭中犯罪的性别差异较小。”因此，权力控制理论得出结论：当女儿从父权制家庭中解脱出来时，她们就更容易违法犯罪。

标签理论

标签理论的研究者们认为，男性比女性更容易被贴上“品行不端”的标签，这既是因为男性在文化中有麻烦制造者的刻板印象，也是因为男性更容易参与违法犯罪。该理论强调，一些女性比其他女性更容易触犯法律，这是因为她们早就被家长、老师和其他人非正式地贴上了“品行不端”的标签，同时也被少年司法系统正式地贴上了“违法犯罪”的标签。

犯罪互动理论

海默提出，女性和男性的犯罪都是通过角色扮演的过程发生的，在这个过程中，年轻人会考虑重要他人的态度，而那些倾向于放任越轨的态度会助长年轻人的违法犯罪。她还发现“女孩会受到所灌输的价值观和态度的影响而产生不良行为，相反男孩的不良行为则需要更直接的影响”。

威慑、理性选择和日常活动理论

这些理论解释了为什么女性认为犯罪代价高而回报低，这与她们较高水平的监管、较高水平的道德信仰、较强的自控能力、参与无序无章无监督的活动较少、与有违法行为的同伴接触较少以及行为问题较少有关。而有些女性却认为犯罪代价低而回报高，她们可能会花更多时间和同伴混在一起，没有组织和监督，对于那些离家出走在大街上大把消磨时光的女性来说尤是如此。

反社会行为的性别差异

在但尼丁课题的最新研究中，莫菲特和其同事们对 1000 名被试进行了从 3 岁到 21 岁的跟踪调查，他们探索了性别因素对反社会行为（稳定性和开始年龄）发展特点的可能影响。正如该研究报告的那样，早发型和持续性的反社会行为案例很少，而且多数是男性案例。但大多数青春期少年的反社会行为都表现出惊人的相似之处，不论男女。尤其当涉及酒精和毒品、女性处于青春期以及被缚于与男性的亲密关系时，性别差异可以忽略不计。这项研究得出的结论是，女性的反社会行为遵循和男性相同的因果规律。

对未成年女性违法犯罪解释的评价

对未成年女性违法犯罪的讨论很容易得出这样的结论：生物学的解释因素是较难预测的，个人失调假说可能在决定未成年女性犯罪发生率方面具有一定的预测能力，但社会学理论似乎能够提供更全面充分的解释。有些女性主义者对社会学的解释体系很满意，认为男性和女性在接触相同的犯罪触发情境时受到的影响是不同的。一般紧张理论、社会学习理论、社会控制理论、不同接触理论、权力控制理论、标签理论和符号互动理论都有一定的支持者。其他的女性主义者（本章后续两部分将会提及）认为，女性独特的经历需要开辟性别特定的理论进行详细论述。上述几种有关女性违法犯罪的解释类型汇总于表 7–2 中。

女性主义犯罪理论

回顾女性主义犯罪理论的发展，至少有以下几种表现形式：

- 自由女性主义；
- 现象学女性主义；

表 7–2 女性未成年违法犯罪解释类型汇总

类型	解释
生物学和体质解释	与女孩违法犯罪相关的生物心理学易感因素
心理学解释	关注精神障碍
社会学解释	关注社会结构、群体中和群体间的关系
一般紧张理论	女孩所经历的压力，尤其是在家庭和学校中遭遇的压力，会促发女性犯罪
机会受阻理论	有证据表明，机会有限和未成年女性违法犯罪的相关度高于男性
社会学习理论	接触了违法犯罪榜样的女孩比其他女孩更容易参与违法犯罪
社会控制理论	女性未成年违法者受父母的监管、与学校的联系较少
不同接触理论	家庭情感纽带与女孩暴力习得呈负相关，而与男孩不相关
男性化假说	有研究发现，女孩越有男性化特质就越容易违法犯罪
权力控制理论	当女孩从父权制家庭解脱出来，就会更容易违法犯罪
标签理论	男性比女性更容易被贴上“违法者”的标签，而有些女孩（尤其是违法犯罪越多的女孩）会被家长、学校及司法系统贴上非正式的标签
犯罪互动理论	无论是男性还是女性，违法犯罪都是一个角色扮演的过程
威慑、理性选择和日常活动理论	有些未成年女性认为违法犯罪代价低而回报高，她们常花更多时间与同伴一起参加无组织和无监管的活动

- 社会主义女性主义；
- 激进女性主义；
- 女性主义第三浪潮；
- 后现代女性主义。

本章要讨论的切斯尼 – 林德的激进女性主义犯罪理论，是解释未成年女性违法犯罪最令人振奋的研究之一。

女性主义未成年人违法犯罪理论认为，未成年女性受到侵害以及这些经历与违法犯罪之间的关联一直被全盘忽略了。作为这个立场的主要持有者，切斯尼 – 林德提出，长久以来社会普遍认为女孩们在少年法庭接受审理的主要原因是父母坚持要逮捕她们。当今的研究者和那些曾与身份违犯者相处过的工作人员不断发现，这些女孩有相当一部分人是身体虐待和性虐待的受害者。

切斯尼 – 林德主张用女性主义视角看待未成年女性违法犯罪的原因并提出下列四个命题。

1. 女孩常常是暴力和性虐待的受害者（大约 75% 的性虐待受害者是女孩），但与男孩不同的是，女孩的受害经历及其回应都会被囿于年轻女性的身份。
2. 她们的加害者（通常是男性）会利用官方的社会控制机构把女儿留在家中，使其更易遭受侵害。

3. 当女孩从性虐待和备受忽视的家庭逃离后不得不过着逃犯一样的生活，因为担心被发现而无法上学或找工作糊口，她们被迫乞讨、小偷小摸，有时甚至卖淫求生。
4. 那些逃离受虐家庭或因家庭贫困而流落街头的女孩参与性犯罪并非偶然。因为美国社会把身体“完美”的年轻女性定义为有魅力的人，所以助长了那些在大街上身无长物的女孩去利用身体资源。不足为奇的是，犯罪亚文化也从这个视角来看待她们。

有相当多的研究都印证了未成年女性屡屡受害的经历。米米·西尔伯特（Mimi Silbert）和阿亚拉·M. 派因（Ayala M.Pines）发现，他们采访的街头妓女中，60% 的人在未成年时期遭受过性虐待。R.J. 菲尔普斯（R.J.Phelps）和其同事在威斯康星州少年司法系统调查了 192 名未成年女性，他们发现 79% 的年轻人（大部分是情节较轻的盗窃罪和身份违犯者）遭受过身体虐待并导致了某种形式的损伤。切斯尼 – 林德对监狱女犯的背景进行调查后得出，她们早年的受害经历和后来误入歧途之间确有联系，进一步访谈发现，几乎所有女犯都在青少年时期受到过身体虐待或性虐待。图 7–3 呈现了切斯尼 – 林德关于女性主义犯罪理论的四个命题。

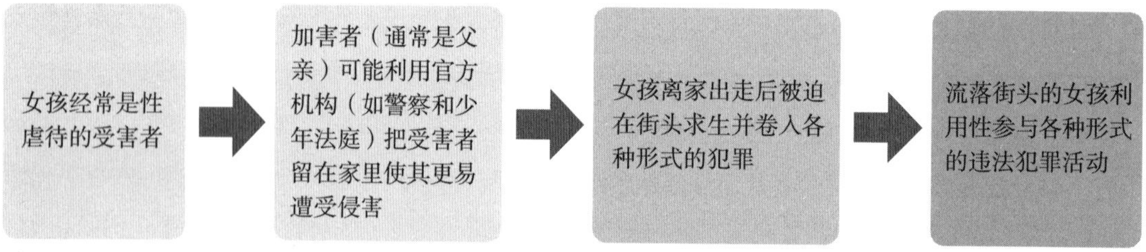

图 7–3　切斯尼 – 林德关于女性主义未成年人违法犯罪理论的四个命题

你会怎么做

对男士来说，开展女犯工作并非易事。最重要的一点就是要做到尊重对方。了解过往的创伤经历也会有助于理解她们的某些行为。我第一次辅导女性当事人是在一所住宅矫正机构里，她在肢体和语言上都变得越来越有攻击性，我的存在让情况变得更糟，因为她曾被体型较大的男人性侵过。后来，我开始更频繁地接触这位当事人，在她没有表现出攻击性的时候去了解她。一旦她开始在我们的关系中建立信任，攻击性就减少了。

性别偏见与女性未成年违法者的处理

本章的基本主题是，未成年女性成长在一种易于被男性统治和控制的文化中，有观点认为，这样的社会文化是透过歧视、剥削和压迫的镜头来看待制造麻烦的未成年女性的。以下有七个推论。

1. 未成年女性因社会反对性行为而被歧视对待。克罗恩、柯里（Curry）和纳尔逊 – 基尔格（Nelson-Kilger）分析了美国中西部一座城市 30 年间 10 000 份出警记录，他们发现在过去 30 年里，涉嫌身份违犯的未成年女性比她们的男性同伴更有可能被移交到少年法庭。一些研究指出，警察对年轻女性采取更家长式和更严厉的态度，以阻止任何进一步的违法或不适当的性别角色行为。有几项研究表明，有性史的未成年女孩会比男孩受到更加严厉的对待。
2. 从另一个角度来看，罗斯玛丽 · C. 萨里（Rosemary C.Sarri）认为，少年法长期以来一直在惩罚女性。她声称，尽管法律表面上可能没有歧视性，但少年司法系统执法者的态度和意识形态可能导致他们以“保护”未成年女性为幌子，判处女性比男性更长的刑期，从而违反了《第十四修正案》（*Fourteenth Amendment*）中的平等保护条款（Equal Protection Clause）。她补充道：“尽管绝大多数未成年女性被指控为身份违犯，但相比男性，她们更有可能被拘留和关押更长时间。”
3. 许多研究表明，未成年女性通过少年司法系统接受审判。这导致她们被拘留的时间更长，在少年矫治机构耗费的时间也更长。
4. 另一种观点认为，少年司法制度中隐藏着对未成年女性的压迫处遇。安妮 · R. 马奥尼（Anne R.Mahoney）和卡罗尔 · 范斯特（Carol Fenster）报告称，虽然 1979 年身份违犯已被非罪化，但许多女孩还是因各种犯罪名目进入少年法庭，而她们的犯罪行为原本是属于身份违犯的。研究者们认为，少年司法系统的执法者们可能早就重新定义了这些女孩的行为，使她们仍然要接受传统意义上的保护主义制裁。
5. 性别偏见的另一种表现是“隐性司法”，《少年司法和少年犯罪预防法案》的某些条款规定，因违反已生效的法庭命令而被判藐视法庭的身份违犯者会被安置在严密监管的拘留所，这使得少年法庭法官可以利用这项权力来限制身份违犯者的再犯。例如，如果一个离家出走的女孩被法庭命令留在家里，只要她再敢离家出走就可能会被判藐视法庭罪。有理由相信，法官们更倾向于对未成年女性行使这项权力。
6. 研究发现（尤其是早期研究），警察、收案官员和法官们支持性别的双重标准。如前所述，未成年女性身份违犯比男性更有可能被法庭程序正式起诉，被送入审前拘留机构或关进少年监禁机构。但同时，违法犯罪的男性常常比女性要经受更严厉的惩罚。与所谓的“骑士精神”或“家长主义”论调一致，警察逮捕涉嫌财产或人身犯罪的女性的概率很小，相对于男性，女性不太可能被正式提出犯罪指控，如果被指控，女性被监禁的可能性也很小。这种现象被称为骑士精神因素。
7. 进入少年司法系统的女孩们的典型特征是非暴力犯罪，往往风险很低但需求很高。在改进少年司法系统针对未成年女性的工作方面，莉斯 · 沃森（Liz Watson）和彼得 · 埃德尔曼（Peter Edelman）发布了《被边缘化的女孩和年轻女性》（*Marginalized Girls and Young*

Women）的研究报告并得出结论，这类典型的女孩对社会公众不构成威胁，但却有着重要且紧迫的个人需求。在《为女孩而战》(*Fighting for Girls*）一书中，切斯尼－林德和尼基·琼斯（Nikki Jones）仔细研究了 10 项最新的调查结果以及其他数以百计的文献，他们补充道，女孩们并非比过去变得更暴力了，如果说与过去相比有何不同的话，那就是暴力行为比过去更少，但被捕和监禁的人反而越来越多了。

图 7–4 总结了性别偏见的七个推论和对女性未成年违法者的处理。

总而言之，一些证据的确表明，自从《少年司法和少年犯罪预防法案》通过以来，对女性身份违犯者歧视对待的可能性正在减少。但在少年司法系统中，性别歧视作为悠久的传统而根深蒂固。因此必须建立对女性未成年违法者和身份违犯者的程序正义保障，以确保她们在少年司法系统中享有更大的社会公正。法外因素会干扰少年法庭的决策过程，导致对青春期女性的歧视，而这种歧视必然会成为过去式。

1. 社会对性行为的反对导致了对未成年女性的歧视
2. 长期以来，少年法对未成年女性的惩罚过于严厉
3. 在整个少年司法系统中，未成年女性都受到了惩罚性的处理
4. 对未成年女性的压迫性处遇隐藏在少年司法系统中
5. 女性身份违犯者常因违抗已生效的法庭命令而被判藐视法庭罪，随后被关进严密的未成年拘留机构
6. 早期的研究发现，警察、收案官员和法官们都支持性别的双重标准
7. 进入少年司法系统的女孩们通常是非暴力犯罪人，风险很低，但个人需求很高

图 7–4　性别偏见的七个推论和对女性未成年违法者的处理

阶层影响

阶级压迫是女性未成年违法者“多重边缘化”经历的另一种剥削形式。在很多方面，因为童年期和青春期经历了极度严重的贫困而导致年轻人无家可归、失业、吸毒、卖淫为生等一系列问题，并最终引发更严重的违法犯罪行为。即使是那些来自中产阶级家庭的青春期少年，如果他们因为要逃避家庭虐待而离家出走，也可能被迫陷入经济困境中。

由于研究者们通常难以实施调研和访谈，因此传统理论也不能解释处于经济和政治边缘女孩们的生存状况。例如，几乎所有被警方认定为帮派成员的城市女性都来自低收入群体。李·鲍克（Lee Bowker）和马尔科姆·克莱因（Malcolm Klein）调查了洛杉矶黑帮中女性成员的数据，结果印证了阶级主义和种族主义的重要性：

> 我们的结论是，对于城市贫民区的女性和女孩来说，种族主义、性别歧视、贫困和受限的机会结构是决定她们是否加入帮派和违法犯罪的重要因素，而人格变量、亲子关系以及与异性行为相关的因素相对次要。

阶级主义在许多其他方面也严重影响着未成年女性的生活。与中上层社会的女孩们相比，下层社会的女孩们面临着更高的风险。她们更有可能经历：

- 学校的负性事件；
- 对高中以后的教育规划和目标感到迷茫；
- 更多身体虐待和性虐待；
- 怀孕生子；
- 毒品和酒精成瘾；
- 应对艾滋病毒 / 艾滋病的风险；
- 家庭支持网缺失。

虽然并非所有困境中的女孩都会被送入少年司法系统，但下层社会的可能性更大。

想一想

本章的基本主题是，未成年女性成长在一种倡导男性统治和控制的文化中。有哪个社会不适用这个主题吗？

种族歧视

有色人种和其他少数民族的未成年女性所成长的环境往往与白人女性截然不同。洛丽·D. 摩尔（Lori D.Moore）和艾琳·帕德维克（Irene Padavic）发表过一篇文章，她们基于佛罗里达州的非裔、白人和西班牙裔女性未成年违法者的数据，探讨了性别角色意识形态是如何影响种族 / 民族差异的。不出所料，他们发现非裔女孩比白人女孩会受到更加严厉的对待；意外的是，对拉美裔女孩被处理的严厉程度与白人女孩相当。进一步的研究表明，种族 / 民族的影响在很大程度上取决于法律变量。在一定阈值内，白人女孩似乎会比其他种族的女孩得到更宽容的对待，但随着她们犯罪严重程度和犯罪记录的增加，少年司法系统会变得越来越难以容忍，因此判决结果对白人女孩比对非裔女孩更严厉。

种族主义和贫困往往相伴而生，这些女孩因其少数民族身份和贫困而不得不过早且经常地面对虐待、毒品和暴力等问题，她们也可能投靠帮派。H.C. 科维（H.C.Covey）、斯科特・梅纳德（Scott Menard）和 R. 弗朗泽塞（R.Franzese）总结了种族主义对帮派成员的影响：

> 帮派在组建数量上有种族差异，比如非西班牙裔、白人和少数民族帮派的数量相对较少，这是因为非西班牙欧洲裔美国人很少来自充斥着贫困、以救济金为生、单亲家庭及有其他以社会混乱为特征的社区。

正如切斯尼 – 林德所述，少数民族女孩应对虐待、毒品、暴力和加入帮派等问题的对策，“往往会超出人们像对白人女孩一样的传统预期”，也增加了她们引起少年司法系统关注的可能性。

整体大于部分之和

对非裔女性经历的研究揭示了涉及性别、阶层和种族等多种形式压迫的几何效应（geometric effects）。黛安・刘易斯（Diane Lewis）指出，由于女性主义者有关不平等的理论“特别侧重于性别歧视的影响，因此对受到种族主义和性别歧视的少数民族女性的适用性有限”。刘易斯进一步指出：“黑人女性……相比于性别歧视，她们倾向于把种族主义看作造成身份低微的更大原因，而且对妇女解放运动也秉持怀疑的态度。”

凯瑟琳・戴利总结了这一观点并提出：“除非考虑到所有导致不平等的重要关系——阶层、种族、性别（以及年龄和性取向）——这些之前从没考虑过，”他补充道，“除非承认这些关系与个体的生活不可分割，否则不会明白我们在说什么。”伊丽莎白・V. 斯皮尔曼对性别、阶层和种族的独立性和多样性进行了概念化，她说：“人们所经历的一种形式的压迫与另一种形式的压迫是互相影响的。”

这就表明，性别、阶层和种族是相互交织的压迫形式，整体大于部分。因此，女性未成年违法者，像成年女性一样，在面对司法系统的审判时也要承受多种形式的压迫。

未成年人违法犯罪和社会政策：回应性别问题的政策方针

另一个问题是，女性未成年违法者是接受少年司法服务最少的群体之一。全国只有少数几个能有效针对性别的服务项目。为减少未成年女性进入少年司法系统所需的一系列项目和服务，必须能对性别和年龄以及发育年龄做出回应。

对性别问题做出回应的政策方针需要少年司法系统有新设想，其中之一就是认识到男女未成年违法者在行为和社会生活方面的差异，这对制定解决性别问题的政策和实践具有特殊意义。正如 B. 布卢姆和其同事所认为的，回应性别问题的政策势必会提供有效干预物质滥用、创伤、心理健康和经济压迫等交叉问题的具体举措；对未成年女性及其家庭关系的关注也至关重要。

埃米·沃特斯的人生历程（12 岁）

埃米 12 岁时，她有了一个可怕的发现。有一天，她在父亲几个月前为她卧室安装的全身镜前脱衣服的时候，仔细看了看挂在墙上的镜子支架，那个支架的一个螺钉头似乎不见了，经过进一步检查，她吃惊地发现有一个微型摄像机镜头藏在支架里。这几个月，有人在偷看她脱衣服吗？

埃米立即打电话告诉她的朋友们，很快萨拉、杰克和马洛里就来到她家查看那面镜子。趁她父亲外出工作的时候，杰克拆开了镜子，证实了埃米的猜测，镜子里藏着一个用小电池供电的小型无线摄像头。当电脑怪才杰克打开埃米父亲的电脑时，他很快发现镜子里的摄像机发出的无线信号进入了家里的路由器。那台电脑屏幕显示了埃米房间里发生的一切，并能对镜子前的活动区域提供一个特别好的特写镜头。

一想到父亲一直在看自己换衣服，埃米吓坏了。她开始想，父亲可能在网上出售她的私密视频直播。朋友们还没来得及拦住她，埃米就收拾了行囊，从父亲的抽屉里拿了钱，朝汽车站走去。她不知道自己要去哪里，但她知道她必须离开家。

隐藏摄像头的发现对埃米的情绪有何影响？她和父亲的关系还会像从前那样吗？埃米除了离家出走，还有什么选择？她为什么不选其他办法？埃米的性别对这件事有何影响？

在下一章中，我们将继续讲述埃米·沃特斯的传奇故事。

第 8 章

家庭与未成年人违法犯罪

> 受虐待和被忽视的儿童数量对少年司法系统有着特殊的意义，因为很多有这样经历的孩子最终都会进入该系统。
>
> 联邦少年司法咨询委员会

犯罪之声

克里斯托弗的故事

那些孩子从前只知道我衣着滑稽，但现在他们知道为什么了，我的父母没钱让我穿得像他们一样。在成人的世界里，这可能会引起旁人的同情，但在我 12 岁的世界里，只会觉得自己是个笑柄。有一次我穿着一双新鞋去上学，从远处看很像迈克尔·乔丹的网球鞋。他们发现之后大叫："快看，他穿了双全新的乔丹鞋，天哪，那双鞋太酷了！"随后，有人过来仔细研究我的鞋，拆穿了我的虚荣心，"这不是乔丹鞋，就是双普通的胶底运动鞋。"仅用"尴尬"来形容我当时的处境，那也太轻描淡写了。后来我赶快跑回家把那双鞋换掉，让妈妈再给我拿其他的鞋，不管什么鞋都行，只要不是运动鞋就好。

然而，从 12 岁左右，我开始有源源不断的愤怒和邪恶的想法。我总是坐在一旁生气，人们总问："你怎么了？在生谁的气？"如果当时我有信任的人并告诉他们真相，他们一定会为我担忧，因为我会说："每件事和每个人都让我生气。"

我生我生父的气，因为他抛弃了我；我生我母亲的气，因为我们穷，因为我总是饿；我生同龄人的气，因为他们总拿我开涮、取笑我；甚至姐姐取笑我，我也很生气；我生我继父的气，因为他总是管教我。

我该如何表达我的心痛？我该如何表达我的憎恨？我怎样才能让他们付出代价？我不知道答案，只能坐在那里思考，但我心中有太多的火焰被愤怒点燃。于是我开始锻炼身体，我会在房间里做俯卧撑、仰卧起坐、练拳击，直到感受到汗水从身体的每寸肌肤流出。

高中对我而言是一个崭新的世界。那时我听说如果能在橄榄球方面表现出色，就有可能申请到大学的奖学金，于是我欣然开启了高中的橄榄球生涯。高三的橄榄球赛季是我永远引以为傲的阶段，我和队友们不断赢球获胜。然而就在季后赛首轮，我们却输了比赛，这个结果实在令人伤心，这意味着我们球队再也不会有曾经的联系和感情了。教练不遗余力地帮我找到一所有意接收我并愿提供奖学金的大学，我会永远爱他！

大学时我橄榄球打得很好，那件红色的球衣一穿就是四年。第五年我没有选择继续打一年球，而是直接毕业去找工作。后来我在一个中西部城市的警局做了一名警察，这是一份很不错的工作。

家庭是儿童社会化的主要中介，是儿童人生经历的第一个社会群体，对大多数儿童来说，家庭也是大多数孩子与之建立了最持久关系的群体。家庭给予子女身份和名字，教给他们社会角色、道德标准和社会规则，并对不遵守这些准则和价值观的行为进行惩戒。家庭要么照顾子女的情感、智力和社会需求，要么忽视这些需求，从而对子女的态度和价值观塑造带来深远的影响。

本章主要探讨青春期少年的家庭问题、家庭与犯罪的关系、儿童虐待和忽视的类型与影响（无论是在发生时还是在整个人生历程中）。

未成年人违法犯罪的社会环境：家庭对未成年人违法犯罪的影响

我们可以从以下事实中看出家庭在理解未成年人违法犯罪行为中的重要性：大多数犯罪理论在很大程度上习惯用亲子关系和父母教养方式来解释未成年人违法犯罪。社会解组理论、亚文化理论、社会控制理论和生命历程理论也都有这一强调。家庭关系和父母教养技巧与未成年人违法犯罪行为之间有直接或间接的联系，这一发现也为理论层面对家庭历程的强调提供了支持。

结构与功能之争一直是家庭与未成年人违法犯罪之间关系的重要议题之一。家庭结构视角关注的是诸如父母缺席、家庭规模和出生顺序等因素，而家庭功能或生活质量视角关注的是亲子互动的重要性、婚姻的幸福程度以及管教的频率和类型。

2011 年，阿比盖尔・费根（Abigail Fagan）及其同事对 18 512 名六年级、八年级、十年级和十二年级的学生实施调查后发现，无论性别变量还是年级变量，家庭因素与违法犯罪和吸毒有显著的相关性。这项研究还显示，在不同的年级，父母对待男孩和女孩的态度有所不同，但学生们似乎都反馈未被父母善待，而年龄较小的学生比年龄较大的学生对父母养育的反馈更正面和积极。此外，研究还指出，在研究少年违法犯罪的原因和制定预防问题行为发展的策略时，亲子关系的复杂性必须加以考虑。

家庭因素

许多家庭因素被认定与未成年人违法犯罪行为有关。接下来的几节将讨论这些因素。

破碎家庭

早期研究发现，破碎家庭与未成年人违法犯罪之间有直接的关系；然而，后续研究对破碎家庭与未成年人违法犯罪之间的关系提出了质疑。研究人员对此做了进一步阐述，破碎家庭对未成年女性的影响大于男性，对非裔美国未成年人违法犯罪的影响比对其他种族的影响更大，而且破碎家庭与未成年人违法犯罪之间的相关性在身份违犯中（相对于较严重的犯罪）更为显著。

单亲家庭

最近一项调查显示，未成年违法者似乎大部分都来自单亲家庭。美国的家庭结构正在发生剧烈变化；34% 的孩子是在单亲家庭中长大的。除了贫困是家庭常态外，单亲父母还必须经常应对政府支持不到位的情况，如缺乏儿童照料项目和课外项目等。其他问题（如没有成人伴侣的家庭支持）也加剧了单亲父母面临的困境。然而，即便最近一项研究发现来自破碎家庭的少年比完整家庭的少年更容易犯罪，但家庭解体的过程与同时增加的少年违法犯罪并不具有相关性。

出生顺序

有些研究证实了出生顺序的重要性，即违法犯罪行为更有可能出现在子女排行是中间序位的孩子上，而非第一个或最后一个子女。根据这个观点推论，第一个孩子有可能得到了父母更多的关注和情感投入，而最后一个孩子则受益于父母的养育经验及其他兄弟姐妹的榜样作用。

家庭规模

有关家庭规模的研究结果表明，大家庭的孩子比小家庭的孩子更容易违法犯罪。有证据表明，有违法犯罪行为的兄弟姐妹是从其他家庭成员那里学会的。同样，最近的研究也证实了违法犯罪的兄弟姐妹或父母与儿童犯罪可能性之间的关联。

家庭生活质量

研究者们普遍认为，家庭生活质量（以婚姻适应和家庭和谐为变量）差对子女中出现违法犯罪行为的比率的影响要大于家庭是否完整。奈的研究发现，婚姻幸福度是子女是否产生违法犯罪行为的关键因素。

家庭拒斥

一些研究发现，父母拒斥与未成年人违法犯罪行为之间存在显著的相关性。

家庭管教

家庭监督和管教经常被用来解释未成年人违法犯罪的原因。约翰·保罗·赖特（John Paul Wright）和弗朗西斯·T. 卡伦援引全美少年数据纵向调查（National Longitudinal Survey of Youth）的数据，借鉴罗伯特·J. 桑普森及其同事阐述的“集体效能”（见第 4 章），提出了“父母效能”的概念。赖特和库伦之所以提出此概念是因为想要评估父母控制和其他形式的支持对减少子女犯罪方面的影响。他们发现，父母的支持和控制能够增强彼此的影响，并且两者都可以显著地减少子女的不当行为。

罗纳德·L. 西蒙斯及其同事从数百名非裔家长及其子女的样本中提取数据，发现随着时间的推移，家庭集体效能（即一个家庭清晰陈述其目标的能力）的提高与权威型教养方式（即父母将温暖和支持与严格监控相结合的恩威并施的教养方式）的增加有关。他们补充道，权威型教养方式和集体效能都可以起到威慑作用，使子女不与离经叛道的同龄人为伍，也不会参与违法犯罪行为。当权威型父母在集体效能高的家庭中发挥作用时，这种威慑作用会增强。

想一想

2012 年 1 月 12 日，印第安纳州韦恩堡的一位母亲因其非常规的管教方式引起了全美的关注。她强迫 14 岁的儿子在脖子上挂一块写有违法行为的牌子，并在街角站了两个小时。那块牌子上写着：“我撒谎，我偷窃，我贩卖毒品，我不遵守法律。”这位母亲为自己的行为辩解说：“他今天又犯法了，警察只让他做了几个小时社区服务，所以我决定让他戴上牌子。”

有的人对这位母亲的做法表示愤怒，但另一些人却觉得很受启发。其中一位家长说：“对于一个孩子来说这样的做法太残酷了。”有人附和说：“我也认为这种做法有些极端。”另外还有一些对此做法支持的声音：“有时你必须做一些激烈的事才够让孩子醒悟。”

然而，无论如何，创造性的惩戒方式可能会越界，让父母陷入法律纠纷。例如，2016 年，作为恐吓手段，一位斯塔顿岛的母亲把六岁的女儿送到警察局，但后来被警方以危害儿童安全罪起诉。

结论

诸多对未成年人违法犯罪和家庭之间关系的研究结果有相互矛盾之处，因此难以归纳出统一的结论，但以下七个观察结论得到了广泛支持。

1. 家庭冲突和婚姻适应不良比家庭结构破裂更容易导致未成年人违法犯罪。
2. 出生顺序在中间的子女以及来自大家庭的子女似乎更容易出现违法行为，但这更多可能是因为父母无力满足这些孩子的情感和经济需求，而与出生顺序或家庭规模无关。
3. 有违法犯罪的兄弟姐妹或父母的未成年人比没有的更容易引发违法犯罪行为。
4. 经历家庭拒斥的儿童比未经历过的更容易产生违法犯罪行为，被拒斥程度越重的儿童越容易参与违法犯罪行为。
5. 家庭内部管教的一致性似乎对制止少年违法犯罪行为很重要。
6. 缺乏母亲的监督、父亲 / 母亲反复无常 / 严厉的管教、父母拒斥和缺乏亲子依恋等似乎是严重和持续犯罪最重要的预测因素。
7. 家庭中不利因素越多，未成年人的犯罪率越高。也就是说，家庭内部的多种风险因素比单一因素更容易导致未成年人违法犯罪。

家庭因素及其与未成年人违法犯罪的关系如图 8–1 所示。

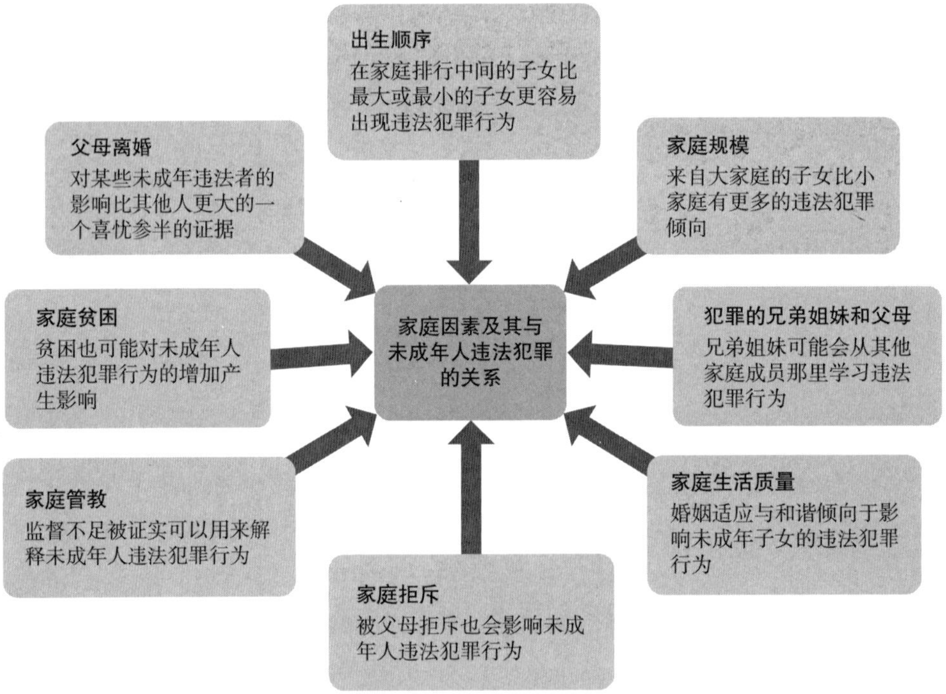

图 8–1　家庭因素及其与未成年人违法犯罪的关系

下面概述了多系统治疗，这是一种基于社区的治疗策略，通常用于干预有长期暴力行为的未成年违法者。

循证实践：多系统治疗

多系统治疗为长期暴力未成年违法者（被家庭外安置的风险很高）提供了高性价比的社区临床治疗。多系统治疗涉及未成年违法者严重反社会行为的多重决定性因素。多系统治疗认为，个体行为是由相互联系的社会系统网络（家庭、同伴、学校和社区）所决定的。为成功治疗未成年违法者，干预措施必须由社会系统中的某个或某些部分组合进行。干预的首要目标是让父母理解并帮助子女克服导致反社会行为的多重问题。治疗通常持续四个月左右，干预内容包括约 60 小时的家庭治疗面询。项目评估结果显示，参与治疗的未成年违法者长期再犯率下降了 25%~70%，家庭外安置率下降了 47%~54%，这些结论和其他积极效果被证实在干预结束后持续至少四年之久。

家庭转型与未成年人违法犯罪

离异的单亲家庭、混合家庭、未婚生育、无家可归、失业、酗酒和吸毒以及暴力是当今影响青春期少年的一些家庭问题。经历此类问题的少年很有可能做一些社会无法容忍的行为。

美国的高离婚率带来了越来越多的单亲家庭。2014 年，18 岁以下的未成年人中，69% 与已婚父母同住，27% 与单亲父母同住，4% 未与父母居住。与白人家庭相比，离婚对美国非裔家庭的影响更大：多达 40% 的白人子女和 75% 的非裔子女会在 16 岁之前经历父母离婚或分居，大多数这样的孩子在童年时期曾经历过多次家庭破裂。

贫困是孩子们生活面临的一个严重问题。2013 年，在 0~17 岁的少年儿童中有 20%（1470 万）生活在贫困中。这一比例高于 2000 年和 2001 年 16% 的低点。与经济衰退的相关预期一致，儿童贫困率较 2006 年的 17% 总体上升。与 2012 年 22% 的最高水平相比有所下降（这是自 2000 年以来儿童贫困率的首次下降）。2013 年，与女性家长生活的儿童贫困率为 46%，高于 2009 年的 45%。经济困难和缺乏机会往往会破坏婚姻和父母的功能；此外，经历家庭转型的少年可能难以控制愤怒以及其他负面情绪，这些负面情绪可能会导致他们参与违法犯罪或吸毒。

大多数离异的父母会再婚，这些家庭的少年必须学会适应新的父母。混合型家庭中，亲生父母、继父母和孩子都会承受压力。典型的混合型家庭中，母亲有子女监护权，带着孩子和继父住在一起；继父的亲生子女（如果有的话）通常会偶尔或定期拜访。在摆脱混合型家庭的生活后，很少有哪个孩子不是带着怨恨、排斥和困惑的情感。一些继母或继父甚至会对继子女进行情感、身体或性方面的虐待。

怀孕生子是许多美国少女的生活经历。在某些情况下想要孩子就需要少女妈妈结婚；然而在青春期怀孕往往会导致流产或孩子被收养的结局。从 2008 年到 2015 年，未婚女性的生育率连续七年下降，而在 2014 年到 2015 年间，15~19 岁的未婚女性的生育率又下降了 9%。

无家可归是一种现象，每年影响着大约 50 万 ~130 万的年轻人。很多无家可归的年轻人都在经历了多年身体和性虐待、家人毒瘾、人际关系紧张以及父母忽视之后选择离家出走。不论多大年龄，无家可归都可能将他暴露在充斥着物质滥用、滥交、色情、卖淫和犯罪的环境中。

在美国，失业也影响着一些家庭。2017 年，官方公布的 16 岁及以上的失业人数为 4.2%。2017 年，16 岁及以上白人的失业率为 3.8%，非裔的失业率为 7.5%，西班牙裔的失业率为 5.1%。这些数值比前几年低得多，说明在降低弱势群体失业率方面发生了积极变化。

家庭成员中有物质滥用问题的少年也有他们的悲伤故事。除忽视、虐待和经济困境外，在家庭环境中，酗酒和物质滥用也是常见的行为。从 2016 年美国犯罪中的逮捕数据上能看出这个问题在全美的普遍性和大众化。然而，即便物质滥用的普遍性是公认的，它对少年的现实影响却难以衡量。因为根本不可能在“1 个物质滥用 =1 个或多个少年不利影响”这样的等式计算中表现出它的影响。但无论如何，物质滥用对年轻人行为的影响是显而易见的。

暴力长期以来一直是问题家庭的主要特征之一，即便对现在的家庭来说也并不陌生。婚内暴力作为一个普遍存在的家庭问题影响着近三分之一的已婚人口。诸多研究还发现，有的父母对子女拳脚相向，而一些家庭出于管教的目的也会使用身体暴力。凯伦·海默发现高压管教策略教会了年轻人依靠武力和胁迫来处理问题。

家庭生活的其他表现形式

寄养家庭、被收养的孩子、同居父母以及女同性恋、男同性恋、双性恋和变性父母（lesbian, gay, bisexual, and transgender parents, LGBT）的孩子等为孩子们提供了其他形式的家庭环境。

寄养家庭

寄养的定义是为离家生活的儿童提供 24 小时代管。寄养环境包括但不限于亲属寄养家庭（不论是否付费）、非亲属寄养家庭、临时收容所、住宅矫正机构和预收养家庭等。《2015 年寄养统计数据》（*Foster Care Statistics 2015*）公布了部分关键的调查结果：

- 2015 年 9 月 30 日，估计有 402 378 名儿童被寄养；
- 大约 28% 的儿童是亲属寄养，47% 的儿童是非亲属寄养；
- 大约 53% 的儿童有与家人重新团聚的目标；
- 大约 51% 的儿童最终离开寄养家庭并与父母或主要监护人团聚；
- 2015 年离开寄养家庭的儿童中，46% 的寄养时间不到一年。

2015 年，离开寄养家庭的 243 060 名儿童的寄养时间如下：

- 11%，不到 1 个月；
- 35%，1~11 个月；
- 28%，12~23 个月；
- 14%，24~35 个月；
- 9%，3~4 年；
- 4%，5 年或 5 年以上。

近期的研究发现，相对于寄养家庭，儿童留在自己家中对其成长更有利。这项调查的结果显示，寄养家庭的儿童中有 44% 被逮捕，而只有 14% 的儿童待在家里时被逮捕；56% 的女性是在寄养家庭怀孕的，而只有 33% 的女性是待在家里时怀孕的。这项研究还表明，寄养儿童在未来生活中遇到适应困难的可能性更大，如果将来出现问题，则需要额外的干预。

被收养的孩子

美国每年大约有 12 万儿童被收养。有发育、身体或情感障碍的儿童曾被认为是不适合收养的，但现在也能被收养了，称为"特殊需要收养"。对这类儿童而言，被收养意味着能在稳定的家庭中成长，而不是生活在寄养家庭或寄养机构里。

关于收养的一个重要问题是该何时（或是否）告诉孩子他是被收养的。专家们认为孩子应该从养父母那里了解自己的身世，一旦他们有意或不经意地从旁人处获知，可能会对养父母感到愤怒并有损信任。因此，孩子们有可能认为收养经历是可耻的或不好的，不然为什么养父母会对他们保密。对所有青春期少年来说，产生与自己身份的冲突太正常了，而对于从其他国家或文化中收养的儿童来说，这种身份冲突会更激烈。此外，被收养的孩子很可能会对自己的亲生父母感到好奇。有些被收养的儿童可能会出现情绪或行为问题，这也许和被收养带来的不安全感有关，但尚未论证。

父母是女同性恋、男同性恋、双性恋或变性人的孩子

在美国，有数百万的儿童其父母是女同性恋、男同性恋、双性恋或变性人，其中一些孩子是在异性关系或婚姻中受孕的。不管是在持续的忠诚关系中，还是以单亲身份，越来越多的 LGBT 父母孕育并 / 或从出生就开始抚养他们的子女。

大量研究证实，LGBT 父母养育的子女和同性婚姻的孩子非常相似。几十年的研究未能揭示出 LGBT 父母的子女在适应和发展等方面与非 LGBT 家庭有显著的差异。这就说明，与父母的性取向相比，家庭关系的质量与子女成功发展的关联更为密切。

尽管研究表明，父母是同性恋的孩子通常和父母是异性恋的孩子在适应能力上表现相当，但他们仍然会面临挑战。一些 LGBT 家庭在其社区中受到歧视，子女们可能会被同伴们嘲笑或欺负。父母们可以帮助子女找到应对这类压力的办法，比如让孩子们做好准备去回应与家庭背景相关的提问；帮孩子们想出如何应对讥讽嘲弄或刻薄言辞的办法并进行练习；以及考虑是否要去一个更包容多样性的社区生活。

同居父母

离婚率在持续下降，同居父母的数量在迅速增加。子女在 12 岁之前更可能与未婚父母生活在一起，而不是已婚分居或离异的父母。

一些孩子不得不和父母的各种各样的伴侣打交道，他们通常是母亲搬进搬出的男友们。随着时间的流逝，孩子们的父母可能更换几十个甚至几百个伴侣，有些人只会停留很短一段时间，而有些人可能会经年累月地和孩子们生活在一起，并成为他们生活的一部分。最后，这段关系有可能会走向真正的婚姻。

近来有另一项研究发现，在多子女的美国妇女中，有 25% 的人是和不同伴侣在一起时怀孕的。心理学家约翰 · 戈特曼（John Gottman）是这项研究报告的执笔人之一，他认为这种不稳定性会以各种形式对子女带来负面影响；同居父母的子女更容易表现出攻击性和抑郁。另一项研究发现，父母同居与同期子女们相应增多的犯罪行为有关。

大众传媒与未成年人犯罪行为

当今社会，为人父母必须面临的一类挑战是能有效应对大众传媒对子女的影响。我们所说的大众传媒是指互联网、广播、电视、商业电影、视频、CD、音乐和出版物（报纸、期刊和杂志）。

暴力电视节目和电影

现在大多数人都看电视，并且好像是通过媒体来发展对周围世界的认知，所以犯罪学家们对评估犯罪行为和电视暴力之间的关系有很大的研究热情。犯罪学领域的研究者普遍认为，电视暴力最有可能对那些已经有暴力倾向的儿童的行为产生负面影响，而对那些没有暴力倾向的儿童的影响似乎要小得多。

电视和电影的影响也会延伸和蔓延。电影《颜色》（*Colors*）就是一个很好的例子，随着电影在美国各大影院上映，全美的帮派成员开始效仿，他们穿着象征自己帮派颜色的、统一的服装；而在这之前大多数帮派并没有这么做。

有证据表明，父母责任和子女接触媒体暴力之间有相关性。格雷戈里·齐默尔曼（Gregory Zimmerman）和格雷格·波加斯基（Greg Pogarsky）使用芝加哥社区人类发展项目的数据来调查父母和子女分别对儿童接触暴力的评价差异。结果显示，大多数父母（66%）低估了子女接触暴力的程度以及对心理社会功能的影响，这种低估却反映出了较低的家庭支持水平，导致子女出现更多内化和外化问题与违法犯罪行为。

暴力电脑游戏

涉及暴力场景的电脑游戏，如《光晕 2》(*Halo 2*)、《侠盗猎车手》(*Grand Theft Auto*) 和《阿斯龙的召唤 2》(*Asheron Call 2*) 是当今颇具争议的焦点。一些人指责电脑游戏的制造商宣扬支持暴力的价值观。软件娱乐行业也做出了意料之内的回应，这些游戏只是为了娱乐目的，本行业的年销售额为 280 亿美元，开发游戏是受全美市场需求所驱动的。

2005 年 8 月，美国心理学会（American Psychological Association，APA）通过了一项决议，呼吁减少儿童视频和电脑游戏中的暴力内容。APA 专家小组成员凯文·M. 基弗（Kevin M.Kieffer）报告称，研究证明玩电脑游戏通常会让儿童更具攻击性，更不易做出利他行为。该研究领域的先驱之一克雷格·A. 安德森（Craig A.Anderson）补充说："玩攻击性的游戏必然导致攻击行为，这点毋庸置疑。"

2005 年秋天，美国联邦贸易委员会（Federal Trade Commission）启动了一项针对电脑游戏评级系统的调查，特别是有人反映该系统评级过低很不合理。正是由于评级过低才让十几岁的孩子过早接触到像《侠盗猎车手》这样充斥着暴力和性主题的游戏。与此同时，一些两党参议员提议由美国国家卫生研究院（National Institutes of Health）监管一项价值 9000 万美元的综合研究，旨在探讨媒体暴力内容（含电脑游戏）对儿童发展的影响。

研究者 C.L. 奥尔森（C.L.Olson）和 D.W. 华纳（D.W.Warner）对 42 名 12~14 岁的男孩进行了重点小组调查，以探讨儿童如何受到暴力互动游戏的影响。他们发现，男孩一般通过游戏幻想权力和名誉，发泄愤怒或缓解压力，并探索和掌控令人兴奋的逼真场景。尽管研究者们担心年幼的孩子会模仿游戏行为，尤其是咒骂，男孩们却否认自己受到了游戏的负面影响。

互联网引发的犯罪

如今，在美国，几乎每个人都能便捷地使用互联网，但互联网已成为创新形式网络犯罪的新前沿。互联网引发的犯罪，其源头之一是种族优越主义者和仇恨团体，他们通过互联网把目标锁定在年轻人身上。以同样的方式，实施暴力犯罪的年轻人有时也会受到互联网上不良信息和交往的影响；并且，通过互联网进行初次联络的儿童性虐犯，现在占所有因性侵未成年人而被逮捕的犯罪人的4%。下面是有关侵害未成年人的网络性犯罪的讨论。

由互联网引发的针对未成年人的性犯罪

2004年，全美未成年人网络被害（National Juvenile Online Victimization，N-JOV）研究的目标是对美国警察机构进行调查，记录和列举与网络有关的侵害未成年人的性犯罪的逮捕情况，并描述犯罪人的特征。研究的一个领域是在互联网上提供儿童色情作品（Child Pronography，CP），主要研究结果如下。

- 从2000年7月1日起一年内，1713人因非法持有儿童色情作品涉嫌网络犯罪而被执法机关逮捕。
- 被捕的人基本是男性：91%是白人，86%的人年龄在25岁以上，仅3%的人未满18岁。
- 大多数被捕者都有青春期前儿童的影像（83%）和描绘性侵的影像（80%）。
- 大约21%被捕的CP持有者有描绘儿童性暴力的图片，如奴役、强奸和折磨。
- 大约39%的被捕者持有至少一段包含CP活动影像的视频。
- 大约53%的色情案件是司法系统关注的CP持有案件，31%可归类为儿童性侵案件，16%的案件是卧底假扮儿童在网上的诱捕行动。
- CP持有案件来自各级执法机构：25%来自联邦机构，11%来自互联网对儿童犯罪工作组（Internet Crimes against Children Task Forces）①，60%来自其他州和当地机构，3%来自其他机构（如国际执法机构）。
- 被捕的CP持有者中，40%是性侵儿童和CP持有的“双重罪犯”，在同一调查中暴露了两种罪行；另有15%的双重罪犯，他们试图利用网络寻找目标儿童实施性侵，却被假扮成儿童的卧底捕获。
- 最初因CP持有而被指控或调查的案件中，有六分之一的案件被发现是双重罪犯所为。
- 在N-JOV的所有调查中，39%的被捕罪犯通过互联网结识受害者；被卧底诱捕的罪犯中有43%是双重罪犯。
- 基本上所有被捕的CP持有者（96%）都被定罪或认罪，59%被判处监禁。
- 这类犯罪的受害者主要是13~15岁少女，她们在互联网聊天室与成年罪犯相识（76%的成年罪犯年龄在25岁以上）。
- 大多数性侵者没有欺骗受害者，他们承认自己是对性关系感兴趣的成年人。
- 大多数受害者与成年罪犯有过不止一次的接触和性行为，其中半数的受害者报告说对罪犯

① 在N-JOV调查期限内尚未全面开展工作。

有亲密依恋或爱上了他们。

- 基本上所有涉及男性受害者的案件都是男性罪犯所为。
- 记录在案的罪犯中有 5% 使用暴力。

思辨与讨论：为什么有的少女会对网上的诱惑做出回应，从而遇到一个明确表示想要发生性关系的成年人？为什么如此高比例（一半）的未成年人会与成年人发展成亲密关系，而一些受害者却认为自己“坠入爱河”？网络引发的性犯罪与父母履行监护责任的失职有何关系？

想一想

青春期的孩子深受现在媒体的影响，包括基于互联网的各种服务，如社交网络。社交网络是如何助长未成年人违法犯罪的？

黑帮说唱

黑帮说唱是一种嘻哈音乐，一些人认为这种音乐通过贬低生活、家庭、宗教、学校和司法系统而会对年轻人产生负面影响。黑帮说唱由艾斯 –T（Ice-T）和其他说唱歌手首创，受到学究 D（Schoolly D）[①] 的硬核说唱风格的影响，他们描绘了市中心黑帮成员的生活方式，歌词讲述了充满暴力的生活故事。枪支在这些歌词中扮演着重要的角色，经常被描绘成一种获得男子气概和地位的手段。

当今的说唱音乐起源于美国年轻非裔城市工薪阶层的嘻哈文化。这类音乐通过电视（尤其是 MTV）、互联网、广播（包括卫星广播）和零售 CD、DVD 等渠道传播给儿童，其主题内容引起了相当大的争议，批评者们指责歌词所充斥的信息，如厌女症、恐同症、种族主义和物质主义等是它赞同的。黑帮说唱歌手常常为自己辩护，他们指出自己描述的是贫民区生活的现实，并声称自己说唱时只是在扮演一个角色。

布朗大学教授特里西娅·罗斯（Tricia Rose）在 2006 年出版的《嘻哈战争》（*Hip-Hop Wars*）一书中称，嘻哈音乐正处于危机之中，因为歌词中越来越多地充斥着暴徒、皮条客、黑人匪徒和妓女等主题。她提出了许多关于嘻哈音乐的重要问题：是嘻哈音乐会导致暴力，还是仅仅反映了一种暴力的贫民区文化？是嘻哈音乐有性别歧视，还是仅仅它的批评者是反对性的？嘻哈文化中对黑人

① Schoolly D 是小杰斯·B. 韦弗（Jesse B.Weaver Jr.）的艺名，是一名来自美国费城的嘻哈艺人、制作人。他和 Ice-T 一起被认为是最早的黑帮说唱歌曲演唱者。

文化的描绘是否破坏了黑人的社会进步？罗斯呼吁在音乐中更准确地呈现一个较为丰富的文化空间（包括愤怒、政治和性），而不是像现在的音频和视频那样。

总而言之，如今的父母必须面对这样的现实：他们子女的大脑正受到大量令人不安的刺激的轰炸。暴力充斥着电影和电视屏幕；电脑游戏同样暴力，往往最受十几岁孩子欢迎的游戏可能也是最暴力的。种族优越主义者和仇恨团体利用网络侵蚀年轻人；互联网为易受侵害的青春期男孩和女孩遭受性侵提供了平台。最后，黑帮说唱充满了暴力，似乎贬低了人类的生命，歌词宣扬恐同症、厌女症、种族主义和物质主义。图 8–2 总结了媒体类型及其对青春期少年行为的影响。

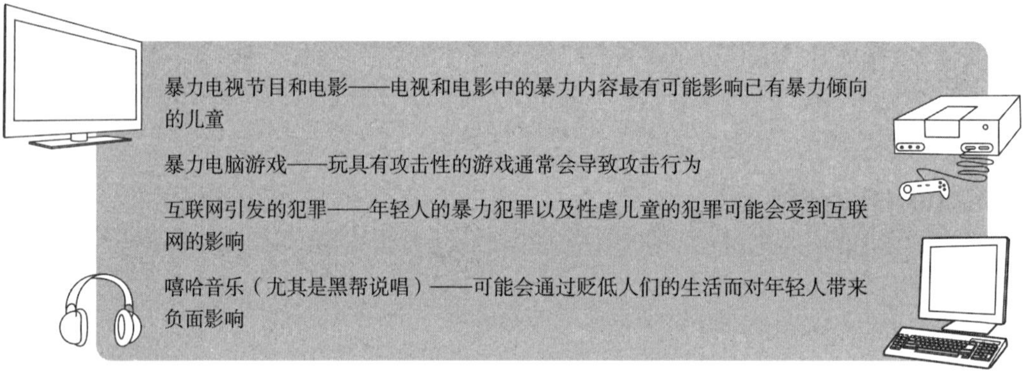

图 8–2　大众传媒与未成年人违法犯罪行为

人口贩卖

人口贩卖是一种现代形式的奴隶制，涉及使用武力、胁迫和欺诈手段来获得某种形式的劳动或性行为。可悲的是，包括美国在内的世界各国每年都有数以百万计的妇女、儿童和男人被贩卖，每年产生数十亿美元的利润，是仅次于贩卖毒品的最有利可图的交易性犯罪形式。人贩子之所以能找到容易操控的受害者，原因有很多，比如受害者心理或情感上的脆弱、经济困难、缺乏社会支持系统以及其他原因。不幸的是，人口贩卖造成的创伤如此之大，以至于受害者们可能不愿表明自己的身份。

忽视与儿童虐待

忽视和儿童虐待同本章所讨论的其他家庭问题一样，对未成年人及成年人行为与态度的塑造有着深远的影响。

凯西·斯帕兹·威达姆（Cathy Spatz Widom）对虐待和忽视的初步研究发现，儿童时期受到虐待和忽视的成年人中，29% 有非交通犯罪记录，而对照组只有 21%。威多姆和迈克尔·G. 马克斯菲尔德（Michael G.Maxfield）的最新研究跟踪了 1575 例从儿童期到青春期再到成年早期的个案，发现了虐待和忽视的长期影响。

1. 儿童时期受到虐待或忽视会导致未成年时期被捕的可能性增加 59%，成年后被捕的可能性增加 29%，因暴力犯罪被捕的可能性增加 30%。
2. 受虐待的儿童在首次被捕时年龄更小，罪行几乎是一般人的两倍，被捕次数也更多。
3. 身体虐待和被忽视（相对于性虐待）的儿童最有可能日后因为暴力犯罪而被捕。
4. 受虐待和被忽视的女孩作为未成年人和成年人因暴力被捕的风险也有所增加。
5. 受虐待和被忽视的白人儿童与未有此遭遇的白人儿童相比，因暴力犯罪被捕的可能性相当；然而，受虐待和被忽视的非裔儿童与未有此遭遇的非裔儿童相比，暴力犯罪被捕率显著增加。

问题的范围和性质

20 世纪 60 年代末，美国所有 50 个州都通过了立法，要求对虐待和忽视儿童的案件进行强制报告，这将人们的注意力集中在虐待和忽视儿童上，国会通过了《儿童虐待预防和治疗法案》(*Child Abuse Prevention and Treatment Act*)，并于 1974 年设立了国家儿童虐待和忽视办公室（National Office on Child Abuse and Neglect）。作为虐待儿童程度的一项指标，在 2013 财政年度，估计有 350 万虐待转介案件，涉及约 640 万儿童进入儿童保护服务机构。据估计，这一数字中估计有 67.9 万儿童是受害者。

被害统计

以下数据来自美国卫生与公众服务部（U.S. Department of Health and Human Services）最近发布的一份报告：

- 超过 70% 的儿童虐待受害者有被忽视的经历；
- 超过 15% 的儿童遭受过身体虐待；
- 只有不到 10% 的儿童遭受过性虐待；
- 只有不到 10% 的儿童遭受过心理虐待。

受害者中年龄较小的儿童所占比例最大。在所有受虐待的受害者中，57% 以上的儿童年龄在 3 岁以下，另外 41% 的儿童年龄在 4~7 岁，30% 的儿童年龄在 8~11 岁。受害者的男女比例相近：50.9% 的受害者是女孩，48.7% 是男孩。将近 44% 的受害者是白人，22.4% 是西班牙裔，21.2% 是非裔。

儿童死亡是虐待最悲惨的后果，2015 年的统计数据如下：

- 估计有 1670 名儿童死于虐待或忽视；
- 儿童的总死亡率是每 10 万名儿童中就有 2.25 人死亡；
- 超过 72.9% 的儿童仅死于忽视，43.9% 的儿童遭受过一种或多种身体虐待；
- 74.8% 因虐待和忽视致死的儿童不到三岁；
- 一岁儿童死于虐待的比例为 20.91%，这几乎是一岁儿童死亡率的三倍；
- 一岁以下的男孩比女孩有更高的死亡率。

施虐者

2013 年，超过 88% 的受害者被父母虐待，另有 4.3% 被其他亲属虐待。女性罪犯的比例高于男性，分别为 54% 和 45%。近 83% 的施虐者年龄在 45 岁以下。

忽视

“忽视”这个词通常指忽视儿童或少年的生理、情感或道德需要。美国人道协会（American Humane Association）的儿童部门已对忽视行为下了一个全面的定义，该部门指出，当一个孩子可用以下语句来描述时，其身体、情感、智力成长和福利都处于危险境地：

- 营养不良，衣不蔽体，很脏，没有适当的住所或睡眠安排；
- 无人监督，无人照料；
- 生病，缺乏必要的医疗护理；
- 否认有被爱、被需要、安全感、有价值感的正常体验（情感忽视）；
- 没有正常上学；
- 被剥削，过度劳累；
- 因家庭摩擦、父母婚姻不和或父母有精神疾病而引起的情绪困扰；
- 成长在不健康、令人挫败的环境中。

然而，用法律或社会术语来定义忽视，并不能准确地描述被忽视儿童的情况。如果一个观察者想要认识孩子们真正的绝望，就必须看到他们。报纸经常报道由于忽视或虐待而造成儿童死亡。可是，正如这些悲剧一样，克罗森 – 托尔（Crosson-Tower）问道：“那些幸存下来的孩子怎么办？在街上或医院里被遗弃的婴儿，在蟑螂横行的肮脏公寓里被遗弃几天没有食物没人照料的儿童，或是被残忍虐待的儿童，他们该怎么办？”

儿童虐待

儿童虐待有几种类型，包括身体虐待、情感虐待和性虐待。“身体虐待”一词指的是父母或看护者故意对孩子做出的导致疼痛、伤害或死亡的行为。

默里·A. 施特劳斯（Murray A. Straus）是将体罚定义为身体虐待的最强烈的支持者之一。施特劳斯利用来自多个渠道的数据，尤其是全美家庭暴力调查（National Family Violence Survey）中3300 名儿童和 6000 对夫妇的数据，对身体虐待的程度进行了研究。他发现，90% 的美国公民通过体罚来纠正子女的不良行为。他声称，虽然体罚可能会使子女在当下表现得依从，但其长期效果却会增加青春期少年违法犯罪和家庭内外暴力犯罪的可能性。

情感虐待比身体虐待更难定义，因为它涉及对儿童或少年心理需求的漠视。情感虐待包括缺乏表达爱和感情，以及故意不接触和不认可，可能包括持续的贬低、羞辱、贴标签、辱骂、把其当替罪羊、说谎、要求承担过多的责任、引诱行为、忽视、诱导恐惧的手段、不切实际的期望和极端的不一致。16 岁的男孩兰迪讲述了他所遭受的情感虐待：

> 父亲给我买了一只小浣熊，我们形影不离。我可以和它同眠，它会舒舒服服地躺在我身边，不愿意离开我，但却什么也没有得到。我的一个朋友还为它拍照。有天晚上，因为我没有用吸尘器吸地毯，水槽里有七八个盘子也没有去刷，父亲气得大发雷霆。他说："去把你的浣熊拿过来。"我说："爸爸，如果你伤害我的浣熊，我会永远恨你！"他让我把我的浣熊拿过来，然后一锤子把它打死了，甚至还两次击中它的头部，砸碎了大脑。之后，我把小浣熊从家里抱出来，埋葬了。

儿童虐待的性质

斯蒂芬妮·阿梅德奥（Stephanie Amedeo）和约翰·加特雷尔（John Gartrell）对 218 名受虐儿童的研究发现，父母有患精神疾病并在早年有过受虐经历这样的特征对儿童虐待的预测能力最强。他们的研究还揭示了一些触发因素或压力因素，如酒精和药物的使用，常常会导致虐待行为。

关于什么年龄段的孩子最容易受到父母的虐待，研究结果众说纷纭。全美儿童虐待和忽视发生率和流行率研究（National Incidence and Prevalence of Child Abuse and Neglect study）发现，身体虐待的发生率随着年龄的增长而增加。大卫·G. 吉尔（David G.Gil）发现半数已证实的虐待案件发生于六岁以上的儿童，近 20% 是十几岁的孩子。然而，虽然许多少年可能遭受虐待，更严重的情况却仍发生在婴幼儿身上，他们更容易受到伤害；事实上，根据一些研究人员的言论，三个月至三岁是儿童一生中最危险的时期。十几岁孩子的身体更强壮，能更好地保护自己，如果父母虐待严重，他们可以选择离家出走。

另外，儿童虐待的情况在城市似乎比在郊区或农村更为普遍。城市有相对更好的资源去发现儿童虐待事件，但这并不能完全解释为什么城市警方接到的报案如此之多。显然，城市人口密集和贫困导致了其他社会问题，一定程度上也说明了虐待主要是城市问题。

施虐的情况通常表现为父母一方好斗，另一方被动消极。被动的父母通常会为好斗的伴侣辩护和掩饰，否认家庭现实状况，屈服于家庭的完整，对施虐的伴侣死心塌地。他们表现得好像他是这段关系中的囚犯，被判了终身监禁，而且往往不会考虑离开好斗的伴侣，因为自己对这段关系很投入却不管家庭环境有多糟糕。

儿童和少年可能受到非家族性虐待或乱伦性虐待。儿童性虐待是指有意和不道德地与儿童发生身体接触，并带有性目的或性成分。口腔与生殖器接触、抚摸身体的性敏感部位、相互手淫和性交是典型的性虐待行为。

根据美国国家儿童虐待和忽视办公室的定义，乱伦是“儿童的家庭成员对其实施的家庭内性虐待，不仅包括性交，还包括任何旨在对儿童进行性刺激或利用儿童对犯罪者还是其他人进行性刺激的行为”。乱伦施虐者可包括父母、祖父母、继父母、兄弟姐妹、姑妈姨妈、叔叔舅舅或大家庭的其他成员。非家族性施虐者可能包括儿童在家庭之外（如学校、教堂、娱乐场所）遇到的任何无关的成人。

近来，经美国儿童保护服务机构（child protective service agencies in the United States）证实的性虐待案件的数量在 1992—2012 年间急剧下降了 62%，对于估算的年发生率从 15 万例下降到 5.65 万例的原因众说纷纭。大多数州都出现了这种趋势；在美国的 49 个州中，有 39 个州已证实的性虐待案件比其高峰时期下降了 30% 或更多。

据报道，乱伦最常发生在生父或继父与女儿之间，也可能发生在兄弟姐妹、母亲与儿子、父亲与儿子之间。父女乱伦通常对女孩来说是毁灭性的经历，有时甚至会造成终生影响。继父也会对继女进行性侵，但生父比继父实施的性虐待案件更多。安吉拉・布朗（Angela Browne）和大卫・芬克霍尔（David Finkelhor）对性虐待文献的回顾发现，生父或继父的虐待比其他人的虐待有更负面的影响，有关生殖器接触和强暴的经历似乎会给受害者带来更多创伤。乱伦关系平均持续约三年半至四年。完整的性交更可能发生在青春期少年身上，而不是更年幼的孩子身上。

想一想

儿童虐待和未成年人犯罪似乎密切相关。为什么虐待会导致未成年人犯罪？

忽视、儿童虐待和未成年人违法犯罪

研究发现，被忽视或受虐待的儿童更有可能成为未成年违法者或身份违犯者。忽视或虐待可能对儿童的情绪发展产生负面影响；可能导致逃学、破坏行为、离家出走，或用酒精和毒品逃避内心的痛苦。忽视或虐待也可能带来深深地自我排斥，尤其是乱伦受害者，他们也许会通过卖淫来发泄自我毁灭的情绪，更有甚者会选择自杀。忽视或虐待还可能造成无尽的愤怒，以至于受过虐待的孩子日后往往会对他人做出攻击性行为。

忽视和儿童虐待的情感创伤

忽视和儿童虐待的受害者往往自尊心不强、有相当大的负罪感、高度焦虑、轻度到重度的抑郁以及强烈的内在冲突。在身体层面，他们可能会出现睡眠紊乱、体重减轻或增加、持续生病等，并且他们的社会关系往往会不佳。一项研究覆盖了 20 个州采集了 48 个矫治机构中 500 名未成年人作为样本进行纵向评估，以探讨儿童虐待与焦虑和抑郁之间的关系。结果表明，童年期受过较多虐待的在押未成年违法者，其焦虑和抑郁的程度更高，而且随着时间的推移，虐待程度越高，抑郁程度就越高。

离家出走者

受到虐待的十几岁的孩子经常离家出走。一个遭受过性虐待的女孩解释说："我从来没有想过我要逃到哪里去，只想着我要逃离那里。"离家出走变成了一种应对被忽视、身体虐待和性虐待等痛苦的方式。年轻人常常认为离家出走是处理棘手问题的唯一方法，或者父母有时会让孩子离开，因为他们想摆脱因虐待而造成的麻烦。当受虐待的少年被安置在寄养家庭时，出走可能并不会停止，因为他们往往对新家庭表现出主动的抗拒以免再次被动承受被拒斥的风险。不幸的是，有时孩子们从受虐的家庭中被拯救出来，结果却在寄养家庭中再次遭遇虐待。

在校的破坏行为和旷课行为

一些研究发现，被忽视和受虐待的儿童比未有类似遭遇的儿童，在学校会遇到更多挑战。根据 R.S. 肯普（R.S.Kempe）和 C.H. 肯普（C.H.Kempe）的说法，这些孩子中有许多几乎一入学就在学业上和社交上失败了。被忽视和受虐待的学龄儿童往往在语言发展方面有缺陷，他们更经常地被安排在特殊教育班，更有可能被分配到残障儿童班，有更多的学习问题，更难以顺从和接受权威，与同伴相处也会有更多冲突。

吸毒和酗酒

为了不再痛苦和孤独，许多受虐儿童会转向吸毒和酗酒。凯西·斯帕兹·威达姆发现，被忽视和受虐待的少女们有更高的吸毒风险，S.D. 彼得斯（S.D.Peters）发现性虐待和日后的酗酒行为具有相关性。理查德·登博（Richard Dembo）和其同事在对一所拘留中心的在押年轻人进行抽样调查后发现，性被害对吸毒行为有直接影响，而身体虐待对吸毒行为有间接和直接的影响。受虐儿童往往觉得吸毒没什么危害；他们关心的只是如何忘记不安全感、焦虑和自卑。他们以前可能从未体会过爱和信任的关系，有时却可以通过毒品获得，那是一种归属感，以及与吸毒同伴在一起体验到的亲密和安全。

性行为

一项对535名怀孕少女的研究发现，66%的女性在儿童时期遭受过性虐待。有充足的证据表明，性虐待受害者本身也经常进行不正当的性行为。例如，滥交似乎在女性性虐待受害者中占比很高。许多女性性虐待受害者也参与卖淫，而性虐待经历往往是男妓背景的一部分。女性性虐待受害者进入卖淫场所不足为奇，因为她们认定自己是羞耻的、被标记的，而且只擅长提供性服务。卖淫的自我毁灭感是另一种表达愤怒的方式，因为从未被爱过，也因为曾经遭受过性和/或身体上的虐待。在卖淫行业，性虐待受害者通过让陌生人付钱进行性交易来获得控制感。超脱在童年时代就已经学会了；因此，对他们来说，从短暂的性接触中解脱出来是相对容易的。一项研究发现，遭受过性虐待的女孩有更多的心理问题、学习困难、物质滥用和危险性行为，而且她们进入少年司法系统的比例也很高。

暴力和虐待

暴力会导致暴力，这个观念在专家和公众的头脑中根深蒂固。这一发现得到了相当多的支持，即受虐待和被忽视的男性受害者更有可能以伤害他人的方式表达自己的愤怒，而受虐待的女性受害者更有可能自我毁灭。也有大量证据表明，过去受到虐待或被忽视的人比没有经历这些的人更有可能虐待或忽视其子女。例如，在回顾有关家庭暴力的研究时，理查德·J. 盖莱斯（Richard J.Gelles）指出："家庭暴力研究得出的一致结论是，童年经历过暴力和虐待的人比童年很少或没有经历过暴力的人更有可能成长为虐待儿童和配偶的人。"

一些研究发现，忽视和虐待与后来的暴力犯罪行为之间存在正相关。特伦斯·P. 索恩伯里对罗切斯特少年发展研究的数据进行分析后发现，69%在儿童期受到虐待的少年后来参与了暴力活动，而在没有受到虐待的少年中，后来参与暴力活动的比例为57%。儿童忽视和虐待与少年违法犯罪的关系（虐待和忽视的后果）如下所示：

- 儿童虐待和忽视的受害者往往表现出心理上的伤害；
- 儿童虐待和忽视的受害者经常离家出走；
- 一些研究表明，被忽视和受虐待的儿童在学校有更多的困难；
- 许多受虐待和被忽视的儿童开始吸毒和酗酒；
- 有证据表明，性虐待受害者自己也可能有不正当的性行为；
- 童年经历过虐待和暴力的儿童长大后可能会表现出暴力行为。

有证据表明，没有持续到青春期的儿童虐待，与少年违法犯罪的相关性很小。严重虐待的负面影响，如父母或照顾者的性虐待，通常被认为会延续到成年期，甚至贯穿一生。佩吉·C. 佐丹奴、斯蒂芬·A. 瑟恩科维奇（Stephen A.Cernkovich）和珍妮佛·L. 鲁道夫（Jennifer L.Rudolph）对女性终身课题的研究提醒人们，童年遭受极度虐待的女性罪犯，成年后仍有机会进行认知转变，并不再从事犯罪行为。

你会怎么做

对当事人开展工作的时候，你应该了解他们的性虐待史。在首次对一名遭受严重性虐待的当事人查房时，工作人员看到这名当事人在卧室里蹲着，裤子褪到脚踝上。当工作人员再次对他进行检查时，他手里拿着粪便，开始往墙上、窗户和门上扔。他还把粪便擦拭到手臂、腿和脸上。一名工作人员用塑料袋把自己包裹起来，然后进入房间。当事人注意到工作人员后，才意识到自己之前做了什么。在与这名工作人员交流时，他说刚才有一个闪回，因为被关在房间里又使他想起了曾经的噩梦。

儿童虐待和少年司法系统

儿童保护服务通常是指当父母都不愿或不能代表儿童的情况下，由授权机构提供的服务。美国各州的法律都要求这些机构对儿童虐待和忽视的报告进行评估和调查，并向发生或可能发生虐待的家庭提供干预服务。

虽然应对虐待和忽视报告的主要责任在于各州和地方儿童保护服务机构，但对儿童虐待的预防和干预可能涉及许多组织及学科的专业人员。尽管各司法管辖区的程序有所不同，但社区对儿童虐待的反应机制通常包括以下事件序列。

识别

- 那些能够定期观察家庭和孩子的人通常更容易识别虐待行为。这些人包括教育工作者、医疗专业人员、警察、社会工作者、缓刑监督官、日托工作人员和神职人员。家庭成员、朋友和邻居也可以识别虐待行为。

报告

- 教育工作者、儿童保育提供方、医疗和精神卫生专业人员、社会工作者、警察和神职人员往往被法律要求报告他们怀疑是虐待和忽视的案件。有些州要求任何了解虐待或忽视情况的人都要进行报告。
- 儿童保护服务机构或执法机构通常会收到虐待或忽视的初步报告。这份报告上可能有孩子的身份和有关虐待的信息，孩子的父母或其他监护人，虐待发生的环境，以及报告人。

收案和调查

- 儿童保护服务工作人员需要确定该报告是否构成虐待或忽视的指控，以及是否需要紧急处理。初步调查主要是收集和分析有关儿童和家庭的信息。保护服务机构可以在调查期间与执法部门合作。
- 在有的司法管辖区，警方和社会工作者是协同开展儿童虐待或忽视调查的，这么做是出于保护社会工作者的目的，当被调查的父母变得有攻击性时提供帮助。警方在必要时还会将儿童带离受虐家庭并拍照取证，如此一来，社会工作者就能专注于家庭调查，而不需要在法律调查上耗费精力。
- 个案工作者通常在 2~3 天内对虐待和忽视的报告做出反应。如果确定儿童有立即受伤或损伤的危险，则会即刻做出反应。如果工作人员认为报告的事件不构成虐待或忽视的指控，案件可能会结案。如果存在对儿童造成严重伤害或缺乏监管的重大风险，州法律允许将儿童带离家庭。
- 如果决定将孩子带离家庭，必须在社会工作者和警方离开家时告知少年法庭的法官。如果孩子被带离家庭，在 3~5 天内，少年法庭通常会举行一个临时转移听证会。在听证会上，少年法庭法官可以决定将孩子暂时安置在寄养家庭、少年庇护所或团体之家，或是将孩子送回父母身边。
- 初步调查后，保护服务机构通常会做出下列结论之一：

  （1）有足够证据支持或证实虐待或虐待风险的指控；

  （2）没有足够证据支持虐待指控；

  （3）即便没有足够证据来断定或证实指控，虐待或虐待风险可能存在。在不存在足够证据的情况下，如果认为将来存在虐待或忽视的风险，可能会提供额外的服务。

评估

- 保护服务机构工作人员负责识别导致虐待的因素，并处理最关键的干预需求。

个案计划

- 个案计划由保护服务机构、其他干预提供方和家庭共同制订，以改善导致儿童虐待或忽视的情况和 / 或行为。

治疗

- 保护服务机构和其他治疗提供方有责任为家庭实施治疗计划。

家庭进展评估

- 实施计划后，保护服务机构和其他干预提供方会评估和测量导致儿童虐待的家庭行为和条件的变化，以及评估虐待风险的变化，并确定何时不再需要提供服务。

个案结案

- 有的个案之所以结案，是因为家庭抵制干预措施，而评估孩子受到伤害的风险较低。其他个案是当判定虐待或忽视的风险已经消除或减少到家庭可以保证不虐待儿童而无须外力干预时，就可以结案。
- 如果判定家庭不能确保儿童不受虐待，儿童可能会被带离，安置在寄养中心。如果判定在适当的时间内儿童不能返家，则可以终止父母的亲权，以便为儿童找到永久的替代方案。

少年法庭或家事法庭的介入

- 如果社会服务部门提交了虐待或忽视申诉，就会举行裁决（事实调查）听证会。少年法庭每年要审理15万起儿童虐待和忽视的案件。通常出席听证会的是地区助理检察官、州或县检察官、少年及其律师、父母和其律师、负责个案的社工以及负责调查的警官。证据呈出后，由少年法庭的法官裁决指控忽视或虐待的申诉是否成立；如果成立，处置听证会将在大约四周后举行。
- 各州在证实儿童虐待和忽视指控的证据标准上存在差异：有 6 个州依赖于个案工作者的判断；18 个州，根据某些可信的证据；11 个州，根据可靠的证据；12 个州，依据优势证据标准；还有 3 个州没有正式的方式。全国大约 30% 的儿童虐待和忽视报告得到证实，这在某种程度上因虐待类型和所属州的不同而有所差别。例如，在马萨诸塞州，2002 年 55% 的调查证实了指控，而在新罕布什尔州，只有 9% 的指控得到证实。

亲权终止

- 在最严重的儿童虐待案件中，州政府会终止亲权，并将儿童安置领养。2000 年，全美 64 000 名儿童的父母被终止了亲权。然而，并非所有亲权终止都是因为虐待儿童造成的；经证实的儿童虐待案件中，亲权终止的总占比约为 8%。

起诉父母

- 在刑事法庭上起诉父母在很大程度上取决于伤害儿童的严重程度，以及区、县或州检察官办公室对儿童虐待的态度。最有可能被起诉的是儿童严重受伤或致死的案件，以及父亲或继父对女儿或继女进行性虐待的案件。在起诉中最常见的指控是轻微人身攻击、意图造成严重伤害的人身攻击以及过失杀人或谋杀。图 8–3 是从儿童虐待到法庭审理的事件序列。

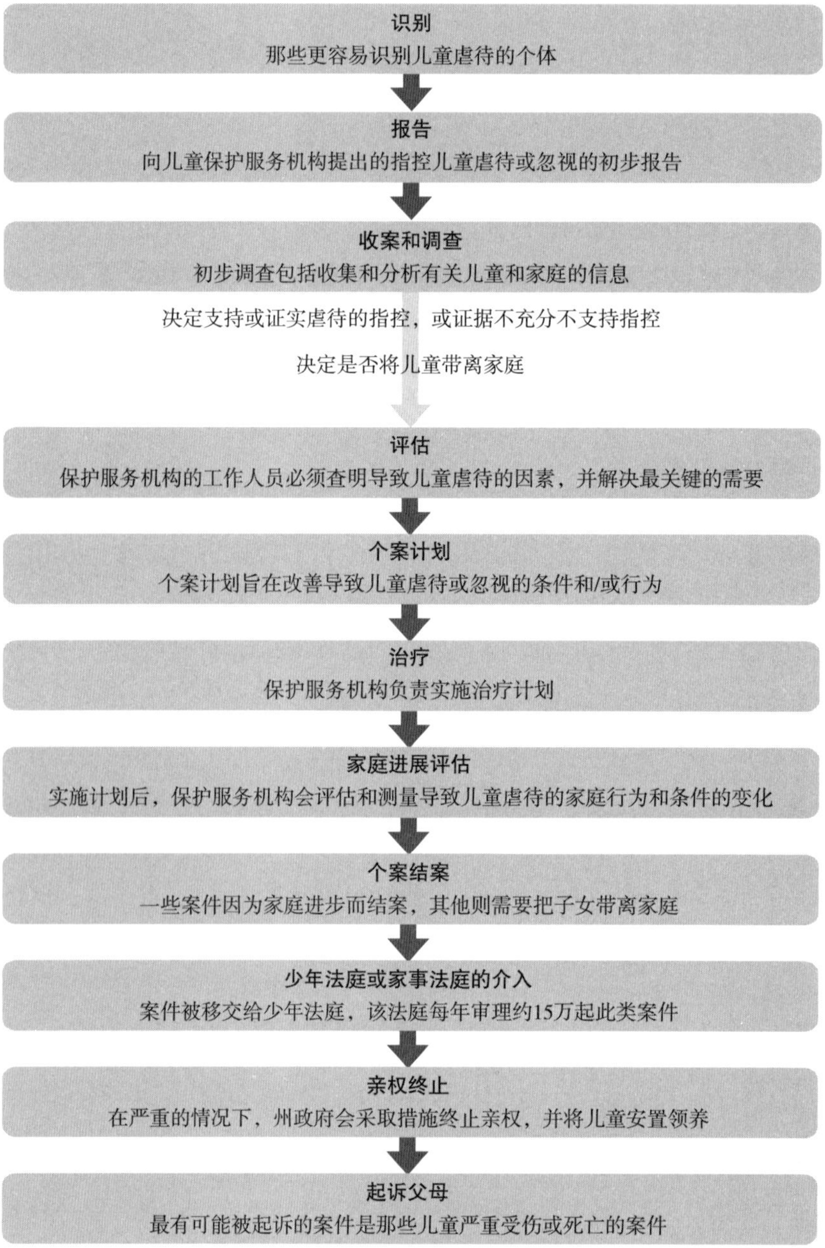

图 8-3　从儿童虐待到法庭审理的事件序列

未成年人违法犯罪和社会政策：儿童虐待

在美国，儿童虐待是一个严重的问题。虐待可以发生在不同的情况下：来自虐待或忽视的父母；来自照顾者；来自互联网（指儿童色情作品）；来自学校；甚至来自宗教领袖。我们心知肚明的是，一些儿童比其他儿童更容易受害：

- 有多种虐待指控的儿童被官方判定受虐待的可能性是仅有身体虐待指控的儿童的近三倍；
- 报告为性虐待受害者的儿童被判定是受害者的可能性比仅有身体虐待指控的儿童高出约 71%；
- 据报道，残疾儿童遭受虐待的可能性比正常儿童高出 68%；
- 教育者报告的儿童受虐待的可能性是社会工作者和精神卫生人员报告的儿童的两倍；
- 被判定是受害者与儿童的年龄成反比。与其他年龄组相比，四岁以下的儿童最有可能被判定受到虐待。

我们也知道，儿童虐待可能是导致情感创伤、离家出走、破坏性行为和旷课、药物和酒精滥用、性行为、暴力和虐待等不良后果的一个影响因素。儿童受到的虐待越严重，他就越有可能实施这些行为，从而产生非常消极的影响。受到严重虐待的儿童甚至可能弑亲。为降低美国儿童虐待和忽视的严重程度，一些对策或干预措施显得十分必要。凯西・斯帕兹・威达姆提出了以下六项原则：

1. “干预越早越好”；
2. “不要漠视那些被忽视的孩子”；
3. “一种模式并不适用于所有的孩子”，这意味着“在一种环境下适用于一个孩子的模式，可能并不适用于：同一环境下的另一个孩子、同一个孩子在不同的环境下或者同一个孩子在不同的发展阶段”；
4. “监督是一把双刃剑”，这意味着干预机构在是否差别对待有不同种族 / 民族背景的当事人的问题上必须保持敏感，并采取措施避免差别对待的问题；
5. “干预不是一次性的努力”；
6. “资源应该是便于获取的”。

最佳实践证据

戏剧项目帮助年轻人改邪归正

在肯塔基州的鲍灵格林有一个戏剧项目，其目标的特别之处是通过允许犯罪程度轻微的少年违法者在舞台上表演自己的经历来干预他们的生活。

“我们正致力于通过参与这个项目来帮助年轻人建立一些真正强大的社交技能。”社会学教授杰瑞・达迪（Jerry Daday）说。他是帕特里夏・明顿・泰勒剧院娱乐项目（Patricia Minton Taylor

Theater-in-Diversion program）的组织者之一。

每年春季学期，在为期10周的课程中，西肯塔基大学的学生要和10~15名学生一起工作，教他们表演的基础知识，并指导他们创作自己的表演作品。因此会有一系列短剧问世，有的很有趣，有的则比较严肃，这些短剧的演出者是犯轻微身份违犯（如旷课、屡教不改和未成年饮酒）的未成年人，除了这种方式，他们还可以选择判决的其他社区服务。

卡罗尔·乔丹（Carol Jordan）是西肯塔基大学戏剧与舞蹈系的讲师，负责该项目的戏剧部分，并督导与学生一起工作的戏剧系大学生。"这是当地为数不多的几个矫治选项之一，少年们可以在这里学一些科目或课程，"她补充道，"这个项目比在鲍林格林沃伦县人道协会（Bowling Green Warren County Humane Society）帮忙或清理健身器材更有深度。"

乔丹说，项目结束后，少年们的记录就会被抹去，他们离开的时候会更有自信，收获更好的友谊和更健康的关系。此外，把他们自己的节目放在一起也能起到治疗作用。

"很多作品"，乔丹说，"很明显能看出，学生们正在解决自己生活中遇到的麻烦。我认为这真的很有效。"

今年的作品主要关注虐待动物和提高人们的意识、离家出走的同胞兄妹在路上遇到了一个神秘的女人，以及一部犯罪短剧。

自从2012年春天西肯塔基大学的项目启动以来，达迪通过访谈和自愿分享的方式收集了数据。例如，在22个访谈中，47%的未成年人提到与父母关系改善，47%的未成年人提到与学校和老师的关系更好了，36%的未成年人提到与同伴们相处更融洽了。

埃米·沃特斯的人生历程（13岁）

离家后，埃米逃亡了将近一年。在那段时间里，她没有上学，也没有和父亲联络。她住在一座城市的高架桥下，离她的家大约有一个小时的路程，和她结交的新"朋友"住在一起。他们也是孩子，和她一样，因为这样或那样的原因离开了家。在那段时间里，她和达蒙的关系变得特别亲密。达蒙是一名15岁的男孩，他离开了犹他州的一个摩门教家庭，靠给那些不了解他背景的人打零工为生。身体上的亲密接触是很自然的，因为晚上要保持温暖就意味着得和达蒙依偎在一起。只过了几个晚上，埃米就发现自己在做爱。这很快就变成了一种常态，一年前已有月经的埃米开始担心自己是否会怀孕。然而，她也不想让达蒙失望，因为他似乎很喜欢他们的约会，埃米也很快学会了在性爱中寻找乐趣。然而，在他们彼此承诺不久之后，埃米就得知达蒙开始向他在城市破旧商业区酒吧里遇到的男人兜售性服务。达蒙告诉她，其中一名男子想给他拍裸照，并在网上出售。达蒙说，钱肯定是好东西。

埃米的过早性行为和其他形式的犯罪之间有什么可能的联系？一般来说，为什么过早性行为和犯罪行为会相互联系？

在下一章中，我们将继续讲述埃米·沃特斯的传奇故事。

第 9 章

学校与未成年人违法犯罪

如果一个孩子不能去学校，并非出于害怕被强奸、抢劫甚至谋杀等原因，那么政府就没有其他真正重要的事可做了。

摘自国家政策论坛（National Policy Forum）

犯罪之声

尼克的故事

我在未成年犯教养所。我想说，这里的孩子无论是年龄、心态还是他们正在做的事情，跟外面的孩子并没有太大的区别，他们曾经也是喝酒、聚会、到处找乐子和闹矛盾，只是他们有点太野了，被抓了，所以才来到这里。你必须把握一个度，超了那个度，就会进来。

在这里，学生们的心态让我感到困扰。很多学生进来后有机会学习，他们有机会提升自己，但同样也有机会让一切变得更糟。这里的工作人员对教育的重视不够；他们既不关心学生们生活中发生着什么，也不强调他们该如何变得更好。学生们是什么样的心态进来，就以什么样的心态离开……

我是一个身高 6 英尺、体重 180 磅、被判过失杀人罪入狱的壮汉，所以没人敢招惹我。但如果是一个更年轻的人，比如 15~16 岁，骨瘦如柴，仅是因为旷课或情节严重的入室盗窃被判入狱，那他真的可能会有麻烦。如果他再是个孱弱的白人的话，就更会受到黑人学生的厌恶和欺负。

在这里，学生们有一条不成文的约定：非“礼”勿视、非“礼”勿听、非“礼”勿言，你的屁股就不会有麻烦。如果我打了人，即使你站在一边看着，你也要装作什么都没看见。你最好这么做，因为这里的人都懂规矩，告密者会被缝针。

学校里的未成年人违法犯罪

最近一项有关学校犯罪预防的全国性研究发现，27% 的教师声称，学生的问题行为使他们在“相当多”的时间里无法有效地教学。而参与调查的所有学校里，42% 以上的教师表达过，学生的问题行为使他们“至少有相当一部分”的时间无法用于教学。

研究还发现，学生中更严重的问题行为，如用武器进行人身攻击或打架、动刀动枪的抢劫或威胁，发生的频率远低于普遍相对轻微的不良行为。但这样的事件时有发生，给学校造成了很大的困扰。参与调查的学校里，近 7% 的学校曾向执法人员报告过至少一起动用武器的人身攻击或斗殴事件。在初中，这一比例为 21%。

从学生方面看，研究发现，他们在学校里受到威胁或攻击是比较常见的经历。参与调查的学生中，19% 的人报告称正经受着威胁，14% 的人报告称曾挨过打。研究者在报告中写道，“令人吃惊的是有 5% 的学生”曾受到过刀或枪的威胁。另一方面，教师较少受到攻击，也不常受到威胁。尽管 20% 的中学教师（和 31% 的城市初中教师）向研究人员报告说，他们曾受到过学生的言语威胁，但只有 0.5% 的人称他们曾被人武器相向。在所有参与调查的教师中，只有 0.07% 的人报告称曾受到过攻击并因此而就医。

毫无疑问，在美国，对未成年人违法犯罪的调查必须追溯到他们的在校生活。J. 费尔德胡森（J.Feldhusen）、J. 瑟斯顿（J.Thurston）和 J. 本宁（J.Benning）的纵向研究发现，校内人际关系和在校经历是未成年人违法犯罪的第三大预测因素，仅次于家庭和同伴关系。德尔伯特 · S. 艾略特和哈文 · L. 沃斯（Harwin L.Voss）指出：“学校是滋生少年违法犯罪行为的关键社会环境。”亚瑟 · L. 斯廷奇库姆（Arthur L.Stinchcombe）认为，学业失败引发叛逆，而叛逆会导致更多的失败和消极行为。尤金 · 马京（Eugene Maguin）和罗尔夫 · 洛伯在近期的元分析研究中发现，“与其他孩子相比，学习成绩差的孩子更容易伤害他人，犯下更严重、更暴力的罪行，并持续不断地犯罪”。

总之，有足够的证据表明，学校已成为学习违法犯罪行为的场所之一。本章将着眼于探讨美国教育的历史，校园犯罪的性质，从不同方面分析学校环境与少年违法犯罪行为之间的关系，学生权利的问题以及一些学校为预防和控制校园犯罪所采取的干预措施。

思辨与讨论：在校问题行为如何影响学生受教育的机会？这种行为该如何处理？

下面我们来了解一起校园枪击事件的经过。

校园枪击案

2012 年 12 月 14 日，20 岁的亚当·兰扎（Adam Lanza）在康涅狄格州纽镇的桑迪胡克小学枪杀了 20 名儿童和 6 名成年教职工。在此杀戮暴行之前，兰扎回到纽镇家中，枪杀了 52 岁的母亲南希。在学校枪击事件中兰扎所使用的武器，包含两支手枪和一支半自动突击步枪，都是从母亲那里偷来的。当急救人员到达现场时，兰扎已开枪自杀。后来人们了解到，兰扎平时看上去很笨拙，几乎每天都穿同样的衣服（绿色衬衫和卡其裤），喜欢摆弄电脑，喜欢玩暴力电脑游戏。

在纽镇枪击案之前，最严重的两起校园枪击案分别发生在：2007 年 4 月 16 日，弗吉尼亚理工学院枪击案，造成 33 人死亡；以及 1999 年 4 月 20 日，哥伦比亚高中枪击案，造成 13 人死亡。

学校一直是一些震惊全美国的恐怖枪击事件的发生地。专家们对校园杀人事件做出了各种各样的解释，从“仅仅是一种失常”，到当今孩子们缺乏对冲动的控制、家庭破裂、年轻人大量持有枪支、电视上太多的暴力镜头等。不管原因如何，校园杀人事件已经引起了公众对校园暴力的关注。

想一想

校内人际关系和在校经历往往是未成年人违法犯罪最具预测性的因素之一。哪些在校经历最有可能影响未成年人的社会发展？

校园犯罪

校园犯罪（尤其在公立学校），是全美初高中都面临的一个严重问题。这种高犯罪率通过故意毁坏、暴力、贩毒和加入帮派表现出来。故意毁坏和暴力将在下一节讨论，第 10 章和第 11 章将探讨少年帮派问题和毒品问题给学校造成的困境。

故意毁坏和暴力

为什么这么多的少年犯罪发生于校园？主要有两个原因。

首先，城市学校经常因为没有提供安全、有序的校园环境而备受诟病，同时这些学校周围的社区环境也充斥着严重的犯罪和混乱。换句话说，不安全的学校被安置于不安全的社区里。校园里的少年违法犯罪和暴力的严重程度也取决于社区环境，因为大多数学生都是社区居民。例如，如果一个社区里有很多少年从事贩毒、毒品走私并为毒品交易盯梢，或是成为少年帮派的头目和追随者，或是一直以来都品行不端，或是实施了财产犯罪，那么当地学校极可能出现很高的少年犯罪率。同样，很少发生学生故意毁坏或暴力行为的学校通常位于犯罪率较低的支持性社区里。

其次，学校专制的氛围和学业失败的可能性（尤其是学习能力有限的学生）造成了有的学生校园生活的乏味、沮丧、不满和疏离。在一项研究中，学生们普遍认为自己在学校里比在其他任何地方都要感到厌烦。正如马丁·戈尔德（Martin Gold）所指出的，压制性的教育方式使学校生活成为美国少年的一场噩梦。尤里·布朗芬布伦纳（Urie Bronfenbrenner）补充道："学校已成为美国社会异化现象滋生的温床之一。"

对构建安全校园的呼声是当今公共教育的一个重要问题。然而，多数公立学校增建的安全设施使校园看上去更像监狱。许多学校都有穿制服的警察；其他学校也有自己的保安。在一些学校里，学生必须通过金属探测器的搜查才能进入，电子门锁也变得越来越普遍。很多学校每天都会在学生储物柜里搜查毒品和武器。带照片的学生证和教师专用的无声紧急按钮是学校用来重新控制环境的其他手段。在被法院裁定为违反宪法之前，波士顿的一所学校甚至在每学年伊始的校医院体检时，给每个学生进行药物测试（尿检）。为了构建安全校园，学校已经采取了各种措施，包括停学、开除、体罚和增加执法人员的参与，这将在下一节讨论。2016 年，美国国家教育统计中心（National Center for Education Statistics）发布了第 15 份关于校园犯罪的年度报告《2015 年校园犯罪与安全指标》(*Indicators of School Crime and Safety: 2015*)，概述了校园犯罪与安全，并描述了校园犯罪受害者的特征（报告的基本结论见下文讨论）。

综上所述，我们可以认为，对孩子们来说，学校比其他地方更安全，因为在校外遭受暴力的比率比在校内（包含上学或放学途中）时更高。1992 年至 2015 年，校园暴力事件有所减少。然而，在一些学校尤其是城市公立学校，学生们仍然经历着极大的混乱无序。学生在校内比在校外更容易受到攻击。有的学生选择避开学校的某些区域，而更多的学生则面临着校园霸凌。校园内存在武器、帮派和毒品是学校秩序进一步恶化的标志。

校园霸凌

有关校园霸凌的最新数据显示，每年约有 270 万名学生被其他约 210 万名扮演霸凌者角色的学生欺负。这些数据进一步显示，从幼儿园到十二年级，大约七分之一的学生要么成为霸凌者，要么成为霸凌的受害者。一个被霸凌的少年或儿童可能会反过来成为霸凌者，以此作为报复。肢体暴力霸凌从小学开始增加，在初中达到顶峰，高中时期有所下降；而另一方面，言语虐待是源源不断的。霸凌的受害者还要承受与心理健康、学业成就和就业有关的长期后果。研究表明，不管是作为霸凌者还是受害者，男性比女性更容易涉足霸凌事件。此外，男性更倾向于肢体上的霸凌，而女性更倾向于言语和关系上的霸凌。

霸凌被害的原因

霸凌被害的起因通常取决于被害行为之前的条件或特征。已有一些因素被证实与霸凌被害相关，这些因素包括：父母教养方式，研究发现母亲的育儿行为（尤其是过度保护）与子女在校被霸凌的经历存在显著相关；家庭动力特征，父母冲突和家庭凝聚力与被霸凌显著相关；有特殊需要的儿童比没有残疾的同龄人更容易成为被霸凌的对象；其貌不扬的人会被霸凌，研究发现超重和肥胖的儿童和少年比同龄人更容易成为霸凌被害者。

你会怎么做

有位当事人经过在替代学校整个学期的努力，终于获得了进入公立学校就读的机会。这位当事人在得知消息的时候很紧张，因为这是他从小到大第一次去公立学校。工作人员竭尽所能地为他提供帮助，给他置办了新衣服并换了新发型，整装待发。但一周后，他报告称遭受霸凌。他也向学校反映了这个情况，并表示现在霸凌仍在继续。学生们嘲笑他是“有病得治的孩子”。对于工作人员而言，这是一个支持当事人的好时机，所以他们去了学校并找当事人了解情况。然而，学校的霸凌并没有因此停止，这位当事人也因打架斗殴被学校开除。虽然最后是这个结果，但自从工作人员在霸凌事件中为当事人提供帮助以来，他对工作人员们的信任感增强了。

网络霸凌

网络霸凌是一种对年轻人造成持续伤害的少年暴力形式。其定义是指利用手机和网络等技术手段欺凌或骚扰他人。网络霸凌可以有以下多种形式：

- 通过网络或短信传播谣言；
- 给某人的电脑邮箱或手机发送恶意信息或威胁；
- 窃取一个人的账户信息，闯入他的账户并发送有害信息；
- 在社交网站或网页上发布伤害性或威胁性的信息；
- 在网上假装别人来伤害其他人；
- 发送色情短信，或传播有关某人性暗示的图片或信息；
- 拍下某人有损形象的照片，然后通过手机或互联网传播出去。

网络霸凌会引起受害者抑郁、焦虑或自杀。此外，一旦事情在互联网上传播开来，也许永远也不会消失，并可能在以后再次浮出水面，让受害者重新感受被霸凌的痛苦。网络霸凌会导致孩子们产生社交孤立感和无价值感，并持续到成年后，增加一个人罹患焦虑症的概率。

霸凌和自杀

自杀仍是美国 14 岁以下儿童死亡的主要原因之一。自杀性霸凌是一个术语，用来描述因霸凌而导致的自杀。有证据表明，霸凌、被霸凌和自杀之间有很强的联系。下面讲述了一则九名少年在同学自杀后被指控的案例。

九名少年在同学自杀后被指控

2010 年，马萨诸塞州西部南哈德利高中的一名检察官对九名未成年人提起诉讼，源于他们对一名同班同学进行了残酷的辱骂和人身威胁。据检察官称，这种霸凌行为导致新生菲比·普林斯（Phoebe Prince）放学后在家中的楼梯间上吊自杀。涉案的九名被指控的未成年人中，有七名女孩和两名男孩，年龄在 16~18 岁之间，他们面临各种重罪指控，包括法定强奸罪、造成人身伤害的侵犯公民人身权利罪、骚扰罪、跟踪罪和扰乱学校集会罪。案发前普林斯一家刚从爱尔兰搬到美国。调查人员发现，对受害者的虐待曾发生在学校图书馆、餐厅和走廊。菲比曾向学校的负责老师反映过此事，但后来菲比跟朋友说学校没有采取任何行动。本案的虐待形式包括发短信、Facebook 上发帖子、威胁以及试图把菲比逼入绝境，从而导致她恐惧、心烦意乱和惊慌失措。忍受了三个月后，菲比选择了上吊自杀。

思辨与讨论：你认为为什么学校管理人员会对这类持续的虐待无动于衷？这种缺乏回应的方式是学校管理人员的常态吗？你觉得校园霸凌的发生频率有多高？你认为霸凌者应受到何种惩罚？

对同性恋少年的霸凌

根据最新的同性恋霸凌统计数据，美国同性恋少年自杀的可能性是其他少年的 2~3 倍。大约 30% 的自杀与性别认同危机有关。那些属于男同性恋、双性恋、女同性恋或变性者群体的学生，常因性取向受到霸凌而毫无安全感，他们的旷课可能性比其他学生高出五倍，大约 28% 的学生认为这是他们辍学的原因。

15 岁的比利·卢卡斯（Billy Lucas）来自印第安纳州格林斯堡，他在自家谷仓的椽子上上吊自杀；13 岁的赛斯·沃尔什（Seth Walsh）来自加州蒂哈查皮，他在自家院子里的一棵树上上吊自杀；18 岁的泰勒·克莱门蒂（Tyler Clementi）是罗格斯大学的大一新生，他从纽约市的乔治·华盛顿大桥跳下；来自得克萨斯州休斯敦的 13 岁男孩阿瑟·布朗（Asher Brown）开枪击中自己的头部。这些少年的共同点是他们在学校里曾受到霸凌。一个显而易见的结论是：如果你是同性恋或被认为是同性恋，就不配继续活着。

霸凌和校园枪击事件

有证据表明，对霸凌的报复是校园枪击事件最强烈的动机之一。据报道，61% 的学生认为，有人在学校里向他人开枪是因为他们在学校或家里受到过身体暴力。

霸凌与学生残疾

进一步研究发现，轻度残疾的学生更容易被老师和同龄人视为霸凌者；其他有些老师则认为，轻度残疾的学生更容易被同龄人欺负。在老师们看来，学业优异的学生欺负人和被欺负的比例最低。

霸凌和种族

一项针对 24 345 名少年的调查显示，少年在自述遭受霸凌时存在种族 / 民族的差异，结果表明，受霸凌的非裔少年更倾向于对自己的受害经历轻描淡写。

未成年人违法犯罪和学业失败

缺乏学术成就、在校社会地位低、学业失败、辍学等都是常被提及的与未成年人违法犯罪相关的因素。本节将讨论前三个因素，其余将在本章后续展开讨论。

想一想

2011 年嫁给英国威廉王子的凯特·米德尔顿（Kate Middleton）坦承，自己曾经是校园霸凌的受害者，她倡议参加王室婚礼的宾客们给一家反霸凌慈善机构捐款。霸凌的根源是什么？我们能做些什么来预防霸凌？

学业成就

大量证据显示，无论以自我报告还是警方的数据来衡量，男性和女性的犯罪行为都与在校学业表现差有关。特拉维斯·赫希声称，图 9–1 所示的因果关系链可能最终导致了未成年人的违法犯罪行为。许多研究人员指出，未成年违法者在校成绩不佳除了与学习能力有关外，还与其他因素有关。例如，有的研究发现，有违法犯罪行为的人比没有的人更排斥当学生。未成年违法者的在校表现可能会进一步受到与同学和老师关系的影响；有研究结论指出，学业成就和未成年人犯罪之间的关系是通过同伴影响来调节的。尤金·马京和罗尔夫·洛伯对学业表现与犯罪之间的关系进行了元分析后发现，学业表现差的孩子比学业表现好的孩子犯罪行为更多、更严重、犯罪历史也更长，这种关系在男性和女性之间、白人和非裔美国人之间会更显著。学业表现也能独立于社会经济状况预测未成年人违法犯罪的发生。

图 9–1　赫希的因果关系链

安·阿内特·弗格森（Ann Arnett Ferguson）耗时三年半去观察美国西部某州的一所中学课堂，她发现对许多非裔美国儿童来说课堂体验一点都不好。然而，理查德·B. 菲尔逊（Richard B.Felson）和杰里米·斯塔夫（Jeremy Staff）应用全美教育纵向研究（National Education Longitudinal Study）的数据，得出学习成绩和未成年人违法犯罪之间存在伪关系这一结论。

社会地位低下

阿尔伯特·K. 科恩对未成年男犯的研究影响深远，这是迄今为止对学校在未成年犯亚文化发展中所扮演的角色进行的最全面的分析之一。根据科恩的理论，当工人阶级出身的男孩（如第 4 章所述）意识到自己在学校里无法与中产阶级的年轻人竞争时，他们会感到地位丧失。虽然避免与中产阶级的年轻人接触可能会解决这个问题，但工人阶级出身的男孩却不能这样做，因为他们不得不去具有中产阶级价值观的学校就读；他们拒绝中产阶级的价值观和态度，因此形成了犯罪亚文化，这会使他们重新拥有在学校和社会上被剥夺的地位。杰克逊·托比（Jackson Toby）的研究（基于科恩论点的一个变形）认为，下层社会的背景很难使学生们取得学业成就，因为年轻人缺乏语言技能和来自家庭的鼓励。约翰·C. 菲利普斯（John C.Phillips）提出了一个步骤（如图 9–2 所示），能够看出在学校地位低下会导致越轨行为。然而，上述社会阶层论对校园犯罪的影响也受到了挑战。例如，一项研究发现，任何一个在校表现不佳的男孩，不管他的阶层背景如何，都比那些在校表现好的人更容易出现违法犯罪行为。

图 9–2　菲利普斯提出的导致越轨行为的步骤

简言之，大多数证据都指向以下三个结论：

- 在学校缺乏成就感与未成年人违法犯罪行为直接相关；
- 大多数未成年违法者都曾希望在学校有所成就；
- 对学习成绩差的解释比缺乏一般能力或智力更复杂。

虽然社会阶层与校园犯罪之间的关系存在着不同的结论，但学业成就与未成年人违法犯罪之间的关系却更加清晰了。

学业失败

关于学业失败与未成年人违法犯罪之间的关系，众说纷纭。第一，可以说，学业失败与未成年人违法犯罪直接相关。那些在学校里感到失败的未成年人会寻找其他同样失败的同伴。学业失败会招致家人和老师的不满。第二，学业失败会给未成年人造成心理问题，那些对自我的消极感受是未成年人违法犯罪的真正原因。第三，可以认为，学业失败和未成年人违法犯罪有着共性原因，如贫困、毒品、家庭破裂或加入帮派。第四，学校在学业失败的问题上负一定责任。学校可能在加剧学生之间的疏离感，许多人指责学校的分组分轨制——根据成绩水平和能力将学生分成不同的组，该制度被视为导致未成年人学业失败的原因之一。

学业失败是导致辍学的主要原因之一，高辍学率是美国学校面临的最严重的一个问题。正如本章后面将要讨论的，辍学导致了整个生命历程中的高比率的违法犯罪行为。

关于学校和未成年人违法犯罪的理论观点

有关少年违法犯罪的大多数主要理论都认为，学校是导致少年违法犯罪行为的因素之一。机会受阻理论、紧张理论、文化越轨理论、社会控制理论、标签理论、激进犯罪学、犯罪的一般理论和互动主义理论等都对理解校园犯罪有所贡献。

大多数关于机会受阻的研究发现，最有可能实施违法犯罪行为的是那些在学校表现较差或认为自己几乎没有机会毕业的年轻人。观察者们称，当未成年违法者从前在学校表现不佳时，他们就会搞破坏、辍学或被停学——所有这些都会进一步强化他们的越轨行为。持紧张理论的专家称，某些社会阶层的年轻人被剥夺了通向文化影响下的目标和机会的合法途径，由此产生的挫败感，要么导致他们使用非法手段来实现社会目标，要么导致他们拒绝这些目标。紧张理论认为，在学校这样一个中产阶级的机构中，下层社会的孩子很难取得学业成就；于是这些年轻人就转向实施犯罪，以弥补他们的地位挫败感、失落感和低自尊感。

持文化越轨理论的专家认为，儿童通过接触他人和模仿他人的行为来学习犯罪行为——儿童可能会认为犯罪行为是可以被接受的，因为他们所接触的人对这种行为的定义是积极的。由于学校通常会反映出其所在社区的特征，在犯罪率高的社区上学就增加了与违法犯罪同伴交往的可能性。

持社会控制理论的专家认为，未成年人的违法犯罪行为因他们与社会秩序之间的关系强弱而有所不同。他们还认为，学校是主要的社会化场所之一，它为未成年人提供组织、激励、期望和与社会联系的机会，当未成年人与学校没有形成稳固的联系时，就可能产生违法犯罪行为。

持标签理论的专家认为，一旦学生被定义为离经叛道者，他们就会扮演离经叛道的角色来回应自己身份的降低。在早期，学校会根据学生的成绩和行为给他们贴上标签，这些标签可能会影响教师们后续对待学生的态度。例如，如果学生一开始就被贴上“好斗”“难以管教”或“学得慢”的标签，那么在分组分轨制度中，他们可能会被分配在一个缓慢的“轨道”上完成剩下的学业。根据标签理论专家的观点，这种差别对待的方式助长了未成年人违法犯罪的身份认同和违法行为。

激进犯罪学家认为，学校是特权阶级凌驾于下层阶级之上维持权力的一种手段。受国家控制力量的影响，下层阶级的孩子在经历无助和疏离时受到剥削，他们比中上层阶级的孩子更有可能被安排在最底层，获得较差的成绩，并因纪律原因被停学和辍学。在激进犯罪学家看来，下层阶级的孩子本质上是在接受社会秩序中卑微角色的训练。

在犯罪的一般理论中，自控力一旦在儿童时期形成，就会影响未成年人在同伴关系、学校行为和成就、吸毒和酗酒以及违法犯罪活动中的选择。因此，有自控力的学生会放弃：导致教师消极评价的活动；影响他们实现成功愿望的不健康的同伴关系；引起警察和少年司法系统执法人员注意的行为。

由索恩伯里及其同事提出的互动理论是一种可以应用于学校的综合理论。该理论最初的观点是，对父母的依恋和对学校生活的投入是预防未成年人违法犯罪的重要缓冲因素，因此，那些在情感上依恋父母并在学校取得成就的未成年人实施严重犯罪的可能性很小。该理论后续的研究发现，家庭和学校的联系减弱确实会导致未成年人违法犯罪，而未成年人违法犯罪行为又进一步削弱了家庭和学校联系的强度，因此形成了犯罪加剧的行为轨迹。

另一个与学校有关的综合理论是由韦恩·N. 威尔士（Wayne N.Welsh）、杰克·R. 格林（Jack R.Greene）和帕特里夏·H. 詹金斯（Patricia H.Jenkins）提出的，该理论援引控制理论、学校气氛理论和社会解组理论来考察个人、制度和社区因素对费城中学失当行为的影响。这些研究人员得出的一个重要结论是，简单地假定糟糕的社区一般会滋生“坏孩子”或“差学校”是没有根据的。表 9–1 罗列了有关学校和未成年人违法犯罪的理论观点。

表 9–1 有关学校和未成年人违法犯罪的理论观点

机会受阻理论	最有可能实施少年违法犯罪行为的是那些在校表现差或认为毕业无望的人
紧张理论	学校被视为中产阶级的机构，下层社会的孩子难以取得学业成就，于是转向实施犯罪，以弥补他们的地位挫败感、失落感和低自尊感
文化越轨理论	由于学校通常会反映出其所在社区的特征，在犯罪率高的社区上学就增加了与违法犯罪同伴交往的可能性
社会控制理论	学校是主要的社会化场所之一，为学生提供组织、激励、期望和与社会联系的机会，当未成年人与学校没有形成稳固联系时，就可能产生违法犯罪行为
标签理论	一旦学生被定义为离经叛道者，他们就会扮演离经叛道的角色来回应自己身份的降低
激进犯罪学	学校是特权阶级凌驾于下层阶级之上维持权力的一种手段
犯罪的一般理论	有自控力的学生会放弃导致违法犯罪的行为，也会放弃引起教师和少年司法系统消极注意的行为
互动理论	违法犯罪行为削弱了家庭和学校联系的强度，因此形成了犯罪加剧的行为轨迹

学生权利

学校管理学生所需的权力有两个主要来源：代替父母理论和州授权法规。小 E. 埃德蒙德·罗伊特（E.Edmund Reutter, Jr.）对代替父母做了如下总结：

> 普通法对学校权力与义务的衡量标准是“代替父母”的理论。该理论认为，当孩子在学校时，校方应代替家长的位置。因此，学校工作人员可以为孩子的教育福利制定规则，并可以对违抗行为进行惩罚。法律上的检验是，一位知识相当渊博且谨慎的家长是否会这样做。该原则不仅用于支持校方的权利……而且要在学生可能发生比如受伤这类问题时确定校方的责任。

州授权法规授予地方学校董事会制定合理的规章制度来管理和维持学校的秩序，而这些规章制度并不一定要以书面形式呈现。1966 年伯恩赛德诉拜尔斯（Burnside v. Byars）一案对这一类职权做出了一个经典的阐释：

> 教育计划的建立需要制定维持课堂学习秩序所必需的规章制度。在制定规章制度（包括学生纪律）时，校方有很大的自由裁量权。然而，学校始终被“规章制度必须合理”的要求所约束。我们不必考虑这些要求是明智的还是权宜之计，而应只考虑这些要求是否合理地行使了校方的权力和自行决定的自由。

法院已在许多重要的领域与学校建立了联系：正当程序、言论自由、发型和着装规范、校园搜查和安全。

正当程序

1961 年狄克逊诉亚拉巴马州教育委员会（Dixon v. Alabama State Board of Education）案是学生权利的重大突破，因为上诉法院首次裁定，根据正当程序的要求，学生在因行为不端而被学校开除之前应收到校方的通知并有机会进行听证。1969 年，美国最高法院对廷克诉得梅因独立学区案做出了影响深远的裁决，即宣布学生在学校门口仍享有宪法赋予的言论自由权利。本案涉及的问题是，学生是否有权佩戴黑臂章来抗议越南战争，法院裁定，校方无权干涉言论自由，即使是表达一个不受欢迎的观点，除非校方有理由相信这会干扰学校的运作。在 1986 年的伯特利学区 403 号诉弗雷泽案中，法院支持了学校系统对使用亵渎或淫秽言论或手势的学生进行停学或处罚的权利，理由是使用猥亵和攻击性言论破坏了学校的基本教育使命。在 1988 年黑兹尔伍德学区诉库尔迈耶案中，法院裁定，校长可以审查学生出版物中与怀孕和父母离婚有关的文章；法院的多数派认为这种审查是合理的，因为学生的出版物往往被认为是学校教育课程的一部分。

1975 年 1 月，美国最高法院着手处理学校正当程序权利的问题，在戈斯诉洛佩斯案中，法院规定，如果没有遵循基本公正的事实调查程序，学校不得立即停学，哪怕一天也不行。在 10 天或 10 天以下的停学期间，学生有权得到有关指控的口头或书面通知、对证据的解释以及被聆听的机会。伍德诉斯特里克兰案的裁决是在戈斯大学的裁决一个月后做出的，裁决认为，如果学校官员故意剥夺学生明确享有的宪法权利，他们可能会遭到起诉，并承担经济赔偿责任。

在 1975 年贝克诉欧文案和英格拉汉姆诉赖特案中，体罚问题出现在美国最高法院面前。尽管贝克诉欧文案只是维持了下级法院的判决，但英格拉汉姆诉赖特案则认为，根据美国宪法第八修正案，合理的体罚并不是残忍和不寻常的惩罚。

言论自由

一些法庭案例已经界定了学生在学校里宗教自由和言论自由的权利。在西弗吉尼亚州教育委员会诉巴内特一案中，最高法院裁定，如果学生向国旗敬礼侵犯了他们的宗教权利，就不能强迫他们这么做。在廷克一案中，佩戴黑臂章被认为是象征性的语言，因此受宪法第一修正案保护。

发型和着装规范

在 20 世纪 60 年代末至 70 年代初，裁决学校管理者是否有权对违反发型和着装规范的学生实施停学的法庭案例非常普遍。在余诉莫伊尼汉案中，学生决定发型的权利被判定是宪法赋予的隐私权；后来，在理查兹诉瑟斯顿一案中，法院裁定，学生留长发的权利属于个人兴趣和个人自由。在克罗斯森诉法特西案中，一项禁止“极端风格和时尚”的着装规定被裁定不符合宪法、含糊不清、不可执行，并且侵犯了学生的隐私权。其他裁决还规定，学校不能禁止学生穿宽松裤、工装裤或把头发“披散在肩膀上”。

学校搜查

在学校，毒品和武器的使用正在改变警方与学生关系的性质。20世纪90年代，警方开始执行1990年的《联邦无枪学区法案》（*Federal Gun-Free School Zones Act*），并且越来越多地在全美的社区执行无毒品学区法。无毒品学区通常包括学校和周边1000英尺范围内的区域。亚拉巴马州的法律是全美最严厉的：学校三英里以内的地区都禁止毒品。

随着学校官员努力地恢复对校园的控制，缉毒犬、呼气酒精测量仪、隐藏摄像机等工具的使用以及对学生口袋、钱包、储物柜、课桌和车辆实施例行的学校搜查越来越频繁。某些情况下由学校官员亲自进行搜查；其他情况下，警方会前来介入搜查。

在1985年新泽西诉T.L.O.一案的裁决中，美国最高法院审查了第四修正案中反对不合理搜查和扣押的权利是否适用于学校的问题。1980年3月7日，新泽西州米德尔塞克斯郡皮斯卡塔韦高中的一名教师发现两名少女在厕所里抽烟。他向校长办公室报告了这一违反校规的行为，两名女生被要求去见副校长助理。其中一个女生T.L.O.辩解自己什么都没有做错，而副校长助理要求检查一下她的钱包。检查时发现了一盒香烟和卷烟纸、一些大麻、一根烟斗、一大笔钱、一份欠T.L.O.钱的学生名单，还有几封信件等，这些都表明她和大麻交易有关。T.L.O.后来在警察局承认在学校里贩毒。

少年法庭裁决T.L.O.有违法行为，判处她一年缓刑，但她向新泽西州最高法院提出上诉，理由是在本案的情况下，搜查她的钱包是不合理的。当新泽西州最高法院支持她的上诉时，该州向美国最高法院提出上诉，最高法院裁定，只要学校工作人员认为有人违反了法律或校规，他们就有权搜查储物柜、课桌和学生。法院指出，搜查的合法性不必以获得搜查令或有犯罪发生的可能原因为依据；相反，应考虑到搜查的范围、学生的性别和年龄以及学生当时的行为，搜查的合法性取决于其合理性。

这一裁决的意义在于，最高法院为加强学校安全措施打开了大门，因为它赋予了校方和警方搜查涉嫌违反校规学生的权利。在1985年到1991年的18个案件中，有15个案件采纳了T.L.O.案的裁决，支持校方的介入。

在1995年弗农尼亚47J学区诉阿克顿案的裁决中，美国最高法院通过将学生运动员的随机药检政策合法化从而扩大了学校的搜查权力。这一裁决表明，只要政策具有合理性，学校可以采用安全校园项目，如药物检测等。

在2002年波塔瓦托米郡92号独立学区教育委员会诉厄尔斯一案的裁决中，美国最高法院推翻了上诉法院的判决，支持学区对参加课外活动的学生进行药物检测的权利。法院认为，这是一种“合理有效的手段，可以解决学区在预防、威慑和检测学生吸毒方面的合理关切”。审理波塔瓦托米案的法院扩大了弗农尼亚案的裁决，将学生运动员的药物检测扩展到参加课外活动的学生中，这是一个特别重要的问题，因其考虑到了近期对职业运动员、大学运动员和高中运动员使用类固醇的担忧。

在 2009 年萨福德联合学区诉雷丁一案中，初中生玛丽安娜报告称，另一名女生给了她一粒处方剂量的布洛芬片。在搜查玛丽安娜的口袋时，发现了更多的药片、一些武器，还有一个日程安排。玛丽安娜说，这个日程安排是属于萨凡纳 · 雷丁（Savanna Redding）的，就是给她药片的那个女生。萨凡纳随后被校方搜查了背包、口袋甚至内衣。她的父母随后起诉了学区，称其侵犯了女儿的权利。美国最高法院裁定，鉴于犯罪的性质和案件的事实，校方的搜查不合法。图 9–3 描述了学校资源官的角色变化。

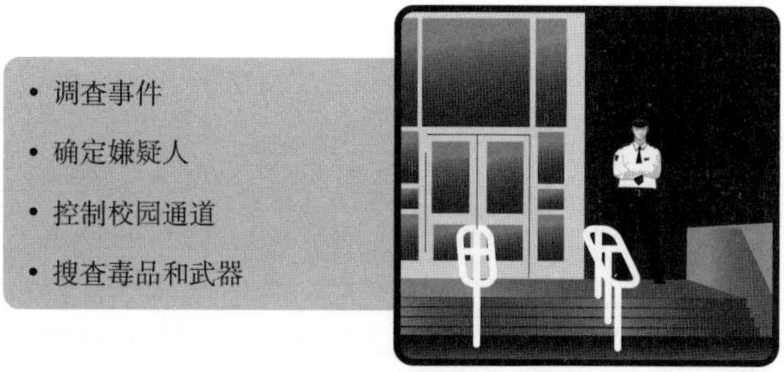

图 9–3　学校资源官的角色变化

安全

法院对学校的权利施加了限制，规定了对未成年人实施纪律处分的规则（廷克案），以及对学校行政人员采取纪律处分（戈斯案、英格拉汉姆案和其他案件）的程序性正当法律程序的要求，这使得各地校方越来越谨慎地使用严厉的惩罚方式。例如，校长们已经不太愿意因为一些诸如不服从管教、穿着奇装异服、在大厅里闲逛、在教室里捣乱等行为而让学生停学；如果是在几十年前，这样的行为会被立即停学。对学校领域日益增加的司法介入助长了（虽然没有引起）学生不守规矩的行为，从而减弱了公立学校学生的安全性。

总之，在过去的 30 年里，司法介入对学校既有积极影响，也有消极影响。与过去相比，学生权利被滥用的可能性很小，因为法院已经明确规定，学生在学校中保留特定的宪法权利。然而，那些认为自己有可能受到法院判例束缚的学校行政人员已经不愿对捣乱的学生采取坚定严厉的惩罚，校园暴力和违法行为仍然是个问题。表 9–2 是关于学生权利的里程碑式的案件汇总。

表 9–2　　具有里程碑意义的案件和学生权利总览

权利类别	案件名称和日期	案件概况和判决
程序性正当法律程序	狄克逊诉亚拉巴马州教育委员会案（1961）	该案规定，正当程序要求，学生在因行为不端而被开除之前有权收到通知并有机会进行听证
程序性正当程序	廷克诉得梅因独立学区案（1969）	本案涉及的问题是，学生是否有权佩戴黑臂章来抗议越南战争，法院裁定，校方无权干涉言论自由，即使是表达一个不受欢迎的观点，除非校方有理由相信这会干扰学校的运作
程序性正当程序	伯特利学区 403 号诉弗雷泽案（1986）	法院支持了学校系统对使用亵渎或淫秽言论或手势的学生进行停学或处罚的权利，理由是使用猥亵和攻击性言论破坏了学校的基本教育使命
言论自由	西弗吉尼亚州教育委员会诉巴内特案（1943）	如果学生向国旗敬礼侵犯了他们的宗教权利，就不能强迫他们这么做
发型和着装 / 衣服	余诉莫伊尼汉案（1969）	学生决定发型的权利被裁定是宪法赋予的隐私权
学校搜查	新泽西诉 T.L.O. 案（1985）	只要学校工作人员认为有人违反了法律或校规，他们就有权搜查储物柜、课桌和学生。这一裁决的意义在于，最高法院为加强学校安全措施打开了大门，因为它赋予了学校官员和警方搜查涉嫌违反校规学生的权利
学校搜查	弗农尼亚 47J 学区诉阿克顿案（1995）	最高法院通过将学生运动员的随机药检政策合法化扩大了学校的搜查权力。这一裁决表明，只要政策具有合理性，学校就可以采用安全校园项目，如药物检测等
学校搜查	波塔瓦托米郡 92 号独立学区教育委员会诉厄尔斯案（2002）	最高法院推翻了上诉法院的判决，支持学区对参加课外活动的学生进行药物检测的权利
学校搜查	萨福德联合学区诉雷丁案（2009）	法院裁定，由于犯罪的性质和案件的事实，学校搜查不合法

我们的目标是让更多的州达到这些标准。正如这一章反复提到的，教育成就和参与，以及辍学，对未成年人违法犯罪和成年后犯罪都有着重大的影响。例如，托马斯·布隆伯格（Thomas Bloomberg）和其同事分析了佛罗里达州惩教所释放的4147名未成年违法者，得出了以下两个结论：

1. 在监禁期间学习成绩高于平均水平的青少年，获释后重返学校的可能性明显更高；
2. 在公立学校的出勤率高于平均水平的青少年，获释后一年内再次被捕的可能性明显更低。

尽管非裔男性的学习成绩突出，但就学的预防作用在不同的种族和性别上是相似的。这表明，教育可以成为帮助年轻罪犯成功重返社区的更大的预防工作的一部分。

学校纪律

公立学校和私立学校都有责任为学生和教师提供一个安全的环境，并促进有利于学习的氛围。对那些危害他人或造成消极学习氛围的学生，有时惩罚是必要的。

安全措施

学校通常有一系列的安全措施来处理诸如校园斗殴、故意毁坏、盗窃、毒品、酒精、武器、炸弹威胁、教师安全、停车场问题、火灾警报和校外闲杂人员等问题。每种情况通常都有一些与之相关的安全措施。例如，反毒品措施可能包括使用缉毒犬、随机搜查、搜查储物柜、毒品烟雾检测和使用探测刷等。

体罚

一个重要的纪律问题涉及教师或学校官员是否可以合法地对行为不端的学生实施体罚。依据法律，超过一半的州不允许这么做。尽管如此，美国最高法院仍然支持在公立学校使用体罚，以此作为一种合法的惩戒措施。然而，在那些允许体罚的州，学校官员对使用体罚感到担忧是可以理解的。

校内滞留

放学留校通常以一小时为单位，并在指定地点进行。一般来说，任何工作人员或代课老师都可以安排学生放学留校。留堂则由教师指定学生在特定的教室里实施。星期六学校，是由学校安排的惩戒方式，通常在自习室进行，一般持续四小时。

校外停学

79%~94% 的学校有所谓的“零容忍”政策，这是一个学校或地区政策的术语，要求对学生的各种违法行为进行一定程度的惩罚。2009 至 2010 年，加州学校停学 40 万次。在那个学年，7% 的加州学生和 18% 的非裔学生至少被停学一次。残疾学生被停学的可能性是正常学生的两倍多。州政府委员会（Council of State Government）2011 年的一项研究发现，那些曾被停学或开除的学生中，留级、进入少年司法系统和选择辍学的风险更高。

开除学籍

停学和开除学籍的主要区别是强制学生离校时间的长短。停学可能只会持续几天，但开除学籍可能会延长到一年。在当地教育委员会决定开除学生时，通常还会在执行前任命一位负责主持公正的听证官。导致开除学籍的指控有：

1. 在学校操场或学校活动中持有枪支或其他致命武器；

2. 在校外使用枪支或其他致命武器进行犯罪活动；

3. 在校内或校外贩卖或企图贩卖毒品。

学校犯罪预防

少年司法和犯罪预防办公室审查了一系列学校犯罪预防项目，如替代学校、辅导制、家长培训、学校课堂参与、社区意识模型、药物 / 酒精治疗和教育、旷课预防、善后服务以及互动教室等。

少年司法和犯罪预防办公室的项目指南中列出的最有前景的干预措施之一就是互动教室，这是一项能促进小学生亲社会行为和学术能力的多元化教学和课堂管理方法，该方法旨在激发学生的参与性、责任感和学习动力，从而减少问题行为。这种方法以教育学理论为基础，强调学习作为一种社会活动的重要性。也就是说，互动教室项目强调了儿童如何学习的重要性；强调了互动学习的重要性；强调教师要从个体层面上了解到每个学生及其家庭；强调要教育学生合作、责任和自我控制等社交技能。

该项目由教育工作者开发，内容涵盖课堂组织、晨会、制定规则和后果、学术选题、引导发现以及与家长沟通六个组成部分。

评价方法

前测 / 后测和准实验设计被用来评估互动教室项目对学生发展社交技能和学术能力的有效性。来自两所学校（一至五年级）的 301 名不同种族的城市学生参与了调研，学生们的社会经济背景较差，其中 95.4% 的学生有资格享用廉价或免费的午餐。在这些学生里，有 253 人接受了互动教室教学法的训练；控制条件是来自第三所学校的 48 名学生，他们没有接触过互动教室项目。为了调查该教学法的有效性，研究者对教师、家长和学生三个群体都使用了定量和定性的评价指标。

评价结果

尚未发表的三项有关互动教室的研究，评估了从学前班到六年级的白人学生、非裔学生和拉丁裔学生。这些研究一致得出，互动教室项目对提高学生的社交技能以及降低行为问题有积极的影响。耗时最长的研究是一项历时六个月的干预，研究结果显示，互动教室对学生的社交技能和学术能力有积极的影响。那些接受互动教室干预的教师、家长和学生报告称，从秋季到春季，社交技能的平均使用频率发生了积极改变，而同期没有接触过互动教室项目的结果几乎没有变化或变差。

在学业方面，互动教室学生在基本技能测试中的分数有显著的提高。此外，统计数据表明，社交技能可能对学生的学业起到了促进作用。教师们声称，他们喜欢这种有效的教学方法，但现实中很难实施。因此有人建议，应用这种教学方法之前需要先花时间去学习如何实施。

辍学原因

高中辍学者的比率已然成为美国的一个主要问题，20% 的学生在毕业前辍学。当今将近 500 万 18~24 岁的年轻人没有高中文凭。此外，美国高中毕业率在 28 个工业化民主国家中排名第 20 位。学生选择辍学有四个相互作用的原因：

1. 学业失败，即课程不及格；
2. 对上学不感兴趣，导致出勤率低；
3. 校内外妨碍学习的问题行为；
4. 生活事件，如找工作、怀孕或照顾生病的家庭成员等。

陈增银（Zengyin Chen）和霍华德 · B. 卡普兰（Howard B.Kaplan）开展了一项研究，将学校和生命历程观点结合起来。通过在三个发展阶段（青春期早期、成年早期和成年中期）收集的纵向固定样本数据集，陈增银和卡普兰分析了早期学业失败对中年时期地位成就的影响，他们得出结论："早期的负面经历在向成年过渡的过程中引发了一系列的不利因素，而这些不利因素反过来又影响了后续社会经济地位的成就。"

温迪 · 施瓦兹（Wendy Schwartz）通过对教育资源信息中心（Educational Resource Information Center）的数据进行分析后得出：

- 过去 20 年，辍学者的收入水平翻了一番，而大学毕业生的收入水平几乎翻了三倍；
- 估算一生收入总额，近期的辍学者将比高中毕业生少 20 万美元，比大学毕业生少 80 多万美元；
- 辍学者占全美监狱犯人的近一半；
- 在享有低保的所有户主中，有近一半是辍学者。

罗伯特 · J. 桑普森和约翰 · H. 劳布已经证明，高中可以成为个体生命历程的转折点（见第 2 章）。理查德 · 阿鲁姆（Richard Arum）和艾琳妮 · R. 比蒂（Irenee R.Beattie）评估了高中教育经历对成年监禁可能性的影响。通过事件史分析法和全美少年数据纵向调查的数据，他们发现高中教育经历对个体被监禁的风险有持久影响。这项研究提供了高中背景的具体说明，以探讨高中经历如何得以决定青春期少年的人生轨迹。

先前的研究发现，少年时期的同伴地位与学习成绩和适应能力呈正相关。然而，犯罪亚文化理论表明：

1. 下层社会男孩往往会通过暴力获得某种形式的同伴地位；
2. 加入暴力组织会削弱教育程度。一项研究分析了全美少年数据纵向调查的数据，旨在观察高暴力组织中的同伴地位是否会增加男生高中辍学的风险。

结果发现，暴力组织中地位高的下层社会男孩比其他学生更有可能成为高中辍学者。

金伯利·亨利（Kimberly Henry）及其同事在 2012 年发表的一篇文章中，利用罗切斯特少年发展研究的数据，发现对学校产生疏离感是一种预警信号，与辍学以及在青春期中期、晚期和成年早期出现的严重行为问题密切相关。换句话说，在青春期和成年早期，对学校产生疏离感是辍学、犯罪和物质滥用的预测因素。

总之，少年辍学者要承担严重的后果，包括就业困难、收入下降、同伴关系恶化、物质滥用和违法行为。也有一些证据表明，辍学会对个体造成终生影响。

未成年人违法犯罪和社会政策：有前景的干预策略

有些干预策略有望使美国学校获益：提高学生在校经历的质量；为遇到困难或问题的学生安排导师；扩大利用替代学校安置不能适应传统教育设置的学生；在公立学校减少犯罪控制和惩罚；发展出一套综合方法辅助学生取得成功，这套方法需要家庭、学校、教会 / 犹太教会、家长以及影响学生社会进程的其他机构和人士的协同参与；有效的校园暴力预防项目；更有效的预防辍学项目等。

提高在校经历的质量

如前所述，少年的在校表现和学业成就对未来生活有着密切的影响。不同的研究发现以下几方面。

- 优质教学是防范不当行为的第一道防线。优质教学能使学生感到被需要和被接纳，并能鼓励学生在课堂上形成更多积极成功的体验。
- 教育必须更多地因材施教。
- 学业成就应该依据学生个人的进步来定义，而非与其他人的比较。这对于低成就者尤为重要，因为他们需要最好的条件和最优秀的教师去激发自身的潜能。
- 应尽量避免使用分组分轨制度对学生的能力进行分类。
- 安全保障是教育系统最重要的先决条件之一。

- 学生有权参与学校的运作。少年常认为自身处于一个超越了他们的控制且对其需求没有回应的教育系统中。
- 最后，学校应采用更灵活的教育时间和日程安排以使学生适应“工作世界”。

辅导制

2005 年，有 300 万成年人与少年建立了正式的一对一辅导关系，比 2002 年增加了 19%。少年发展领域的专家们普遍认为，接受辅导是儿童社交、情感和认知发展的一个关键组成部分，而且接受辅导也有可能使儿童变得勤奋并有胜任感，从而提高学习成绩和拓宽视野。校本辅导作为当今最有前景的少年辅导形式之一，正迅速发展。

替代学校

在美国许多课堂里，破坏性行为是一个非常严重的问题，捣乱的学生们经常被学校管理人员勒令停学或开除。然而，即刻停学的政策可能会给捣乱的学生贴上失败者的标签，并强化他们的负面行为。对于那些公立学校无法控制或表现不佳的少年，转介去替代学校是一种更令人满意的选择。有时少年法庭会判决学生去替代学校就读，但由公立学校直接转介更为常见。2000 至 2001 年，39% 的公立学区有替代学校和相关项目，大致有 10 900 个替代学校和相关项目为美国约 613 000 名有风险的学生提供服务。相对于公立学校，替代学校不仅能更有效地对付捣乱的学生，通常还能降低缺勤率和辍学率。

积极的学校 – 社区关系

与通过投资硬件和预防技术来减少校园犯罪的努力相比，另一种干预策略是发展一种综合的或多成分的方法，需要家庭、学校以及影响学生社会进程的其他个体和机构的共同参与。因此，未成年人违法犯罪问题以及在校经历的质量如何，必须放在一个更大的学校 – 社区关系的背景下进行研究。

校本暴力预防项目

正如本章反复强调的，学校对学生来说必须是安全的。无论是在上学还是放学回家的路上，都要使孩子们感到安全。校方必须保护学生不受（包含霸凌在内的）任何形式的伤害。当学生被他人以任何方式侵犯时，教师的回避或不予回应的态度是不可原谅的。

从矫治机构重返学校

少年司法中一项新的优先权是强调学校在未成年违法者从矫治机构回归到社区生活中的作用。

当一个长期生活在矫治机构的未成年违法者回到公立学校就读时，就会引起潜在的问题，而未成年违法者、同学、老师和社区的需要都必须被考虑到。

肯塔基州的富兰克林高中就是这样一个典型，该校目前大约有 40 名学生，学生和老师的比例约为 2:1。学生们直接从矫治机构来到学校，过渡协调小组负责筛选返回的学生。学生们在学校停留的时长取决于个人的意愿。尽管该校的办学宗旨是为学生的其他教育安置做好准备，但实际上学生们也可以在这里继续就读直至毕业。该校设有家庭协会，家庭协会是一个私立机构，负责为学生和其家庭提供教育咨询服务。

减少高中辍学者的人数

2009 年全美州长协会（National Governors Association）出版的《实现人人毕业》（*Achieving Graduation for All*）提供了一系列行动步骤，旨在建立一个更有效的辍学预防和恢复议程。这些行动步骤包括：

1. 促进全民高中毕业；
2. 重点关注有辍学风险的少年；
3. 重新吸引已辍学的少年；
4. 为获得高中文凭提供严谨的、相应的建议。

减少公立学校的犯罪控制模式

在过去 20 年里，虽然公立学校学生的犯罪、吸毒、校园暴力以及和学校相关的死亡案件有所减少，但公立学校对正规社交的控制也在不断增强。最近发表在《犯罪学》（*Criminology*）杂志上的一篇文章写道：

- 学校已经变得太像监狱。许多城市高中的建筑风格像监狱一样刻板、缺乏人情味，室内设计单调乏味；行为不被接受的学生会受到教师的羞辱；坚持行走时排好队；限制楼内随意走动；有时通过着装规范管理学生的形象。
- 对构建安全校园的呼声是当今公共教育的一个重要问题。然而多数公立学校增建的安全设施使校园看上去像个监狱。许多学校都有穿制服的警察；其他学校也有自己的保安。在一些学校里，学生必须经过金属探测器的搜查才能进入，电子门锁也变得越来越普遍。很多学校每天都会在学生储物柜里搜查毒品和武器。给学生戴上身份标签或带照片的学生证以及教师专用的无声紧急按钮是学校用以重新控制环境的手段。
- 犯罪控制模式是大多数城市公立学校的指导原则。破坏规则者和捣乱者的行为往往用刑事司法的语言加以界定。学生有时被称为“嫌疑人”或“惯犯”，他们要接受“调查”“审讯”和“警犬搜查”，有时还要接受“请求支援”的保安人员的搜查。学生可能会被校内停学，这至少部分与单独拘禁有关。现实情况是，2008 年佐治亚州一名 13 岁的男孩在被罚校内停学时，在一间类似牢房的“安全室”里上吊自杀。此外还有一些类比，如将校外停学比作监禁，将开除比作处决，将零容忍政策在学校的作用比作强制性的最低刑事判决制裁等。

- 一个严重的问题是，对于类似的行为，非裔学生受到的惩罚比其他人更频繁、更严厉。这种做法似乎反映了非裔罪犯因类似罪行受到比其他罪犯更严厉的刑事惩罚（尽管研究中不可能控制所有背景差异或可减轻罪行的情况）。在有较多非裔学生、贫困学生和西班牙裔学生的条件较差的城市学校里，似乎更有可能以惩罚的方式对待学生的行为，而以修复性的方式对待学生的可能性较小。

图 9–4 描述了可用于改善学校的干预策略的总览。

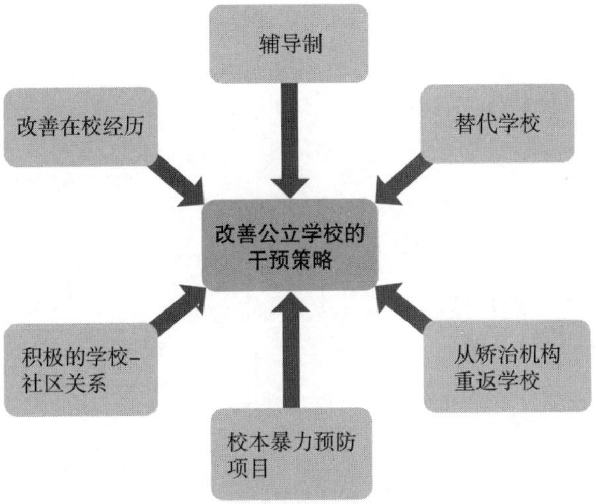

图 9–4　用以改善学校的干预策略

埃米 · 沃特斯的人生历程（14 岁）

埃米的流浪生涯在二月份一个寒冷的夜晚戛然而止，那晚达蒙没有像往常一样回到她身边。早些时候，他曾告诉埃米，自己要出去“拍照”，他喜欢把为摄影师摆姿势的时间称为“拍照”，以迎合同性恋群体对未成年男孩照片的部分需求。饥寒交迫的埃米来到了一家收容所，那里的工作人员很快看出她是离家出走的，就为她联系了一名社工。佛罗里达州儿童和家庭部门的一位女士访谈了埃米，确定她的身份，并给埃米的一些亲戚打了几个电话。吃完一顿热饭，在收容所住了一夜，埃米被安排上了一辆巴士，前往她姑姑艾伦的住处，全程需要两小时。当她抵达时，艾伦正在车站等她，并对她说了许多亲切的话。艾伦是埃米父亲的妹妹，和艾伦相处了几天后，埃米的父亲来接她回家。

埃米和父亲从来没有说过为什么离家出走，也从来没有提过藏在镜子里的摄像机。埃米很庆幸能回到自己的家，在自己的床上睡了一晚后，她彻底搜查了自己的房间，查看是否有隐藏摄像机，还好，这次并没有发现什么。埃米又恢复了正常的生活，继续上学。

埃米现在上初中了，然而，学校的气氛跟她离开时大不相同。其中一些学生看上去傲慢自负，而另一些则是彻头彻尾的麻烦制造者。似乎很少有学生关心自己的成绩，而且他们都和抱团的小圈子混在一起。埃米不属于任何一个圈子，她很快发现自己被同龄的女孩捉弄，她们可以用任何借口取笑她。有一次，她们嘲笑埃米穿的衣服，说那是“沃尔玛里最好的”。还有一次，她们评论她的长相，说她长得丑，留在地球上是对可再生资源的浪费（这是课堂上正在学习的内容）。埃米感到被孤立了，因此而心烦意乱。她非常想专心学习，但很难做到。直到她想起了三年前的经历，当时自己不得不加入一群强势的人，以结束她所遭受的霸凌。而且，经历了流浪时的性体验后，埃米轻而易举地获得了学校最受崇拜的运动员们的青睐，竟然很快地成了橄榄球队明星后卫CJ的女友。CJ只有17岁，他考试挂科，但粗犷而不拘小节的个性吸引了埃米。一次CJ对埃米说：“我从来不是什么循规蹈矩的人，越是有人告诉我不要做，我就越想去做。”后来，“不许碰这个女孩，她是CJ的人”这句话在学校传开了，那些曾经奚落过埃米的女孩们很快就改变了态度。

学校环境该如何更好地构建以保护埃米免受霸凌？一般来说，在高中环境中是否存在某些方面会无意促成（或支持）了未成年人犯罪活动？

在下一章中，我们将继续讲述埃米·沃特斯的传奇故事。

第 10 章

帮派与未成年人违法犯罪

犯罪之声

里科的故事[①]

里科在街上名声在外。他从八九岁起就在芝加哥的奥迪之家（Audy Home）[②]进进出出，蹲过监狱。他还在圣查尔斯和谢里丹待过，因此成了一名相当优秀的拳击手。虽然他的体重不足 130 磅，但体型很好，也能保护好自己。

当时，他只是罪恶领主帮的“小人物”，但不久之后他位列帮派中层，然后成为高层头目（罪恶领主帮的成人版）。重要的是，他在 16 岁的时候，就已经开始筹谋要做罪恶领主帮的头目了。然而终其一生，他有 41 年的时间在监狱里度过，失去掌控的自由，甚至做什么都要完全听从别人支配。

1962 至 1963 年，博比·戈尔开始发挥领导作用并着手设立各种项目。里科在一定程度上参与了这些“社会改善”计划，但他其实更想在帮派和街头建立自己的声誉。他也很清楚自己在矫治系统中走马观花的体验会让母亲失望，因而感到心烦意乱。

1966 年，21 岁的里科被指控持枪抢劫，在法庭审理中，他面临着是服兵役还是去坐牢两个选择。里科认识一个叫弗雷德·汉密尔顿（Fred Hamilton）的人，一年前他也经历了同样的选择。后来弗雷德去了武装部队，可到越南没多久就被装进裹尸袋里送了回来。

里科即刻做出决定要去监狱；再说，他也不打算参加别人的战争。在库克郡监狱待了一段时间后，他又去了约列特矫治中心，那里就像一个接待中心，最后他被送进位于庞蒂亚克的伊利诺伊州监狱，那里在当时被称为“角斗士学校”。一年后，他被当街释放，由此开始了他成人版的黑帮生涯。

---

① 改编自克莱门斯·巴特勒斯即将出版的《里科·约翰逊传》（*Rico Johnson*），里科·约翰逊是罪恶领主黑帮帝国的头目。

② 一家未成年人矫正机构。——译者注

在过去的 30 年里，以苏联 AK-47 步枪、以色列乌兹冲锋枪、美国军用 M16 步枪和其他自动枪械为武器装备的城市街头帮派已经发展成为小型犯罪帝国，为掌控谋取暴利的毒品、汽车盗窃、卖淫、枪支走私和敲诈勒索等勾当而相互争斗。非法毒品是帮派赚钱的主要手段，结晶可卡因或霹雳可卡因的生产和销售是其主要业务。最重要的是，毒品交易把街头帮派变成了以贫民区为据点的营利性犯罪组织。尽管大多数城市或街头帮派都是由成年人领导的，但未成年人往往在他们的日常犯罪活动中扮演着重要角色。

随着街头帮派变得越来越商业化，一些人与其他有组织的犯罪集团建立了联系，包括墨西哥贩毒集团、亚洲犯罪集团和俄罗斯犯罪家族。黑帮及其成员在使用电脑、手机和互联网等技术方面也变得越来越纯熟。这些尖端的高科技工具经常被用来为犯罪活动提供便捷的服务，避免被警方发现。尽管有消息称，美国各地的黑帮成员规模都有所缩小，但一些拉美裔帮派，如萨尔瓦多帮和第 18 街却在不断涌入新人。

本章将重点关注那些加入帮派的未成年人。青少年帮派已然成为多数国家的共性问题，在美国的城市、郊区和农村地区都普遍存在。

美国的青年帮派

黑帮在美国已经存在了几个世纪。例如，1812 年爆发的英美战争时期，让·拉菲特（Jean Laffite）率领他的拓荒者和走私者队伍，对抗支持安德鲁·杰克逊（Andrew Jackson）的英国人，青年帮和詹姆斯帮这两个声名狼藉的西部帮派，长久以来都是民间英雄。我们已知的一些青年帮派，也都起源于美国历史的最初几十年。一些证据表明，青年帮派可能早在美国独立战争时期就已经存在；其他数据表明，它们最早出现在 1813 年墨西哥和美国边境战争之后的西南部。19 世纪初，由于经历了农业社会向工业社会的转变，青年帮派似乎已经蔓延到了新英格兰。19 世纪，随着移民和人口迁移达到高峰，芝加哥和其他大城市的青年帮派开始蓬勃发展，主要是爱尔兰人、犹太人和意大利人。到 20 世纪，青年帮派的构成基本上每 10 年就会发生相当大的改变。

帮派和游戏活动：20 世纪 20 年代到 40 年代

1927 年，弗雷德里克·斯拉舍（Frederick Thrasher）发布的《黑帮：对芝加哥 1313 个帮派的研究》（*The Gang: A study of 1313 in Chicago*）是一项颇具开创性且迄今无人能及的研究。斯拉舍认为，帮派是少数民族社区发展出的正常组成部分。一起上学和一起在社区玩耍的少年自然而然地会产生强烈的认同感，这使他们成了紧密联系的团体。这些帮派是从社区游戏团体演变而来的，它们没有任何特定的目的或目标，基本上是暂时的社会团体，一般成员不到 30 人。他们通常被组织成三个同心圆：一个由领导和副手组成的核心、普通成员和一些偶入成员。最后，虽然帮派之间有所不同，但保护势力范围是被普遍预料到的帮派行为。

很明显，青年帮派在芝加哥很早就出现了，因其满足了青春期男孩们的社会需求，为男孩们提供了一种从青春期过渡到成年阶段的仪式感，正是通过加入帮派，他们准备进入人生的下一阶段，包括承担起成年人的责任。

《西区故事》时代：20 世纪 50 年代

从 20 世纪 40 年代末到 50 年代，青年帮派在波士顿、纽约和费城等城市地区更为猖獗。十几岁的孩子们除了消磨时光外还一起聚会，必要时也会联合起来对付其他帮派。音乐剧《西区故事》（*West Side Story*）后来被拍成了电影，讲述的正是 20 世纪 50 年代两个纽约青年帮派唱歌、跳舞、抢夺地盘的故事。从波多黎各移民过来的"鲨鱼"帮保卫着他们的地盘，"火箭"帮也是如此，两个帮派势力范围的分界被限定在各自的种族边界之内。

20 世纪 50 年代的帮派虽不像如今的帮派持有致命武器，但它们却非常暴力。本书的作者之一于 1960 至 1961 年曾受雇于新泽西州纽瓦克市的一个白人帮派。之所以能得到这份工作，是因为刚上任两周的前任职员被刀抵住胸口，割破了衬衫还出了血。那位前任职员被威胁到，若不辞职就会遭殃，所以他就即刻离开了。在那一年，作者了解到很多有关帮派如何运作的内容，与前任职员不同的是，他不曾有过被威胁的经历。

联邦、州和地方政府投入了大量资金，用于防止和控制帮派间的争斗。例如，根据沃尔特·B. 米勒的观点，获得资助较多的项目之一"派遣工人计划"把专业工人派遣到社区中，同帮派少年们一起工作，但事实证明这对减少帮派犯罪率几乎或完全没有任何积极的影响。然而，J. 霍奇金森（J.Hodgkinson）和其同事对 2009 年综合帮派计划进行系统性回顾后发现，这些计划的实际影响比最初米勒的分析结果要更乐观。

这些帮派继续满足着青春期少年的社交需要，他们经常在一起闲逛找乐子，偶尔也会和其他帮派发生暴力冲突，但往往是挥舞拳头而不是持刀拿枪。

现代帮派的发展：20 世纪 60 年代

20 世纪 60 年代，社会和政治气候骤然变化，毒品首次影响了帮派活动，"超级黑帮"在几个城市纷纷出现，帮派开始参与到社会改善计划和政治活动中。

毒品导致了一些城市地区的帮派活动减少，在 20 世纪 60 年代中后期，当帮派活动开始减少甚至从一些城市销声匿迹时，一些评论人士认为帮派问题即将终结。纽约市是 20 世纪 60 年代帮派活动明显减少的城市之一，出现这种现象的主要原因是帮派成员吸毒；次要原因涉及民权运动、城市骚乱、激进组织的壮大、越南战争和贫民区人口的大量逃离。

纽约市布朗克斯区一个大帮派的头目对20世纪60年代帮派的衰落进行了反思：“如果兄弟们嗑嗨了或是终日昏昏欲睡，你是无法让他们对帮派事务上心的。”20世纪60年代，一名曾在纽约市西班牙哈莱姆区吸食海洛因多年的大学生也认为帮派的衰落应归咎于毒品：

> 我哥哥是一个远近闻名帮派的成员，但我们没去干过那种事。伙计，我们在吸毒。这很酷，我们都忙着吸毒，根本没时间混在帮派里。每个人都只顾着自己。

20世纪60年代也是主要的超级黑帮得到发展的10年。有的社区帮派变得比周围其他社区帮派更大、更强，因此强迫这些帮派成为它们的一部分。最后，几个帮派会控制整个城市。例如，在20世纪60年代，一个非裔的超级黑帮——瘸子帮，就发迹于洛杉矶南部的一个小帮派。截止到1972年，洛杉矶有18个瘸子帮和血帮，他们是该市500多个活跃黑帮中最大的帮派。在芝加哥，罪恶领主、黑石骑兵和黑帮福音，如今都是重要的超级黑帮，也是从那个年代开始的。

20世纪60年代后期，芝加哥的三个超级黑帮开始参与社会和政治活动。与其他芝加哥街头帮派相比，罪恶领主帮在社区改善项目上走得更远。他们参与社会活动始于1967年夏天，当时罪恶领主头目们出席了西部电气公司（Western Electric）、西尔斯百货（Sears）和罗巴克公司（Roebuck）的会议。通过这些会议，“自力更生行动”成立了教育、娱乐、法律、秩序和司法委员会。1967年2月，洛克菲勒基金会（Rockefeller Foundation）的一笔拨款资助罪恶领主帮成立了一系列经济和社会企业，他们还与杰西·杰克逊（Jesse Jackson）一起开展了“面包篮行动”，并在1969年夏天与联合社区行动联盟（Coalition for United Community Action）合作，抗议非裔社区建筑工地减少雇用非裔美国人。

1968年，芝加哥的三个超级黑帮一致反对市长理查德·戴利（Richard Daley）的民主党连任，这种政治激进主义给他们与民主党组织的关系带来了更大的压力。法律和政治背景之间的相互勾连在芝加哥街头变得很明显，因为街头帮派认为自身受到了警方的骚扰。戴利市长的新任期一开始，就宣布要打击帮派暴力。州检察官爱德华·汉拉罕（Edward Hanrahan）评论说，帮派问题是芝加哥最严重的犯罪问题。法院也遵从了对帮派的镇压，使伊利诺伊州被送进监狱的帮派成员人数大幅增加。

此外，在20世纪60年代，一些帮派参与了民权斗争。然而，马丁·路德·金（Martin Luther King, Jr.）在芝加哥的士兵场上对帮派的轻蔑言论，在很大程度上终结了对帮派的支持。就在金讲话的时候，帮派青年们纷纷起身离开以示不满。因此，芝加哥的帮派青年越来越多地参与到黑豹党和黑人民族主义团体中，因为他们对主流民权斗争失去了兴趣。

帮派出现的社会根源可以从黑石骑兵帮和罪恶领主帮在各自社区实施的“社会改善”计划中

看出。利用联邦政府和地方政府的拨款，他们试图改善社区环境。然而，没过多久，杰夫・福特（Jeff Fort）和黑石骑兵帮就被指控资金使用不当，拨款支持迅速枯竭。

扩张、暴力和犯罪活动：20 世纪 70 年代和 80 年代初

20 世纪 70 年代和 80 年代初，由于成年人担任黑帮头目，街头帮派在美国行凶抢劫、盗窃、勒索和贩毒活动中所占的比例越来越大。20 世纪 70 年代初，一个又一个的城市陆续报告了帮派的严重问题，很明显，70 年代和 80 年代初的帮派比 50 年代的帮派更暴力，更倾向于从犯罪中牟利；更有甚者是他们有计划地敲诈当地商人、参与抢劫、勒索学生钱财、恐吓当地居民以及贩卖赃物。

一些帮派的犯罪活动变得极其老练，这让警方认定他们是有组织地犯罪。这些帮派还雇用了律师，有些甚至还印制了名片以便敲诈勒索，他们把名片卖给企业以提供“保护”，并警告企业的竞争对手离开。20 世纪 80 年代中期是许多贫民区街头帮派的转折点。在此期间，对帮派出现起助推作用的各种经济因素开始明朗起来。帮派着手致力于从犯罪中牟利，贩毒成为他们的主营业务。霹雳可卡因泛滥街头，城市帮派为了毒品交易而相互竞争。

例如，洛杉矶的几个帮派与哥伦比亚的主要走私者建立了直接联系，从而保证了高质量可卡因的持续供应；在芝加哥的一些街区，由帮派“小人物”（年轻人充任）盯梢，全副武装的贩毒队伍在街角公开售卖。

20 世纪 80 年代，洛杉矶成立了专案组，持续致力于专门打击与帮派有关的犯罪活动。专案组认为，传统的街头帮派不只是一个地方性问题，因为这些城市帮派还可能与国际或跨国帮派以及贩毒集团勾结在一起。更有甚者，国际恐怖分子可能会利用洛杉矶帮派对该市进行暴力或大规模破坏。

新兴帮派的发展：20 世纪 80 年代末和 90 年代

在 1988 至 1989 年和整个 20 世纪 90 年代初期，美国各地突然出现了青年帮派的增长高潮。其中一些青年帮派直接用国内闻名的帮派名称命名，如来自洛杉矶的血帮和瘸子帮、来自芝加哥的“黑帮福音”“罪恶领主”和“拉丁王”。其他青年帮派则根据街区或他们有意对社区和他人展现的形象而自我命名。到 20 世纪 90 年代中期，在美国，几乎每座城市、大多数郊区、甚至一些农村地区都出现了自诩是帮派成员的年轻人。这些新兴帮派的增长在 20 世纪 90 年代初达到了顶峰，并在 90 年代末开始下降。

现状

从 20 世纪 90 年代中期开始，在全美范围内，除了新近出现的一些少数民族帮派还在增长（如

萨尔瓦多帮）之外，其他帮派数量和成员规模都开始持续下降。与此同时，联邦执法部门成功地粉碎了诸如黑帮福音这样的城市帮派。街头帮派在传统意义上是美国文化的副产品，但现在世界各地的许多城市都曾有过黑帮的报道，如墨尔本、东京柏林、法兰克福、伦敦、马德里、曼彻斯特和苏黎世等。另外，一些迹象表明，加拿大、俄罗斯和南美也有黑帮活动。有关帮派发展的时间历程，可参见图 10–1。

时间轴 20 世纪和 21 世纪初美国的帮派发展

20 世纪 20 年代至 40 年代	20 世纪 40 年代至 50 年代	20 世纪 60 年代
在芝加哥和其他城市，帮派大多是转瞬即逝的社会团体，而成为帮派成员是一种成年仪式	青年帮派在波士顿、纽约和费城相继成立，成员们一起出去玩，一起聚会，帮派之间为了抢地盘互相争斗	毒品开始影响帮派活动，芝加哥和洛杉矶出现了“超级黑帮”，一些芝加哥帮派参与了社会改善计划

20 世纪 70 年代至 1988 年	1989 年至 1999 年	2000 年至今
帮派头目由成年人担任，街头帮派实施了更多的非法行为和毒品走私，帮派也变得越来越暴力	美国各地的青年帮派数量激增	帮派数量和成员规模已开始略有下降，一些少数族裔帮派的成员激增。帮派逐渐在世界范围内出现

图 10–1　20 世纪和 21 世纪初美国的帮派发展

想一想

快闪帮

2011 年 4 月，成群结队的暴徒挤满了纽约时代广场，骚扰行人，冲进商店，从货架上抢走商品，然后逃跑，这已成为复活节的传统。纽约市的遭遇似乎与帮派入会的某种仪式有关，而费城最近也遭遇了同样的场景。十几岁的孩子们通过发短信和电子邮件的方式，自发组织起来，形成了被费城警察委员会称之为“快闪帮”的团体——一群暴力且劫掠成瘾的年轻人，他们在收到通知后即刻集结形成，基本上捉摸不透他们从何而来。

思辨与讨论：为什么年轻人要加入帮派？快闪帮为成员提供了哪些内容是其他社会机构无法替代的？

帮派活动的性质和范围

2012 年开始的全美黑帮调查（截至 2017 年的最新数据）估计，美国有 2.87 万个帮派和 85 万名帮派成员。调查结果显示，帮派成员人数处于近 10 年来的最低点。其中 2011 至 2012 年的人数下降大体可归因于小城市里帮派数目的减少，自2010年以来，这些小城市的帮派数目下降了近10%。

要了解帮派世界，就必须研究帮派的定义和帮派成员的概况，以及认识帮派对学校环境的威胁、城市街头帮派的组织结构和领导方式、全美范围内的小社区新兴帮派、帮派的种族和民族背景以及女性帮派。

帮派的定义

1927年斯拉舍的帮派研究是最早定义青年帮派的尝试之一。斯拉舍并没有明确说明帮派的定义必须包括非法活动，但芬恩–奥格·埃斯本森（Finn-Aage Esbensen）和其他大多数帮派研究者都对此加以明确。斯拉舍的帮派定义侧重于群体互动，而埃斯本森的重点则是界定帮派的人口统计学特征（年龄范围、身份认同感和职业忠诚度）。将上述定义结合起来，可以为青年帮派提供一个合适而全面的定义。

帮派成员简况

帮派成员简况至少涵盖帮派成员的年龄、帮派成员的种族和民族、帮派的规模、对帮派的承诺、帮派对少年的影响力、帮派和枪械以及帮派吸引力七个重要维度。

帮派成员的年龄

社区越小，帮派成员越有可能是未成年人。埃斯本森和其同事对11个地区的帮派成员进行了调查，发现年轻人在帮派成员中所占的比例如下：威斯康星州的密尔沃基市，占15.4%；亚利桑那州的凤凰城，占12.6%；内布拉斯加州的奥马哈市，占11.4%；新墨西哥州的拉斯克鲁塞斯，占11.0%；密苏里州的堪萨斯城，占10.1%；佛罗里达州的奥兰多，占9.6%；宾夕法尼亚州的费城，占7.7%；加利福尼亚州的特伦斯，占6.3%；罗得岛州的普罗维登斯，占6.0%；爱达荷州的波卡特洛，占5.6%；俄勒冈州的威尔县，占3.8%。

未成年人从八岁时就开始在帮派里跑腿、运送武器或传递信息，他们被招募为盯梢者和街头小贩，并加入帮派中的适龄初级组织。帮派利用更年轻和年龄较小的成员把可卡因带出狭窄的用钢筋加固的“石头屋”外贩卖。帮派早就清楚年轻人是多宝贵的棋子，因为年龄会保护他们免受成人刑事司法系统的严酷刑罚（如图10–2所示）。

帮派成员的种族和民族

根据2008年全美帮派中心调查（National Gang Center Survey）的数据，50%的帮派成员是西班牙裔/拉丁裔，32%是非裔美国人，11%是白人，8%是其他种族。最明显的趋势是，相比于非裔美国人和白人帮派成员，西班牙裔/拉丁裔的代表性更强。

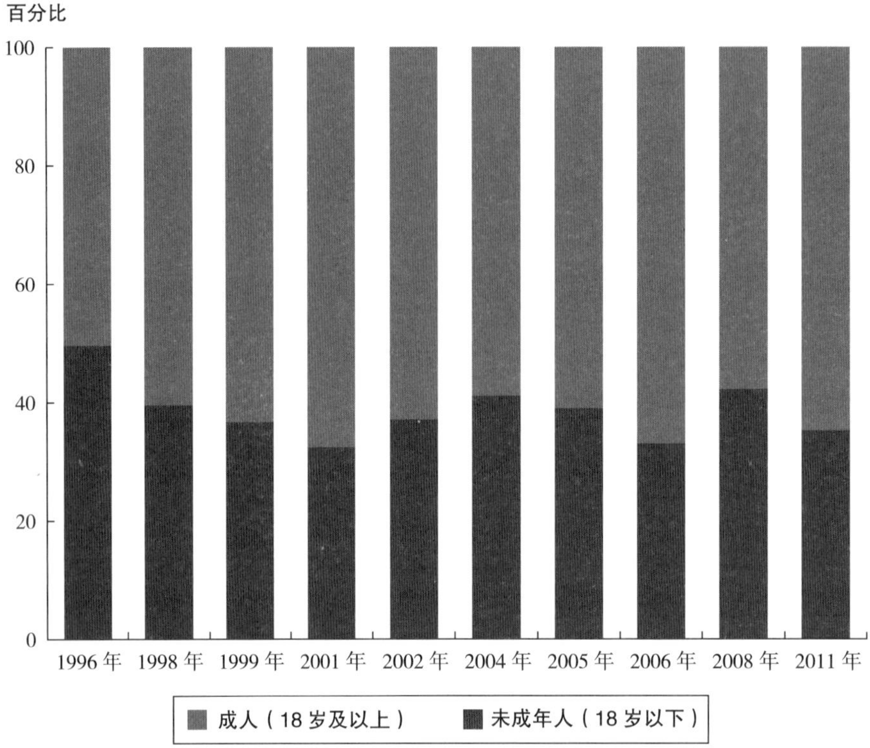

图 10-2　美国帮派成员的年龄（1996 至 2011 年）

帮派的规模

帮派的规模大小取决于他们是城市地区的传统帮派或特色帮派，还是较小城市的新兴帮派。在城市地区，规模庞大、势力持久的传统（区域性）帮派平均约有 180 人，而贩毒帮派平均只有 25 人左右。一些城市帮派（如芝加哥的超级黑帮）有数千名成员，但新兴地区的帮派成员通常不到 25 人。

对帮派的承诺

帮派成员对帮派有不同程度的承诺。J.D. 比希尔（J.D.Vigil）与 J.M. 朗（J.M.Long）提出了参与帮派的四种成员基本类型。

1. 正式成员。正式成员与帮派息息相关，命脉相连。他们对除帮派事务之外的其他事情不感兴趣。他们是帮派的核心成员，对帮派的各项事务负责，如做出关键决策、制定标准、重要人事任用、制裁违反帮规者等。
2. 外围成员。外围成员也与帮派关系密切，但参与帮派事务的频率比正式成员低，因为他们除了帮派事务外还有其他事情。

3. 临时成员。临时成员比正式成员和外围成员加入帮派的时间短，他们也倾向于只待短暂的时间。
4. 岗位成员。岗位成员在帮派里非常边缘，通常只参加某些工作岗位的事务，并尽可能避免暴力活动。

帮派对少年的影响

约尔哈·利普（Jorja Leap）对帮派进行了多年的研究，她目睹了帮派活动给参与个体带来的情感伤害。她声称，大多数帮派成员都有过被殴打、性虐待、被忽视或三者兼有的背景。“孩子们，”利普说，“并不是在朝向什么东西奔跑，而是在逃离什么可怕的东西。”她还补充道，对于那些能够有幸离开帮派的成员来说，他们往往不得不面对创伤后应激障碍。

帮派和枪械

更确切地说，20 世纪 90 年代的未成年人暴力呈上升趋势与帮派暴力增加，以及其成员对枪械使用的大幅增加有关。全美青年帮派调查的数据显示，在美国所有杀人案中，大约有 13% 与帮派有关。据估计，大城市中与帮派有关的杀人案接近 20%。在 2011 至 2013 年间，向全国帮派中心报告的机构中，约有一半都提到帮派的非致命暴力犯罪有所增加。令人震惊的是，大多数与帮派有关的严重暴力犯罪都会使用枪械。美国司法统计局的数据显示，2008 年涉及帮派的杀人案中，92% 都使用了枪械。近期一项纵向研究表明，“携带枪械”与“参与犯罪”“同伴是帮派成员”以及“自身是帮派成员”具有相关性，但“自身是帮派成员”与“携带枪械”之间的相关性会随着年龄的增长而减弱。

帮派吸引力

为什么年轻人会加入帮派呢？迈克·卡利（Mike Carlie）在对全美青年帮派的概述中详细阐述了年轻人为什么会加入帮派，帮派何以形成以及加入帮派会得到哪些益处。

想一想

对许多人来说，帮派生涯是青春期少年经历的重要组成部分，是什么吸引着一些年轻人加入帮派呢？

学校里的帮派

学校成了暴力青年帮派滋生的沃土。全美各地帮派实施的暴力行为往往因学校而异，这取决于当地社区的经济和社会结构、该校的帮派传统、帮派发展的阶段以及贩毒发生的范围。图 10–3 是 12~18 岁学生报告的学校有街头帮派活动的比例。

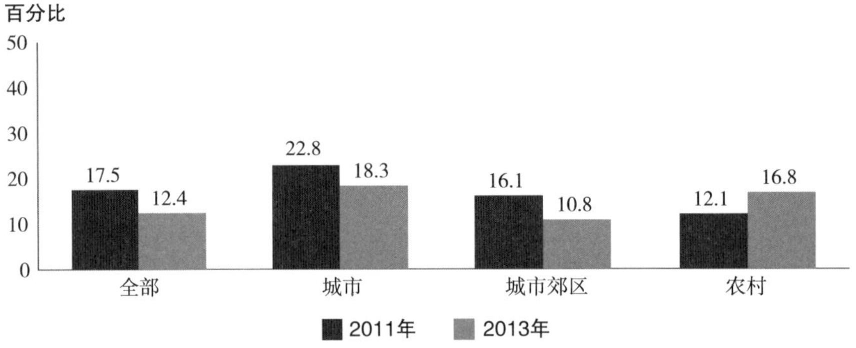

图 10–3　12~18 岁学生报告的学校有街头帮派活动的比例

帮派实施校园暴力的方式很多。例如，乔治 · W. 诺克斯（George W.Knox）、大卫 · 拉斯克（David Laske）和爱德华 · 特罗曼豪泽（Edward Tromanhauser）报告称，身为帮派成员的高中生比非帮派成员的学生携带枪械上学的可能性要大得多。约瑟夫 · F. 谢利（Joseph F.Sheley）和詹姆士 · D. 赖特（James D.Wright）也发现，帮派成员持有和携带枪械的比例高于非帮派成员。此外，查尔斯 · M. 卡拉汉（Charles M.Callahan）和艾拉 · 里瓦拉（Ira Rivara）认为，帮派成员说持枪“很容易”的可能性几乎是非帮派成员的三倍。

帮派也在持续招募新成员，如果拒绝加入可能会遭到人身攻击。一名在芝加哥长大的非裔美国男孩在橄榄球奖学金的资助下上了大学，并从法学院毕业。他说：“他们总是千方百计地让我加入帮派，我唯一让自己始终不挨揍的方法就是每天早晨在训练后赶快跑回家，然后再跑到学校。我也不断地搬家，因此躲开了那些帮派成员的骚扰。”

此外，由于一所高中里通常有多个帮派，帮派之间的冲突时有发生。这些冲突可能是竞争毒品市场，也可能是有的帮派要扩大自己的势力范围。打架斗殴可能会随时发生在学校的走廊、餐厅或是舞会上。打斗的帮派青年有时会引发大规模的骚乱，在这些冲突中会发生持刀伤人和枪击事件。当然，使用致命武器会增加受伤或死亡的风险。

最后，不同学校敌对帮派之间的冲突也会引发暴力事件。争斗通常发生在学校之间的竞技比赛中。驾车射击是校园敌对帮派之间可能发生的最严重的暴力事件。通常是由于一个帮派青年被杀，该帮派决意报复，所以在上学前、午休时间或放学后，开车疾驰而过，车内有人举枪对准人群扫射。

俄勒冈州波特兰市的一所高中的橄榄球主教练讲述了一起亲历事件：

一群穿着蓝色衣服的瘸子帮成员开车超速驶过学校的停车场。当时队员们就站在我身边，我朝车上的人吼了一声：“伙计们，开慢点！”那伙人倒是放慢了车速，却拿出一支半自动步枪，对准我和球队队员。我赶紧趴下，指挥队员们蹲下找掩体。当时我以为这下子要完了，幸运的是，那伙人没有扣动扳机。在我 20 年的教学生涯中，从来没有如此害怕过，直到现在。

帮派、学校和毒品

如今学校里的帮派有一个经济来源（毒品买卖），这在早些年是不可能的。帮派有很多在学校贩卖毒品的手段。在有些学校，帮派成员用烟盒撑开门，然后从窗户向那些不是学生的买家发信号，让他们可以进入大楼。有的帮派成员在浴室、餐厅或停车场贩卖毒品。贩毒团伙还利用年龄较小的孩子贩运毒品；这些孩子最开始只负责盯梢，随着年龄的增长，他们会成为贩运者，充当毒品贩子和买家之间的中转人。

城市街头帮派

在城市里，街头帮派已经成为一种类似于约定俗成的存在，而且他们还在学校和其他社会机构中争夺地位和权威。学校和附近社区的暴力事件促使学生们加入帮派以寻求庇护。年轻人希望通过穿合适颜色和风格的衣服，以及亮出恰当的帮派标志来确保他们自身的安全。

城市帮派有时能有力地掌控学校，因此他们能从其他学生那里收取保护费，使那些学生获得上学、穿过走廊和免受殴打的特权。恐惧和恐吓使学生和教师都不敢向当局报告帮派活动。许多城市学校不得不采取极端的安全措施来保卫自己免受帮派暴力和毒品交易的伤害。

M.S. 扬科夫斯基（M.S.Jankowski）认为："社会不太了解帮派或帮派现象的原因之一就是，没有把帮派视为一个有自身运作方式的组织来进行充分系统的研究。"在他看来，城市帮派主要的组织特征是领导方式、成员招募、入会仪式、角色期待和制裁、迁移方式以及驻留帮派。

领导方式

帮派的领导方式主要有以下三种类型。

1. 垂直 / 等级型。将领导职位划分为几个等级，职位权力大小由垂直线上的位置所决定。
2. 水平 / 委员会型。每个水平上都由多名头目组成，他们的权力和责任是平等的。
3. 影响力型。影响力型不需要任何书面职责或头衔，通常由 2~4 个颇具人格魅力的头目担任。

最明显的垂直 / 等级型的例子是芝加哥的帮派。这些帮派中最有名的是"黑帮福音""罪恶领主""拉丁王"和埃尔·鲁肯斯（El Rukns），它们的领袖在帮派成员中备受尊敬。埃尔·鲁肯斯的前身是黑石骑兵和黑 P 石王国，领袖是杰夫·福特。门徒帮的领袖是大卫·巴克斯代尔（David Barksdale），黑帮福音的领袖是拉里·胡佛（Larry Hoover），再加上埃尔·鲁肯斯，他们是过去几十年最具传奇色彩的三位黑帮领袖。洛杉矶最臭名昭著的两个帮派——血帮和瘸子帮就是水平 / 委员会型的代表，它们是数百个亚群或分帮的联盟。不同的分帮有各自的势力范围，大多数分帮有 20~30 名成员。本章后续将会讨论新兴帮派，它们属于帮派的第三种领导类型即影响力型的例证。

成员招募

帮派一般利用三种基本的招募策略来吸纳新成员。

1. 在兄弟会型招募中，帮派会把自身描述成一个“时髦”的组织。
2. 在责任型招募中，帮派成员会尝试说服潜在成员，宣称加入帮派是他们的责任。
3. 在胁迫型招募中，帮派成员会对潜在成员施加身体和 / 或心理上的压力，并威胁他们，如果不加入就会牵连家人的安危。

招募年轻成员一般很容易，因为帮派成员的生活看起来很有吸引力。招募活动从小学阶段就开始了；正值青春期的初中阶段男孩是最容易加入帮派的。但是，即便一个年轻人有再好的家庭支持系统以抵制帮派的诱惑，如若他生活在被街头帮派控制的社区里，想洁身自好也很难。一个帮派头目对此的解释是：“在我长大的那个街区，你有两种选择——要么成为黑帮成员，要么做妈妈的乖宝宝。乖宝宝放学后会直接回家写作业，就是这样。”

入会仪式

城市帮派有以下几种入会仪式。

- 新成员可能是“幸入”某个帮派，因为自己的哥哥、父亲、母亲或其他亲属本身就已经是帮派成员。
- 男性新成员更典型的加入方式是“跳入”，也就是说，他必须和其他帮派成员对打。规定时限内，他可能必须与一定数量的帮派成员打斗，以此证明他扛打并能予以反击，或是站在一圈人中间再打出去，或是站在两列人中间，从一头打到另一头。
- 女性新成员通常需要为一个或多个帮派成员提供性服务而得以加入男性主导的帮派。
- 新成员通常被期望参与一些犯罪活动，比如偷窃或盗窃。
- 新成员经常被帮派要求协助贩运毒品。
- 有的帮派可能会要求新成员参与“步行”或“驾车”射击。
- 新成员有时会参与帮派谋杀，这种方式被称为“血入”，只不过在如今的帮派入会仪式上已经不多见了。

角色期待和制裁

街头帮派的服装、颜色和手势在传统意义上被帮派成员视为神圣而不可侵犯的。在帮派世界里，一个人戴着帽子，抱着胳膊，或者移动双手都可能引发战争。帮派身份包括遵守着装和行为规范，确保在尽可能多的地盘上都有帮派的名字和标志。每个帮派都有自己的秘密握手方式和手势，被称为象征。竞争对手有时会把标志颠倒过来，以示轻蔑和挑衅。然而，近年来，城市帮派成员对帮派身份的公开程度大幅降低，他们通过服装、颜色和手势亮相的可能性也比过去小了很多。

没有改变的是帮派对其成员付出忠诚的期望。忠诚包括不向其他帮派或执法人员泄密，按要求行事，尊重其他帮派成员（尤其是领袖）。如果有帮派成员违反了帮规或辜负了期待，他就要接受制裁。违反帮规通常意味着要挨打，再三违反者可能会招致杀身之祸。

帮派迁移

城市帮派的另一个特征是帮派迁移，发生这种迁移的原因至少有以下三类：

1. 在另一个地方建立卫星帮派；
2. 帮派成员与其家人的搬迁；
3. 毒品市场的扩张。

一些研究很难证明卫星帮派在其他地域的存在。谢丽尔·马克松（Cheryl Maxson）及其同事对全美 1100 多个城市的执法机构进行了调查，发现 713 个城市曾报告过一些帮派迁移，这种帮派迁移最典型的方式就是帮派成员及其家人的搬迁（39%），其次是毒品市场的扩张（2%）。

驻留帮派

近几十年来，越来越多的未成年人选择在成年后仍驻留在城市帮派里。帮派活动得以持续到成年的主要原因是社会经济结构的变化，导致了非技术性和半技术性工作的减少，而暴利的毒品市场却有利可图。帮派成员如果选择离开，他们这么做的原因和其他未成年人不再犯罪的原因类似，可能因为受到女友的影响，搬到另外的社区或城市生活，或者是对成人司法系统被捕和监禁的畏惧。城市帮派主要的组织特征如图 10–4 所示。

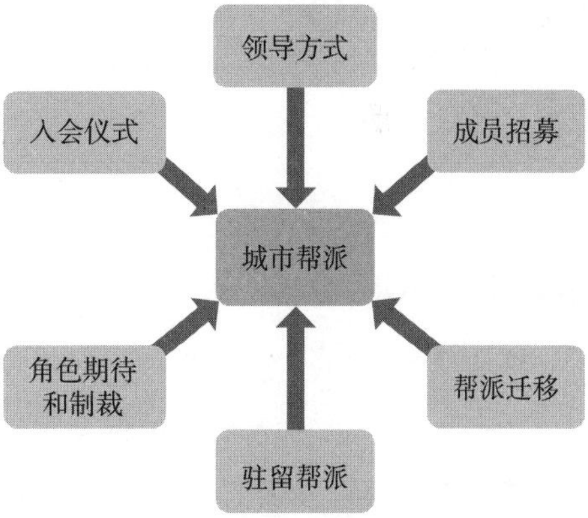

图 10–4　城市帮派的主要组织特征

表 10–1 介绍了一些帮派研究的先驱者，他们为我们了解此领域付出了巨大的努力。

表10–1 帮派研究的先驱者

先驱者	专业贡献
弗雷德里克·斯拉舍	斯拉舍1927年的研究是最早定义青年帮派的研究之一，他对芝加哥1000多个帮派的研究确定了帮派对年轻人生活的影响
M.S.扬科夫斯基	他对纽约和洛杉矶的37个帮派进行了长达10年的研究，这为我们了解城市贫民是如何参与到帮派活动中的，提供了很大的帮助
沃尔特·B.米勒	从20世纪60年代早期他对波士顿中部城市项目的分析开始，到2004年去世，米勒成了分析帮派发展和变化的伟大先驱之一。他去世前，其不朽的帮派研究《21个街头帮派》发表
琼·摩尔（Joan Moore）	摩尔研究了洛杉矶地区的墨西哥裔和女性帮派。她对女性帮派的研究是20世纪最重要的研究之一，它揭示了女性帮派的演变，以及犯罪活动中女性的分量
J.D.比希尔	他研究了芝加哥帮派成员在社区生活中的自我认同和生存状况
小詹姆斯·肖特（James F.Short,Jr.）	从20世纪50年代肖特对芝加哥帮派的调查开始，他一直在研究帮派以及我们对帮派的理解
欧文·斯珀格尔（Irving Spergel）	长期以来，斯珀格尔对我们了解芝加哥帮派做出了贡献，尤其以他在全社区预防、干预和镇压帮派的综合方法中所发挥的作用而闻名

你会怎么做

在住宅矫正机构中，被矫治的少年最多和另外10名少年住在一起。有时，出于这个原因，他们形成小团体以感到安全和彼此支持。有天晚上，两个同伴发生了争执，随后紧张气氛开始蔓延。其中一位当事人事后又去找刚才的同伴继续争吵。几分钟后，这场争斗已经发展到六个人。作为工作人员，我必须根据曾经受训的内容即刻做出反应。我用身体挡着并尽可能把他们隔开以保持一定的距离，直到其他工作人员到来。这之后，我们一起把他们拉开，重新恢复了秩序。如果你是一名工作人员，你还可以做些什么？

违法行为和帮派活动

尽管帮派角色和从属关系具有易变性和多样性，人们却普遍认为帮派核心成员与岗位成员或外围成员相比，参与了更严重的犯罪。全美青年帮派调查提出了导致当地帮派暴力的七个主要因素。调查结果显示，毒品与帮派争斗是两个得分最高的因素。

帮派暴力如此猖獗的原因之一是极高的枪械持有率。越来越多的人认为，几乎所有与帮派有关的谋杀都与枪械有关，比如毒品交易、帮派争斗或帮派内讧。

黑帮福音的头目拉里·胡佛在明尼阿波利斯安排了一次本书作者之一克莱门斯·巴特勒斯与所有非裔美国黑帮头目的会面。在围坐的17人中，巴特勒斯只认得其中两个，他遭受到他们猛烈的攻击。显然这些头目不情愿被请来见一个艾奥瓦州的白人教授。为了缓和逐渐升温的敌对情绪，巴特勒斯说："为什么大家不把枪都放在桌子上呢？"结果是，气氛开始变得不那么敌对了，反而比较文明了。事实上，大家心知肚明，每个人都带着自保的武器。

帮派越来越多地在实施的犯罪活动中应用科技手段。据报道，最常使用的技术包含使用对讲机或持有按下即说功能的手机，这类手机能够使帮派成员相互提醒是否有执法人员或敌对帮派的成员存在。帮派成员还使用预付费手机和呼叫转移，以逃避警方视线。此外，警用扫描仪、监视设备和探测麦克风或窃听器的设备也被用来掩护犯罪活动，同时妨碍警方调查。

电脑和互联网的应用也愈加普遍。根据《2011 年全美帮派威胁评估》（*2011 National Gang Threat Assessment*）的数据，帮派使用个人电脑、笔记本电脑和个人数字助理制作账簿，并保存犯罪企业的记录。此外，一些证据表明，帮派还可能利用互联网以跟踪法庭程序并识别证人。有了公开的法律程序记录，他们就可以找到并迫害证人。互联网有时被用于卖淫拉客，并为帮派销售服装、音乐和其他用具提供平台，帮派还利用互联网更便捷地参与盗版电影和音乐的制作。下面是"抵制街头帮派"的内容，旨在说明社区反帮派的努力。

让帮派远离街头

在一些城市地区，已推行帮派禁令和公众滋扰管制措施，以管控帮派的聚集和行为。"帮派禁令"是针对某个帮派的限制令，或者更确切地说是民事法庭的命令，宣布该帮派的公共行为妨害社会，并要求该帮派停止这些活动。

帮派禁令在加利福尼亚州得到了特别地运用，目前有关此类禁令的清单可在洛杉矶市检察官办公室的网站上查阅。

20 世纪 80 年代，洛杉矶首次尝试对以西洛杉矶为势力范围的帮派实施禁令。紧随其后的是圣何塞、伯班克、圣地亚哥、威斯敏斯特、帕萨迪纳、雷东多海滩、莫德斯托和奥克斯纳德等城市纷纷颁布帮派禁令。如今，加州已经发布了 150 条帮派禁令；仅洛杉矶就有几十条，涉及 57 个帮派和 11 000 名帮派成员。

2011 年，马修·奥迪恩（Matthew O'deane）对加利福尼亚州帮派禁令的有效性进行了调查。这项研究旨在确定帮派禁令是否真的能减少犯罪。在评估来自加州四个郡的 25 项帮派禁令后发现，如果帮派禁令使用和执行得当，会成为一个非常有益的工具，而且在实施禁令的社区内，帮派犯罪活动会受到相应的影响。

然而，帮派禁令（可以被称为"镇压式"执法的一部分），其成本是昂贵的，需要增加警力。批评人士认为，帮派禁令的模糊性可能导致警方用种族特征来锁定潜在帮派成员。城市里的有色人种（通常是非裔或拉丁裔）青年人会成为帮派禁令的目标，宽松的衣服、与帮派有关的颜色、毛线帽或运动帽、文身和帽衫是警方驱逐年轻人离开街道的合理证据。

公共妨害法令是另一种避免帮派青年聚集的方法。“制造公众滋扰”的典型定义是：对社区或相当一部分人自由享受生活或财产的权利进行侵犯或干扰的行为。当警方确定社区居民有以下行为时，市政府或州政府可将其认定为适用禁令的帮派活动：

- 对抗、恐吓、骚扰、扰乱、威胁、挑衅或攻击，符合三项或三项以上；
- 与任何已知是帮派成员的人一起站着、坐着、走路、开车或聚会；
- 使用单词、短语、手势、服装或象征帮派标志的符号；
- 使用或持有寻呼机或传呼机有可能暗示其持有和/或出售毒品；
- 非法入侵或鼓励他人非法入侵；
- 阻塞人行道、街道、车道或门口的自由通道或出口；
- 向他人发出信号或为他人盯梢，以警告有警方靠近。

思辨与讨论：有些人反对这些禁令，认为这有可能导致警方对年轻人不必要的干扰，并把他们赶出街道。还有一些人认为，这些禁令保护了社区，减少了帮派的危险性。你觉得呢？

城市街头帮派违法行为的最后一个考量维度是它们发展成为有组织犯罪集团的程度。斯科特·H.德克尔（Scott H.Decker）、蒂姆·拜纳姆（Tim Bynum）和黛博拉·韦塞尔（Deborah Weisel）采访了圣地亚哥和芝加哥的非裔和西班牙裔帮派成员，结果发现只有芝加哥的黑帮福音才具备有组织犯罪集团的特征。可以认为，有组织犯罪集团在某种意义上是靠贩毒发迹的，如洛杉矶的血帮和瘸子帮、南佛罗里达州的迈阿密男孩（Miami Boys），以及纽约和佛罗里达州的牙买加暴徒等［有关洛杉矶帮派的更多信息，可参见《专家论坛》（*People in the Know*）对约尔哈·利普的专访］。从20世纪80年代中期开始，这些街头帮派摇身一变似乎成了做毒品生意的企业，短短几年内，许多街头帮派发展了州内和州际网络以扩大它们的非法毒品交易。

小社区帮派

自20世纪90年代初以来，全美几乎每座城市、很多郊区甚至一些农村地区都经历了这样一个现实：年轻人都自诩为帮派成员。斯拉舍发现，他所研究的帮派中没有一个是雷同的，这基本上也适用于新兴帮派。柯里和其同事在1992年进行的全美调查中发现，有新兴帮派的城市报告称，90%的帮派由未成年人组成。

这种全国性的扩张始于20世纪80年代末，基本上是由以下四种情况推动的。

1. 以贫民区为地盘的贩毒团伙将一些重要的帮派成员派到另一个社区，说服当地的年轻人出售霹雳可卡因。

2. 帮派成员开始在社区青年中自行建立贩毒网。
3. 家庭迁移到这些社区的城市帮派成员在发展地方分会方面发挥了作用。
4. 在外界很少或根本没有干预的社区里，年轻人发展出了自己的帮派。与前两类相比，后两类帮派成员参与毒品贩运的可能性较小。

很多人开始思索这些新兴帮派是如何形成的。本书的作者之一曾在 20 世纪 80 年代末研究过一个新兴帮派的形成历程，同时看到这一历程在许多地区相继上演。

在第一波全美范围内的帮派扩张背后，是城市帮派头目的一种前瞻性的认识，即有很多新市场已然成熟，可对其进行开发，而霹雳可卡因在这些新地区的价格将会很高。为了将毒品引入新市场，大多数从城市帮派过来的代表们都承诺，有可能会在这些新地区建立卫星帮派，也就是说，卫星帮派将沿用母帮的名称并服从母帮的组织管理。然而，城市帮派既没有意愿也没有资源在新地区发展壮大，那些建立卫星帮派的承诺只是为了说服当地年轻人给他们贩毒。在全美范围内参与贩毒的新兴帮派有七个可能的发展阶段，在社区里帮派活动的程度和严重性取决于帮派的发展阶段（见图 10–5）。

1. 实施。第一阶段始于一位成年帮派代表（通常是黑帮高层）来到一个没有帮派的城市。他在低收入的少数民族社区里招募了一些未成年人，帮他贩毒并吸纳他们成为帮派成员。这些新成员可以从贩毒的收入里抽成，这个比例因帮派而异，但一般是 10% 左右。帮派代表定期都会返回母帮，提取新货并交回之前交易的货款。
2. 扩张和冲突。第二阶段，帮派代表会逐渐给所招募的新成员们渗透非常多的帮派内幕，使未成年人产生认同感。他们开始穿着符合帮派特色的衣服，会用帮派的标志，体验一起出生入死的兄弟情，但最重要的动机仍然是贩毒赚钱。一个美国中西部的年轻人曾说，在他被捕入狱之前，还在为不甚了解的罪恶领主帮贩毒，每月可以赚四万美元。当贩毒团伙试图扩大它们的市场时，往往为争夺同一个社区而发生在所难免的冲突。在学校活动、体育赛事、购物中心、公园和其他常见的聚会场所都有可能发生帮派冲突，它们可能会使用武器，社区里的武器持有量也相应急剧增加。
3. 组织和整合。第三阶段，曾认同某帮派的年轻人试图独立去发展一种群体文化。领导权由一名或多名核心群体里的成员以及来自社区的年轻成年男性担任。随着帮派发展壮大，该帮派的知名度越来越高，吸引了大量的“追星族”，这是一种缺乏组织

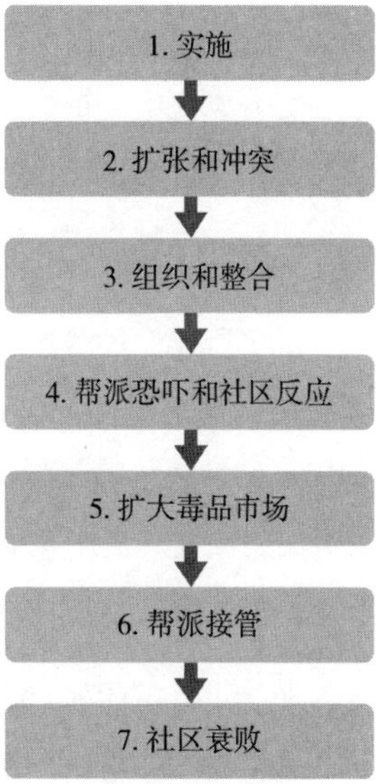

图 10–5　帮派的发展阶段

性的扩张，一大群男青年在一起闲逛。这类帮派强调不断吸纳新成员，它们对年轻的少数民族男子入会施加很大的压力。一位曾有过此经历的男孩写道："如果你是大约 12 岁的黑人，它们真的会向你施压，强迫你入会，很难不服从"。

4. 帮派恐吓和社区反应。第四阶段通常会发生几个事件。有的白人加入了少数民族帮派，有的则成立了自己的白人帮派。代表白人帮派的青年说："休想让黑人来摆布我们。"少数民族帮派依旧主要是有色人种，以此表达从属关系。毒品越来越多地在学校里贩卖，帮派对学校的控制也是学校的噩梦。一位高中老师担忧地说："我在这所学校教书从来没有遇到过任何困难。现在，有了这些黑帮少年，我都有点不敢来学校了，情况已经很严峻。"购物中心的帮派现象越来越明显，当有帮派青年在场时，年纪较大的人开始对购物产生恐惧。同样令人不安的是，帮派在中学生中很受欢迎，一二年级的孩子对帮派有一定程度的拥护，从长远来看情况会更为严重。
5. 扩大毒品市场。第五阶段，毒品在初中、高中、街角、购物中心公开贩卖，一些少数民族社区甚至存在毒品屋。在公立学校，敲诈勒索学生、攻击学生和老师的事件时有发生。这个阶段帮派由驻守在社区内的成年人领导，组织结构更加发达，帮派成员也明显增加。一些外来者经常出现在社区里，不断地进出交易。20 多岁的男子开着高档车，穿着华丽，佩戴昂贵的珠宝，挥金如土，让人印象深刻。
6. 帮派接管。第六阶段，一直纵容帮派发展至今的社区发现，帮派已然明显地控制和接管了少数民族社区、学校、学校活动和购物中心。帮派的犯罪活动也更加多样化，如抢劫、入室盗窃、严重攻击和强奸。驾车射击事件频繁发生，给居民们带来了极大的恐惧。一般仅由几名警官组成的警队，通常会无奈承认难以控制毒品贩运和暴力事件。
7. 社区衰败。第七阶段的特征是，帮派控制导致社会制度和社区本身的恶化和衰败。居民搬离城市，远离购物中心，为子女找到更安全的学校就读。当一个新兴帮派的社区到达衰败的阶段，它就充分体验到了城市社区曾有过的帮派问题。

综上所述，虽然社区反应在很大程度上影响了帮派问题的严重性，但从 20 世纪 80 年代末到 90 年代初，全美各地的无帮派甚至低犯罪率的社区都开始出现了帮派发展。新兴帮派的发展轨迹各不相同，但对社区最有害的是，贫民区的贩毒团伙说服少数民族青年为它们出售霹雳可卡因，而这些青年反过来又发展出了他们自己的卫星帮派。

一旦一个社区成立了帮派，通常会采取几个步骤，让孩子们成为帮派的一部分。例如，J.D. 比希尔曾提出过可能涉及的七个步骤。从小学开始到初中，孩子们已经找到了自己的定位，一些人开始被帮派吸引。根据比希尔的说法，成绩差、家庭压力大的孩子是最容易接受帮派的。到中学毕业时，这些年轻人指望和依赖于帮派承诺的保护，然后会花更多时间和帮派成员混在一起，相互认同之后就会参加入会仪式，正式加入帮派。

种族和民族帮派

西班牙裔 / 拉丁裔、非裔、亚裔、高加索裔和印第安裔帮派构成了美国不同种族和民族帮派的基本类型。西班牙裔 / 拉丁裔和非裔帮派通常比其他种族帮派人数更多，成员也更多。几乎 50% 的帮派成员都是西班牙裔 / 拉丁裔美国人。

西班牙裔 / 拉丁裔帮派

西班牙裔 / 拉丁裔帮派分为墨西哥裔美国人，又称奇卡诺人、古巴人、波多黎各人、多米尼加人、牙买加人和中美洲人。根据美国《2011 年全国帮派威胁评估》的数据，全美各地的执法机构普遍报告称，其辖区内最猖獗的西班牙裔 / 拉丁裔帮派是南方人、拉丁王、萨尔瓦多帮、第 18 街、诺特诺斯和联合民族。其中超过 50% 的执法机构指出，它们的辖区存在南方人活动；接近 40% 的执法机构称，南方人在其辖区有中等或高水平的帮派活跃度（南方人已在 35 个州被发现）。西班牙裔 / 拉丁裔帮派成员经常穿着独特，色彩艳丽，通过涂鸦交流，使用绰号，还有熊文身。

非裔帮派

在本章中，非裔帮派比任何其他种族帮派受到的关注更多，因为在全美各地以贫民区为地盘建立贩毒网络的帮派大多数是非裔美国人。例如，来自洛杉矶的血帮和瘸子帮，来自芝加哥的人民帮和民众帮，以及来自底特律的帮派都是非裔美国人。非裔帮派通常利用某些颜色和标识来强调身份，如共享一些特别的符号等。

亚裔帮派

加利福尼亚的各种亚裔帮派包括华裔、越南裔、菲律宾裔、日裔和韩裔。特别是华裔帮派，已经蔓延到了美国其他主要城市，其余帮派在加州以外的地区也很活跃。相对其他街头帮派，亚裔帮派往往更有组织，也更有明确的领导架构。陈国林（Ko-Lin Chin）通过对华裔帮派的调查发现，这些帮派参与了一些全美最严重的暴力冲突和毒品交易，但不同于其他民族帮派的是，华裔帮派与其高速发展和经济繁荣的社区生活息息相关。一项对南加利福尼亚越南裔青年帮派的研究发现，这些年轻人曾经历了很多边缘化，但最终通过在越南入户抢劫到的大量现金实现了美国梦。

高加索裔（白人）帮派

截止到 20 世纪的最后几十年，大多数帮派都是由白人青年组成的。学生调查普遍显示，帮派成员中白人少年的比例相对其他种族要高得多。其中，一项对 11 个地区近 6000 名八年级学生的调查显示，25% 的白人少年说自己是帮派成员。20 世纪 90 年代，美国西海岸见证了中下阶级青年群体的团结，他们自称是“瘾君子”，经常滥用毒品并酗酒成性，喜欢听重金属摇滚乐，有的人还信奉撒旦教，做出盗墓、亵渎尸骸、献祭动物等骇人听闻的勾当。瘾君子群体可以通过服饰来辨认，如身穿印有摇滚乐明星或乐队图案的彩色 T 恤、李维斯牛仔裤和网球鞋。他们也可能戴着镶有金属铆钉的腕带、衣服和腰带，以及象征邪恶的珠宝饰品。全美范围内的新兴白人帮派成员沿用了很多瘾君子群体的标志，尤其是重金属摇滚乐和撒旦仪式，但他们不太会穿戴引人注目的服饰。这些白人帮派可能会自诩是新纳粹光头党，除了毒品交易，它们还涉足各种仇恨犯罪。

美国原住民帮派

纳瓦霍青年帮派也备受社会关注。截止到 1997 年，纳瓦霍民族在其地盘上大约已经有 60 个青年帮派。帮派鼓吹的价值观助长了成员酗酒和吸毒等危险行为，从而导致受伤和酗酒致死。一小部分纳瓦霍男青年加入了这些帮派，至多 15% 的人与帮派外围成员有联系。帮派活动的主要内容包括无所事事地闲逛、喝酒以及肆意毁坏财物，更有甚者还抢劫、非法制造和销售酒精，贩卖大麻等。

未成年女性违法帮派

传统的社会学家曾经认为，女性帮派在用词上几乎是矛盾的。然而，在过去的几十年里，加入帮派的少女越来越多地受到关注。

- 一些研究已经发现在费城和纽约存在女性帮派，且有的帮派非常暴力。有大量研究指出，有些少女与青春期的男性帮派有联系，活动计划由男孩们决定，他们往往很排斥女性，但女性成员也会参与到暴力犯罪和毒品相关的帮派活动中。女性成员对帮派的效忠可以与对家族的忠诚相媲美，而且她们的朋友圈子大部分都来自帮派内部。J.C. 奎克（J.C.Quicker）称，帮派为女性提供了温暖、友谊、忠诚和社交需要，这些使她们感到远离了城市贫民区的恶劣环境。芬恩 – 奥格・埃斯本森和其同事通过分析丹佛青年调查的结果发现，未成年女性帮派的成员所实施的各种类型的犯罪的频率仅略微低于未成年男性，卡尔・S. 泰勒（Carl S.Taylor）称，底特律的贩毒团伙中经常有女性参与其中。
- 贝丝・布雷加德（Beth Bjerregaard）和卡洛琳・史密斯（Carolyn Smith）认为，无论男性还是女性，加入帮派都与犯罪和物质滥用的增加有关。琼・摩尔和约翰・哈格多恩（John Hagedorn）在 2001 年对女性帮派的研究总结中指出，女性帮派成员的犯罪率低于男性，但高于未加入帮派的女性和男性。
- 埃斯本森和其同事的研究结论并未支持“加入帮派的女孩只是提供性服务的附属成员”这一观点，他们还认为，女孩比男孩更早脱离帮派，而女孩从参与帮派活动中获得了更多的情感满足。
- 乔迪・米勒（Jody Miller）在圣路易斯和俄亥俄州哥伦布市进行了一项研究，她发现，在一个有性别歧视并剥削年轻女性的混合性别帮派中，女性必须学会如何生存下来。加入帮派的确会导致年轻女性面临受害的风险。她们可以选择成为“男人中的一员”，使自己面对更大的风险，在与敌对帮派的冲突中被捕、受伤甚至被杀。她们也可以选择利用性别来降低因不参加诸如打架斗殴、犯罪等“男性化”活动而受到伤害的风险。然而，选择不参与暴力和犯罪的女性则被视为不太重要的成员，并可能使自己陷入更大的受害风险。

总之，大量研究发现，女性帮派仍然是男性帮派的附属品，但越来越多的重要研究表明，女性帮派为女孩们提供了必要的技能，使她们能够在严酷的社区中生存，同时暂时逃离等待她们的悲惨未来。这些研究还指出，女性加入帮派的大致原因与男性相同，跟社区里的男邻居一样，她们也有身为城市底层的绝望和无奈。表 10–2 对各种类型的帮派进行了总结。

表 10–2　　不同类型帮派的特点

帮派类型	描述
城市帮派	它们位于城市地区，主要由成年人组成，参与各种形式的违法活动，包括贩毒
新兴帮派	这些帮派分布在美国各地的小城市和社区，几乎全部由未成年人组成，他们经常无所事事，做一些违法活动
种族和民族帮派	西班牙裔 / 拉丁裔、非裔、亚裔、高加索裔和印第安裔构成了主要的种族 / 民族帮派。它们往往由成年人组成，违法活动也因种族和民族的不同而有所差别
女性帮派	这些帮派主要出现在城市地区，其成员多为成年人，而非未成年人。大多数女性帮派都是男性帮派的附属品

帮派形成理论

有关青年帮派和帮派犯罪起源的经典理论，可以追溯到 20 世纪 50 年代的研究，包含赫伯特 · A. 布洛赫（Herbert A.Bloch）和亚瑟 · 尼德霍夫（Arthur Niederhoffer）、理查德 · A. 克洛沃德和劳埃德 · E. 欧林，还有阿尔伯特 · K. 科恩、沃尔特 · B. 米勒和刘易斯 · 亚布隆斯基（Lewis Yablonsky）等提出的理论。

- 布洛赫和尼德霍夫的理论观点，即加入帮派是青春期男孩成长为成年人需要经历的一部分，所以帮派的基本功能是为其他社会中常见的正式成人仪式提供一种替代。
- 克劳尔德和欧林的理论观点，即下层社会的男孩会与其他被疏远的人互动，并从他们那里获得支持，这些年轻人追求非法手段，以获得他们无法通过合法手段获得的成功。
- 科恩的理论认为，帮派犯罪代表了一种亚文化和集体的解决方案，当下层社会的男孩发现学校是按照中产阶级的价值观来评估自己时，加入帮派得以使他们获得社会地位。
- 米勒的理论认为，存在着一种明确的下层阶级文化，帮派行为就是这种文化的表达之一；

帮派领袖大多表现得精明和强硬，帮派内部非常有凝聚力，并且高度符合犯罪标准。

- 最后，亚布隆斯基提出，暴力帮派产生于一定的条件下，如城市贫民区，正是这些条件助长了青春期少年反社会人格的发展，未来成长为帮派领袖。

这些经典的帮派理论集中在社会学维度上，如紧张理论（克劳尔德和欧林）、亚文化理论（米勒和科恩），以及社会解组理论（亚布隆斯基）。科恩、克劳尔德和欧林以及米勒还强调了同伴群体对帮派成员的重要性。有关如何评价帮派形成的五种理论，毁誉参半，但对当今帮派活动表现形式的研究确实有必要，毕竟经典理论只能描述20世纪50年代的帮派。

其他帮派理论与社会解组理论有关。这一理论建立在以下假设的基础上：经济条件差会引发社会组织混乱且缺乏社会控制，进而导致了帮派的形成，因此低收入社区的一些年轻人加入帮派以寻求帮派提供的社会秩序和安全感。

近年来，下层阶级理论被广泛用于解释帮派的起源问题。一些研究者认为，在充斥着贫困和剥削的大城市贫民区中，帮派是对非正常社会环境的正常反应。根据费根的说法，下层阶级面临的部分困境是永久被排斥在主流劳动力市场之外，因此为了生存，他们被迫依靠其他经济选择，如低薪的临时工作、兼职工作、某种形式的保障福利，或参与贩毒、卖淫、抢劫和勒索。哈格多恩曾记载过20世纪80年代密尔沃基的制造业工作岗位丧失的历史，劳动力日益分化，导致少数民族美国人只能从事低薪甚至兼职的工作，领取低保以及参与非法经济。比希尔认为，很多人是迫于经济压力和少数民族的身份而不得已加入帮派的，他们在社会、社区和家庭中都处于边缘地位，面临各种困境。多重边缘化使这些人成为最有可能加入帮派者，因为从真正意义上说，他们除此之外别无选择。比希尔补充道："这种多重边缘化的辩证关系也适用于解释为何如今女性在帮派中较从前而言更为活跃。"

扬科夫斯基认为，帮派暴力和年轻人的挑衅态度以及贫民区的激烈争夺有关，此外，作为所处环境的产物，他们采用了"霍布斯式的人生观，认为暴力是自然状态的必要组成部分"。

此外，德克尔和凡·温克尔（Van Winkle）认为，必须从更宏观的"拉"和"推"的背景下来解释为什么年轻人要加入帮派。"拉"与帮派给年轻人带来的吸引力和好处有关，一般所指的好处是在朋友中声望和地位的提升、寻求刺激以及贩毒牟利等，正因如此，入会似乎是一个理性选择。"推"涉及更宏观的社会、经济和文化背景，年轻人在这些环境压力之下不得不寻求庇佑以克服边缘化的感觉，他们被招募或被迫入会，或是本身成长在一个有入会传统的社区里。

迈克尔·F. 德·弗里斯（Michael F. de Vries）提出，研究者们需要以整合的方式来理解为什么未成年人会选择加入帮派。他指出，对于非裔美国年轻人来说，紧张理论是解释"为何非裔美国人觉得加入帮派很值得"的核心。帮派为受尽剥削的非裔美国年轻人提供了获得社会地位和经济利益的机会，而这些在更宏观的文化中是不可能实现的。德·弗里斯还认为，亚裔移民也面临着同样的压力，非裔美国人“有可能从事非法贩毒以反抗他们世代沿袭的社会劣势地位，然而亚裔移民更可能参与非法入侵、盗窃和恐吓等犯罪来解决社会带来的窘迫生计”。根据德弗里斯的观点，亚文化理论基本上可用于解释西班牙裔帮派，因为其传统文化与英美文化在很大程度上存在分歧；他认为：“亚裔移民的亚文化高度重视个人能力（男子气概）、地域认同、自豪感和集体主义”。社会控制理论有助于解释为何中产阶级的白人年轻人要加入帮派，这和家庭单位变得越来越弱导致社会纽带受损有关。表 10–3 总结了为何未成年人加入帮派的理论。

表 10–3 未成年人为何加入帮派的理论

理论类型	主张者	简要描述
成长的正常过程	布洛赫和尼德霍夫	加入帮派是少年成长为成年人所需要经历的一部分
紧张理论	克劳尔德和欧林	少年加入帮派以取得通过合法途径难以实现的成功
亚文化从属和紧张理论	科恩	少年帮派违法犯罪代表了一种亚文化和集体的解决办法以应对下层阶级男孩面临的问题
亚文化从属理论	米勒	明确存在下层阶级文化，帮派行为正是这种文化的体现
社会解组理论	亚布隆斯基	暴力少年违法犯罪帮派产生于城市贫民区的某种条件下
下层阶级理论	费根等	被排除在主流劳动力市场之外，下层阶级会被其他经济选择吸引，比如加入帮派
宏观背景下的“拉”和“推”	德克尔和凡·温克尔	“拉”与帮派的吸引力有关，“推”则来自社会、经济和文化的压力

想一想

加入青年帮派对成年后的个体影响深远，试想一下，成为街头帮派成员会有哪些可能的长期后果呢？

未成年人违法犯罪和社会政策

美国一些社区正致力于预防和控制帮派问题，以下是当前实施的一些具体内容。

- 儿童发展社区警务计划因其富有成效而受到全国帮派中心的肯定，该计划提供了一个有效的结构，将受到暴力侵害的未成年人和所需资源联系起来。1992 年，康涅狄格州纽黑文市的耶鲁儿童研究中心（Yale Child Study Center）制定了这项措施，并在全美许多社区得以复制进行。该计划与精神卫生临床医生一起为遭受暴力犯罪的受害者、目击者或犯罪者的家庭和儿童提供跨学科的干预。医院急诊室里也有干预措施，以帮助打破帮派报复性暴力的循环。

- 在弗吉尼亚州里士满，一站式资源中心为社区提供各项服务。这些服务包括产前和婴儿护理、课外活动、逃学和辍学预防以及就业项目。一站式资源中心坐落在一所公寓大楼的中心，该公寓大楼容纳了 4000 多名居民。该中心还为当地青年提供免费的健康门诊和计算机实验室。
- 位于佛罗里达州北迈阿密海滩的 PanZOu 项目主要服务于有犯罪风险的帮派成员或处境高危（主要是海地人）的年轻人及其家人。该项目旨在为这些年轻人提供一个安全的场所，使他们相聚一堂体验健康的亲社会活动。具体的服务内容包括强化家庭课程、强化个案管理、工作技能实习和发展、冲突解决和生活技能等。
- 浪子实业项目由格雷格·博伊尔（Greg Boyle）神父于 1992 年创立。该项目旨在通过各种免费的项目如法律服务、心理健康咨询、文身去除、课程和教育课堂、就业服务和就业准备培训等，帮助高危青年、前帮派成员和前罪犯回归社会。浪子实业最有特色的是旗下的小企业，为难以安置的个人提供了一个在支持和安全的环境下找到工作的过渡机会。主营业务包括面包店、咖啡餐饮、商店、农贸市场、印刷和刺绣、食品杂货店以及位于洛杉矶国际机场美国航空公司航站楼的咖啡面包店等。浪子实业被公认是美国最大的帮派干预项目，被视为全国典范。

埃米·沃特斯的人生历程（14 岁）

埃米不久后得知她的新男友 CJ 是一个街头帮派的成员，该帮派被称为“分裂少年”，在整个学校颇具影响力，也有传言说他们通过向全城的学生出售大麻和其他毒品赚了很多钱。大部分毒品交易发生在学校，比如在交换书包、午餐和作业夹的时候藏毒交易；有的甚至偷偷在笔记本电脑和 ipad 之类的设备里藏毒。

埃米听说这个帮派的头目是一个 30 多岁叫杰克的人，CJ 从未见过他，只知道此人拥有难以置信的财富。“他可以买任何东西，或者任何他想要的东西，”CJ 告诉她，“总有一天我也会像他一样。”然而现在，CJ 在帮派里的等级还很低，他正在努力往上爬。CJ 的任务据说是由杰克直接下达的，他要求 CJ 尽可能多地把学校橄榄球队队员变成常客。正因如此，大麻很快就成为球队聚会和赛前动员会上的消遣物，即便比赛的铁律是“赛前不准吸烟”。

除了大麻，一些队员还急于购买类固醇，CJ 以所谓的“折扣价”卖给他们。埃米曾经问 CJ 是否用过类固醇，他回答说：“绝对没有，鬼知道那些‘狗屎’里有什么！”。

为什么 CJ 会听命于帮派？一般来说，街头帮派对年轻人有什么吸引力？帮派是如何导致未成年人犯罪的？

在下一章中，我们将继续讲述埃米·沃特斯的传奇故事。

第 11 章

药物与未成年人违法犯罪

在可预见的未来，美国少年将会意识到许多药物的潜在精神活性，而且通常会相对轻易地获得这些药物。

摘自《监测未来研究》(*Monitoring the Future Study*)

犯罪之声

威尔的故事

我很小就为毒贩们分销毒品了，那是上小学的时候，大概八九岁。那些毒贩们开着好车，左拥右抱美女，穿戴华丽的衣服首饰，这都是我梦寐以求的，所以我开始帮他们分销毒品。我的堂兄和叔叔们都认识这些毒贩，当初也是这个原因，我才会为这些人做事。每次分销毒品的报酬是250美元。

由于在橄榄球队，所以我从没吸过毒，但却卖了很多毒品。随着年龄的增长，最初我卖的是大麻之类的小东西，后来就开始卖可卡因和海洛因。我得赚钱满足自己的虚荣心，比如上学穿的衣服，在高中你必须要穿得光鲜亮丽。我母亲也有工作，但她没能力给我那么多钱。

一次我因贩毒被抓，幸运的是，负责案件的警官正好来自我所在的管辖区，他给了我第二次机会，收缴了剩下的毒品，把我关了大概一个钟头就放了。然而我并没有吸取教训，没多久又开始重操旧业。钱财的匮乏感让我被它奴役，钱正是问题所在，我难以放手。最终我被逮捕，当时鞋子里有几盎司大麻和几袋可卡因。这就是在贫民区生活会发生的事，我需要钱，而这是最快的赚钱方法……

我也参与过抢劫，但不属于直接去抢的人，而是在旁边拿着枪的第三方。我别无选择，你知道的，如果对方不服从就得扣动扳机。我们来自新奥尔良贫民区的人基本上都像是一家人，你不能让身边的人出点什么事。

药物滥用在未成年人违法犯罪中扮演着重要角色，这是本章探讨的重点。幸运的是，自20世纪70年代末以来，青春期少年吸毒的情况已大幅减少。坏消息是，高危少年中吸毒的人数显著增加，并且吸毒与未成年人违法行为紧密相关。当今贩毒未成年人的人数比美国有史以来任何时期都要多。此外，艾滋病在静脉注射毒品的瘾君子和他们的性伴侣之间传播，这就加剧了药物滥用问题的严重性。

违禁药物的吸引力

当年轻人使用药物的时候，他们一般会选择不太贵的药物。啤酒和大麻比硬性毒品更符合这种标准。在药物使用中，可用性和药效也很重要，因为这些化学物质是为了获得诸如兴奋等感受的手段。举例来说，大麻和酒精常常会在摇滚音乐会、聚会、舞会、橄榄球比赛和郊游等场合使用，以增加活动既有的兴奋感，或者在感觉乏味的时候制造刺激。除了增强兴奋感之外，化学物质还会作用于个体去探索新的社交圈子、性关系以及陌生之地。使用者也可通过致幻物质从外部世界逃避或退缩回自己的内在自我。

药物使用和药物滥用是有区别的，药物使用可被视为一个从不使用到使用的连续过程，包括实验使用、文化支持使用、娱乐使用和强迫使用等。比如说文化支持使用，几个世纪以来，佩奥特仙人掌在美洲原住民的教堂里被用于圣礼，23个州免除了在圣礼上使用这类致幻仙人掌的刑事处罚。

当使用者出现功能失调（例如不能上学或完成学习任务、不能维持社交和家庭关系；表现出危险、鲁莽或攻击行为；或危及自身健康）时，药物使用就演变成了药物滥用。药物依赖性让使用者的生活往往不得不围绕着获取、维持和使用药物展开。正如本章所述，药物滥用不仅本身会造成伤害，而且与未成年人违法犯罪行为密切相关。

成年人药物滥用的情况

少年司法和犯罪预防办公室的一份报告引发了人们的关注，研究者们一致发现，青春期少年的药物滥用与严重犯罪有关。

这个发现得到了终止路径研究的进一步证实，“路径”研究是一项受少年司法和犯罪预防办公室资助的大型多学科合作项目，研究对象是1354名年龄在14~18岁犯罪情节严重的未成年违法者

（男女都有），自判决当日起之后的七年内对他们进行跟踪研究，旨在探索那些曾实施过严重犯罪的年轻人选择继续犯罪或终止犯罪的因素，其中一些因素如个人成熟度、涉毒情况、生活变化以及卷入刑事司法系统等。截至目前，这项研究的重要发现之一就是，对药物滥用的干预治疗能够降低违禁药物使用率和刑事犯罪发生率。

参与项目的未成年违法者在最初都报告了高水平的药物使用和滥用问题，且使用违禁药物和其从事非法活动具有相关性。因此，药物滥用被认为是“一个有力而普遍的犯罪预测因素”，“自身有药物或酒精障碍”“药物使用水平”等因素被证实与自我报告的犯罪水平和被捕次数有很强的独立相关性。研究人员称：“好消息是，干预治疗能有效减少药物使用率和犯罪发生率。那些接受了至少 90 天治疗并且其家庭也积极参与干预的年轻人，酒精、大麻的使用和违法行为在后续半年内都显著减少”。

思辨与讨论：青春期少年使用违禁药物和参与违法犯罪之间有哪些可能的联系？怎样才能打破这种联系呢？

社会倾向于更关注少年对烈性药物的使用，即便酒精仍然是大多数少年的首选。20 世纪 60 年代末至 70 年代期间，少年药物使用率极高，甚至可以称之为流行。违禁药物使用的总比率基本上在 1979 年左右达到峰值，随后趋于稳定。尽管如此，少年违禁药物的使用比率在相当一段时间内仍然保持在较高水平，直至 2001 年，药物使用水平才显著下降。根据 2016 年一项名为《监测未来研究》的结论，少年对违禁药物的使用持续下降，直至 2009 年之后，许多药物的使用开始回升。

2010 年全美药物使用和健康调查显示，估计有 2260 万 12 岁及以上的美国人是所谓的违禁药物使用者，也就是说他们在调查访问前一个月内曾使用过违禁药物。违禁药物包含大麻 / 大麻制剂、可卡因（含霹雳可卡因）、海洛因、致幻剂、吸入剂和非医用处方类精神科药物等。2016 年，大约有 2860 万 12 岁及以上的美国人在调研访问前一个月内曾使用过违禁药物。从总体上看，2016 年 12 岁及以上人群违禁药物的使用率高于从前（2002 至 2015 年），且大麻和大麻制剂是普遍之选，拥有 2400 万使用者。在违禁药物使用者中，79% 的人会选择大麻；大约 62.8% 的人在过去一个月内只吸过大麻；有 1300 万的人用过大麻以外的违禁药物。

该调查还特别记录了处方药、大麻、摇头丸和甲基苯丙胺等违禁药物的使用率增长情况，结果显示，对违禁药物使用的增加是目前大麻使用量显著增加造成的。

调查发现，在 12 岁及以上的人群中，男性的违禁药物使用率高于女性（11.6% 对 6.9%）。在过去的一个月里，男性比女性更有可能使用大麻（9.6% 对 5.0%），但二者在兴奋剂、冰毒和镇静剂方面的比例相似。

12 岁及以上使用违禁药物的人群也存在种族 / 民族差异。人数最少的是亚洲人，占比 3.7%；自身有两种或多个种族血统的人群占比 14.8%；印第安人或阿拉斯加原住民占比 12.7%；夏威夷原住民或其他太平洋岛民占比 7.8%；非裔美国人占比 11.3%；白人占比 9.2%；拉美裔美国人占比 8.3%。

青春期少年的吸毒频率和毒品类型各不相同（详见表 11–1 和表 11–2）。年龄、性别、城市或农村、社会阶层和可得性等变量对毒品使用类型有极大影响，并对毒品使用频率有一定影响。有些使用者只在聚会和特殊场合吸毒，有些人把毒品留到周末，有些人每天都要使用。

表 11–1　1999 至 2016 年八年级、十年级和十二年级学生报告使用特定毒品的比例

	1999 年	2001 年	2010 年	2016 年
至今至少一次吸食大麻	36.4%	35.3%	30.4%	28.6%
30 天内吸食大麻	16.9%	16.6%	14.8%	13.7%
至今至少一次吸食可卡因	7.2%	5.9%	3.9%	2.3%
30 天内吸食可卡因	1.9%	1.5%	0.9%	0.5%
至今至少一次使用吸入剂	17.5%	15.3%	12.1%	6.5%
30 天内使用吸入剂	3.3%	2.8%	2.4%	1.2%
至今至少一次吸食海洛因	2.2%	1.7%	1.4%	0.6%
至今至少一次吸食冰毒	6.5%	5.8%	2.2%	0.8%
至今至少一次服用摇头丸	5.3%	8.0%	5.5%	3.1%

表 11–2　2016 年高中生报告吸毒的比例

吸毒学生	八年级	十年级	十二年级
上个月吸食	6.9%	15.9%	24.4%
去年吸食	12.0%	26.8%	38.3%
至今至少一次吸食	17.2%	33.7%	48.3%

药物滥用者一般是白人男性以及不打算上大学的年轻人。在学校里，成绩差的学生比成绩好的学生滥用药物的次数更多。药物滥用在美国东部和西部海岸比在美国中部更为常见。总而言之，虽然青春期少年吸毒情况在 20 世纪 70 年代末达到高峰，但美国的违禁药物使用率仍然很高，特别是高危少年尤是如此。

想一想

研究告诉我们，尽管当今的青春期少年似乎比过去几年更少尝试毒品，但那些已经吸毒的人往往会更频繁地这样做。是什么吸引了有些年轻人吸毒？

你会怎么做

在对未成年违法者开展工作时，房间检查和当事人搜查非常重要。当事人房间内的物品数量是受到限定的，以确保他们无处藏物。有一次，一位当事人冲出了矫治机构，从当地一家商店偷走了一瓶伏特加酒，他返回前尽快喝光了一整瓶。工作人员帮忙将当事人送到医院，在医护人员到来之前，他对着工作人员呕吐并撒尿。如果你是工作人员，你会怎么做？

药物类型

不管合法还是违禁，青春期的少年所用的药物包括（按使用频率递减）：酒精、烟草、大麻、可卡因、甲基苯丙胺、吸入剂、镇静剂、兴奋剂（安非他命和致幻剂）、类固醇、处方药和海洛因。合法药物是指符合合法定年龄时可用的药物，如 18 岁及以上抽烟与 21 岁及以上饮酒是合法的；违禁药物是法律明令禁止使用的药品（医生指定药品和允许使用大麻的司法管辖区除外）。一旦少年药物成瘾，他们的生活就会被违禁药物所牵制。据知名药物滥用专家詹姆斯 · A. 因恰尔迪（James A.Inciardi）所言，药物成瘾是“一种对特定药物的渴求，伴随着躯体依赖性，促使个体持续使用，从而对药效产生耐受性，且突然撤去药物后会出现一系列复杂可辨的症状”。

药物：名称之下为何物

对于许多试图弄清楚毒品问题的人来说，药物名称一直是混淆视听的根源。一种药物可能有十多个名字。药物可用品牌名、通用名、俗称或精神活性类物质来辨识。

品牌名

制造商所供应的化学物质的名字是其品牌名。品牌名称被注册，并经常与商标联系在一起。该品牌标识药品市场上的一种药物，其他制造商不得使用。没有任何已知的医疗应用或实验用途的精神活性类物质并非由合法公司生产，因此没有品牌名。

通用名

通用名是药物的化学名称或其他标识名称。医生在开处方时经常使用非专利药，因为非专利药通常比名牌药便宜。在联邦和州一级的大多数药物滥用立法中还进一步采用了通用名来规定受管制的具体物质。通用名有时适用于药物中的精神活性类化学物质，而不适用于药物本身。例如，大麻的活性物质是四氢大麻酚。

俗称

俗称是俚语，其中许多起源于 20 世纪 60 年代的流行文化，其他的俗称则在现代亚文化中持续产生。大麻、可卡因、甲基苯丙胺和海洛因的俗称在本章中也有出现。

精神活性类药物

精神活性类药物是根据药品对个体大脑的影响来分类的。兴奋剂、麻醉剂、镇静剂和致幻剂是典型的精神活性类药物。

举例

五氯酚和天使尘是瑟尼兰品牌的兽医麻醉剂的俗称。瑟尼兰含有精神活性类化学物质苯环己哌啶，在《管制药品法》（*Controlled Substances Act*）中被列为镇静剂。

酒精和烟草

20世纪早期禁酒令的出台受到了公众的质疑，人们认为饮酒是可接受的行为，不应该受到法律的管控，原因在于当时的公众并不觉得酒精是危险品（现在也如此）。酒精之所以如此危险是因为它可以放松大脑抑制，少年可能会做出危险的行为，如破坏财物、打架斗殴、学业失败、职业问题以及与执法人员发生冲突等，而这些违法行为，也许是他们未饮酒的清醒状态下根本不会去做的。

青春期少年酗酒的严重程度可从2011年实施的《监测未来研究》数据中得以呈现，该研究由美国国家卫生研究院下属的国家药物滥用研究所（National Institute on Drug Abuse）资助。《监测未来研究》的结果显示，过量饮酒（前两周连续饮酒五杯或以上）的情况在不断减少。

少年抽烟也是一个全美范围的公共卫生问题。自20世纪90年代中期以来，美国少年中吸烟者的比例急剧下降，这在很大程度上要归功于引导年轻人远离烟草所付出的努力。

由于尼古丁不是一种致幻药，所以在药物讨论时，人们往往忽视了吸烟的影响。然而，有相当多的证据表明，长期吸烟会对健康造成严重的后果，而且二手烟还会让其他人也受到同样的后果。据估计，吸烟对健康的不良影响每年导致44.3万人死亡，几乎占美国死亡人数的20%。每年因吸烟而死亡的人数比因吸毒、酗酒、人类免疫缺陷病毒、车祸、自杀和他杀的人数总和还要多。

大麻

大麻由干燥的大麻叶和花蕾制成，是吸食频率最高的违禁药物。衡量大麻受欢迎程度的一个有趣的指标是它的得克萨斯俗称数量，如原子弹、阿卡普尔科金、非洲黑、灰烬、玛丽阿姨、宝贝、加利福尼亚红、哥伦比亚金、咯咯笑草、金叶子、草、干草、墨西哥棕、墨西哥绿、巴拿马金、海藻、臭草、茶等。

关于使用大麻利弊的激烈争论一直存在，美国的一些医学专家认为大麻对医疗有贡献，而其他专家则持反对意见。一家名为“赞成 – 反对”的无党派非营利研究信息交流所收集了上百份关于大麻的同行评议研究，用于分析赞成或反对大麻使用的文献。尽管科研争论仍在继续，大麻却是少数几种在有些州获得“医疗用途”地位的药物之一。2012 年中期，康涅狄格州也通过了医用大麻的立法，成为全美第 17 个如此立法的州。

此外，对于大麻是否应被合法化（不仅是出于医疗目的，而是为了让政府对大麻进行监管、对大麻使用征税并从中获利）还存在着巨大争议。最终，一些利益集团对大麻合法化的期待将会导致墨西哥和整个拉丁美洲非法贩运的减少，并引发毒枭暴力的升级。

与联邦法律（大麻的医疗和娱乐用途仍然是非法的）相反，28 个州和哥伦比亚特区已经通过各自的立法使某些形式的大麻广泛合法化。另外三个州已经通过了准许使用医用大麻的对策。八个州和哥伦比亚特区的法律准许大麻的娱乐用途广泛合法化。近期通过大麻合法化对策的州立法机构正在就大麻的使用和销售监管提案展开争论。

事实上，近年来十几岁的孩子吸食大麻的情况再次出现，这意味着越来越少的少年意识到大麻的危险，即使是经常吸食者也不例外。也有证据表明，近年来少年对吸食大麻的反对程度大幅下降。与此同时，合成大麻在市面上出现。下面是关于合成大麻的探讨。

合成大麻

合成大麻有时在网上、便利店、加油站或商店里以“K-2”和“香料”等名称出售，目的是模仿大麻的效果。它一般含有合成大麻素，而这一物质最初并没有出现在联邦缉毒署（Drug Enforcement Agency，DEA）的名录上。因此制造商就将化学药品喷洒在干燥的药草和植物上制成合成大麻。

合成大麻的制造商始终不断地尝试用具有类似性质的新物质来改进原有物质，以便领先于执法部门的检测能力投机获利。

2011 年 2 月，联邦缉毒署启动临时紧急权力，将此类产品中若干化学物质列为第一类目录药物，即不安全且高度滥用的非医用药物。此外，20 个州已禁止了合成大麻，其他一些州也相继立法禁止。2011 年，全美 11.4% 的高中毕业生表示他们在过去的 12 个月里曾使用过合成大麻。

可卡因

可卡因是一种南美古柯植物的粉末衍生物，其受欢迎程度正在取代其他违禁药物，它的俗称有雪女士、鼻糖、超级苍蝇等。可卡因的主要来源是哥伦比亚，其分配问题是许多中美洲和南美洲国家的主要外交议题之一。

鼻吸/吸嗅的方式是使用可卡因最常见的方法，但是在20世纪80年代吸食精炼可卡因开始流行。精炼可卡因是从提纯可卡因结晶中提取的，制作时将提纯可卡因的结晶压碎后放在一个特殊的加热玻璃管中熏制。吸食精炼可卡因会带来比一般可卡因更快、更强效的快感。也有静脉注射可卡因的方式，通常在15~20秒内产生强烈的兴奋感。静脉注射可卡因和其他毒品混吸的方式会增强欣快感，但也十分危险。

在20世纪80年代和90年代出现的相对便宜但效果更好的霹雳可卡因大受欢迎。很明显，1981至1983年间，霹雳可卡因已遍布洛杉矶、迈阿密和纽约市中心的社区，然后开始在全美传播。霹雳可卡因被吸食者称为岩石、砖头、面包屑等，一般在特制玻璃管或临时装置里吸食，也有的放在掺入大麻的香烟中吸食，被称为怪胎联合等。吸食者所谓的散弹枪指的是，一名吸食者向另一名吸食者口中喷出的二手烟，也能提供想要的快感。霹雳可卡因通常在固定的场所内吸食，这个场所可能在废弃的建筑物内，也可能是毒贩或吸毒者的家。

青春期男孩和年轻男性一旦对霹雳可卡因上瘾就有可能会虐待他人；对家庭、学校和工作不负责任；违法犯罪行为增加等。青春期女孩和成年女性对霹雳可卡因上瘾，除了增加卖淫比率之外，其他的后果还包括普遍存在的儿童虐待和忽视，以及妊娠期吸食的毒副作用，例如胎盘与子宫过早分离，导致死胎和早产儿，而在子宫内感染可卡因毒性后仍能存活的婴儿，在出生时会出现戒断症状，从而导致婴儿罹患中风和呼吸系统疾病的风险更大。接触可卡因的婴儿出现婴儿猝死综合征的风险更大，比例为17%，而在普通人群中这一比例为1.6%。另外，接触可卡因的婴儿在成长过程中也更容易出现情绪障碍、学习障碍和感统失调等问题。

一个有关可卡因的主要问题是，对霹雳可卡因的处罚相对粉末可卡因要严厉得多，很多少数民族美国人认为这项政策有种族歧视，因为霹雳可卡因在少数民族社区更普遍，而白人社区却流行吸食粉末可卡因。

在所有八年级、十年级和十二年级的学生中，当前吸食粉末可卡因的比例远低于20世纪80年代中期或90年代可卡因复苏期的年度吸食比例。霹雳可卡因的吸食量在1998至1999年达到峰值后已有几年都呈现下降趋势。2011年，三个年级的学生合计吸食可卡因的比例也显著下降。

甲基苯丙胺

甲基苯丙胺，俗称为冰毒、粉笔、玻璃、冰等，是一种合成的且极度容易成瘾的兴奋剂，可以注射、吸食或喷鼻。它的药效会持续八小时，刚开始时会有一个初期的高峰体验，后续是不太强烈的高潮。这种药物会让使用者感到清醒、意识清晰、欣快感，但同时也伴随焦躁和偏执。冰毒是诸多所谓的俱乐部毒品之一。美国于 2004 年和 2016 年报告曾吸食冰毒的学生比例见表 11–3。

表 11–3 报告吸食冰毒的学生比例（2004 年和 2016 年）

	八年级		十年级		十二年级	
	2004 年	2016 年	2004 年	2016 年	2004 年	2016 年
过去一个月内吸食	0.6%	0.3%	1.3%	0.2%	1.4%	0.3%
过去一年内吸食	1.5%	0.4%	3.0%	0.4%	3.4%	0.6%
至今至少一次吸食	2.5%	0.6%	5.3%	0.7%	3.4%	1.2%

冰毒的使用正在增加，它最初集中在加利福尼亚（尤其是圣地亚哥地区），但现在已广泛传播到美国西部、南部和中西部各州。

吸入剂

青春期少年使用的吸入剂种类繁多，但它们的共同之处在于使用者必须吸入这些气体才能获得所追求的快感。亚硝酸丁酯，通常被称为 RUSH，是一种常见的吸入剂，它被装在小瓶子里，一般在成人书店和大街上都能找到。对年轻的吸毒者来说更容易获得的吸入剂是氯碳氢化合物和碳氢化合物，它们可以直接从汽油、油漆稀释剂、胶水或气溶胶罐中吸入。

使用这类药物会产生兴奋和眩晕感，言语含糊不清并嗜睡。吸入剂也可能导致轻度至重度头痛和 / 或流鼻血，长期吸食者会导致神经系统损伤及肝肾功能受损。

镇静剂

和吸入剂的情况一样，年轻人服用的镇静剂或巴比妥类药物的种类也很多。所有镇静剂的共同特点是，它们都是口服的，通过抑制神经系统和引发昏睡状态来影响使用者。它们的俗称是按照胶囊颜色来命名的，比如司可巴比妥药片俗称红胶丸，阿米他俗称蓝魔，吐诺尔俗称彩虹，等等。另一种流行的镇静剂是甲奎酮，俗称为安眠药。

青春期的孩子经常滥用处方药。含轻微镇静剂的苯二氮平类药物是其中使用最广泛的。安定、氯氮和甲丙氨酯是治疗焦虑或睡眠障碍的常用药，为此一些少年干脆去搜父母的药箱。他们还可能从年长的人那里弄到这些处方药，或者从网上购买。美国国家药学委员会联合会（National Association of Boards of Pharmacy）已经发现了大约200个出售处方药但不提供在线处方服务的网站。《芝加哥论坛报》（*Chicago Tribune*）近期一篇被美国医学会（American Medical Association）引用的文章称，至少有 400 家网站同时提供配药和处方服务，其中半数在国外。一些少年会闯入药店去偷他们需要的药物，而另一些会通过非法交易网站来购买。

安非他命

安非他命最初于19世纪80年代在德国制造，直到第二次世界大战才被美国人使用。所有的军事部门都曾发放苯丙胺、迪西卷和其他安非他命类药物来缓解疲劳和焦虑，特别是在战斗条件下。然而，安非他命在战后变得唾手可得，在备考学生、长途卡车司机、减肥人群中被广泛使用，也有人用它来缓解鼻塞症状。当时安非他命通常被俗称为黑美人、金刚丸、粉红和紫心锭。

20世纪90年代，摇头丸在大学校园和青春期少年中流行起来，并在聚会中广泛使用。摇头丸一般是口服片剂或胶囊，有时也喷鼻或吸入，它能带来深刻的愉悦体验，比如强烈的欣快感、态度和自信方面的积极转变等。摇头丸和其他各类物质有时被称为俱乐部毒品。

致幻剂

一直以来对精神扩展体验感兴趣的青春期少年会接触到各种致幻剂。20世纪60年代流行的是D-麦角酸酰二乙氨（迷幻药，别名LSD）。20世纪60年代末，公众开始反对服用迷幻药和其他致幻剂，到70年代，迷幻药的使用急剧减少。

20世纪60年代末引入的苯环己哌啶（PCP）是一种具有镇痛、麻醉和致幻作用的神经系统兴奋剂，在20世纪70年代开始流行。PCP最初作为“和平丸”上市，也被称为天使尘、动物坦克、北极光、嗡嗡、魔鬼尘、大象、大象果汁、火箭燃料和THC等。20世纪70年代，随着PCP的危险性越来越明显，人们的担忧也有所增加。例如，1987年，医院急诊报告的与PCP有关的病例就有8000例之多，有时是和其他药物一起服用造成的。20世纪80年代，PCP的使用有所下降，全美范围内，至少服用过一次致幻剂的高中生比例从1979年的13%下降到1990年的不到3%。

俱乐部毒品

“俱乐部毒品”一词是指常见于夜总会、酒吧、狂欢派对（通宵舞会）等场所的某些违禁药物（合成），包含但不限于伽马羟丁酸、氯胺酮、摇头丸、甲基苯丙胺和洛喜普诺等，它们被俗称为特别K、维生素K、液体G、肥皂（GHB）、迷奸药等。冰毒和迷幻药也是公认的俱乐部毒品。

有的人认为俱乐部毒品是无害的，然而事实是这些物质会导致严重的心理和躯体问题，甚至死亡。使用这些药物的派对（有时称为“狂欢派对”）往往宣传是无酒活动，使家长们产生一种错误的认知，以为孩子们参加的是一个安全的活动。然而，俱乐部毒品可能会造成以下影响。

- 氯胺酮会扭曲感知，产生与环境和自我分离的感觉。大剂量氯胺酮可引起谵妄和健忘症。
- 滥用伽马羟丁酸可导致昏迷和癫痫。
- 洛喜普诺会导致丧失行为能力，引发健忘，尤其与酒精混合时可能致命。伽马羟丁酸和洛喜普诺经常与毒品性侵、强奸和抢劫有关。

- 摇头丸会引发血压和心率升高至危险水平，并可导致肾衰竭。它还会导致严重的高体温症，这是由于药物的刺激和狂欢时又热又挤的气氛共同作用的结果。
- 摇头丸使用者可能遭受长期脑损伤。研究表明，摇头丸会对负责思维和记忆的重要脑区造成功能损害。

思辨与讨论：你有没有参加过有毒品的派对？你如何理解毒品的流行？

合成类固醇

目前已经有100种不同类型的合成类固醇被研发出来，每一种都需要处方才能在美国合法使用。合成类固醇俗称为健身房糖果、果汁、帮宝适、负重教练等。合成类固醇可以口服、肌肉注射或以乳霜或凝胶的形式涂抹在皮肤上。类固醇的一种使用方式是所谓的交替模式，在一段时间内服用多剂量类固醇，中间停一段时间后再开始服用；使用者还经常将几种不同的类固醇混合在一起，这个过程被称为堆叠。据说，这么做是因为使用者相信类固醇之间会相互作用，对肌肉量产生比使用单一种类更大的影响。另一种使用类固醇的方式是金字塔式，在这个过程中，使用者缓慢递进增加类固醇的剂量，在周期中段达到峰值，在周期结束时逐渐降低剂量。

2010 年《监测未来研究》对八年级、十年级和十二年级的学生进行了调查，结果显示 1.1% 的八年级学生、1.6% 的十年级学生和 2.0% 的十二年级学生报告说他们至今至少用过一次类固醇（详见表 11–4）。

表 11–4　各年级报告使用类固醇的比例

	八年级	十年级	十二年级
过去一个月内吸食	0.3%	0.3%	0.7%
过去一年内吸食	0.5%	0.7%	1.0%
至今至少一次吸食	0.9%	1.3%	1.6%

2010 年，十二年级的学生认为类固醇获取“相当容易”或“非常容易”的比例为 27.3%。滥用合成类固醇会导致诸多不良反应，从外貌变丑如男性乳房发育和痤疮，到其他性命之忧。如果滥用者停止服药，大多数不良影响可以逆转，然而也有些影响是永久性的。除躯体影响外，合成类固醇还会使个体变得易怒且充满攻击性。此外，服用类固醇还会导致心脏病、肝癌和胆固醇水平升高，而注射类固醇的人会有感染或传播包括艾滋病在内的血液传播疾病的风险。

海洛因

鸦片是从某些罂粟品种中提取出来的，它是海洛因、吗啡、复方樟脑酊和可待因的原料，其中一些至今仍在医学上使用。海洛因是一种精制的吗啡，在20世纪初被引入，俗称为黑焦油、男孩、棕色、H、哈利、马等。

与大多数其他药物不同，长期吸食海洛因似乎会产生永久性的生理损伤。街头海洛因吸食者往往忽视自己的健康，因此，他们会报告诸如心肺功能异常、静脉疤痕、体重下降、营养不良、心内膜炎（心脏瓣膜的一种疾病）、中风、妇科疾病、肝炎、局部皮肤感染和脓肿等疾病。

表11-5列出了上述讨论的主要药物类型，并对每种药物进行了描述。从上到下按照药物滥用的频率降序排列。

表 11–5　　药物使用频率（降序排列）

药物类型	药物描述
酒精和烟草	两者都是未成年人的违禁药物，其广泛使用是一个严重的社会问题
大麻	大麻是最常见的违禁药物，俗名众多，吸食使用
可卡因	吸食是使用可卡因常见的方式，吸食精炼可卡因也很受欢迎
甲基苯丙胺	一种高度上瘾的兴奋剂，可注射、吸食或喷鼻使用，俱乐部毒品之一
吸入剂	年轻人依靠吸入这些药物的气体以追求快感
镇静剂	口服使用，能够抑制神经系统，导致昏睡状态
摇头丸	俱乐部毒品之一，可口服、吸食或喷鼻使用
致幻剂	LSD流行于20世纪60年代和70年代，而当前PCP这种神经系统兴奋剂受到青春期少年的欢迎
合成类固醇	影响肌肉量，有100种之多，可口服、注射或以乳霜或凝胶涂抹于皮肤

药物使用与未成年人违法犯罪

长期以来人们一直争论的问题是，药物导致未成年人违法犯罪还是未成年人违法犯罪导致药物使用，抑或是其他一些因素导致了未成年人违法犯罪和药物使用。大量研究发现，犯罪往往先于药物使用。然而也有研究发现，二者之间可能的因果关系实际上还有共同的前因，即有可能存在一种共同的因素或特征是违法行为和药物使用的基础，并可以解释药物使用的频率和类型。

自20世纪90年代初以来，有关开始和持续使用违禁药物的原因调查日益达成了以下共识。

- 人们普遍认为，青春期少年吸毒是一个循序渐进的过程。丹尼斯·B. 坎德尔（Denise B.Kandel）及其同事采用横向和纵向研究调查，提出了一种涉药物行为的发展模式：未成年人开始酗酒之前，一般有轻微违法行为并有酗酒的朋友和父母；吸食大麻之前，一般有轻微违法行为并有和同龄人一致但被父母反对的信仰和价值观；如果少年与父母关系不和，同时跟吸食多种毒品的同伴交往密切，其吸食多种毒品的风险就会增加。在考察毒品使用情况时，必须清楚使用者属于三个主要群体中的哪一类：第一类是，未成年人或成年人体验吸毒 1~2 次后就停止了；第二类是，未成年人持续吸毒至成年早期，但绝不允许毒品以任何方式干扰他们的生活；第三类是，未成年人或成年人毒品成瘾或依赖，整日都想着如何获取毒品，他们通常会犯罪以维持毒品供应。

- 在未成年人违法犯罪和药物使用之前，许多风险因素早已存在。早期因素比如围生期困难、轻微身体异常、脑损伤等；后期的发展性风险因素存在于家庭成长环境中，如家庭酗酒史、家庭管教方式不良、家庭冲突等；其他风险因素还包括早期出现的反社会行为和学业失败等。此外，社区环境风险因素也需要考虑，比如生长在经济落后、治安混乱的社区等。根据 J. 大卫・霍金斯（J.David Hawkins）、理查德・F. 卡塔拉诺（Richard F.Catalano）和德文・D. 布鲁尔（Devon D.Brewer）的研究，暴露在风险因素中越多的孩子，越有可能药物滥用。
- 毫无疑问，那些吸食易成瘾的烈性毒品的少年长期违法的可能性更大。德尔伯特・S. 艾略特和 D. 赫伊津哈（D. Huizinga）发现，近半数未成年重犯曾使用过多种毒品，82% 的未成年违法者报告称至少使用过一种违禁药物（尝试的除外）；未成年重犯饮酒的频率是未犯罪未成年人的 4~9 倍，吸食大麻的频率是其 14 倍。杰弗里・费根及其同事对大城市中心区的少年调查后发现，严重违法者药物滥用的情况更为普遍和频繁，然而违法行为与滥用的药物类型的相关性相对于吸毒的频率要更大。

贩毒未成年人

贩毒未成年人分为几类。有的人是偶尔贩卖少量毒品，通常是为了满足自己吸毒的欲望，他们从不或很少会犯罪。他们最可能把大麻卖给朋友和同学，并极力避免引起警方或少年司法系统的注意。

另一类未成年人是经常性贩毒，他们可能从成人毒贩那里拿货，然后在街角等公共场合贩毒，因此更容易被警方发现并移交少年法庭。这类未成年人通常独立于任何的贩毒帮派，常出现在郊区。

第三类未成年人是以帮派成员的身份贩毒的（尤其是在城市），区别于前两类的是，他们的贩毒行为会受到成年帮派成员的控制，通常他们的最后结局会是被送进训练学校或成人监狱。一位获得奖学金的大学生讲述了他在贩毒团伙中的经历：

当时我有 10 岁或 11 岁，有人安排我去一个街角。到那里的时候，他们给了我一把枪，让我守着，只要有人过来就开枪。他们在附近的破屋子里做生意。还好，没有人过来，否则我肯定会开枪，那我的生活就要被改写了。

药物滥用的成因

有些青春期少年从不使用毒品，有些只是偶尔尝试或娱乐性地使用，还有些少年尝试了一段时间后开始长期使用，而这部分人会出现生理 / 心理上的毒品成瘾。

至少有两个问题有助于我们了解吸毒的未成年人。第一个问题是要判断未成年人吸毒的阶段，是开始阶段、升级阶段、成瘾阶段还是戒断阶段。我们可能会问：

- 为什么有些未成年人从不吸毒？
- 为什么有些未成年人会尝试吸毒但不成瘾？
- 为什么其他未成年人从最初的尝试过渡到更严重的吸毒阶段？
- 为什么还有些未成年人吸毒成瘾？
- 为什么有些成瘾者能够戒断毒瘾，而另一些却不能？

第二个问题是，对于未成年人吸毒的原因并没有一个系统全面的描述。罗纳德 · L. 西蒙斯、R.D. 康格（R.D. Conger）和 L.B. 惠特贝克（L.B. Whitbeck）指出了这一点，他们提道："虽然目前的研究已经构建了一些毒品使用的关联，但尚未形成一个理论模型来明确各个关联的因果顺序以及它们之间的关系"。换句话说，也许我们已经意识到许多导致未成年人吸毒的原因，但还不知道这个问题的各个方面是如何组合在一起的。

下面将具体讨论青春期少年最初使用毒品的情况，重点介绍试图解释少年药物使用的成因理论。

认知 – 情感理论

认知 – 情感理论大多数都聚焦于青春期少年对吸毒成本和收益的认知是如何影响他们决定要尝试毒品的。这些研究基于两个共同的假设：

1. 少年做出是否吸毒的决策取决于其对毒品的特定期待和感知；
2. 其他所有变量（如少年的个性特征、与吸毒同伴的关系等）的影响可通过少年对毒品特定的认知、评价和决策来调节。

理性行动理论认为，决定个体行为最重要的因素是行为意图，这是众多成本 / 收益决策模型中描述最全面的。

成瘾人格理论

成瘾人格理论是对开始和持续使用毒品的另一种解释，即典型的瘾君子有成瘾倾向，并患有某种根深蒂固的人格障碍或情绪问题。

压力缓解理论

在少年的同伴文化中，追求快感是一种缓解压力和抑郁、打发日常无聊生活的方式。饮酒和追求快感的欲望与自我感觉良好、在社交场合感到舒适以及想要在同伴文化中获得认可有很大的关系。压力缓解理论认为，压力缓解能够使个体产生一种令人向往的高峰体验。

社会学习理论

社会学习理论认为，少年药物滥用会经历三个序列效应：

- 首先是观察和模仿使用特定药物的行为；
- 其次是模仿行为得到了社会强化，如有鼓励和支持毒品使用的环境；
- 最终导致少年期望持续使用毒品以产生积极的社会和生理后果的满足。

这些预期结果可能主要是社会性的满足，如最初尝试毒品时获得同伴接受或拒绝；随后在很大程度上取决于生理方面，如对毒品本身的积极或消极的生理反应。从本质上，社会学习理论认为少年如果预期到使用某种药物会产生比成本更大的个人收益，那么就会有持续使用的风险。

社会控制理论

特拉维斯·赫希的社会控制理论以及 J. 大卫·霍金斯和约瑟夫·G. 韦斯的社会发展模型一致认为，对吸毒同伴的情感依恋是药物滥用的主要原因。然而，与社会学习理论不同的是，上述两种理论都重点关注社会、机构和个人之间的日常联系是否薄弱，而这些联系可能会阻止越轨行为的发生。赫希认为，大多数青春期少年普遍存在的离经叛道的冲动会受到与社会、家庭、学校和宗教的日常联系的抑制或控制；相反，未受到社会控制的少年将不会迫于压力而遵从社会公约或行为规范。

社会发展模型认为，如果青春期少年未被传统社会或积极榜样所约束，他们就会对吸毒同伴产生依恋。与赫希的社会控制理论主要关注社交系统不同的是，社会发展模型更关注个体的社会发展和社会互动，且关注点随着儿童的成长而转移。例如，学前阶段主要关注家长的影响，青春期前阶段主要关注老师的影响，青春期阶段主要关注同伴的影响。

社会解组理论

社会解组理论认为，某些被剥夺权利的群体所处的黯淡经济环境造就了城市中心区的年轻一代，他们经常感到疑惑、绝望和充满不确定感，从而开始和持续使用毒品。据此观点，贫困者的绝望处境让他们寻求慰藉，而吸毒和酗酒就是即刻的解脱之道，长久下去却是饮鸩止渴。

综合理论

艾略特和其同事提出了一个综合模型理论，该模型将传统的紧张理论、社会控制理论和社会学习理论扩展为一个综合视角以解释违法和药物使用行为，重点描述了社区组织混乱、对家庭的依恋和社会价值观对涉药物行为的影响机制。这一模型最初用于解释未成年人违法犯罪的成因，后来被更广泛地用以解释少年的药物使用行为。

长久以来，社会学研究都试图用一种单一理论来解读某个社会现象，然而对于药物滥用的成因（同犯罪问题一样）却有多个不同的理论视角。对有些人来说，毒品使他们远离家庭的沉闷和痛苦；对另一些人来说，毒品是他们逃避情感伤害的尝试；还有些人受到同伴影响而使用毒品。综合或互动模型融合了紧张理论、社会控制理论和社会学习理论，也许是解释未成年人饮酒和吸毒问题成因方面最有价值的。

下面是有关药物滥用成因的理论概述。

药物滥用的成因理论

- 认知 – 情感理论：这些理论涉及青春期少年对吸毒成本和收益的认知是如何影响他们决定要尝试吸毒的。
- 成瘾人格理论：典型的瘾君子有成瘾倾向，并患有某种根深蒂固的人格障碍或情绪问题。
- 压力缓解理论：毒品带来的高峰体验是缓解压力、抑郁和打发日常无聊生活的手段之一，这在少年的文化中很常见。
- 社会学习理论：该理论认为少年药物滥用始于观察和模仿使用特定药物的行为，随后是该行为得到了社会强化，并导致少年期望持续使用毒品以获得社交和生理满足。
- 社会控制理论：对吸毒同伴的情感依恋是药物滥用的主要原因。
- 社会解组理论：深受黯淡经济环境影响的人们会有质疑、绝望和不确定感，因此他们需要寻求毒品的慰藉。
- 综合理论：艾略特和其同事将紧张理论、社会控制理论和社会学习理论进行整合，以形成一个解释违法行为和吸毒问题的综合视角。

未成年人违法犯罪和社会政策：应对药物问题的措施

预防项目、治疗干预、严格执法和减少伤害都是控制青春期少年药物使用问题的可行手段。预防项目已经讨论过，治疗干预似乎是控制药物滥用最有效的手段，然而大量证据表明，像联邦政府发起的“禁毒之战”等主要采用严格执法的威慑策略，对未成年人和成年人基本上都收效甚微。

预防项目

20 世纪 90 年代见证了毒品预防项目的巨大发展。科罗拉多大学暴力研究与预防中心启动了暴力预防蓝图（Blueprints for Violence Prevention）的倡议，研究人员评估了 600 个旨在预防暴力、药物滥用以及矫治问题少年的项目，并确定了 11 个示范项目和 21 个有前景的项目。其中一些项目引人注目。

1. 生活技能培训：旨在预防或减少使用“入门级”药物，如烟草、酒精和大麻。
2. 中西部预防项目：该项目是一个以酒精、烟草和大麻为目标的综合性社区预防项目，为期 3~5 年。
3. 拒绝药物滥用项目：针对有药物滥用风险的高中生展开。值得注意的是，“暴力预防蓝图”的研究人员报告称，在评估的几年间，示范项目和前景项目都表现出积极的评估结果。

在全美各地的学校，警方至少开展了抵制药物滥用教育、学校教育和管制药物滥用方案和专案警示三个预防药物滥用的项目。抵制药物滥用教育项目是被广泛推广的防止药物滥用的项目之一。尽管本书第 13 章也指出，近期对抵制药物滥用教育项目的评价并不乐观，但它仍是美国最受欢迎的学校禁毒教育项目，已遍布全美 70% 的学区，惠及 2500 万学生；此外，该项目还被 44 个国家所借鉴应用。纽约的管制药物滥用方案项目是市警察局和教育委员会合作的项目之一，也是另一个受到高度评价的毒品预防项目。专案警示最初在加利福尼亚州和俄勒冈州的中学开展，在禁毒教育、抵制酒精和烟草的同辈压力等方面取得了一定成效。

一个有效的项目需要被纳入幼儿教育，也需要家庭、学校和社区的共同努力。正如本章一直强调的，违禁药物的预防和干预措施必须是一项基于家庭、学校和社区等多管齐下的综合方法，这点尤为重要。

治疗干预

那些父母负担得起或有第三方保险的药物滥用少年一般是在精神科和医院接受治疗的。其他少年，特别是那些有轻微违法行为的药物滥用者，则在私营机构接受治疗，而这些机构在方案设计和实施等方面的质量良莠不齐。有严重违法行为的药物滥用者可能会被安置在县或州的专门机构中，而这些机构只注重监管和安全性，通常也会提供一些药物滥用的团体咨询服务。

有多重典型问题的药物滥用少年可能相对成年犯更易矫治，但也没有证据表明少年的项目比成人项目更有成效。缅因州的埃朗、科罗拉多州的落基山、犹他州的普罗沃峡谷及加利福尼亚州的喀斯喀特、塞杜和希尔托普都是私人管理的治疗学校或情感成长项目，这些项目可能比一般的未成年人药物滥用项目做得要好。

对于有吸毒史的人来说，毒品法庭是另一个创新的治疗方式（见第 12 章）。为了解决酒精和毒品问题，毒品法庭的治疗服务始终以药物依赖和滥用的正规理论为基础，尽量使用最好的治疗工具，并为参与者提供建立认知技能所需的机会。研究结果一致表明，毒品法庭可以减少再犯并且促进其他积极效果的产生，然而研究一直未能揭示出哪些法庭程序影响了哪些结果，以及影响了哪些类型的犯罪人。

平衡恢复性司法模式已成为少年药物滥用和酗酒问题的治疗干预方式，而且也是美国 12 个州恢复性司法会议的指导思想。恢复性司法会议一般在非正式场合举行，自愿协商的参与者包括受害者、罪犯及其他相关的社区成员。恢复性司法会议也可以使用更多的强制恢复性义务，如正式诉讼强制执行的赔偿或社区服务。这些程序和义务之所以是“恢复性”的，而不是康复性的或惩罚性的，正是因为在强制背后所体现出的恢复性意图。

一些社区和机构制定了药物和酒精滥用的干预措施。例如，有些训练学校为有吸毒史的人员组织团体辅导。社会工作者可以开展持续的药物和酒精滥用团体，而来自外部的团体成员，如匿名戒酒互助会（Alcoholics Anonymous，AA）或匿名戒毒互助会（Narcotics Anonymous，NA），也可以进入这些机构举办会议。

严格执法

“禁毒之战”的收效对未成年人和成年人旗鼓相当。这场“战争”的惨烈后果是，吸食或贩卖霹雳可卡因的少数民族未成年人越来越多地被长期纳入司法系统。有人甚至认为，“禁毒之战”是助长青年帮派蔓延的因素之一。然而，严格执法似乎在以下方面产生了影响：

- 海外制毒原料作物的破坏可能对美国毒品供应产生了一定影响，价格上涨，使一些毒品难以找到；
- 与贩毒相关的严厉惩罚至少在一定程度上对未成年和成年罪犯起到了威慑作用；
- 执法部门在打击街头毒贩方面取得了一定成功；
- 在便利店和其他地方对销售烟草产品（尤其是香烟）的监管，加大了未成年人购买或获取烟草产品的难度；
- 在学校周围严格执行禁毒区，已阻止或至少减少了向学龄儿童贩卖毒品的人数；
- 学校和社区对年轻人贩毒的严格执法减少了年轻人获取毒品的机会。

减少伤害

减少伤害这种方式旨在减少少年吸毒以及因吸毒和贩毒受到严惩对少年造成的伤害。已采用的部分减少伤害的策略有：

- 在项目中，健康专家向成瘾者提供药物作为治疗和排毒方案的一部分；
- 为自愿接受治疗的成瘾者提供进入戒毒机构的机会；
- 针具交换项目旨在减缓艾滋病毒的传播，并提供艾滋病毒如何感染和传播的教育资源。

吸毒未成年人一般会找到各种各样的治疗方案和机构，但是治疗项目通常只面向中产阶级和上层社会的年轻人，而非下层社会。部分原因是富裕的父母能够负担得起抚养子女的费用。向瘾君子提供毒品合法化管理和针具交换项目，则在成年人中更为常见。表 11–6 总结了有关毒品问题的解决之道。

表 11–6　　应对毒品问题的解决之道

策略类型	简要描述	评价
预防项目	至今已有 600 多个项目用于预防和治疗药物滥用	少数项目富有前景，其他项目收效甚微
治疗干预	对于父母有能力承担或有第三方保险的药物滥用未成年人，一般在精神科和医院接受治疗	几乎没有成功的证据
严格执法	针对未成年人的“禁毒之战”运动	对未成年人没有成功的证据，但却在遏制贩毒上起到了一定作用
减少伤害	这种方法旨在减少未成年人吸毒对其造成的伤害以及因吸毒和贩毒受到严惩对其造成的伤害	相对于未成年人，此类方法在成年吸毒者中更为常见

循证实践

毒品法庭有效吗

毒品法庭，或专门处理涉毒案件的法庭，在过去 40 年里一直反响良好。在迈阿密、费城和拉斯维加斯进行的一些实证评估显示，成人毒品法庭的再犯率相对较低。国家司法研究所（National Institute of Justice）和毒品法庭项目办公室（Drug Court Program Office）对全美有代表性的样本进行了抽样调查（包括所有运营至少一年且至少有 40 例结案的毒品法庭），结果发现，在一年内只有 16% 的毒品法庭当事人被捕并被指控犯有严重罪行，在两年内，发生此类情形的比例为 28%。对于那些通常可能会被送进监狱的高危罪犯，这个项目似乎最有成效。

研究结果表明，毒品法庭可以减少再犯并带来其他积极的效果，如节约成本等，然而该项目成功与否也存在一些影响因素，如适当的评估和处理，法官所承担的角色以及罪犯与法官互动的性质等；其他影响因素还包括药物使用趋势、人员流动和资源分配。

有理由相信，少年毒品法庭会和成人毒品法庭一样有效。2010年，一项针对少年毒品法庭的准实验研究比较了多个司法管辖区内1120名参与该项目的当事人与1120名仅参与门诊治疗的少年，结果显示，相对于门诊治疗，少年毒品法庭在帮助当事人减少情绪症状和毒品使用方面似乎效果更佳。

本研究的其他发现还有：

- 使用循证治疗很重要；
- 与仅接受门诊治疗的未成年人相比，该项目在两周内开始施行治疗的可能性较小，这点尤为关键，因为研究者发现，两周内开始治疗是防止复发和再犯的主要保护性因素之一；
- 与对“法网扩大”的担忧相反，该项目是使严重功能受损的少年接受治疗并可靠地取得积极成效的若干方式之一。

思辨与讨论：为什么成年人和未成年人的毒品法庭取得一定成效尤为重要？你认为，少年毒品法庭对哪一类未成年违法者会更有效？

埃米·沃特斯的人生历程（15岁）

埃米的父亲西蒙一直是个酒鬼。从埃米记事起，他就既喝酒又吸食大麻。他时常是一副醉醺醺或嗑嗨的样子，有时彻底喝醉。他没有为自己的行为找借口，只是经常会告诉埃米，在他八岁的时候，他的父亲给了他人生第一杯酒。他还会说，早学会喝酒的孩子将来要应对的酒精和其他药物问题要比不准喝酒的孩子要少得多。

一天晚上，西蒙显然是喝醉了，他问埃米是否愿意跟他喝一杯。在这之前，除了自己喝醉给埃米造成不好的影响外，西蒙还没有主动劝过埃米喝酒。然而现在，他告诉埃米，自己想有一个对饮的伙伴，而且埃米已经到了可以喝酒的年纪。当然，埃米对酒精已经不陌生了，她有时会离家和朋友们狂欢，她对毒品也不陌生，还曾吸过大麻，也曾多次和前男友达蒙吸过可卡因。

于是，在父亲的怂恿下，她坐在电视机前，开始喝父亲爱喝的苏格兰威士忌。夜晚慢慢过去，她越喝越醉，晕倒在沙发上。

第二天醒来时埃米头痛欲裂，但却感到莫名的解脱，仿佛她不知何故进入了一个成人的世界，在这个世界里，她可以自由地做出自己以前无法做出的选择。至少在某种程度上可以接受的选择。她意识到，酒精本身也是一种解脱，她模糊地记得，她告诉父亲一些她从离家出走后一直保守的秘密。

埃米的父亲做出了什么行为榜样？为什么饮酒与未成年人违法犯罪密切相关？

在下一章中，我们将继续讲述埃米·沃特斯的传奇故事。

第 12 章

未成年人犯罪预防

犯罪之声

丹尼尔的故事

离家出走后，我在街上流浪了一个多月，每天从一家杂货店偷来一些食物和啤酒维持生计。偷东西我很在行，大多数情况下都能侥幸逃脱，我还会随身携带一把刀防身。后来我还是被警察抓住了，他也发现了我有刀。在被问及姓名和住址时我一言不发，之后他给警局致电要求派警车过来接我，直接把我关进了少年拘留室。

几个月以后，我被带到少年法庭的法官面前，我看到我父母也在现场，让我吃惊的是，他们从来都没有如此盛装打扮过。我和一位来自儿童服务机构的女士同桌而坐，她手里拿着一叠文件。她向法官陈述我是一个离家出走的孩子，在从商店里偷啤酒的时候被抓，她对食物只字未提，她还说我曾用那把刀威胁警察，一派胡言。她继续向法官陈述说在我出庭之前，她曾试图和我谈谈，但被我拒绝了，根本就没有这回事儿。到我父母的时候，他们说害怕我，不愿意让我再回家。法官从没问过我有什么想要表达的，就直接宣布将我从家中带离，去一所男子学校。由此就开始了我在监禁机构里的生涯，而至今我的大部分时间都是在机构看护中度过的。

未成年人犯罪预防最主要的问题是如何在未成年人行为固化或误入歧途之前防止其发生。“犯罪之声”中的这个年轻人从一开始就走上了一条消极的人生发展道路，在少年监禁机构度过了他大部分的童年时光。在这样的经历下，他也许会继续堕落沉沦，成年后在监狱里进进出出地度过余生。毫无疑问，预防未成年人犯罪是一个有价值但又复杂的目标。在美国 1974 年颁布的《少年司法与少年犯罪预防法案》以及 1977 年和 1980 年的《少年司法修正案》(*Juvenile Justice Amendments*）中，对犯罪预防的强调被写入了联邦法律。即便如此，在未成年人犯罪研究中，犯

罪预防在很大程度上受到忽视。此外，有证据表明，未成年人暴力行为和枪支使用的水平虽有所下降，但仍令人不安；毒品和酒精问题持续存在；全国性帮派开始出现等，这些都是对未成年人犯罪预防项目发展和评估的呼吁和需求。

未成年人犯罪预防是一个复杂的术语，它以多种方式影响着未成年人。现已确定以下三种不同层次的未成年人犯罪预防。

- 一级预防项目侧重于改善导致未成年人违法犯罪的物质和社会环境。
- 二级预防项目的对象是高危未成年人或处于犯罪风险环境的未成年人，对他们的生活进行干预。二级预防也发生在转处分流项目中，具体是指把困境中的未成年人从正式的少年司法项目中分流出来。
- 三级预防项目旨在预防有犯罪前科的少年再犯。三级预防也发生在传统的康复项目中。

图 12–1 直观地呈现了未成年人犯罪预防的三个层面。

美国 1974 年的《少年司法与少年犯罪预防法案》和 1977 年、1980 年和 1984 年的《少年司法修正案》将犯罪预防确定为国家优先考虑的事项。

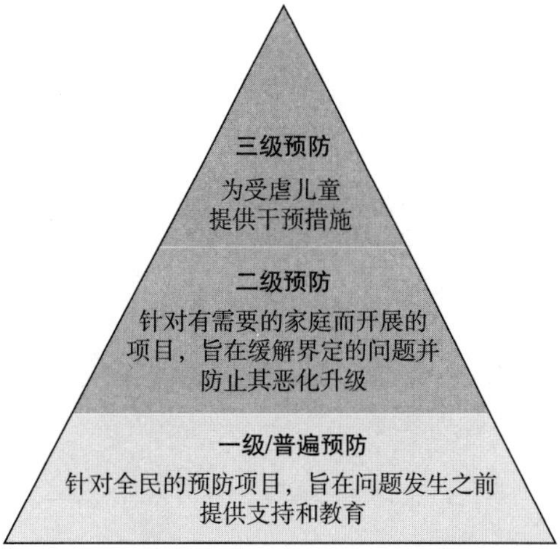

图 12–1　未成年人犯罪预防不同层面的直观呈现

未成年人犯罪预防的历史

未成年人犯罪预防有着独特的历史，就像是一条铺满了千疮百孔的万灵药的高速公路。

社会正在寻求解决犯罪问题的万灵药，即公认的万全之策或补救办法，其原因之一是人类对复杂问题寻求简单答案的自然倾向。另一个原因是，在与未成年人违法犯罪持续斗争的败局中所带来的挫败感和徒劳感，使得政策制定者急于找到解决之道。此外，对万灵药的推崇还源自对预防文化的信仰，例如“一分预防胜似十分治疗”这类说法。

未成年人犯罪预防项目的范围涵盖：从生理和心理干预到团体治疗、帮派干预、娱乐活动、就业培训、社区组织，乃至整个社会的结构性重组。最广为人知的犯罪预防的模式是马萨诸塞州的剑桥萨默维尔少年研究、纽约少年委员会计划、纽约少年流动计划、波士顿中央城项目以及沃尔特·C. 雷克利斯和西蒙·迪尼茨在俄亥俄州哥伦布市的自我概念研究、芝加哥地区项目还有波多黎各的普拉亚。

下面是关于芝加哥地区项目的说明。

芝加哥地区项目

1934 年，芝加哥地区项目由克利福德·R. 肖和亨利·D. 麦凯创立，旨在构建社区意识以解决地方层面的社会问题。第一批项目同时在南芝加哥、近西区和近北区三个地区启动。至今，每个项目区都设立了委员会，作为一个独立的机构由当地社区民众选举的董事会指导运作。像这样的项目在芝加哥已有 20 个，其他项目也已在整个州覆盖。此外，伊利诺伊州的其他组织也将这些项目作为制订犯罪控制计划的参考模型。

这些项目有三个基本目标：

第一，为当地居民提供了一个论坛，使他们了解有关儿童养育、儿童福利和未成年人违法犯罪的前沿科学观念；

第二，在当地居民和较大社区的机构代表之间开辟新的沟通渠道，这些渠道影响了当地未成年人的人生机遇；

第三，让成年人接触当地的未成年人，尤其是那些在法律上遇到困难的年轻人。

芝加哥地区项目建立在这样一种理念之上，即社区不应立即将未成年人移交至司法系统，而应先处理自己的问题，并为了未成年人的福祉而对其进行干预。社区居民会在少年法庭上为未成年人代言；它们举办社交和娱乐项目使未成年人能参与到建设性的活动中来。当地组织的领导人，通常是曾经芝加哥地区项目的受益者，他们知道如何与那些在学校或法律上遇到麻烦的年轻人建立联系，并帮助他们解决问题。

50 多年前，索尔·阿林斯基（Saul Alinsky）曾说过："人们为自己做事的重要性怎么强调都不为过。"从根本上讲，芝加哥地区项目的重要意义在于，它是预防未成年人违法犯罪的基本方法。芝加哥地区项目提倡基层领导、社区复兴、社区自我监督的作用以及解决社区争端的重要性。20 世纪 90 年代后期，这些重点也被纳入大多数社区犯罪预防的策略之中。

20 世纪 70 年代的一些研究调查了未成年人犯罪预防项目的有效性。迈克尔·C. 迪克森（Michael C.Dixon）和威廉·W. 赖特（William W.Wright）得出结论："很少有研究呈现出显著的效果"。理查德·J. 伦德曼（Richard J.Lundman）、保罗·T. 麦克法兰德（Paul T.McFarland）和弗兰克・斯卡佩蒂（Frank Scarpetti）在 1976 年也得出了同样悲观的结论："这些（未成年人犯罪预防项目）似乎都不太可能阻止少年违法犯罪行为。"在对 45 个项目进行评估后，伦德曼和斯卡佩蒂合作开展了一项关于未成年人犯罪预防的后续研究，并得出结论："通过对过去和现在持续进行的 45 个未成年人犯罪预防项目的回顾，我们不可避免地得出了这样的结论，那就是这些项目都没能成功地预防未成年人违法犯罪的状况。"这些研究人员甚至还说："鉴于过去在预防未成年人犯罪方面的努力收效甚微，我们不再天真地期待任何努力都会取得巨大成效。"

未成年人犯罪预防的项目，除了被指无效外，还受到了其他一些批评。具体来说，学者们指责预防项目扩大了社会对儿童的控制网，由此导致更多儿童被纳入项目和监禁机构中。批评人士还指责这些项目造价过分昂贵，美国司法部已经花费 2000 多万美元为 68 个城市的 20 000 名未成年人提供了干预服务。更有甚者认为，预防项目只能对那些诱发违法犯罪的深层次问题提供零星的解决方案。最后，批评人士指出，当未成年人被送去参加预防干预时，儿童的权利有时会受到损害。

20 世纪 90 年代，少年司法和犯罪预防办公室开始以预防未成年人严重暴力犯罪为目标。人们意识到，是严重暴力的未成年违法者造成了数量不成比例的罪行，减少屡教不改未成年违法者的人数是社会面临的一项重大挑战。对此类未成年违法者采取多元、协调一致的干预办法，其中预防是关键的第一步。美国很多地区都设立了试点项目，有关这个新预防重点的前景如何、面临哪些问题都将在本章的后续部分进行探讨。

自 20 世纪初以来，美国已经实施了大量的一级和二级预防项目，以社区团体、家庭和学校环境、青年帮派、社会和心理健康机构为干预切入点。不幸的是，大多数项目的成效令人失望。然而，芝加哥地区项目是一个在近 50 年内取得了一定成效的项目。近年来，美国又制定了一些新的预防项目，有望更有效地预防未成年人犯罪，也包括暴力和药物滥用的问题。

极富前景的未成年人犯罪预防项目

在第 4 章和第 11 章中曾提及的暴力预防项目蓝图是在规划任何类型犯罪预防项目时都要参考的一项重要资源。该蓝图已确立了 11 个示范项目以及 21 个前景看好的预防暴力和药物滥用项目，这些项目都历经了严谨的实证评估而卓有成效。以下是对部分示范项目的简要介绍。

- 美国大哥哥大姐姐项目。美国知名度最高、最具规模的辅导项目，在全美拥有一个覆盖 500 多家地方机构的项目网络，维护着超过 14.5 万名未成年人和成年志愿者之间的一对一关系。该项目的服务对象是 6~18 岁的未成年人，其中相当一部分来自贫困和单亲家庭。一项为期 18 个月的跟踪评估发现，与尚未建立一对一辅导关系的未成年人对照组相比，那些已参与辅导项目的未成年人尝试吸毒的可能性降低了 46%，尝试酗酒的可能性降低了 27%，殴打或侵犯他人的可能性降低了32%。他们逃学的可能性更小，家庭关系得以改善的可能性更大。

- 霸凌预防项目。该项目的主要初衷在于改善社会环境和中学校园以减少霸凌行为发生的机会，同时降低因同伴对霸凌持认同和支持的态度而造成的行为强化。在挪威和美国南卡罗来纳州实施评估的一个大样本中，霸凌预防项目被证明是有效的。例如，南卡罗来纳州39所小学四年级到六年级的学生报告称，他们受到其他孩子霸凌的情况减少了25%。
- 功能性家庭治疗。这是一个短期的以家庭为基础的预防和干预项目，功能性家庭治疗已成功地应用于各类情境以治疗高危少年及其家庭。这个多系统的临床项目旨在帮助11~18岁之间缺乏指导并有风险的未成年人，在三个月内为其提供每次一小时、共计12次的家庭治疗，一些难度较大的个案会安排接受26~30小时的家庭治疗。该项目的成效已被反复验证了25年之久。通过干预结束后一年、三年和五年的个案跟踪随访证实，未成年人再犯率得以显著和持续的下降，降低幅度在25%~60%之间。
- 不可思议的岁月：父母、教师和儿童培训系列。不可思议的岁月示范项目拥有一套全面的课程设计，服务对象是2~8岁出现或有品行问题风险的儿童，旨在提高他们的社交能力，预防、减少和治疗其品行问题。在父母、教师和儿童培训项目中，系统受训的治疗师利用视频录像鼓励参与者找到解决问题的办法并分享观点。该项目的三个培训系列均得到了积极的评价反馈，实现了项目初衷。
- 生活技能培训。生活技能培训是一项为期三年的干预课程，旨在预防或减少“入门级”药物的使用，如烟草、酒精和大麻。课程提倡社会抵御技能的训练，以帮助学员了解药物使用的危害。通过对十几项研究结果的梳理，评估人员发现，与对照组相比，干预组接受生活技能培训后，烟草、酒精和大麻的使用率降低了50%~75%。
- 中西部预防项目。中西部预防项目把学校规范环境建设纳入一个3~5年的抵制酒精、烟草和大麻的社区预防项目当中，对学校进行干预是该项目的核心。中西部预防项目从六年级或七年级开始，包含10~13堂课程，由系统受训的教师授课。研究人员对八所学校的学生进行了为期三年的跟踪调查，这些学生被随机分配到干预组或对照组，结果发现，该项目使未成年人吸烟和吸食大麻的人数下降了40%，此状况会一直保持到高中毕业。
- 多元治疗寄养照顾。多元治疗寄养照顾已被证实是一个颇具性价比且能替代团体治疗、住宅矫正治疗、监禁或住院治疗的干预项目。该项目为寄养家庭提供短期（通常约七个月）及高度结构化的治疗，旨在减少未成年人的不良行为（包括违法犯罪），并鼓励其参加适当的亲社会活动，如学校活动、业余爱好和体育运动等。对多元治疗寄养照顾的评估表明，参与该项目的未成年人被逮捕的次数显著少于参与其他社区项目的未成年人（平均为2.6次和5.4次），逮捕后被监禁的时间也相对更短。

- 多系统治疗。多系统治疗是一项为难以教养的暴力未成年违法者提供的低成本社区临床干预项目，这些未成年违法者有较高的被家外安置的可能性。该项目的首要目标是帮助父母学会理解并帮助子女去克服导致反社会行为的诸多问题，干预通常持续约四个月，其中包括约 60 小时的家庭治疗。对该项目的评估结果显示，长期再犯率下降了 25%~70%，家外安置率下降了 47%~64%，这些结果还有其他积极成效在治疗结束后又维持了近四年之久。
- 禁止药物滥用项目。该项目针对 14~19 岁有药物滥用风险的高中少年，在 4~5 周的时间内，通过 12 门基于课堂教学的课程，使学生能够增强认知动机、了解吸毒对社会和健康的影响、纠正认知误解、进行压力管理、训练自控能力和积极倾听等。在一项为期一年的跟踪调查中，42 所学校的参与者发现，他们对烟草、酒精、大麻和烈性毒品的使用减少了。
- 促进替代思维策略。这是一个综合项目，旨在提高未成年人的社交能力和情绪管理能力，促进替代思维策略的重点在于学会理解、表达和调节情绪。该项目为期一年的课程是面向幼儿园至五年级的孩子们设计的，供老师和辅导员使用，以期为孩子们提供实现学业进步、活跃课堂氛围以及提升学习过程的有效工具。评估发现，积极行为的增加会对未成年人过度活跃、同伴攻击和问题行为的出现产生影响。

想一想

你曾读过一篇关于十几岁的孩子加入帮派的文章。假设作为两个青春期男孩的父母，你为 16 岁的儿子是否加入了帮派而担心。他最近成绩下降，和一帮新朋友四处闲逛，文了身，他想要穿的衣服与过去截然不同，显得很另类，你能做些什么？如果他已经加入了一个帮派，你有什么办法防止他涉足帮派太深？

替代性预防措施

上述介绍的很多未成年人犯罪预防项目在对待问题儿童时采用了一种基于缺陷的视角，倾向于去聚焦人们的“问题”并试图予以纠正。相反，替代性预防措施对传统的儿童干预方式提出了挑战，其中一些项目对个人和环境难以改变的缺陷持接纳态度，下面将对此进行介绍。

积极少年发展

积极少年发展（Positive Youth Development，PYD）是一项全面思考少年问题的举措，它挑战了以缺陷为导向的传统观点（该观点认为少年是由于个人缺陷而违法犯罪的），认为少年有时甚至可以在多种风险因素存在的情况下茁壮成长，因此为研究少年与其相关问题提供了不同的视角。积极少年发展的倡导者称，处理少年问题的传统方法以及解决这些问题的社会干预措施都是基于缺陷论的观点，然而，少年发展的活动和组织实则应该建立在适应性和能力素质的培养上。积极少年发展使用“复原力”一词来描述少年在身处逆境时支持其得以健康成长的品质。按照积极少年发展的观点，少年并不被视为需要干预的对象，而是作为有自我管理能力的独立个体，他们应受到特别的照顾并享有与其他社区公民一样的自主权和尊严。积极少年发展的理念主张，当少年与积极的人际关系、机会和社会资源相结合时，他们将得以发展并茁壮成长。

长期以来，积极少年发展的举措一直存在于少年司法领域中，其影响力可在全美实施的诸多预防项目中得以展现（项目概要参见图 12–2）。

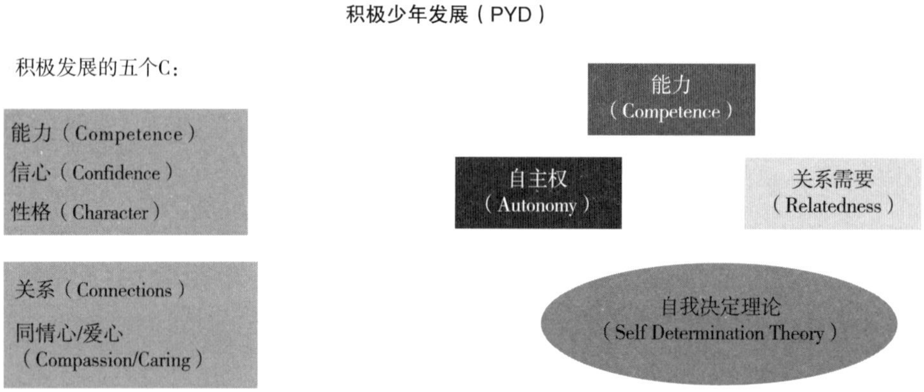

图 12–2 积极少年发展

无论如何，积极少年发展的理念获得了国家层面的支持，如白宫通过布什政府发起的“帮助美国少年倡议”。白宫弱势少年特别工作组（White House Task Force for Disadvantaged Youth）的最终报告里强调了一项研究，该研究表明，少年的健康发展需要“在生活中有充满关爱的长辈，有条件学习生存于世的本领……以及有为社区和社会做出有意义贡献的机会”。

积极少年发展实践的基本理念如下：

- 少年发展必须努力提高个人和社区的能力，缺一不可；
- 少年发展的基础是少年在所参加的项目中练习做出有意义的选择；
- 少年发展必须打破种族 / 民族、性别、残疾、性取向、阶级等的障碍和刻板印象；
- 少年发展必须在社区组织（正式和非正式）之间建立桥梁；
- 少年发展必须改变少年的生活环境；
- 少年发展必须为参与者提供一个学习的机会，同时也要有乐趣；
- 少年发展必须为少年提供服务社区的机会；
- 少年发展必须为少年提供必要的知识技能以转化为有意义的终生事业；

- 少年发展必须主动将尽可能多的核心要素纳入所有活动中。

积极少年发展似乎是一个特别理想的预防项目，同样适用于那些被指控为较轻罪行的非暴力犯，在每年移交至美国少年司法机关的年轻人中，这类人占比 75%。

相信孩子的人

社区里有无数的青春期少年，他们的生活被那些相信他们、支持他们、给予他们希望、站在他们一边的成年人所感动和改变。例如，一名非裔帮派成员在谈到他的高中橄榄球教练时说："他救了我的命。他相信我，不让我放弃自己。即便在我可能拿不到橄榄球奖学金上大学的时候，他依然给我打了电话，甚至还陪我去面试。"

有远见的男人和女人

非暴力研究与实践研究所（Institute for the Study and Practice of Nonviolence，ISPN）的使命是，通过言传身教的方式传授非暴力原则和实践，并培育一个以非暴力方式解决潜在暴力问题的社区。

2001 年，安・基夫（Ann Keefe）修女和雷・马尔姆（Ray Malm）神父在罗得岛州南普罗维登斯的圣迈克尔教堂的教区成立了研究所。由于帮派暴力，他们不得不痛心地埋葬大量年轻人，于是他们想要做点什么。他们决定采用马丁・路德・金博士非暴力理论中的原则和方法，在此过程中，非暴力研究与实践研究所应运而生。他们的梦想是向每个人传授非暴力方法，让人们发现除了可能的暴力解决方法之外，还存在其他可能性。

从那以后，这个看似不可能实现的梦想已经成长为全面系统的项目和服务，以支持那些有暴力倾向的群体和无数的暴力受害者。这些项目包括就业和教育、受害者支持、非暴力街道工作者服务、重返工作岗位以及非暴力培训和非暴力冲突解决讲习班。这些服务为当事人提供持续的关怀，以确保他们活得有价值并能成为社区中有贡献的一分子。

这种全美公认的减少暴力的模式正在各州和各个城市中推广。非暴力研究与实践研究所的前执行理事泰尼・格罗斯（Teny Gross）目前是芝加哥非暴力研究所的负责人，他正在芝加哥的奥斯汀社区应用这一减少暴力的模式。

在笔者和同事 2016 年进行的采访中，帮派成员表达了泰尼・格罗斯对他们生活的重要意义，泰尼接纳和理解的力量使他们意识到非暴力可以成为他们生活的一种新的可能。

我有一个梦想基金会

该基金会由尤金·朗（Eugene Lang）在 1981 年创立。一次他回到自己的小学，发现这些学生预计有超过 75% 的人中途辍学。于是朗创立了“我有一个梦想基金会”（I Have a Dream Foundation，IHAD），并在全美范围内传播开来。在这种模式下，公共管理人员会筛选一群住在公共住房里的学生，被称为“追梦人”，他们从小学到高中一直参与这个项目。“我有一个梦想基金会”的赞助者会为学生们提供家教辅导、就业指导、建议引导和能够继续学业的经济援助。当学生们高中毕业后，“我有一个梦想基金会”还会为他们上大学或职业学校提供经济支持。

野外项目

拓展训练可能是最著名的野外生存项目。所有的野外项目，无论是在山区、皮划艇之乡、森林、海洋还是沙漠，都认为完成一个看似不可能的任务是获得自立、证明自我价值、进行自我定义的最佳方式之一。

拓展训练项目始于第二次世界大战期间的英国。美国第一所拓展训练学校是科罗拉多拓展训练学校（Colorado Outward Bound School），它成立于 1962 年，1964 年接收了第一批未成年违法者。这个项目位于落基山脉，海拔 8800 英尺，项目内容包括登山、背包徒步、高海拔露营、独立生存、绳索下降和攀岩。其他拓展项目在缅因州、明尼苏达州、北卡罗来纳州、俄勒冈州和得克萨斯州也相继开展。1970 年，马萨诸塞州开办了一所类似的社区学校，一些野外项目始终都在社区范围内进行，但活动区域也包含附近的户外场地。

现在，拓展训练共有 12 所地区学校，它们向成年人、少年和青年人提供 750 门野外课程，课程内容包含攀岩、皮划艇、狗拉雪橇、帆船、绳索下降、背包徒步等。目前为止已经有超过 10 000 名学生参加了野外课程，拓展训练项目还和全美 150 所学校建立了长期合作关系，鼓励着 30 000 多名学生和 4000 名教师发掘自我潜能，成为更好的自己。

环境和制度预防项目

如前所述，预防工作也聚焦于对家庭和学校内部进行干预。鉴于未成年人违法的性质以及女性犯罪的增加，还制定了专门针对性别的预防项目。

青春期女孩

有一些预防项目旨在帮助青春期女孩并防止其参与违法活动，提升计划就是其中之一，该计划为需要帮助的女孩们提供指导服务。

提升计划

有一些预防项目专门致力于帮助青春期女孩，而“提升计划”就是其中之一，该计划开始于洛杉矶，现今已经遍及全美。

核心计划特点

目标

面向居住在贫困社区的女学生，通过激发她们的自信，使她们追求大学教育来最大限度地发挥其自身潜能，为加入专业的劳动力大军做好准备。

愿景

该计划的核心价值观认为，所有妇女和女孩都应有机会实现她们的最大潜能。

核心价值观

通过该计划，青春期的女孩们学会珍视自己的文化并建立基于文化所代表的价值观。

项目活动

- 课后跑步计划；
- 提供指导机会；
- 激励年轻女性；
- 支持大学之旅。

在知名女性的帮助以及教练和其他公司的资金支持下，“提升计划”已遍及全美。

你会怎么做

你是一个小木屋的负责人，这间房子里住着几个 14~16 岁的少女。最近突然发生了一件事，几个女孩自残割伤了自己，有的情况甚至更严重。这里曾经有一名少女自杀，你很担心这次的事件可能会演变成自杀，你会怎么做？你该如何阻止这种行为？

家庭

鉴于理论和实证层面都强调了家庭在犯罪问题上的重要性，一些家长培训和以家庭为基础的干预项目已经发展成为预防未成年人犯罪的手段之一。

家长培训一直被视为预防未成年人犯罪和为有行为问题的儿童提供干预最有效的手段之一。家长培训最常见的形式是家长管理培训，家长管理培训会向父母传授能有效塑造子女行为的社交学习技巧，其目标是改善父母控制、监督子女的能力，以及增进亲子关系。家长管理培训项目的设置灵活易行，对提高参与者的接受度和项目的受欢迎程度大有裨益。

大量颇具前景的少年儿童犯罪预防项目都会涉及家长培训这个部分。除了之前讨论过的功能性家庭治疗和多系统治疗外，以下项目也很重要。

- 少年过渡计划。该计划已经发展成为一项以学校为基础的预防计划，旨在辅助家庭管理实践以及降低不良同伴的影响。
- 强化家庭计划。该计划为期七周，课程包含家长会谈、家庭会谈和子女会谈。在项目结束后一年半至四年间的跟踪研究均表明，相对于对照组，干预组的药物滥用、旷课、行为问题以及与不良同伴交往的情况都显著下降。具有文化敏感性的课程也已开发出来，供西班牙裔和非裔美国人使用。

实施家长培训计划的首要问题是招募和留住家长。尽管如此，家长培训计划作为一种预防措施，对于减少未成年人未来的违法犯罪行为还是非常有效的。

以下这些以家庭为基础的项目在犯罪预防上颇具成效。

- 护士家庭合作计划。该计划可能是这些项目中最被广泛认可的。该项目为初为人母的低收入女性提供公共卫生护士的家庭探访，这些护士会在女性们怀孕及孩子出生后两年内为他们提供家庭协助。
- 佩里幼儿园。这是一个为三至四岁的贫困儿童提供高质量教育服务的学前强化项目，该项目旨在提高孩子们未来在学习和生活中取得成功的能力。一项针对 27 岁人群的跟踪调查显示，那些接受过强化训练的人更少被捕（包括因制毒和贩毒被捕），并且很少有人会以犯罪为生。
- 和平建设者。这是《少年司法和犯罪预防办公室示范项目指南》（*OJJDP Model Programs Guide*）中强调的另一个项目，服务于中小学生暴力预防。该项目旨在促进学生和教师的亲社会行为，孩子们要学会赞扬他人、避免贬低他人、寻找具有良好判断力的人作为顾问和朋友、弥补已造成的伤害、改正错误、帮助他人等原则。弗兰纳里及其同事的研究发现，参与项目的学生的肢体攻击行为减少了 89%，言语攻击行为减少了 82%。

暴力预防项目

在少年司法和犯罪预防办公室的倡导下，20 世纪 90 年代出现了这样一种信念，即未成年人矫治最有效的策略就是把预防和改造的重点放在有暴力行为的高危未成年人身上。这些未成年人屡屡犯下更严重的罪行，因此执法人员很快就把他们纳入了成人系统。与此同时，他们行为的严重性已经影响了全美未成年人行为准则的改变。然而有研究也开始发现，设计完备且实施良好的预防和治疗项目对这些高危未成年人是有影响的。

暴力预防项目基于这样一个假设，即直到少年司法系统无法提供有效干预时才会出现最严重的罪犯。支持者们还认为，为了降低美国社会总体暴力水平，对高危未成年违法者的生活进行有效的干预很有必要，毕竟这部分群体实施了未成年人犯罪总量的 75%。

这些项目的一般特征如下：

1. 应对未成年人生活中的关键风险领域；
2. 寻求加强有助于未成年人健康发展的个人和制度因素；
3. 为未成年人提供适当的监督和支持；
4. 使未成年人能够长期居住在社区里。

而重要的是，这些预防项目必须与当地警方、儿童福利、社会服务、学校和家庭保护项目相结合。犯罪预防和干预的综合方法需要少年司法系统与其他服务系统（如医疗、心理健康、儿童福利和教育等）开展强有力的合作，社区综合计划的一项重要内容就是开发项目机制，以使这些服务提供方能够有效地联动。

这些项目的综合性或多系统性都是为了能同时处理未成年人生活中的方方面面，以增加和高危未成年人的接触，一般是每周或每天的多次见面。这些项目聚焦于这些未成年人的闪亮优点，而非一味驻足于他们的不足之处。虽有例外，大部分项目都是在正规司法系统之外运作，依靠各种公共机构、非营利机构或是大学提供赞助。最后依据处罚等级制度，这些项目将责任和处罚与日益密集的治疗和矫治服务结合起来，并在此制度下采用综合方式以阻止未成年违法者越陷越深。

1996 年，佛罗里达州的李县、杜瓦尔县以及加利福尼亚州的圣地亚哥县这三个社区与少年司法和犯罪预防办公室合作，采用了《应对严重、暴力、长期未成年违法者的全面战略》（*Comprehensive Strategy for Serious, Violent and Chronic Juvenile Offenders*）中所描述的实施进程和原则。对三个试点的初步评估显示，各地都从全面战略规划过程中显著获益。虽然目前评估该项目对未成年人犯罪是否有长期影响为时过早，一些短期的成效指标却可做参考。以下是试点工作取得的成效：

- 增进整个社区对未成年人预防服务和制裁选择的理解；
- 拓宽建立网络的能力，更好地协调机构和服务提供者之间的关系；
- 建立绩效评估体系；

- 招聘员工来带头做好正在进行的全面战略规划并付诸实施；
- 制订全面的五年战略行动计划。

预防形式之一：训练学校

可以这样说，在探讨未成年人犯罪预防的章节中提及未成年违法者监禁问题似乎有些违和。然而，有许多未成年人监禁机构被评选为示范单位，因为它们为这些“居住者们”提供了截然不同的生活品质。这些项目可能无法直接预防未成年人犯罪，但却可以在很大程度上降低未成年人未来以犯罪为生的可能性。

希尔克雷斯特训练学校

希尔克雷斯特管理着 118 张治疗床位，这些治疗床位都是由汉密尔顿县少年法庭为男性未成年违法者提供的。此外，这里还有 12 张女孩评估床位和 12 张男孩评估床位，并为结束干预的男孩和女孩们提供善后服务。

该项目主要服务于重罪未成年违法者，收治年龄在 12~18 岁之间。

教育

希尔克雷斯特教育项目是一所特殊需要的独立特许学校。学生通过具有挑战性的多学科课程来满足自身的教育需求。课程的设置旨在考虑当前的学分需求、学习技能短板、职业兴趣以及课堂上认知的自我管理策略。教育项目支持学生们重返自己的社区学校，有资格的学生还可以申请获得大学奖学金。

认知行为治疗

希尔克雷斯特未成年犯教养所的治疗方案包括三个方面：

- 性侵他人的未成年违法者；
- 有酗酒和药物滥用史的未成年违法者；
- 有破坏性行为障碍的未成年违法者。

亨内平县家庭学校

亨内平县家庭学校结合了营地和农场的特点，除了一个有 14 张床位的安保部门外，这所学校是一个开放的机构。它位于一片 160 英亩[①] 的美丽森林中，距离明尼阿波利斯市中心大约 17 英里。学校是男女同校制，有 164 张床位，接收年龄在 13~17 岁之间的未成年人，在校学生平均年龄为 15 岁。该校不接收屡教不改的顽劣之徒，而生源多是犯下各种财产和人身攻击罪行的未成年人，他们典型的情况是来校前至少经历过五次庭审，并且超过半数都参与过某种形式的家外安置。

该校设有三所未成年男犯小木屋、两所性犯罪者小木屋、一所女犯小木屋以及一所短期再犯者小木屋。

其中，再犯者木屋可以居住三至八周，而其他木屋可以居住长达一年。每一位住在性犯罪者木屋的未成年人都要凭借表现接受不定期刑，而住在其他木屋的未成年人则接受确定刑。该校干预项目丰富多样，例如教育计划中会重点涉及的内容有学习障碍、家庭治疗、人际沟通分析学、行为矫正和现实疗法等。骑马和划皮划艇是最受学生们欢迎的娱乐活动。

少年居民们一般对户外露营或农场的安置比对训练学校的安置更为热衷。他们喜欢这样轻松的安保氛围，能在团体中更频繁地接触，并且和工作人员更和谐地相处。然而，有些未成年人却难以适应这样的安置，他们可能太想家或是太不合群，所以会不断尝试逃跑，直到被转移到其他监管更严密的机构。

霍根街地区少年中心

2008 年，密苏里州少年服务部门荣获安妮·E. 凯西儿童和家庭体系改革创新奖。霍根街地区少年中心是密苏里州的服务机构之一，为一些最严重的未成年违法者提供服务。该中心位于密苏里州圣路易斯市，是一个有安全级别的住宅矫正治疗中心，可收治 35 名 14~16 岁的男孩，他们平均在此停留的时间为一年。

该中心被设计成一个家庭氛围浓厚的舒适场所，很像大学宿舍。与密苏里州其他 32 个服务站一样，霍根之家一直在努力保持与家庭的联系，在可能的情况下保证未成年人在离家 50 英里以内。男孩们被分成 10~12 人的治疗小组，他们接受教育、职业指导和各类咨询服务。该中心采用开放式宿舍模式，只有有限数量的独立房间以供那些释放前的学生和在集体环境中适应不良的少年使用。

这些服务的初衷是通过工作人员和居住者之间建立亲社会关系、尊重他们并采用“社会学习”的最佳实践方法以促进少年们的积极改变。

是什么成就了这些示范机构

上述这三家示范机构有以下许多共同的特点：

---

① 1 英亩 ≈4046.86 平方米。——译者注

- 强有力的领导。工作人员都是热心少年服务的楷模；
- 接受外部监督。这些机构对所有外部审查都是开放的；
- 组织架构越小越好。工作人员人数少和一致性强会让未成年人更快地认同和信任他们；
- 机构是安全的。这些机构把安全置于首位来考虑；
- 工作人员具有敬业精神。各级工作人员都致力于帮助少年取得成功；
- 人员配备充足且胜任。按照这些机构所服务的人数，意味着不超过 1:8（少年与工作人员的比例）的人员配比；
- 管理者和工作人员有着强烈的维护少年的理念。少年们被教导他们有力量通过合法的途径去满足自己的需要；
- 项目设置符合少年的需求。这三个机构都有很棒的教育、职业、生活技能、家庭干预、健康、心理服务和过渡项目；
- 建立或加强家庭联系。这些机构把与家庭协同工作视为优先事项；
- 强调社区参与。这三个机构都高度重视不将少年与他们之前的社区隔离，这意味着让社区力量和支持者们参与进来，并为少年创造机会，让他们在学校、工作和娱乐活动中都能练习自己在社区中学到的技能。

早期干预的重要性

在研究中似乎存在一种规律，少年初入少年司法系统的年龄越小，就越有可能继续犯罪；与少年司法系统接触越多，就越有可能坚持犯罪行为；被送进少年司法系统的时间越长，被成功改造的机会就越小。针对不同年龄段进行的暴力相关风险因素的元分析表明，年龄较小的未成年人（6~11 岁）参与暴力活动的原因相比于年龄较大的未成年人（12~14 岁）有所差异。表 12–1 显示：人际关系（尤其是同伴关系）对年龄较大的未成年人相对更重要；家庭破裂和父母虐待对两个年龄阶段的未成年人来说都是相对较弱的预测因素；物质滥用是年龄较小的未成年人暴力行为最强有力的预测因素之一，却是年龄较大的未成年人暴力行为最弱的预测因素。这些研究结果很容易归结出一个结论，即初级（或早期）预防比后期亡羊补牢式的犯罪控制更可取。

专家们在一些观点上已达成共识：第一，犯罪预防问题没有统一的解决方案，也就是说，没有一个单独的项目构成可以改变所有高危儿童的结局；第二，高危行为是相互关联的，所以预防项目应该有广泛而全面的目标；第三，每个社区都需要一揽子服务，涉及社区层面的整体规划；第四，预防的重点应放在机构改善而非个人改变；第五，干预的时机对取得成功至关重要，学龄前和中学时期是问题的萌芽和发展阶段，应该在预防干预中给予更多关注；第六，必须持续地坚持和努力，因为一次性的努力几乎没有成效。

表 12-1　6~11 岁和 12~14 岁在 15~25 岁时发生暴力或严重犯罪的预测因素排名

6~11 岁的预测因素	12~14 岁的预测因素
排名第 1 组	
一般犯罪（0.38）	社会关系（0.39）
物质使用（0.30）	反社会同伴（0.37）
排名第 2 组	
性别（男）（0.26）	一般犯罪（0.26）
家庭社会经济地位（0.24）	
反社会父母（0.23）	
排名第 3 组	
攻击性（0.21）	攻击性（0.19）
种族（0.20）	学业态度 / 表现（0.19）
	心理状况（0.19）
	亲子关系（0.19）
	性别（男）（0.19）
	躯体暴力（0.18）
排名第 4 组	
心理状况（0.15）	反社会父母（0.16）
亲子关系（0.15）	人身犯罪（0.14）
社会关系（0.15）	问题行为（0.12）
问题行为（0.13）	智商（0.11）
学业态度 / 表现（0.13）	
医学 / 身体特征（0.13）	
智商（0.12）	
其他家庭特征（0.12）	
排名第 5 组	
家庭破裂（0.09）	家庭社会经济地位（0.10）
父母虐待（0.07）	父母虐待（0.09）
反社会同伴（0.04）	其他家庭特征（0.08）
	物质滥用（0.06）
	种族（0.04）

注：括号中的数值代表预测因素和结果之间的平均相关性，是依据相关方法论对源研究中的数值进行对等调整的结果。

社会发展模型为帮助那些严重暴力少年犯罪频发的社区进行犯罪预防，包含以下六项原则：

1. 社区预防是未成年人犯罪预防的一个关键；

2. 应鼓励社区防控工作并为未成年人提供其他服务；
3. 应鼓励未成年人和成年人积极参与；
4. 要么将少年犯罪团伙和帮派应被纳入建设性活动中，要么予以解散；
5. 应使所有少年都能参加合法的教育、就业和社会活动；
6. 改善家庭防控工作应以加强家庭的直接控制功能和培养子女自控能力为目标。

埃米·沃特斯的人生历程（15岁）

埃米和父亲在家里第一次喝酒后不久，她在街上走着，突然看到了一幢废弃建筑物上贴着的海报。上面的大字似乎在对她大喊："需要帮助吗？"上面写着："支持中心与18岁以下的孩子一起解决生活问题。饥饿？沉溺毒品？无家可归？酗酒？遭受虐待？想要改变吗？我们可以提供帮助。打电话或发短信888-588-0011。"

海报上提供了一个网址，埃米去学校那天，她用图书馆的电脑搜索和浏览了那个网页。她从来没有真的以为自己需要"帮助"——至少不是专业的帮助，但她找到了一个不仅能提供帮助，而且还是免费服务的机构，就在附近。所以，放学回家时她顺道去了支持中心，门口有一位面带微笑的女士，她问埃米是否想坐下来聊一聊。这个邀请看上去很真诚，埃米很快就和那位女士聊起了自己的男友、家庭生活，也分享了一些内心深处的感受。可问到她的姓名时，埃米突然意识到自己报了一个假名字，并提供了假的联系方式。她从中心离开，不确定自己是否还会再去，她心想，要和CJ商量一下。埃米后来再也没有去过那里。

为什么埃米没有再去过支持中心？第一次她为什么会去那里？如果她再去，生活会有什么不同吗？

在下一章中，我们将继续讲述埃米·沃特斯的传奇故事。

JUVENILE
DELINQUENCY

第四部分

少年司法制度

第 13 章

美国少年司法概述

犯罪之声

布鲁斯的故事

17 岁时，我被送进了监狱，这对我意味着很多事情。我感到很恐惧。在我们都看过的相关电影里，小孩子来到监狱后，很快就会被捕食者捕食。他有可能被强奸、毒打或杀害，有时候所有这些都会遭遇到。我的想象力很丰富，所以我可以预见每一个可能发生的坏结果，这些坏结果就像放电影一样在我脑海里生动地播放着。我告诉自己："我会很强大，我会做任何能使我苟存下去的事情。"但恐惧感却始终萦绕心头。

监狱是一个试验场。你会时不时地面临考验。"他会吗？他不会吗？是他吗？他能吗？"其他的囚犯和监狱工作人员也都想试探你的底细，看你到底是不是一个告密者、臭婊子、长舌妇或者一个值得信赖、敢于挺身而出的人，抑或是一个强硬的家伙。他们想知道你是否足够强大，能够自己照顾自己。

最初当我们被拖到监狱时，监狱看起来就像一座城堡一样，监狱生活是令人生畏的。几个家伙开始搭讪勾引我时，我的麻烦来了。一个家伙真的对我动手了，但我在我的牢房里制作了一把刀，我用那把刀刺向了他的颈部。我当时真的吓坏了。我手中的刀被他夺去了，但我用手指死死地掐住了他的脖子。监狱看守听到动静冲进来时，他差点被我掐死。我因此被指控谋杀未遂，但打那之后每个人都对我非常好，不再烦我了。

我应该待在这儿吗？也许吧！暂且不论我的年龄，我所做的事情就是错误的。也暂且不考虑我犯罪时的精神状况，我的所作所为直接导致了一位丈夫失去了他的妻子，四个年幼的孩子将在没有母亲陪伴的情况下长大成人，一个无辜的人失去了她的生命。我有罪恶感吗？有，但现在不像以前那么强烈了。随着岁月的流逝，我经历的事情越多，负罪感就越小。

社会长期以来都在思索如何最好地处理和对待少年违法者，如何确定在什么年龄一个人能够形成犯罪所必需的心理意图。许多观察者认为，年幼的儿童太不成熟以至于难以形成计划和犯某种暴力罪行所需要的心理上的“邪恶”，因此如果他们被捕或被少年司法体系处理的话是值得同情的。但是，与最近的“对未成年人实施强硬手段”的姿态相呼应的是，社会上经常会传出这样的呼声，即我们的社会有一些 15~17 岁的少年违法者正在以成人化的方式犯罪。有人说，以儿童利益最大化主导的少年司法体系的传统做法在解决这些孩子的问题时，不一定能够提供有希望的举措。

少年司法体系的主要责任就是控制和纠正违法未成年人的行为。该体系未能实现其最基本的任务就导致了来自四面八方的猛烈批评。实际上，保守派和自由派都想缩减少年法庭的责任范围，保守派想把严重的少年违法者引介到成人法庭，而一些自由派则建议剥夺少年法庭对身份违犯的司法管辖权。

少年司法体系的发展

本章将从过去、现在和未来的视角来审视少年司法。从少年司法在美国的发展开始，本章会探讨少年司法的结构、功能、重要议题等，也会对少年司法未来的可能性提出建议。

少年司法的起源

1899 年，美国伊利诺伊州立法机关通过了《少年法庭法》（*Juvenile Court Act*），于是第一个少年法庭就在美国伊利诺伊州的库克县（芝加哥）成立了。国家亲权理论为少年法庭的诞生提供了法律催化剂，为使用非正式程序解决未成年人问题和扩大国家对儿童的权力提供了理论基础。国家亲权理论也被用于证明少年法庭在确定少年违法行为的原因和对案件处置做出决定方面的正当性。仁慈的父母即国家，因此依赖对未成年人的心理和医学检查进行审判而不是根据证据进行审判是合理的。一旦国家亲权理论被运用于少年司法程序，少年法庭的机构设立就应运而生了。

安东尼・普拉特（Anthony Platt）在他的著作《儿童救世主》（*The Child Savers*）一书中，探讨了少年司法起源中的政治环境，宣称少年法庭始建于芝加哥而后才扩展到其他地方，因为它满足了几个中产阶级利益团体的需求。他把少年法庭视为中产阶级价值观和保守派政治群体哲学观的一种表达。普拉特否认少年法庭是革命性的。

普拉特主张说，儿童拯救者认为，值得惩罚的行为，诸如性行为、游逛街头、喝酒、打架、经常出入舞厅、深夜在外面待到很晚，经发现主要出现在底层儿童身上。所以，少年司法从一开始就体现了阶层偏好，这导致穷孩子经常被少年司法体系处理，而中层阶级和上层阶级的孩子则更可能被宽恕。

对儿童拯救者来说，穷人家的孩子是个特殊的问题，因为少年法庭是在美国史无前例的工业和城市发展之后出现的。与这一过程联系紧密的是，具有不同背景的土著居民大规模地涌向城市中心。这些移民给芝加哥和其他大都市中心带来了新的社会问题，儿童拯救者就被视为能够“拯救”移民儿童和保护他们使其免受家庭拖累的人。

基于社区的矫正的出现

最早运用的为未成年人提供的基于社区的矫正是从未成年人善后服务或者假释中发展而来的，用于少年违法者服刑完毕后的监管。这些项目几乎与未成年人矫正机构一样古老。到了 19 世纪 20 年代，少年犯教养所的负责人有权在他们认为合适的时候释放这些未成年人；一些未成年人就被直接送回他们的家庭，其他人则作为契约佣工和学徒被安置在社区中，一旦他们完成服务期限，就可以像自由公民一样重返社区。这一体系仅仅在 19 世纪 40 年代成了正式的制度，当时各州建立了监管程序去监督那些少年违法者安置机构的监管工作。

少年善后服务制度深受 19 世纪 70 年代成年人假释制度发展的影响。纽约州埃尔迈拉少年犯教养所（Elmira Reformatory）的第一位所长西布伦·布罗克维（Zebulon Brockway）允许精心挑选出来的囚犯获得假释。当假释犯离开少年犯教养所时，他们被告知要在到达时向其监管者报告，要立即给所长写信，要在每个月的第一天向监管者报告情况。

在 20 世纪早期的几十年里，少年善后服务项目风靡全美，并呈现出许多成人假释的特点。未成年人在社区由善后服务官监管，善后服务官的工作与成人司法体系中的假释官的工作类似。假释委员会没有变成少年矫正体系的一部分，美国有超过三分之二的州的监管机构官员继续行使着何时让未成年人回归社区的决定权。

在 19 世纪 40 年代和 50 年代，由于波士顿补鞋匠约翰·奥古斯都（John Augustus）的努力，缓刑成为未成年人机构安置的一个替代措施。奥古斯都被称为“缓刑之父”，他在法庭上花费了大量时间，并于 1841 年成功说服一个法官让他在社区监管一个犯罪人而不是判该犯罪人入狱服刑。在接下来的 20 年中，奥古斯都监管了近 2000 名罪犯，包括成年犯罪人和未成年违法者。作为第一个缓刑监督官，奥古斯都首创的几项服务，如调查和筛选、监管、教育和就业服务、提供援助和协助至今仍在缓刑中使用。

进入 20 世纪，缓刑服务已普及到每一个州，由州和地方当局共同管理。到 20 世纪初时，已经取消了对义务缓刑工作者的使用，到 20 世纪 50 年代时对义务缓刑工作者的使用才有所回升。缓刑变得越来越以矫治为导向：早在 20 世纪时，医疗矫治模式就开始使用；后来在 20 世纪 60 年代和 70 年代，缓刑官变成了向客户提供服务的经纪人。20 世纪 60 年代和 70 年代也强调了缓刑服务标准和培训的升级。

住宅矫正项目是出现的第三种基于社区的少年矫正项目，源起于海菲尔德项目（the Highfields Project）——一种短期互动引导团体项目。该项目的官方正式名称为新泽西实验项目，是为少年违法者矫治而实施的，该项目起始于 1950 年，在查尔斯·林德伯格（Charles Lindbergh）上校夫妇的前庄园实施。海菲尔德项目安置已裁决的年轻人，这些孩子白天在附近新泽西的神经精神病学研究所工作，每周利用五个晚上在海菲尔德的安置机构中与两个互动引导小组会面。20 世纪 60 年代，肯塔基州路易斯维尔的南菲尔德、新泽西州纽瓦克的艾塞克斯菲尔德、犹他州普罗沃的松山也开展了类似的项目；牛津和法明代尔的新泽西中心是专为男孩设计的，而图雷尔的新泽西中心则是专为女孩设计；由纽约市分部设立的开始中心则是面向全部年轻人的。

20 世纪 80 年代末和 90 年代，用于扶持未成年人矫正的联邦基金做了下调，同时社会上出现了对未成年人违法犯罪的“强硬”心态，这引发了一些住宅矫正项目和日间治疗项目的相继关闭。尽管缓刑仍然是运用最广泛的少年司法处置，缓刑和善后服务均被指控对少年违法者执行了更严苛的政策。表 13–1 展示了对未成年人实施的基于社区的矫正项目演变过程中最重要事件的时间轴。

表 13–1　　美国基于社区的少年矫正项目发展时间轴

19 世纪 20 年代	**19 世纪 40 年代**	**1841 年**
少年犯教养所负责人有权利把未成年人从收容机构中释放出去	各州建立了检查程序对那些安置和关押未成年人的机构进行监督	约翰·奥古斯都开始在波士顿监管少年违法者和成年犯罪人
1869 年	**1890 年**	**1950 年**
马萨诸塞州联邦建立了一个巡缓刑代理人制度来监管少年违法者	马萨诸塞州全州范围内建立了少年缓刑制度	海菲尔德项目建立
1980 年		**2012 年至今**
对基于社区的矫正项目缩减了开支		非机构化：被关押的年轻人的数量已经下降，替代性的社区项目正在实施

少年监禁机构的发展

在 18 世纪末之前，人们普遍认为家庭是越轨的源头或原因，因此适应性好的家庭也许能够为未成年人矫正机构提供一个典范模式的理念就出现了。第一个少年矫正机构——少年犯教养所就完整诠释了家庭模式这一理念：设计的宗旨就是为未成年人的机构化生活带来命令、纪律和关爱。于是，监禁机构变成了家，狱友演化为兄弟姐妹，机构工作人员变成了父母。

危险评估和少年拘留

在 2011 年，基地设在纽约的维拉司法研究所发布了一项关于纽约市危险评估工具（risk assessment instrument，RAI）的报告。该工具研发于 2007 年，设计初衷是为帮助法官做出明智的决定，即在案件被家事法庭判决之前，如果允许被捕的未成年人回家，他们是否可能再次犯罪或不能出庭。维拉研究是在等待法庭最后处置期间纽约市安置儿童的能力出现危机时发布的。这一危机事件开始于 2006 年，当时纽约市缓刑局叫停了该市少年拘留的唯一可选项目，这是一个向未成年人提供上学机会、咨询和监督的项目，这些孩子被要求一直待在家里直到他们的案件庭审时为止。该项目在替代性拘留中心（alternative to detention，ATD）实施，中心每天都运营，从早上八点直到下午四点。然而在遭遇其没有把合适的未成年人囊括进去和项目中的未成年人羁押的时间比需要的时间长等指控后，替代性拘留中心最终关闭了。纽约市的少年法庭法官没有备选措施，只能在裁决听证会之前拘留他们认为具有犯罪风险的少年违法者。

在替代性拘留中心关闭五年后，维拉报告发现在新的危险评估工具 RAI 的评估下，“在未成年人的案件悬而未决期间，他们的整体再次被捕率……下降了大约 1/3”。研究者同时注意到，低风险少年在其第一次庭审时会被下令拘留的人数要少得多。维拉的少年司法中心主任安妮·萨尔西奇（Annie Salsich）说：“RAI 给法官提供了做出拘留决定时需要充分考虑的客观数据。”

于 1825 年 1 月 1 日开张、当时接纳了六名女孩和三名男孩的纽约少年犯教养所（New York House of Refuge）通常被认为是第一家少年犯教养所。当时在英国和欧洲已经有几个类似的机构存在。在接下来的大约 10 年时间里，波士顿、费城、缅因州的班戈、里士满、莫比尔、辛辛那提和芝加哥纷纷效仿，建立了男性少年犯教养所；19 世纪 30 年代有 23 所学校被特许成立，19 世纪 40 年代，另外 30 所学校被特许成立。一些少年犯教养所是由私人慈善家建立的，一些是由州政府或立法机构建立的，还有一些则是由公共权力机构和私人组织联合建立的。大多数少年犯教养所是为男性设立的。大多数少年犯教养所的容量是能接纳 210 人，但马萨诸塞州的兰开斯特能接收 90 人，而纽约的男孩少年犯教养所则可以容纳 1000 人。

想一想

少年法庭的原则已经有 100 多年的历史，那些原则都是什么？现在是不是该重新考虑一下这些原则？

乡间小屋制度的发展和城市外的这些少年机构的建设是 19 世纪中期的两大改革。乡间小屋制度在 1854 年被采用，后来很快花开全美，把一小群年轻人安置在单独的建筑物内，通常每间小屋不超过 20~40 名年轻人。早期的小屋是小木屋，后来小屋也可由砖头或石头建成。现在称为训练学校或工业学校的这些少年矫正机构通常建在城市以外，以便这些年轻人通过接触更简单的农村生活而得到改良和感化。它假设当居民在田间地头工作和照看牲畜时，他们能够培养责任感和学会新技艺，他们的工作也反过来使得这些矫正机构能够提供它自产的食物，也许还能够实现盈利。

21 世纪的变化

在 20 世纪的头几十年里，未成年人机构化运动发生了几次重大的变革。其中的一项变革就是改革者主张在以下几个方面进行矫正：

- 个案研究被用于为居民开出治疗计划；
- 接待部门发展为对新接收的未成年人进行诊断和分类的部门；
- 诸如心理治疗和行为改变之类的个性化矫治开始运用；
- 互动引导小组之类的团体治疗成为改变囚犯亚文化的流行手段。

机构化项目也变得花样繁多：

- 被拘禁的未成年人可以从州政府委托并认可的高中项目中毕业；
- 许多训练学校允许未成年人回家休假和白天监外就业，就业范围包括印刷、理发、电焊、汽车修理等。

未成年人矫正机构的类型扩展为包括农场、林场在内的一些场地，当然也包括像监狱一样的传统训练学校。最后，发展了几种实验形式的训练学校，为未成年人矫正变革带来了曙光和希望。

尽管许多执行改革的学校做出了诸多改善，几个训练学校也付出了真正的实验性努力，20 世纪未成年人训练学校仍然是一个缩小的少年监狱。在 20 世纪六七十年代，改革者因训练学校的暴力肆虐、惨无人道和犯罪频发而纷纷发声指责。对训练学校的普遍指责、法庭决定的纷繁多样和各州立法机构的压力集团这些共同引发了 20 世纪 70 年代中后期的诸多改革。这些革新包括决定不再将身份违犯者与训练学校的违法者拘禁在一起，增加工作人员培训计划，越来越多地接受未成年人的申诉程序，以及建立男女同校设施。

到了 20 世纪 80 年代末和 20 世纪 90 年代，少年机构化运动发生了许多令人不安的变化。训练学校人满为患，而且越来越暴力。少数民族成员占了少年矫正机构中成员的很大比例，对毒品犯罪人来说尤其如此。身份违犯者和犯有不严重罪行的未成年人继续被送进私立训练学校，但私立训练学校也开始允许接收有严重违法犯罪行为的未成年人。更多的少年违法者因暴力犯罪被转移至成人法庭，接受长期监禁刑的处罚。表 13–2 展示的是少年机构化的发展时间轴。

表 13–2 少年机构化的发展时间轴

1825 年	1854 年	19 世纪五六十年代	1880 年至 1899 年
纽约少年犯教养所开始运营	乡间小屋制度开始采用	未成年人拘禁设施被称作训练学校或工业学校	公众幻想破灭，意识到训练学校主要是监管机构而非矫正机构
1900 年至 20 世纪 50 年代	**20 世纪六七十年代**	**20 世纪 70 年代末**	**20 世纪 80 年代末至今**
训练学校经历了一段时期的改革，尤其是引进了各种矫治方法	训练学校因没有改造好在其照顾下的未成年人而遭到猛烈批判	训练学校经历了又一段时期的改革	训练学校变得人满为患，而且越来越暴力，拘禁的少数民族年轻人数量不断增加

从少年司法体系中分流

在 20 世纪 60 年代末和 70 年代初，分流项目如雨后春笋般在全美范围内大量涌现。分流指的是把少年置于正式司法体系外处置的一个术语，通常需要利用许多旨在使问题少年不被拘留的花样繁多的项目。分流程序通常是由法庭或警方发起，这就意味着：

1. 司法子系统保持对少年违法者的控制权；
2. 对分流项目不能做出正确反应的年轻人将会被送回少年法庭接受该体系的继续处置。

在 20 世纪 90 年代，美国发展了新形式的分流项目，包括社区法庭、替代性纠纷解决方案、枪支法庭、青年法庭和毒品法庭。接下来的部分将详细描述青年法庭和毒品法庭。

青年法庭

青年法庭，也被称作青少年法庭、同辈法庭或学生法庭，是少年司法的项目，在这些项目中，年轻人是由其同辈人判决的。尽管青年法庭成立和执行的方式各异，但大多数青年法庭被用于对犯非暴力轻罪的 11~17 岁的初犯进行量刑上。在青年法庭上，犯罪人通常能够认识到他的罪行并自愿参与青年法庭的庭审过程，而不是去经历更正式的少年司法程序。在 2008 年，美国有超过 12 057 名未成年人和成年人自愿聆听了超过 104 000 个未成年人案件，49 个州和哥伦比亚特区的 1158 个青年法庭项目为少年违法者提供了恢复性司法。

一般来说，有以下四种可用的案件处理模式。

1. 成人法官处理。成人担任法官，运用法律术语和法庭程序做出裁决。未成年人担任律师、陪审员、书记员、法警等。
2. 未成年人法官处理。这种模式与成人法官模式类似，不同之处在于由一个未成年人担任法官。
3. 特别法庭处理。未成年人律师把案件出示给一个由三个未成年人法官组成的审判组，他们决定对被告的适当处置。该模式不用陪审团。
4. 同辈陪审团处理。该模式不用未成年人律师，由一个未成年人或成年人把案件展示给青年陪审团，然后青年陪审团直接向被告提问。

青年法庭通常处理被指控犯了诸如盗窃、轻罪攻击、行为不检点和持有酒精之类罪行的初犯者。大多数青少年法庭（87%）报告说，它们很少或从不接受任何先前有过逮捕记录的未成年人。这些法庭最常用的处置措施是社区服务，紧随其后的是（按使用程度）：给被害人写道歉信（86%）、写致歉短文（79%）、履行青少年法庭陪审团职责（75%）、上毒品 / 酒精课程（59%）、进行金钱赔偿（34%）等。

少年毒品法庭运动

到 2007 年时，全美国大约有 2000 个少年毒品法庭在运行。少年毒品法庭运动产生于扩展版的成人毒品法庭运动，成人毒品法庭运动深受以英文字母 V 为标题的《1994 年暴力犯罪控制和执法法案》（*Violent Crime Control and Law Enforcement Act of 1994*）的鼓舞。该法案授权美国司法部长给各机构拨款成立毒品法庭。这些机构包括各州、州法院和地方法庭、地方政府部门和印第安部落政府。

现在有六个州在运作毒品法庭，其中佛罗里达州（四个项目）和加利福尼亚州（两个项目）最活跃。例如，佛罗里达州彭萨科拉的埃斯坎比亚县少年毒品法庭于 1996 年 4 月开始运行。这是一个为期 12 个月分三个阶段的物质滥用矫治方案：阶段Ⅰ，持续约两个月；阶段Ⅱ，持续约四个月；阶段Ⅲ，持续约六个月。毒品法庭法官通过检查矫治工作人员的报告来监督高达 40 名犯罪人的矫治情况，最终决定是需要给予其积极激励还是消极刺激，目的是鼓励工作人员能够积极参与矫治工作。

一份 2010 年的少年毒品法庭研究对少年毒品法庭处理的涉及多个司法管辖区的 1120 个未成年人，与不经少年毒品法庭处理但参加了少年毒品门诊治疗的 1120 个未成年人进行了比较。结果显示，少年毒品法庭看起来表现更出色（仅就治疗效果进行比较）：帮助未成年人减少了他们的情绪问题的症状，帮助他们减少了物质滥用。该研究还包括以下结果。

- 与仅仅接受门诊矫治的未成年人相比，经过少年毒品法庭程序的未成年人更不可能在收案后的两周内开始治疗。这个意义重大，因为我们已经发现，在两周内开始治疗是应对复发和再次犯罪的一个主要的保护性因素。
- 少年毒品法庭是把严重受损的未成年人及早拉进治疗轨道的几种方法之一，也确实取得了积极的成果。

分流：赞扬声和反对声

分流项目最积极的特点是，它最大限度地减少了少年违法者进入司法系统，但对分流的实证研究普遍还没有证明做某事（治疗或服务）必然比什么都不做要好。研究人员警告说，过度重视分流项目的负面效果对分流这一概念的可行性提出了挑战。这些负面效果包括通过增加司法系统控制下的未成年人数量、增加司法系统规模（预算和工作人员）、忽视少年客户的正当程序权利或宪法保障以及给他们贴上少年违法者标签等扩大了少年司法的边界。分流项目的类型如图 13–1 所示。

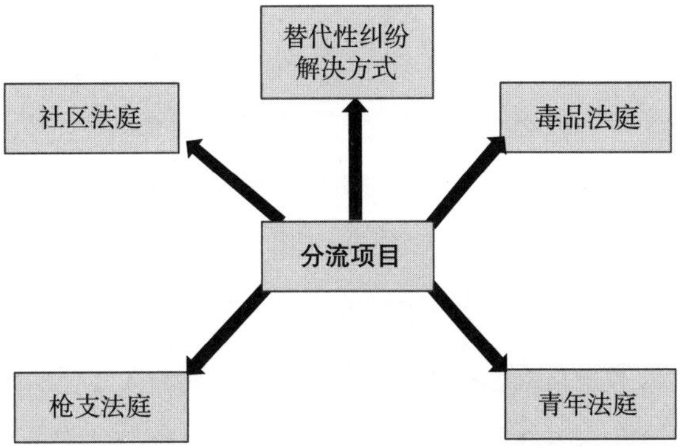

图 13–1　分流项目的类型

想一想

青少年法庭是一项相对较新的创新，涉及少年违法者的轻微案件由他们的同龄人审理。这样的法庭有什么好处呢？

当今的少年司法体系

与当今大多数制度（私人制度或公共制度）一样，少年司法制度最关心的是维持其平衡和生存。该系统通过维持其内部和谐，同时管理环境投入，而得以生存。警察和少年法庭、少年缓刑、住宅矫正项目和日间治疗项目、拘留设施、长期少年监禁机构和善后服务等，都是紧密相连的，因此牵一发而动全身，一个组织或机构的变化必然会对该系统其他部分造成一定的后果。

少年司法系统的结构和功能

少年司法系统由警察、少年法庭和矫正三个基本的子系统构成，由 10 000~20 000 个公立或私立机构组成，年度预算总额达数亿美元。全美国 40 000 个警察局中许多有少年分支，美国现有 3000 多个少年法庭和大约 1000 个少年矫正机构。少年司法系统的 50 000 名员工中，有超过 30 000 人被雇用在少年矫正机构工作，6500 人是少年缓刑官，其余人员是善后服务（假释）官员和住宅矫正项目中的工作人员。另外，还有数千名员工在分流项目和私立少年矫正系统工作。

这三个子系统的功能不同。警察的基本工作是维持秩序和执行法律。维持社会治安秩序的职能占据了警察的大部分时间，这样的职责包括解决家庭纠纷、提供紧急救护服务、指挥交通、向公民提供信息、防止自杀、为无家可归者或吸毒者找到栖身之所、检查外出度假家庭的房屋安全等。执法职能要求警方能够震慑犯罪，执行抓捕，获取供述，对可能导致定罪的大案要案收集证据，提高破案率等。警察还必须处理未成年人违法行为，并提供未成年人需要的服务。

少年法庭负责处理由缓刑部门的收案机关移交的案件（见第 15 章），监管少年缓刑犯，做出拘留决定，处理被忽视儿童和受抚养儿童的案件，以及监控被判违法或身份违犯的未成年人的表现。少年法庭的国家亲权理论指控少年法庭是在治疗少年法庭法官面前的少年而不是惩罚少年，但是少年法庭治疗的胳膊只能伸这么长，犯了严重罪行的未成年人或不停地实施违法行为的未成年人可能会被送到训练学校或被移交成人法庭。

矫正系统承担照顾被少年法庭判刑的少年违法者。少年缓刑是目前使用最广泛的一种司法处置方式，它对被法院释放到缓刑系统的罪犯进行监督，确保他们遵守法院规定的缓刑条件，杜绝他们在社会上继续实施违法行为。日间治疗和住宅矫正项目（见第 16 章）负责为未成年人重返社会做好准备，预防项目或社区里非法行为的发生，并为参与项目的未成年人提供人性化关爱。长期的少年矫正机构也有类似的职责，但这些项目的官员也负责决定何时未成年人已经做好了被释放回社区的准备。长期机构的官员还必须确保居民获得宪法规定的权利和正当程序权利。善后服务官员是少年司法体系的最后一个群体，他们负责监督从长期少年矫正机构中释放出来的年轻人。和缓刑官员一样，人们期望善后服务官员能确保少年违法者履行其善后服务协议条款，避免发生违法行为。

少年司法程序中的阶段

针对少年司法机构对少年违法者处理方式的回顾将贯穿全书。全国少年司法系统的纷繁多样性使得我们很难描述这一过程，但图 13–2 为我们展现了一个少年司法过程的流程图。当一个未成年人被移交给少年法庭时，这个流程就开始了。有些法域允许不同的个人或机构可以把少年转介到法院，而在另一些法域中，只有警察负有这一责任。更常见的程序是，未成年人涉嫌的罪行根据公民申诉已经被警方调查，然后未成年人被警方拘留，做出拘留的警方有权决定是否把未成年人移交少年法庭。

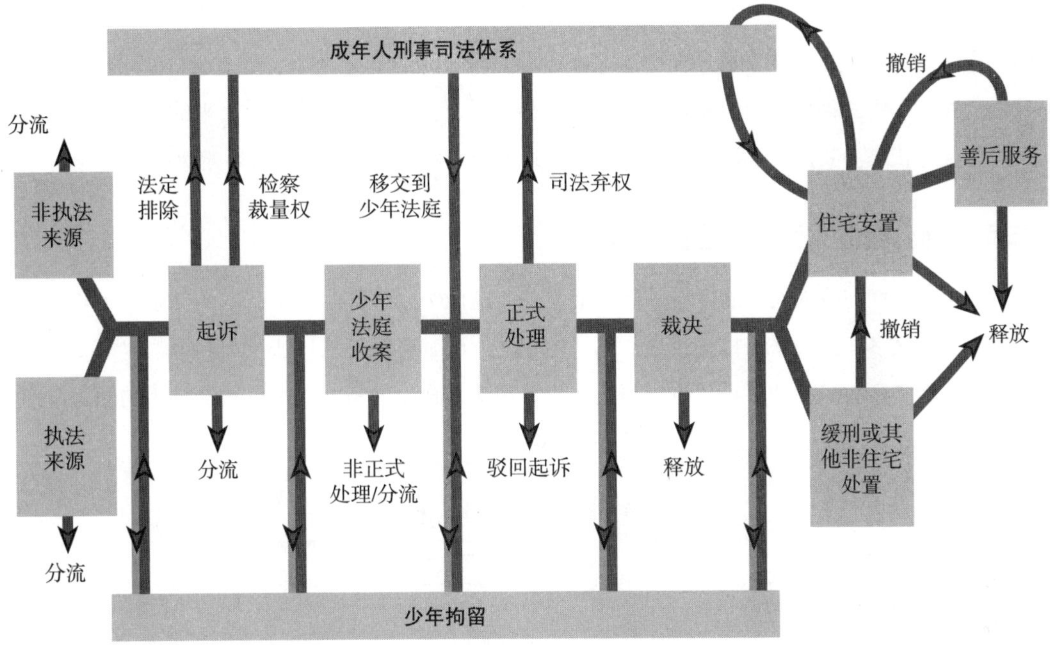

图 13–2 少年司法体系中违法案件处理的阶段

注：本图给出了少年司法系统中案件流程的简化视图，各法域的程序各不相同。

收案官员通常是缓刑监督官（见第 15 章），必须决定少年是否应留在社区或被安置在收容或拘留机构。收案官员在决定如何处置少年方面有多种选择，但在更严重的案件中，少年一般会收到一份要求出席少年法庭的诉状。

少年法庭法官（或许多司法管辖区的仲裁人）审理移交给法庭的少年案件。如果要将少年移交到成人法院，则必须在任何少年诉讼程序进行之前审理；否则，就必须举行一次裁决听证，裁决听证的主要目的是确定少年对申诉中所指控的犯罪行为是否有罪。法庭审查有关这些指控的证据。高尔特（In re Gault）案件（见第 15 章）通常被解释为保障少年的律师代理权，免于自证其罪，以及有权与证人对质和盘问，一些州还给予少年接受陪审团审判的权利。

当未成年人在审判阶段被认定为有罪时，将举行处置听证。现在大多数少年法庭的规则要求裁决听证和处置听证在不同的时间举行。少年法庭法官可利用的处置方式的数量因司法管辖区不同而不同。除了警告和释放、少年缓刑或判决到青年服务部门或惩教部门执行等这些标准处置方式外，一些法官还可以将少年安置在公共或私人管理的日间治疗项目或住宅矫正项目中，一些司法管辖区甚至授权少年法庭法官可以把未成年人送到特定的惩教机构。

被裁决送进训练学校的未成年人在小州和大州受到的待遇通常有所不同。在有一所男子训练学校，通常也有一所女子训练学校的小州，被裁决送入训练学校的未成年人通常被直接送到合适的学校。但在有几个男子训练学校和可能不止一所女子训练学校的大州，可以把未成年人送到分类（或诊断）中心以最终确定适当的机构处置。目前，训练学校的居民不再像过去那样被关押很长时间，而且经常在一年内就被释放。机构释放的方式多种多样，但从训练学校释放出来的未成年人通常要处于善后服务状态。要摆脱这种监管，未成年人必须遵守善后安置规则，必须避免非法行为。

少年司法制度和成人司法制度的比较

少年司法制度与成人司法制度有许多相似之处。这两个系统都由三个基本的子系统（警察、法院和矫正）和众多相互关联的机构组成。二者的司法程序都应该是从违法行为到警察逮捕、司法程序、司法处置和惩教机构的矫正。少年司法和成人司法系统中的基本词汇也通常是相同的，但即使词汇不同，基本含义也仍然是相同的（详见表 13–3）。

表 13–3　　少年司法和成人司法体系术语

少年司法术语	成人司法术语
裁决听证（adjudicatory hearing）	审判（trial）
善后服务（aftercare）	假释（parole）
裁决监禁（commitment）	判处监禁（sentence to confinement）
拘留（detention）	关进监狱（holding in jail）
处置听证（dispositional hearing）	量刑听证（sentencing hearing）
少年法庭法官（juvenile court officer）	缓刑官（probation officer）
违法者（offender）	被告人（defendant）
诉状（petition）	起诉书（indictment）
诉状呈请人（petitioner）	检察官（prosecutor）
答辩人（respondent）	辩护律师（defense attorney）
拘押（taking into custody）	逮捕（arrest）

少年司法体系和成人司法体系都受到了“严厉打击犯罪”的抨击，尤其是对暴力犯罪的罪犯态度更为强硬。两者都必须处理案件过多和监禁机构人满为患的问题；二者都必须在财政紧张的情况下运营；二者都面临着员工招聘、职业培训和职业倦怠等持续存在的问题。然而，这两个系统之间存在一些差异，下面列举了二者的一些相似之处和不同之处。

少年司法和成人司法体系的相似之处与不同之处

相似之处：

- 警察对少年违法者和成年犯都使用自由裁量权；
- 少年违法者和成年犯在逮捕时都会收到米兰达警告和拥有其他宪法权利；
- 少年违法者和成年犯都可被安置在预审机构中；
- 少年法庭和成人法庭都使用排除合理怀疑的证据并把其作为证据标准；
- 辩诉交易既可用于少年违法者也可用于成年犯；
- 被定罪的少年违法者和成年犯都可被判处缓刑服务、执行住宅矫正项目或在机构中服刑；
- 新兵训练营既可训练少年违法者也可训练成年犯；
- 监禁机构中释放的少年违法者和成年犯都可被分配到社区进行监督。

不同之处：

- 少年会因一些行为被逮捕，这些行为放在成年人身上的话就不是犯罪（身份违犯）；
- 年龄决定少年法庭的司法管辖权，但年龄不影响成人法庭的司法管辖权；
- 父母深入参与少年司法程序，但不参与成人司法程序；
- 少年法庭程序不太正式，而成人法庭程序则是正式的，并且对公众开放；
- 与成人司法程序不同，少年法庭程序不被看作刑事程序。少年违法犯罪记录一般在其成年之前（通常是 16 岁或 17 岁）封存。成人犯罪记录是永久保存的；
- 少年法庭不能判处未成年人入狱或监禁；只有成人法庭可以做出此类判决。

思辨与讨论：如果取消少年诉讼程序，把未成年人置于成人法庭处理，会对未成年人造成多大伤害？如果对少年违法者采取成人诉讼程序，会有什么好处？

基本的矫正模式

为了矫正少年违法者的行为，少年司法系统传统上采用四种基本的矫正模式：

1. 改造模式；
2. 正义模式；
3. 犯罪控制模式；
4. 平衡和恢复模式。

第四种是少年司法领域出现的一种新兴模式，这种模式试图在矫治和惩罚之间寻求一种平衡，与过去的少年司法相比，更关注惩罚和问责。

改造（治疗）模式

改造模式的原理基础是国家亲权理论，是伴随着少年法庭的成立而出现的。国家由少年法庭代表，处理少年案件的程序和方式与成年人完全不同，代之以非正式和灵活的司法程序。在少年法庭上，父亲般仁慈宽厚的法官会以温和友好的方式去探寻儿童困难问题背后的深层次原因。扮演孩子父母角色的法庭参与到了具有个性化色彩的司法中，少年违法犯罪被视为一些潜在的社会或家庭问题的表现症状。

这时，少年法庭就相当于以社会诊所的角色在提供服务，它的任务就是号召科学专家为孩子提供必要的治疗。儿童拯救改革者是安东尼・普拉特使用的一个术语，他们很自信地认为国家亲权理论和由科学专家提供的治疗相结合将通向任性不羁儿童的救赎之路。

改造模式是基于这样的理念构建的，即少年司法的最基本任务就是改造好少年违法者。治疗模式也建议少年违法犯罪的法律界定应该是宽泛的，那些无被害人犯罪、身份违犯和针对被害人的犯罪应该仍然保留在法律之中。该模式的反对者不赞同经常使用拘留设施，认为这些设施应该留给那些需要特殊照顾和监护的孩子。

那么，改造模式如何工作呢？

孩子的心理、生理和社会需求是治疗模式关注的重点，许多改造性工作都是在未成年人进入少年司法体系之前实施的。警察可向未成年人及其父母推荐社区项目，帮助有需要的未成年人解决他们的具体问题。收案官、缓刑监督官、检察官、法官和善后服务官员也可以非正式地或正式地要求未成年人、身份违犯者以及少年违法犯罪者参加毒品和酒精、辅导、愤怒情绪管理和其他课后项目；被监禁的年轻人也经常会接受毒品和酒精、性侵犯和其他形式的矫治。治疗模式在20世纪末招致了相当多的批评，但在21世纪初，对它的研究和兴趣开始复苏。

正义模式

自少年法庭成立以来，国家亲权理论就一直受到正当程序倡导者的挑战。那些提倡采用正当程序方式的人希望通过正当程序规定和程序性保障措施给予未成年人更好的保护。20世纪70年代，正当程序的倡导者们深受少年司法哲学的矛盾以及少年司法的法律、政策和实践的不平等和缺陷的困扰。这些改革者把视线转向了大卫・福格尔（David Fogel）的正义模式及其应有的惩罚的理念。福格尔认为，少年违法者和成年犯罪人都是有自主意志和有责任能力的人，因此，如果他们违反法律，就应该受到惩罚。然而，他们受到的惩罚必须与其罪行的严重程度相称。福格尔还建议结束不确定的判刑和假释，开始实施统一标准的量刑，设计完全基于囚犯服从性的矫正计划。福格尔的理由是，如果我们不能以可靠的方式进行强制矫治，我们至少可以在实践中做到公平、合理、人道、合宪。

那么，正义模式如何工作呢？

正义模式的倡导者们现在正在主张进行一些变革，从而能为少年司法带来更多公平：

- 限制赋予少年司法从业者的巨大的自由裁量权；
- 把不断增多的少年违法者从司法系统转移到志愿服务中去；
- 弥补正当程序中的常见缺陷以确保少年司法体系、家庭和少年违法者之间的交易更加公平；
- 遏制少年法庭不确定判刑的陋习，在处置时由法庭给未成年人一个确定的判决；
- 身份违犯的去犯罪化；
- 将量刑的主导原则改为比例原则之一，这就意味着在所犯罪行的严重程度与所施加制裁的严厉程度之间必须存在联系；
- 使训练学校更安全和更人道化；
- 允许训练学校提供的项目在本质上是志愿性质的，而且与少年的释放无关；
- 对更多的少年违法者要求采用恢复原状和社区服务的处罚。这些制裁措施具有公平的潜质，因为它们使得少年违法者有机会为其施加于他人身上的破坏或伤害去赎罪或弥补。

纽约州对暴力少年违法者的强制性量刑法、华盛顿州对少年违法者的确定性量刑法以及明尼苏达州采取的监禁机构释放政策是国家接受正义模式的其他信号。

犯罪控制模式

犯罪控制模式把惩罚强调为是对少年不当行为的补救措施。惩罚理念实际上起始于 18 世纪之前，但由于未成年人犯罪的假定上升而在 20 世纪 70 年代开始盛行起来。尽管这种模式在不同时期有不同的内涵，但今天的支持者认为，惩罚是有益的，因为它具有教育性和道德性。犯罪人被教导不再犯罪，而非犯罪公民会收到一个示范：一个违反法律的人会得到什么样的结果；支持者认为，惩罚可以阻止犯罪。

把惩罚视为犯罪控制手段的支持者声称，少年法庭因为赞成强调个性化改造而错误地放弃了惩罚。他们论证惩罚的严厉性和确定性，并主张更多地使用监禁。惩罚哲学的其他基本假设认为，参与不法行为的人是异常的，而且数量很少；这种不法行为反映了行为人的一个性格缺陷，惩罚可以纠正这种缺陷；惩罚有助于教导年轻人有责任感、勤勉、诚实。对未成年人犯罪的威慑作用有赖于少年司法系统以更快的速度、更高的效率和更大的确定性来逮捕和惩罚少年违法者。

那么，犯罪控制模式如何工作呢？

犯罪控制模式认为，司法的首要任务应该是保护无辜者的生命和财产安全。因此，这一模式的倡导者支持警察，并支持把少年违法者，特别是那些犯了严重罪行的少年违法者，迅速隔离在拘留所、监狱和训练学校。更多地使用移交成人法庭和采用强制性量刑法律，明确规定延长对犯严重罪行的少年违法者的监禁，这些都是最近的犯罪控制政策。许多州现在正在采用犯罪控制和正义模式相结合的方式来对付暴力少年违法者和“冥顽不化的”少年违法者。

平衡性和恢复性司法模式

新西兰对未成年人犯罪的传统做法是平衡性和恢复性司法模式，该模式正在迅速推广至全美乃至全世界。“平衡性”是指司法行政管理人员在制度层级做出的决策，确保资源在各种力量中能得到平均分配，从而保证对犯罪被害人负责、提高改造罪犯的能力和强化社区安全。这三个目标被总结为：责任、能力和社区保护三个术语。

- 责任指的是一种制裁过程，在这一过程中，犯罪人必须对其罪行和对被害人造成的伤害承担责任，并在社区成员对结果感到满意的情况下赔偿受害人。
- 能力是指对犯罪人的改造，即当罪犯提高了其教育、职业、情感、社会和其他能力时，就能在社区中作为负责任的成年人发挥作用。
- 社区保护指的是公民有能力预防犯罪、解决冲突和感到安全，因为犯罪人已经成长为负责任的公民。

随后，平衡性和恢复性司法模式的总体任务是发展一种以社区为导向的方法来控制犯罪人，而不是仅仅依靠监禁带来的惩罚或通过咨询实现的个体矫正来达成。少年司法系统在实施这一模式时，尽可能以最经济有效的方式来满足社区、被害人和犯罪人的需要。

那么，平衡性和恢复性司法模式如何工作呢？

这种做法是通过其所在社区的少年司法系统处理未成年人的一种替代办法。一旦未成年人被确定为犯罪行为人，警官、缓刑官、社区志愿者或其他指定人员将启动恢复性司法程序。执法代表或志愿者将被害人、犯罪人、被害人家属等各方召集在一起，开始讨论手头的犯罪问题。

换言之，这一模式要求建立一个新的社区组织框架，并在整个少年司法系统重组法律从业人员角色。它呼吁树立一套强调对犯罪人、被害人和社区等所有人承诺的价值观。重要的是，少年违法者被视为客户，他们的犯罪是家庭破裂、社区解体和社区冲突的表现症状，如果要减少未成年人犯罪，就必须解决这些问题。

对四种模式的比较

治疗模式最关注的是少年违法者接受治疗而不是被监禁。犯罪控制模式强调惩罚，因为它认为未成年人必须为其罪行付出代价。这种模式的倡导者支持对少年违法者实施长期监禁，而非短期拘禁。正义模式强烈支持给予违法未成年人以程序保障和公平。然而，这种模式的倡导者也认为，对未成年人的惩罚应与他们罪行的严重程度相称。平衡性和恢复性司法模式也主张，未成年人是有自由意志的人，知道自己在做什么，因此，应该为其反社会行为接受惩罚。支持这个模式的人认为，该模式的优势在于，它包括犯罪控制模式和正义模式中的惩罚方法，支持正义模式强调的正当程序，通过对未成年人的行为施加后果来鼓励未成年人使其更容易接受治疗。

每一种模式都有支持者。犯罪控制模式，或者说是强硬路线，是用于暴力的和重复的少年违法者。治疗模式，或称温和路线，主要用于身份违犯者和轻罪犯罪人。一些法域对少年司法中的正义模式表示支持，但平衡性和恢复性司法模式正在取得最广泛的进展。然而，在日常工作中，少年司法从业人员在设计如何处理少年违法者时，继续在四种模式中挑选。这些相互冲突的做法，以及那些遵循不同做法的人之间的互不容忍，造成了少年司法系统的低效和混乱。表 13–4 比较了改造模式、正义模式、犯罪控制模式以及平衡性和恢复性模式的关键要素。

表 13–4　　四种矫正模式比较

	模式			
要素	**治疗模式**	**正义模式**	**犯罪控制模式**	**平衡性和恢复性模式**
少年为什么违法犯罪的理论基础	行为是引起论或决定论；基于实证主义	行为人是有自由意志的；基于古典学派	行为人是有自由意志的；基于古典学派	行为人是有自由意志的；基于古典学派
判决的目的	改变少年违法者的行为或态度	正义	法律和秩序的恢复	社区保护
主张的判决类型	不确定刑	确定刑	确定刑	确定刑
治疗的观点	是矫正程序的主要目标	在人道主义体系中是自愿的但也是必需的	无效，而且实际上是纵容犯罪人	在人道主义体系中是自愿的但也是必需的
犯罪控制策略	使用治疗性干预来消除引发犯罪的因素	为被害人、犯罪人和少年司法系统中的实践者提供公平公正	通过制定“严苛”的政策来向少年违法犯罪宣战	让少年违法者对自己的行为负责

少年司法领域的治疗

该部分呈现的是治疗方法的选择，包括个体治疗和团体治疗，这些方法在全国范围内少年司法的社区矫正和矫正机构的矫正中都广为使用。本部分还将为我们界定它们的一些更突出的特征。

个体层面的治疗项目

种类各异的个体治疗方法有内隐疗法、行为疗法及认知行为治疗，现回顾如下。

内隐疗法

当今的训练学校把内隐疗法作为精神障碍和情绪障碍治疗方法是很常见的。有许多不同类型的内隐疗法技巧，但通常治疗师们会利用洞察、规劝、建议、安慰、指令等以使居民能更现实地看待自己和其问题，并能够发展出有效应对恐惧和问题的欲望。表 13–5 是对各种类型的内隐疗法的总结。

表 13–5 内隐疗法

类型	治疗目标	治疗师的资质	治疗时间长度	来自犯罪人的反应
心理治疗	引导囚犯顿悟	精神病学家、心理学家和社会工作者	长期	会与治疗师一起检查个体问题
沟通分析	引导囚犯顿悟	精神病学家、心理学家和受过培训的非专业人士，工作人员	通常几个月	将在小组环境中检查个人问题，并学习处理人际关系的新方法
现实疗法	帮助犯人满足基本需求	精神病学家、心理学家和受过培训的非专业人士	短期	学会面对现实，树立负责任的行为模式，明辨是非

自 20 世纪初以来，精神病学家、临床心理学家和精神病学社会工作者在训练学校使用了各种基于内隐的疗法。他们鼓励居民倾诉引发起情绪问题的过去的冲突。居民从这一治疗中获得的领悟据说有助于解决驱使他们犯罪的冲突和无意识需求。他们希望治疗结束后，居民能够对自己的行为负责。

基于内隐的疗法在训练学校环境中有一些基本的局限性，居民通常不认为自己有情绪问题，也不愿意分享自己的内心想法。

行为疗法

行为疗法是个体治疗的第二种形式，是基于这样的假设，得到即时和系统奖赏的可取行为会增加，而不被奖赏或者会被惩罚的不受欢迎的行为将会减少或者绝迹。

行为疗法使用它所说的“积极强化和消极强化”，以鼓励出现可取行为和消除不可取行为。行为矫正是行为治疗的主要手段，在许多训练学校都有非正式的实践。它的运作方式是这样的：当居民越来越接受监禁机构的制度规则和程序，并表现出更积极的态度时，他们会获得额外的特权。相反，坏的态度和坏的行为会导致特权的丧失。

认知行为治疗

对犯罪人的认知行为治疗是基于这样的假设，犯罪行为的基础是思维方式失调。其目的是通过改变对生活事件的常规误解，犯罪人可以改变其人格和相应发生的行为的反社会方面。这些干预措施的目的是确定与犯罪相关的认知缺陷，如冲动、人身伤害、自我挫败行为、自我中心、无法批判性地推理、人际关系问题解决技能和对自我的过度关注。

思维错误的定义

1. 封闭的沟通通道：罪犯是从一个封闭的角度进行交流：

- 当他说话时，他刻意不让别人了解他；
- 当他倾听时，他缺乏接受能力；
- 当他进行评价时，往往从一个自以为是、挑剔或责备别人的立场出发的。

2. 分裂：利益、态度和目标的漂浮不定导致犯罪人开局良好，收尾不佳。

3. 独一无二：犯罪人往往认为自己与别人不同，通常是高人一等的。

4. 超级乐观：罪犯倾向于认为他所做的一切都会成功因为他是独一无二的，因此不需要准备和努力。在犯罪活动之前和犯罪活动期间，超级乐观是绝对至关重要的。

5. 自尊心：犯罪人以靠自己的聪明才智生活为豪，以做别人害怕做的事以及对自己“硬汉”的看法为荣。

6. 自命不凡：有一个权力和控制的组成部分，犯罪人借此展示他膨胀的“大人物”形象，努力给世界留下深刻印象。

7. 不承担义务：罪犯认为，义务是控制他的东西。不承担义务会给依赖他的人，如儿童、配偶、雇主带来困难。

8. 所有权：犯罪人占有他人财产并支配他人的一种态度。

9. 不努力或不能忍受逆境：因其独一无二的思维方式和超级乐观的思维方式，犯罪人不认为他一定要付出努力和吃苦受难才能达到目的。

10. 缺乏时间观念：罪犯的时间框架主要是在现在。很少有人会从过去学习或利用现在为将来做准备。

11. 决策失误——[这是] 拙劣的推理的结果，不能从负责任的角度去发现事实或考虑未来。

12. 缺乏信任：罪犯要求别人信任他，但反对信任别人。

13. 愤怒：罪犯利用愤怒来控制和重新控制他人。

14. 我不能：当罪犯说“我不能”时，他真正的意思是“我不想”或“我不打算”，这会导致他出现拒绝负责任的行为。

15. 受害者立场：当要求罪犯为其错误行为负责时，罪犯使用这种思维模式，试图逃避惩罚。

思辨与讨论：你将如何在少年违法者中识别这些思维错误？你建议年轻人如何改变自己的思维错误？

CBT在罪犯治疗中的目标锁定在与反社会行为和越轨的生活方式相关的思想、选择、态度和内涵体系上。它通常采用一种培训方法，在罪犯表现出缺陷的领域教授新技能，诸如：

- 确定替代解决方案，而不是对第一冲动做出反应；
- 人际问题意识；
- 开放的态度和倾听其他观点；
- 评估后果；
- 抵制；
- 征求反馈意见；
- 考虑到他人的幸福；
- 决定什么是最有益的行动方案。

CBT的有效性

大量的研究表明，使用认知行为疗法对罪犯有积极的效果。

- 对69项涉及行为和认知–行为问题的研究进行的元分析表明，认知行为项目比行为项目能更有效地降低再犯罪率。接受治疗的罪犯的再犯率平均降低了39%。
- 另一项对矫正治疗的元分析的结论是，认知行为疗法构成了有效矫正治疗的关键方面。
- 另一项研究确定，最有效的干预措施是那些运用认知行为技术去改善认知功能的干预措施。
- 强有力的证据表明，在某些小群体中干预措施更可能出现积极的结果。例如，对于25岁以上的罪犯和财产犯，认知思维技能计划似乎更有效。

团体项目

除了个体层面的治疗外，大多数训练学校保留着团体咨询项目。这些项目中最受欢迎的是指导小组互动、积极的同伴文化以及毒品和酒精治疗项目。

引导小组互动

引导小组互动可能是最广泛使用的治疗方式。它至少在美国11个州使用过。自20世纪50年代首次使用这种方式以来，人们一直基于这样的假设，年轻人可以直接面对其同龄人，可以比工作人员更有效地迫使他们的同龄人面对自己行为的现实。

引导小组互动方法的特点是非权威的氛围、互动强度大、群体同质性和强调群体结构。例如，在许多居住性引导小组互动项目中，居民在以下方面有相当大的发言权：何时释放一个小组成员、准许家庭休假或批准校外访问；如何惩罚一个小组；以及在晚上是锁上外门还是打开外门。

当然，让居民负责决策不同于大多数惩教机构遵循的照管儿童的方法。成年领导不断地把决策权交回给小组。例如，当一名年轻人告诉工作人员说一个小组成员打算逃跑时，工作人员就会反驳道："那你想让我怎么做？他是你的朋友；他是你们小组的一分子。如果你必须做的话，你可以和他谈谈；你们大家都有责任互相帮助。"

尽管对引导小组互动的研究结果是喜忧参半的，但总体情况是，引导小组互动在非住宅矫正项目中的实施至少和在州政府监禁设施中的实施一样有效，而且成本也低得多。引导小组互动在监禁机构项目中的实施似乎对犯罪率较低的少年产生了更积极的影响。

积极的同伴文化

积极的同伴文化的概念在少年矫正系统中掀起了相当大的热潮，特别是在 20 世纪 70 年代。作为引导小组互动的产物，由哈里·沃拉斯（Harry Vorrath）及其同事开发的积极的同伴文化已经在密歇根州、密苏里州和西弗吉尼亚州的所有州立少年监禁机构中实施。

沃拉斯认为，积极的同伴文化"是建立积极的青少年亚文化的一个整体系统"。积极的同伴文化的主要理念是"扭转"消极的同伴文化，以积极的方式调动同伴群体的力量。积极的同伴文化通过教导小组成员互相关心来做到这一点；关爱被定义为想要给一个人对他来说最好的东西。沃拉思认为，一旦关爱成为"时尚"，并被群体接受，"伤害就成为过时的了"。

虽然，沃拉思认为这些年轻人的基本假设可以改变，但很少有人在一生中改变他们的许多背景假设，更不用说当他们被剥夺自由并接受治疗时。要正确评价这一模式，还需要更多的研究。但它目前的成功应该提醒追随者和批评者，积极的同伴文化仍然是治疗、改变、纠正和改造少年违法者最有希望的方法之一。

毒品和酒精滥用干预

未成年人的毒品和酒精滥用，以及他们在社区中参与贩毒，构成了当今社会一个严重的问题。一位训练学校的教导主任承认了问题的严重性，他说："我们很少有这样一个没有吸毒或酗酒历史背景的男孩。"

社区和监禁机构发展了越来越多的毒品和酒精滥用干预措施，以帮助那些需要解决此类问题的人。这些团体在训练学校至少用以下三种方式进行干预。

第一，被评估有酗酒和/或吸毒问题的收容少年被安置在一个单独的小屋或一个化学滥用团体中。专业工作人员受雇在这些小屋工作或领导这些团体。

第二，在其他训练学校，社会工作者或另一名小屋工作人员组织引导正在吸毒和酗酒的团体。

第三，外部团体，如匿名戒酒协会或匿名戒毒协会，进入该机构，为感兴趣的居民举行讲座会议。

考虑到少年违法者吸毒和贩毒问题是如此地广泛，在少年安置方面提供的项目仍然太少。所提供的项目往往相对简单，缺乏足够的理论设计、治疗完整性和后续评估。对监狱人口进行的治疗研究发现，如果药物项目得到很好的整合，并使用了经过仔细实施的有效项目要素，这些项目将能够：

- 减少复发；
- 减少犯罪性；
- 减少囚犯的不当行为；
- 减少精神疾病；
- 减少行为障碍；
- 提高囚犯对社会规范的遵守程度；
- 提高其重返社区后的教育和就业水平；
- 改善身体健康和心理健康的状况；
- 改善关系。

毫无疑问，发展有效的酗酒和毒品滥用项目是当今少年司法面临的最重要的挑战之一。

在什么环境下，为谁做什么

少年司法系统的整体矫治质量并不令人叹服。通过矫治，通过治疗强制罪犯改造有时会使少年违法者变得更糟而不是更好。犯罪人改造面临的常见批判是它在理论上是有缺陷的，在实践中是一场灾难，这种批判在很多情况下都是正确的。项目设计时通常很少考虑一个特定的项目施加于一组特别的少年违法者实际上能达成什么效果，并且常常依赖于一种单一的方法来解决各种复杂的问题。此外，项目通常缺乏完整性，因为这些项目的设计者没有提供他们所声称的有足够力量实现治疗目标的服务。此外，对罪犯改造的研究普遍匮乏，许多有关改造的项目和报告几乎完全缺乏完善的研究设计。

尽管如此，这些项目还是取得了一些进展。20世纪80年代的各种元分析和文献综述表明，治疗项目比早期研究揭示的结果更为积极。尽管没有明显比个体项目的某一类方法或手段表现得更为出色，但从 20 世纪 90 年代就得到更多事实支撑的情况演进来看，确实有“某种东西”在明显发挥着作用。或者说，从不同的角度来说，有几种方法似乎很有希望，但没有一种方法能显著减少再犯。

从 20 世纪 90 年代开始并一直持续到现在，循证项目和实践越来越多地产出和传播。联邦少年司法和预防犯罪办公室是循证项目最热心的支持者之一。在本书中，包括在本章中，将讨论循证项目的示例。预计这些不断增加的循证项目将使我们更好地理解该领域什么是有效的。

事实仍然是，矫正性治疗必须发现在何种情况下针对何种罪犯什么措施有效。换言之，如果在有利于产生积极影响的环境中，由相匹配的工作人员向易顺服的罪犯提供适当的治疗，矫正性治疗可能会更有效。

将个体罪犯与最可能使其受益的治疗方法相匹配并非易事。只有计划周密和执行良好的研究，才能获得必要的信息。早在 20 世纪 70 年代，矫正技术小组就推荐使用模板匹配技术，这项技术创建了一组描述符或模板，描述根据特别治疗赖以支撑的理论或基本假设，最有可能从该治疗中受益的那类人。治疗资源比过去多，希望少年司法中的治疗能收获更好的结果。

少年司法中的分级制裁

在成人矫正体系，越来越重视中间制裁，近几十年来，这些中间制裁包括分级制裁制度，从罚款、每日报告中心、毒品法庭到集中缓刑和寄宿安置等。

同样的运动在少年司法领域也取得了一些发展势头，但在少年司法领域，分级制裁制度的重点是严重的、暴力的和长期的少年违法者。这些少年违法者在一个结构良好的具有连续性的系统中向前移动，这个系统既能满足他们的需要，又能保证社区的安全。在每一级，少年违法者如果继续犯罪，将会受到更严厉的制裁。

分级制裁制度的核心原则

“分级制度”模式将未成年人的纪律约束与人性化的、合理的和适当的制裁相结合。它提供了一个由不同项目组成的连续性关照系统。这个连续体包括社区中的中间制裁，既可以适用于非暴力的初犯，也可以适用于罪行更严重的罪犯，为较暴力的罪犯提供安全的关照项目，善后服务项目提供高水平的社会控制和治疗服务。

每项分级制裁旨在由分级或级别与适当的服务一起构建一种整合性的制裁方法。这种做法的目的是通过对矫治制裁和适当干预的表彰奖励，尽早激发守法行为，阻止少年违法者进一步参与这一制度。家庭必须参与这一连续系统的每个层面。善后服务工作必须积极参与支持家庭和使年轻人融入社区。项目将需要运用风险和需求评估来确定对犯罪人的适当安置。干预措施的有效性取决于其迅速性和确定性，并要结合增加制裁措施，包括增加使罪犯可能丧失自由的制裁措施。随着制裁力度的加大，治疗的力度也必须加大。这种制裁可能意味着最终将犯罪人监禁在安全的环境中，这样的环境包括基于社区的安全设施到公立或私立的训练学校、营地或牧场。这些项目对于难以应付的青年和应对他们生活中的重要风险领域最为有效，它们提供了充分的支持和监督，并为青年提供了长期的社区利益。

你会怎么做

有时候，尽管你和当事人合作得很好，但他们在家里却得不到成功矫治所需要的支持。我的一位工作对象成功地完成了他所参与的项目，并被释放回家。三个月内，他因触犯法律又重新接受治疗。在六个月内他又成功地完成了这项计划，并被释放了。三个月后，他又回来接受治疗。在他第三次入住时，工作人员调整了他的矫治计划，使其更加个性化，以便下次他回家后，更多可能成功。为了帮助他，工作人员调整了他的计划，包括更多的社会融合，以便他知道如何应对某些情况。他们觉得这是必要的，因为他在家里没有得到适当的监督。他们还能做什么呢？

种族和少年司法

当今少年司法系统面临的最令人不安的问题之一，是白人和少数民族青年在处理过程中长期存在的明显差异。东北大学的唐娜 · M. 毕肖普（Donna M.Bishop）总结道："尽管进行了数十年的研究，但对于为什么少数民族年轻人以如此不相称的比例进入和渗透少年司法系统，还没有达成明确的共识。"按照毕肖普的说法，有两种解释：

- 第一种解释是，少数民族比例过高反映了种族和民族在发案率、严重性以及犯罪参与的持续性上的差异（"不同犯罪假设"）；
- 第二种是比例过高可归因于少年司法实践中存在的有意或无意的不平等（"不同待遇"假设）。

密苏里大学圣路易斯分校教授珍妮特 · L. 劳里森（Janet L. Lauritsen）在研究关于少年违法犯罪的众所周知的种族差异时，提出了以下结论，这些结论在文献中得到了广泛支持。

- 少数民族未成年人故意杀人的犯罪率高于白人少年违法者的犯罪率。同样，少数民族之间的致命暴力犯罪率也存在差异。

- 官方数据显示，非裔美国未成年人不成比例地过度参与非致命暴力。当逮捕数据仅限于特定形式的非致命性暴力时，非裔美国未成年人似乎不成比例地过多参与了抢劫、严重攻击和强奸。
- 未成年人财产犯罪数据显示，非裔美国未成年人比白人美国未成年人参与此类犯罪略多，尽管参与程度因财产犯罪类型不同而有差异。
- 逮捕数据显示，白人年轻人过多地参与了与酒精有关的犯罪，美国印第安年轻人因这些罪行被捕的可能性略高于非裔美国年轻人或亚裔美国年轻人。
- 非裔美国未成年人因违反药物滥用和非法药物使用而被逮捕的比例过高，但来自未成年人关于自己涉毒的自我报告数据，并不能证实逮捕数据所显示的非裔美国未成年人和白人美国未成年人之间的差异。事实上，白人美国未成年人更可能报告使用大麻、贩卖毒品和贩卖大麻。
- 武器违规持有逮捕数据表明，非裔美国年轻人因持有或使用武器而被捕的可能性过高。
- 尽管最常发生的犯罪很少表现出群体差异，但较不常见犯罪和严重的暴力犯罪则表现出非裔美国人和拉丁美洲裔美国人的参与程度普遍较高。

劳里森总结认为，这类实证证据表明，种族和民族与未成年人参与犯罪之间的关系是复杂的，取决于犯罪类型。相比之下，毕肖普认为，少年司法系统中少数民族的比例过高可归因于司法系统实践中的不平等，而不是由于犯罪的发生率、严重性或持续性方面存在的差异。

在被安全拘留、被提交少年法庭和被判刑的年轻人中，少数民族年轻人比例过高。在那些被裁决有罪的少年违法者中，少数民族更是经常被置于少年司法制度的“深水区”：当他们被监禁时，更有可能被安置在大型公共监禁机构，而不是私人经营的专门治疗机构或团体之家中，检察官和法官似乎会更快地放弃对少数民族未成年人的管辖权，将他们移交刑事法院起诉和惩罚。

不成比例的少数民族监禁 / 接触

卡尔·E. 波普（Carl E.Pope）和威廉·H. 费耶赫姆（William H.Feyerhem）对歧视少数民族问题的高度相关的评估表明，他们所检查的研究中有三分之二发现了“直接和间接的种族影响或混合模式影响（在某些阶段存在影响而在其他阶段不存在）”。他们补充说，选择偏见可以在任何阶段发生，随着少数民族未成年人被纳入少年司法系统处理，微小的种族差异可能积累并变得更加显著。结果是，因同样犯罪少数民族未成年人比白人未成年人更可能获得成人监禁刑的判决，非裔美国未成年人被判成人徒刑的可能性是被判同一罪行的白人未成年人的九倍；拉美裔未成年人的发案率是白人未成年人的四倍。有 75% 的美国公众支持少年司法体系减少该体系中的种族歧视。

少年司法联盟（The Coalition for Juvenile Justice，即当时的国家少年司法咨询小组全国联盟）在其1988年提交国会的年度报告引起了全国人民对不成比例的少数民族监禁 / 接触问题的关注。同年，国会通过修正1974年《少年司法和少年犯罪预防法案》对少数民族未成年人在监禁机构中被过度监禁的证据做出了回应，规定各州必须确定被监禁的少数民族的比例是否超过了他们在该州总人口中的比例；如果比例过高，该州必须展现在减少方面做出的努力。

在1992年《少年司法和少年犯罪预防法案》重新授权期间，国会大幅增加力量，以解决在监禁机构中过度拘禁少数民族未成年人的问题。随着把身份违犯者非监禁化、将未成年人从成人监狱和拘留所带走，以及在监禁机构中将少年违法者与成人犯隔离，消除不成比例的少数民族监禁 / 接触已上升到“核心要求”的地位。2002年《少年司法和少年犯罪预防法案》的重新授权也改变了不成比例的少数民族监禁 / 接触对减少少数民族与该系统的接触的要求。

错误的定罪

少年错误定罪中心（The Center on Wrongful Convictions of Youth）是西北大学法学院的一个项目，于1999年4月启动。与美国许多针对成年人的无罪计划不同，这是唯一一个针对声称无罪的未成年人的计划。未成年人容易被诬告的原因有很多，如错误的目击者指认、伪供和逼供、官方的不当行为、法律辩护不足和错误的法医证据。对未成年人来说，尤其令人震惊的是根据虚假供词的错误定罪。未成年人的虚假供述比例过高有以下几个原因：

- 执法手段可能被证明是无法忍受的；
- 未成年人被社会化，要尊重权威和权威人物，如警察；
- 未成年人报告说，他们做了虚假供词，并告诉警察他们想听的，因为他们认为这样他们就能够回家；
- 未成年人很少意识到自己的权利和自己所作供词的长期后果。

截至2016年，100多名在未成年时期被判有罪的个体的案件因错误定罪而被推翻，其中一些人在获释前已在监狱中度过数年。

未来趋势

目前少年司法正在发生一些变化，今后可能还会继续在以下方面发生变化。

1. 扩大恢复性司法。如本书几章所述，恢复性司法是当今矫正领域最令人兴奋的运动之一，最近又与中间制裁措施结合起来。从最基层到地方再到州总部，恢复性司法在美国国内发展迅猛。被

害人 – 犯罪人会议（有时称为调解）是恢复性司法最古老和使用最广泛的表达方式，在 18 个国家有 1300 多个项目。在强调对所犯罪行负责任的同时，恢复性司法战略的目标是修复对被害人和发生犯罪的社区所造成的伤害。无论这些会议是在裁决之前、裁决期间还是裁决之后举行，它们都在尊重和治愈的背景下促进教育和变革。这些模式既不是相互排斥的，也不是相互竞争的，可以根据手头模式的特殊情况进行组合或调整。

2. 更多地使用技术。矫正系统现在不再依赖传统的安全和控制方法，而是进入了技术矫正的新阶段，这涉及使用技术而不是人员去监控缓刑、善后服务和监禁机构中的服刑人员和刑释人员。今天，技术驱动的安全旨在维护社区和监禁机构的安全。在相当长的一段时间里，社区矫正依靠技术来监控犯罪人。例如，电子监控越来越多地被用于缓刑服务。现在，正在探索新的技术方法来为缓刑官和假释官提供工具，以协助他们更好地管理他们的案件，更高效地完成他们的工作。

3. 更多地使用循证实践原则和方法。以证据为基础的做法在当今的少年司法领域中得到越来越多的应用。正如东北大学的唐娜 · M. 毕肖普所指出的那样，元分析已经确定了有效的通用策略和基于原则的方法，这些策略和方法在预防犯罪方面很有用，关于这些有效策略和原则的知识正在整个矫正领域传播。

4. 立法机关很可能更多而不是更少地参与有关少年法庭的法律。增加参与的目的之一将是增加对帮派成员和那些试图招募儿童加入帮派的人的惩罚。与此同时，青少年帮派在 21 世纪将继续作为一个严重问题而存在，因为他们为那些在其他社会环境中缺乏支持的人提供了一个重要的支持系统。一些批评人士认为，这一趋势标志着一种转向，即根据未成年人和成年人的身份而不是根据他们的所作所为来惩罚他们。

5. 将重新讨论枪支管控问题。枪支管控可能是 21 世纪初少年司法面临的最严重的问题。在过去几十年中，在城市地区做出了大量的枪支管控努力，旨在减少未成年人获得枪支的机会，这种努力可能会继续下去。

6. 少年司法制度很可能将继续保持目前的形式。尽管这一制度可能会招致批评，但这个国家不太可能放弃已经实行了长达一个世纪的独立的少年司法制度的经验。

埃米 · 沃特斯的人生历程（15 岁）

埃米从来没有想过（至少没有认真想过）她会被逮捕。然而，有一天，埃米在用她包里的几个卫生棉条容器把毒品走私进学校后，被叫到了学校办公室。她一到那里，就被领进了校长的会议室，那里有校长、一位学校辅导员和一位女副警长。她的男朋友 CJ 也坐在桌子旁，看起来很不舒服。

埃米被告知，县治安官办公室正在全县范围内调查该县高中使用非法药物的情况。原来，视频监控显示埃米和 CJ 进行了一系列的毒品转移。有人给她看了其中一段视频，这段视频是从学校一个走廊的高架摄像机上拍摄的黑白视频，视频清晰地显示出她把装满看起来像是大麻的冷冻袋（照片有点模糊不清）递给了 CJ。

尽管调查人员还不知道她的涉案程度，但问题很快就搞清楚了，她和 CJ 被当场抓获。埃米被告知她的背包被警官没收，并将被搜查是否有毒品或药物残留。校长告诉她，她的父亲和 CJ 的父母正在赶来学校的路上，他们一到学校，她和 CJ 就要接受女警官的讯问。

埃米和 CJ 被告知要去会议室外的一小块区域等他们父母的到来。在那里，两人谈论了他们的处境，埃米告诉 CJ，如果他们承认他们一直在做的事情，那将是最好的。CJ 坚决宣称他将否认一切。他说，他必须不惜一切代价保护博伊兹。他决不会把他们赶走。另外，他说："我现在 18 岁了，都是高中生了。如果我被抓了，我会上刑事法庭。"

为什么埃米没有现实地考虑逮捕的可能性？被逮捕的年轻人是否应该享有与成年人同等的权利？为什么应该享有或者为什么不应该享有？

在下一章中，我们将继续讲述埃米·沃特斯的传奇故事。

第 14 章

警察和少年

犯罪之声

吉姆的故事

13 岁时，我第一次对建筑物进行破坏，那是公园的公共浴室。刚开始我们只是在玩，我们像警察一样把门踢开，然后就失控了。在我们走之前，水槽从墙壁上被踢下来，水管被踢爆，这个地方很快就被水淹没了。

我们从来没有因此被抓住，所以我们从来没有真正认识到这是多大的错误。这也许是我一生中需要父母参与进来及时给予指导的时刻。我一直在做许多越轨的事儿，但从没有因任何一次越轨被抓住过。我只是养成了为所欲为的习惯，从没有人对我讲我的有些做法是错误的。

那个夏天是我最后一个自由的夏天，在夏天结束之前，我发现自己再次陷入了麻烦。学校放假前几天，两个班进行了田径比赛。我想那天如果带点龙舌兰酒去赛场的话会很酷。如果人们不知道的话，你是不可能很酷的。但当太多人知道的时候，一定会有人说出去。一位老师听说有违禁品后，就来调查。他啜了一口，我告诉他是“瑞英混合风味凉茶”，但他揭穿了我。

我被送去见我的缓刑官，他对我很失望。那年夏天晚些时候，我被判了六个多月的缓刑、更多的社区服务以及 48 小时的拘留。那年夏天，我每天都去我的药物治疗中心。他们只给我做过一次尿检，但我很干净，所以他们相信我做得很好。然而，只要我能搞到大麻，我就抽大麻，甚至把一些大麻给了治疗中心团体之家的两个小组成员。

我在夏天快结束时去了拘留所，被拘留了 48 小时。拘留时间似乎更长了。基本上，我大部分时间都待在牢房里。我也出来打排球，洗过一次澡，看过一次电影。但大多数时间，我只是觉得无聊。当我回到家时，发现音响和电视都不见了，因为我们拖欠了付款。妈妈一个月前就失业了，手头很紧。奶奶把她的电视给了我们，所以我们还有电视可看。

未成年人犯罪是警察工作中最苛刻和最令人沮丧的领域之一。警察最常见的抱怨之一是，被逮捕的少年违法者在警察有机会完成必要的文书工作之前就又重回街头。此外，随着青少年帮派的兴起和携带武器的未成年人数量的增多，对未成年人开展警务工作比以往更具危险性。最后，警察部门对那些处理少年违法犯罪的警察很少重视，因为他们把逮捕一个未成年人视为一次不理想的突袭行动。

在某些方面，对未成年人的监督管理与对成年人的监督管理是相似的，但在其他方面却大不相同。相似的是，未成年人和成年人都有宪法保护；未成年人和成年人一样都可以对警察心怀敌意；当然，携带武器的未成年人也和携带武器的成年人一样危险；未成年人和成年人都可能参与帮派，其中一些还会参与贩毒；酒精和毒品都会影响未成年人和成年人的认知行为功能。未成年人与成年人的一个重大区别是，人们相信未成年人比成年人更容易被拯救，很少有人会反对一个广为接受的基本信条，那就是未成年人比成年人更可能经历一个可以远离犯罪的转折点。

因此，警察与未成年人关系的重要性不可小觑。警察通常是未成年人与少年司法系统的第一个接触对象。作为少年司法系统的入口门神，警官可以运用其广泛的自由裁量权让未成年人绕道而行或者把他们拉进这个系统。警官在处理未成年违法者时，成了一个现实意义上的现场检察官、法官和矫正系统的矫正官（如图 14–1 所示）。

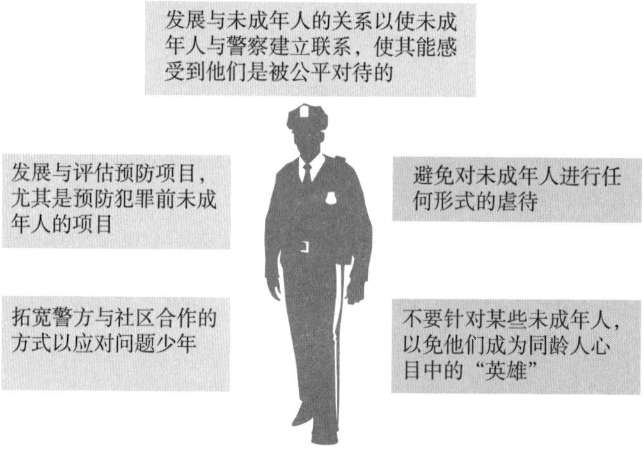

图 14–1　警方应对少年违法犯罪的行动

警察与未成年人的关系史

美国最早的清教徒社区使用非正式的方法控制未成年人，也许这些非正式的方法中，最有效的方法是社会化。通过社会化，未成年人从出生之日起就接受社会规则的教育，直到这些规则内化。如果一名未成年人触犯了法律，家庭、教堂和社区都会采取行动把他拉回正常的轨道。人们期待这个家庭惩罚未成年人，如果这个家庭不能这么做，教会和社区的长辈们就会求助于其他的惩罚手段。

18 世纪末开始的工业化和城市化，降低了美国非正式社会控制的高效性。随着人口的增加和城市的扩展，传统的联系紧密的家庭和社区结构开始解体和无序，街头犯罪激增。宗教暴力、种族暴力和政治暴力也有所增加，迫使社会去寻求其他社会控制方法。成立了专门的警察部队来帮助解决此类问题（如图 14–2 所示）。

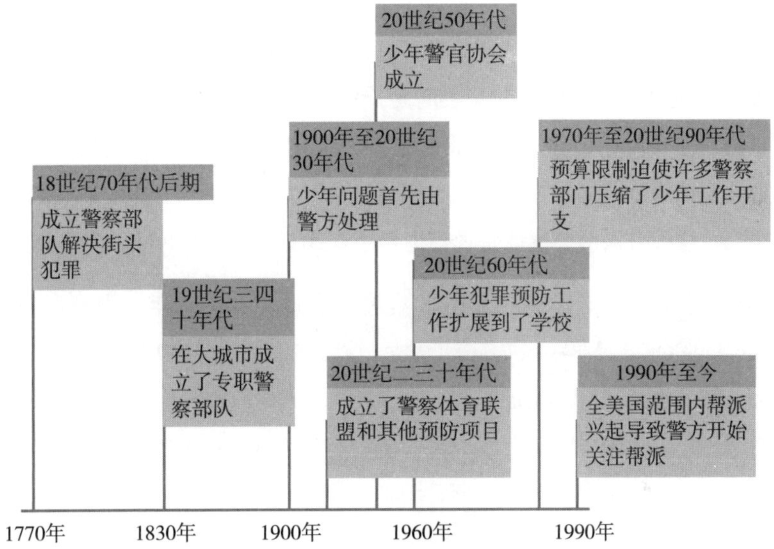

图 14–2 少年和警察的时间轴

19 世纪三四十年代，在波士顿、纽约和费城等大城市建立了专职警察部队；到 19 世纪 70 年代，所有大城市都成立了专职警察部队，许多小城市也有了兼职警察力量。社会控制已经从家庭转向了巡逻警察。警察作为一种强制力量出现，用来管理控制年轻的犯罪人、帮派团伙、少数民族和移民。

警察有权逮捕未成年人，但他们仍然使用了许多非正式的社会控制手段。一些警官无疑有效地与未成年人建立了友谊，并说服他们改过自新。在其他情况下，警方口头训斥未成年人或将他们移交给他们的父母或教区牧师。不幸的是，此时警察的权力实际上是无限的，一些警察辱骂孩子，粗暴地对待他们，或者在巷子里殴打他们。结果是，除了在许多警察部门发现的腐败之外，警察与他们巡逻的社区之间存在着相当紧张的关系。在 20 世纪之前，几乎没有采取任何努力来解决这个问题。

在20世纪的前30年，波特兰、俄勒冈、纽约市和华盛顿特区的警察部门开始着手处理未成年人犯罪问题。警察局长们开始从预防而不仅仅是控制的角度来思考这个问题。开始雇用女警察在游乐场、舞厅和其他未成年人可能堕落的地方巡逻，以处理未成年人违法、离家出走和逃学的情况。这些警官的工作是劝阻年轻人不要涉足犯罪生涯。

犯罪预防的观念非常受欢迎，以至于到1924年时，全美国90%的大城市都建立了某种类型的少年犯罪预防项目。警察运动联盟（Police Athletic League）成立于20世纪20年代，到20世纪30年代，大多数大型警察局要么向困难地区派遣福利警官，成立青年男性就业局，向少年法庭派遣警官，要么成立专门小组来处理未成年人犯罪。其他创新行动还包括建立救济计划，在圣诞节给贫困儿童送礼物，以及开发警察与各种青少年群体谈话交流的项目，如童子军和篝火女孩。

20世纪20年代中期出现了一项重大变革。到那时为止，各警察局还没有有效地组织预防未成年人犯罪的工作。加利福尼亚州伯克利警察局局长奥古斯特·沃尔默（August Vollmer）被认为是第一个将警察部队的各个部门联合起来组成青年警察局的警察局长。这一理念传播到其他大都市，很快就在美国各大城市成立了青年警察局，也经常被称为青年援助局、少年局、少年管制局、少年分流或预防犯罪局。这些分局的警察就是现代少年警官的前身。

两个发展正式确立了少年警官在美国日益重要的地位。1955年，中部各州少年警官协会（Central States Juvenile Officer's Association）成立，紧随其后的是1957年成立的国际少年警官协会（International Juvenile Officer's Association）。这些组织和类似组织在区域层面、国家层面和国际层面举办了各种会议，第一次制定了未成年人工作所需要的职责、标准和程序。另外，对未成年人的社会科学研究的增加强调了加强培训少年警官的必要性，因为这些警官应该去帮助而不是惩罚少年违法者。

警察对未成年人的预防性工作一直持续到20世纪60年代。在这期间，发展了各种减少犯罪和改善未成年人看待警察方式的项目。警察自愿向小学生、初中生和高中生演讲，一些警局还为此制订了专项计划。警察体育联盟扩大了其体育项目，为年轻人开设了领导力和道德培训课程。此外，一些警察机构帮助年轻人找到工作，并与学校携手合作减少逃学情况的发生，还发展了打击毒品和酒精以及展示酒后驾车后果的项目。

在20世纪70年代至90年代，严苛的预算限制迫使许多警察部门减少了对未成年人项目的重视。一些警局甚至完全放弃了他们的少年部门，而另一些警局则将他们的活动限制在受抚养、被忽视和受虐待的儿童身上，以应对日益被重视的家庭暴力问题。到20世纪90年代末和21世纪头10年，一些警察部门开始尝试社区警务或问题导向警务以及恢复性司法的做法。

从20世纪80年代末开始，一直持续到现在，青少年帮派在全美国几乎每个城市和郊区都有发展，在一些农村地区也有发展。这些帮派制造的问题导致一些警察部门出现了肩负识别和控制这些帮派责任的警察。许多警察部门都发展了帮派分局，其他的执法重点也放在了控制帮派团伙上。

警方对未成年人违法犯罪的态度

总体而言，当今的警察对少年违法者的态度比过去更积极，但警察的三个职业决定因素与对未成年人犯罪更积极的态度背道而驰。

第一，警方认为自己在逮捕罪犯的能力方面娴熟老练，但少年法庭规则的仁慈和宽大使他们相信，除非罪行严重，否则被逮捕的少年什么事情都不会发生。特别是大城市的警察会认为，由于少年司法系统的放纵和宽容，未成年人犯罪已经失控。

第二，工作本身固有的危险要求，警方对表现出麻烦或危险的袭击者保持警惕。因此，经验丰富的警务人员都知道，在警方与未成年人的对峙中，他们必须戒备森严，因为未成年人的不可预测性和抵抗性使得逮捕他们非常困难。冥顽不化的犯罪人对警察来说是最大的危险。例如，一些帮派团伙成员对杀害警察几乎没有什么顾虑和不安。最近发生在密苏里州弗格森的迈克尔·布朗（Michael Brown）枪击案就是对未成年人工作危险性的生动提醒。

第三，警察必须始终捍卫其职位的权威性，这就要求他们阻止未成年人或成年人的任何言语上的侮辱或身体上的伤害。少年违法者，特别是那些事先接触过少年司法系统的人，很可能会挑战警察的权威，他们相当清楚自己的权利。未成年人与同伴在一起时更有可能挑战警察的权威，因此，建议新警察避免在少年违法者同伴面前与其交谈。

巡逻警察特别不愿意与未成年人接触和会面，他们的第一反应是把少年警察叫来，把这个“烂摊子”脱手。但日复一日地与未成年人打交道的少年警官和侦探比巡逻警官更注重服务。一些警察和侦探对少年违法者的积极态度使他们有时能够与这些少年违法者建立起相当融洽的关系。

以下是一家少年矫正机构的负责人对一名从事未成年人工作的警察的看法：

> 达雷尔·德克斯（Darrell Dirks）是一名少年警官，长得很帅。他说话像个孩子。他走在学校的走廊里，孩子们会一拳打在他肩膀上，他会笑着用拳头还回去。仅仅是因为他会和孩子们聊天，会和他们一起闲逛，他破获了许多案件。他们会告诉他谁在做什么。孩子们对他的尊敬远远胜过对我所见过的任何一位少年警官的尊敬。几天前我在那里的时候，有两个孩子到他的办公室来只是为了和他聊天。其中一个是离家出走的，不知道该怎么办，她去警察局找达雷尔谈心，因为她知道他会帮忙。

未成年人对警察的态度

近几十年来，未成年人对警察的态度问题备受关注。

- 几项研究报告称，与警察接触过的未成年人比没有接触过警察的未成年人对警察的态度更消极。这点似乎在非裔美国人身上表现得更加淋漓尽致，他们对警察的固有看法与其被拘捕经历无关。
- 斯科特·H. 德克尔1981年回顾了对警察态度的有关文献后得出结论，年轻人对警察的负面态度比年长的公民要多，种族、警察服务质量和以前与警察接触的经历都会影响公民对警察的态度。
- 科曼杜里·S. 默蒂（Komanduri S.Murty）、朱利安·S. 罗巴克（Julian B.Roebuck）和乔安·D. 史密斯（Joann D.Smith）在1990年亚特兰大的一项研究中发现，年长、已婚、白领、受过高等教育、有工作的受访者比那些年轻、单身、蓝领、受教育程度低、失业/半失业的受访者，报告的警察形象更积极。
- 迈克尔·J. 莱伯（Michael J.Leiber）、马赫什·K. 纳拉（Mahesh K.Nalla）和玛格丽特·法恩沃斯（Margaret Farnworth）挑战了传统观点，即未成年人与警察的互动是他们对警务执法人员态度的主要决定因素。相反，他们看到未成年人对权威和社会控制的态度是在更大的社会文化背景下发展起来的，全球对警察的态度也影响着未成年人对具体警察接触的评估。
- 从20世纪80年代末直到90年代中期对高年级高中生进行的监测未来（Monitoring the Future）调查的数据显示，在此期间，在样本的所有子集中，高年级高中生对警察的态度变得更加负面。然而，2007年的监测未来数据显示，当高年级高中生被问及他们对警察和其他执法机构的看法时，35.8%的人（高于1996年的26.6%）回答“很好”或“非常好”。如果将30.2%的“公平公正”回答归入“好”和“非常好”两个类别中，可以认为大约61%的高年级高中生对执法持积极态度。
- 苏珊·瓜里诺–盖齐（Susan Guarino-Ghezzi）和布莱恩·卡尔（Bryan Carr）在波士顿进行的一项研究的基础上认为，“警察与未成年人互动的方式疏离了已经与更广阔的社会疏远的年轻人，疏离的结果就被融进了青少年亚文化”。这为瓜里诺–盖齐和卡尔所说的疏离循环奠定了基础。
- 今天，对亚文化理论和未成年人与警察关系的研究仍在继续。特里·尼哈特（Terry Nihart）及其同事有预见性地发现，未成年人对警察的态度与未成年人对父母和教师的态度呈正相关。在另一项不同类型的研究中，约兰德·G. 赫斯特（Yolander G.Hurst）发现，农村年轻人对待警察的态度比城市年轻人更积极，而白人对警察的态度并不比非裔美国人更积极。

- 詹姆斯·盖斯特曼（James Geistman）和布拉德·W. 史密斯（Brad W.Smith）通过一项关于青少年对警察态度的全国性研究发现，接受吸毒是影响青少年对警察满意度的最大因素，其次是个人受害情况、种族、父母在场以及与警察的消极接触。
- 乔安娜·李（Joanna Lee）、劳伦斯·斯坦伯格（Laurence Steinberg）和亚历克斯·R. 皮奎罗用 561 名非裔美国未成年人做样本，发现种族认同感更强和更明显的未成年人感受到了更多的警察歧视，但他们报告说，他们对警察的合法性持更积极的信念。这一发现表明，未成年人和警察之间的关系比一些全球态度量表的条目中报告的要复杂得多。

总体而言，大多数未成年人似乎对警察抱持积极的态度。在未成年人中，年幼的比年长的对警察的态度更积极，白人比非裔更积极，女性比男性更积极。积极的态度似乎也受到社会阶层的影响，因为中产阶级的年轻人往往比社会下层阶级的年轻人的态度更积极。一般来说，没有接触过警察的未成年人比与警察接触过的未成年人对警察的态度更积极。最具敌意的态度通常是那些有大量违法活动历史的未成年人，他们与警察有过接触，或者参与了青少年帮派团伙（详见表 14–1）。

表 14–1 对警察的态度

对警察好的态度	对警察不好的态度
年幼的儿童	年长的儿童
高加索人	非裔美国人
女孩	男孩
中上阶层的少年	下层社会的少年

想一想

2011 年 4 月，科罗拉多州莱克伍德的警察响应格伦农高地小学教师的求助电话，出现场后向八岁的男孩艾登喷洒胡椒喷雾。艾登似乎勃然大怒，扔家具，并威胁要杀死他的老师。当警察到达时，他们发现他挥舞着一块锋利的木头装饰，这是他从墙上扯下的，像长矛一样，威胁要刺伤他周围的人。出警警察没有冒着身体接触的风险，而是向男孩喷洒胡椒喷雾。这是警方第三次被叫来处理艾登的乱发脾气。尽管如此，男孩的母亲还是批评警方使用了她认为是过度的武力。她后来告诉记者说，他们对待他“像对待普通罪犯一样”。

思辨与讨论：警察在处理未成年人违法问题时应该使用管制措施吗？如果应该的话，什么程度的管制措施是必需的呢？

未成年违法者的处理

警察在处理未成年违法者时，会受到各种个人的、社会文化的和组织因素的影响。对于一个个体违法者，他们可以选择采取或多或少的限制性回应。

影响警察自由裁量权的因素

警方自由裁量权可定义为警务人员在两种或两种以上处理问题的可能方式之间做出选择。自由裁量权需要专业化与个性化兼备。自由裁量权是重要的，因为警方在对未成年人进行初步分类时，实际上扮演着初审法院的角色。因此，警官就变成了法律和社会的交通指挥官，可以使用他广泛的自由裁量权，让未成年人绕开司法系统，或让他们卷入司法系统。

警察的自由裁量权受到了抨击，因为许多人认为警察滥用了他们广泛的自由裁量权，但大多数警察与未成年人的接触都是非人性化和非正式的，只是简单地命令他们“离开拐角”“散开”或“回家”。2004 年，斯蒂芬妮 · M. 迈尔斯（Stephanie M.Myers）报告了为“邻里警务项目”收集的数据，该项目是对印第安纳州印第安纳波利斯和佛罗里达州圣彼得堡警方进行的一项研究，研究结果发现，654 名未成年嫌疑人中有 84 人（13%）被逮捕。

还可以看出，如果没有警方的自由裁量权，少年司法系统就不能发挥作用。特别是城市法院在超负荷运转；缓刑官的案件量太大；许多少年矫正机构人满为患。如果警方将转介给少年司法系统的少年人数增加二至三倍，由此产生的积压案件将难以应对。

警官对少年违法者的处置主要由表 14–2 中的 11 个因素决定。

表 14–2 影响处置的因素

个体因素
未成年人的人格特质
警官的人格特质
警察与未成年人的互动
社会文化因素
公民的投诉
未成年人的性别
未成年人的种族 / 民族
未成年人的社会经济地位
社区文化规范和更广泛的社会价值观对未成年人和警察的影响
逮捕某些类型的少年违法者的社区外部压力
组织因素
违法行为的性质
警察部门的政策

罪行

决定行为不端少年处置的最重要因素是犯罪的严重性。

公民投诉

许多研究发现，公民在场或公民投诉是处理涉及少年事件的一个重要决定因素。如果一名公民向警方投诉，在现场等候，并希望逮捕一名未成年人，则该未成年人很可能会被逮捕和被处理。如果潜在的逮捕情况是由警察巡逻造成的，则该未成年人受到警告和释放的可能性要大得多。

性别

传统上，女孩比男孩更不可能因刑事犯罪而被逮捕并被引介到少年法庭，但有一些证据表明，面对年轻的女性犯罪，警察的“骑士精神”受到了侵蚀。然而，正如第 7 章指出的那样，如果女孩通过离家出走、不服从父母或性滥交等行为违背了人们对女孩的传统角色期望，她们更有可能被引介至法院。

种族

关于种族在决定未成年人处置方面的重要性，研究的结论各有不同。一方面，几项研究（修正后的结果用于解释犯罪行为的严重性和先前的犯罪记录）发现警察更倾向于逮捕少数民族未成年人；费城的纵向研究发现了最有力的证据，表明种族是警方处置的一个决定性因素。然而，其他几项研究没有发现太多种族偏见的证据。很难评估种族在涉及未成年人案件的处置中的重要性，因为非裔美国人和其他少数民族群体成员比白人似乎更经常参与严重犯罪。尽管如此，种族偏见似乎确实使少数民族未成年人容易成为警方的特别目标。

社会经济地位

很难证实阶层对涉及未成年人案件处置的影响，因为大多数研究都是将种族和社会经济地位放在一起考察，但按照少年司法制度的批判者的说法，下层阶级的年轻人得到的“正义”与中上阶层的年轻人不同。

未成年人的个性特征

先前的逮捕记录、犯罪前科、年龄、同伴关系、家庭状况和父母的行为等这些个性因素也影响警察如何处理每个未成年人。年龄较大并曾多次违法犯罪的未成年人很可能会被移交到少年法庭。未成年人的家庭也是一个重要的变量。

警察与未成年人的互动和未成年人的行为举止

许多研究发现，未成年人对警察的行为是决定处置的一个重要因素。正如我们预期的那样，研究表明，行为不敬的未成年人最有可能被逮捕。

警官的个性

警官的个性也被研究过，以了解他们是如何塑造警察与未成年人互动性质的。对青春期的孩子缺乏宽容心的警官可能会更经常地卷入对抗和冲突，最终导致逮捕未成年人和交由少年司法体系正式处理。

警察部门的政策

警察部门在处理行为不端的未成年人方面的政策各不相同。詹姆斯・Q. 威尔逊发现，越专业的警察部门移交给少年法庭的未成年人数越多，因为他们比不那么专业的部门更少使用自由裁量权。

外部压力

媒体和公众的态度、投诉人或被害人的地位以及转介机构的理念和可用资源通常都会影响少年违法者的处置。

总体而言，已经有足够的研究为少年警务工作提供了一个实证性的概述。在影响警察处置未成年人的 11 个因素中，犯罪行为的严重性和公民投诉似乎比其他因素更重要。然而，个体因素、警察部门政策和外部压力在决定如何处理警察与未成年人的冲突方面也有很大的影响。

非正式处置和正式处置

对警察自由裁量权的研究揭露了许多不一致之处。大家都同意，公平处理未成年人不应受到诸如未成年人的友善态度、种族、性别、社会阶层或社区声誉等因素的影响。然而，个人偏见有时确实会影响一些个体警察。

毫无疑问，警察通常每天都会在不同的情况下与许多不同类型的未成年人接触。一些年轻人有精神疾病；一些年轻人来自被酒精、毒品和其他成瘾障碍撕裂的家庭；一些年轻人被忽视；一些年轻人遭遇了身体虐待、情感虐待或性虐待。一些年轻人在需要的时候没有家人可以求助，一些人觉得上学是一种可怕的、令人沮丧的和毫无价值的经历。相反，许多人认为帮派经历是有益的，在情感上也得到了满足，并将其作为赢得同伴尊重的一种方式。警务人员必须有效地对付以上所有这些类型的年轻人。

巡逻警官或少年警官在调查针对未成年人的投诉或到达少年违法行为现场时，至少有五种选择。

1. 警告并释放。当巡逻警官仅决定询问并释放该少年时，适用最轻的制裁。通常，这种情况是在未成年人因为轻微罪行被抓获时。
2. 地方警察局调整。未成年人被带到地方警察局，在那里警方与他的接触将被记录下来，并受到正式的训诫，然后被释放，交还父母。在地方警察局调整中，当未成年人被带到地方警察局时，警察部门做的第一件事就是联系其父母。
3. 转介到分流机构。这名少年可以被释放，并被转介到分流机构。在一些司法管辖区，警方实施自己的分流计划；更通常的情况是，未成年人会被转介到老大哥老大姐中心、离家出走中心或心理健康机构等部门。

4. 传讯及转介至少年法庭。警官可以发出传票，并将该未成年人提交给少年法庭。在少年法庭处理的犯罪案件中，执法机构提交的案件占到了五分之四以上。表 14–3 列出了 2013 年由警察机构移交给少年法庭的犯罪案件所占的百分比。

表 14–3　执法机构移交的犯罪案件的百分比

大多数严重的罪行	百分比
少年违法	82
人身犯罪	89
财产犯罪	92
毒品犯罪	88
违反公共秩序的犯罪	58

5. 拘留。警官会下发一张传票，把该未成年人引介至少年法庭，再把其带到拘留中心。然后，拘留中心的收案人员决定该未成年人是应该被送回父母那里还是留在拘留中心。当少年被认为对自己或社区中的其他人有危险或在家中无人看管时就会被留在拘留中心。很显然，把未成年人带离他们的家庭并安置在拘留场所是必需的、最后诉诸的手段。

非正式选择：街头处置

警察把年轻人置于他们的社区背景下去看待。这意味着警官们可以看到年轻人如何在他们的社区与其朋友和家人互动，并见证了年轻人许多不同的社交方式。优秀的巡警知道谁属于哪个同辈群体和哪个帮派、谁稳定和谁不稳定、谁好斗和谁不好斗，这些警官往往也了解年轻人的生活状况。这些因素会影响警方如何处理某一事件。例如，警方采取的下列行动是对未成年人行为不端的非正式回应，不会永久记录该事件，亦不会扣留未成年人以待少年法庭采取进一步行动：

- 孩子在人行道上嬉戏胡闹，路过的警察视而不见；
- 年轻人在人行道上进行足球比赛时，如果他们打扰了别人，如果有人可能受伤，或者如果有市民投诉，警察才会建议年轻人将他们的足球比赛转移到附近的操场或空地上进行；
- 一名警官可能会与欺凌他人的年轻人交谈，并建议欺凌弱小的人改变他的方式；
- 一些警官与当地年轻人建立友谊，坐下来与他们交谈，有时去他们的学校或参加他们的体育赛事；
- 看到年轻人打架或偷东西的警察可能会和他们讲他们造成的伤害，以及他们如何可能因此而陷入麻烦；
- 警官可能会在记事本上写下未成年人的姓名和地址，以备将来参考。

非正式选择：地方警察局调整

- 年轻人被带到地方警察局，在那里警察与他们和其父母一起讨论他们的情况；然后年轻人被送回家与他们的父母在一起。
- 在较大的警察部门，年轻人被送往少年警察局，该局由受过专门培训的警官或其他人员组成，他们为年轻人及其父母提供咨询，但允许年轻人留在社区。
- 警官或少年警察局工作人员非正式地推荐或指导年轻人和/或他们的父母或监护人参加愤怒管理课程、职业培训项目、去庇护所或参加酒精、毒品、精神疾病或其他问题的咨询项目。
- 警察或少年服务工作人员与学校工作人员联系并合作（学校人员可以发起这些联系，并与警察部门合作设立特殊项目），帮助逃学的未成年人重返学校或让他们参加特别项目。
- 警方非正式地联系缓刑部门（缓刑部门也会非正式地处理许多案件），接触了解缓刑部门为问题少年提供的项目。
- 警察非正式地联系儿童和少年服务机构，以获得对受抚养儿童、被忽视儿童或其他需要监管的儿童的适当照顾。

非正式处理和正式处理相结合

- 年轻人被拘留或被逮捕，然后被登记在案，被谈话，又被释放，警方没有再采取进一步行动。
- 一名未成年人被拘留或逮捕，被记录在案，又被释放，并被严厉警告说，以后再有问题都将通过逮捕和起诉来处理。
- 一旦未成年人被拘留，警官就正式通知儿童和少年服务机构等社区机构，告知他们未成年人需要他们的服务，警方会将未成年人送到该机构或让该机构来接走未成年人。

正式处理：地方警察局处置

- 被捕少年的父母被叫到地方警察局，在登记后，他们的孩子将被释放，由他们来照看和监管。案件可能到此为止，也可能移交少年法庭做下一步考虑。
- 年轻人被拘留，登记，采集指纹，然后被转介到少年收案处，这里有非正式和正式两种选择。经警方或法院收案人员评估后，可将年轻人置于安全拘留机构，等待他们的初步听证和审判。在一些城市，这种安全拘留机构可能设于当地监狱或少年拘留中心。
- 拥有立法弃权的州的警察在逮捕并记录一名少年后，会自动将该少年直接弃权送往成人法院，由成人法院进一步评估该少年。

年轻人进入少年司法系统的程度越深，警方拥有的自由裁量权就越少。在大街上，警察的自由裁量权是相当大的；在拥有立法弃权的州，警察的自由裁量权是有限的，特别是在暴力犯罪方面。此外，警方的自由裁量权在相当程度上还受警察部门的政策管控。

你会怎么做

警方对出了名的罪犯不会积极对待。有这样一个例子，一名当事人用棍子袭击当地拘留所的工作人员。情况变得越来越危险，当地警察局接到了电话。当警官到达时，当事人仍然保持着杀气腾腾的姿态，并向警官挥舞着棍子，一名警官把他按倒在地。结果，在扭打中这名警官的膝盖也受了伤。他用对讲机呼唤其他警察帮忙。回应的警察声音很大，准备了胡椒喷雾，并将当事人从受伤警察所在的区域带走。对于那些目击此事的被拘留者来说，这是一个创伤性事件，导致他们对警察产生了不好的态度。在这样的情况下，为了警察自身的安全和避免误解所发生的事情，将其他被拘留者从该地区转移走是很重要的。其中一名警官能够留下来回答其他被拘留者提出的问题，这有助于缓解紧张局势。你认为这位警官会被问及什么样的问题？你会怎么回答呢？

未成年人的法律权利

在 20 世纪的大部分时间里，未成年人的合法权利都由警察支配。由于少年司法中的康复理想，很少或根本没有法律去保护陷入困境的未成年人。警察的主要任务是维持法律和秩序，他们使用了看起来有利于恢复和平的任何策略。友善、劝说、威胁、胁迫和武力都被用来获得未成年人的顺从。如果这些策略失败，未成年人将被带到少年法庭，或者根据该州的法律和犯罪的严重性，被送到成人法庭起诉。在搜查和扣押、审讯、指纹采集、列队辨认或其他程序方面，给予未成年人的保护几乎没有（详见表 14–4）。

表 14–4　美国最高法院关于警方审讯未成年人的重大案件

1936 年	1948 年	1966 年	1967 年	1979 年	1989 年	2011 年
布朗诉密西西比州案件：供词不能通过警察暴力来获取	海利诉俄亥俄州案件：获取未成年人供词的方法违反了美国宪法第十四修正案的正当程序条款	米兰达诉亚利桑那州案件：这个判例禁止在法庭上使用供词，除非在审讯前告知个体他的权利	在高尔特案中：这使得反对自证其罪的权利和获得律师的权利适用于未成年人	费诉迈克尔·C.：把“全部情况”的方法适用于对未成年人的审讯	联邦诉盖顿案：没有其他未成年人，即使是亲属，也不能作为有利害关系的成年人（代替父母身份行事）	J.D.B. 诉北卡罗来纳州案件：将米兰达警告延伸到儿童，并认为在评估儿童嫌疑人是否意识到他的权利时，必须考虑其年龄

20 世纪 60 年代，美国最高法院的判决开始改变了警察和未成年人之间的这种关系。虽然不是所有的警察部门都认可或遵守法院制定的指引，但大多数警察部门都认真努力遵守这些裁决所包含的正义和公平标准。

搜查和扣押

美国宪法第四修正案保护公民免受未经授权的搜查和扣押。这项修正案规定：

> 公民的人身、房屋、文件和财产不受无理搜查和扣押的权利应该得到保障，不得侵犯；除非有正当理由，并有宣誓或郑重声明支持，尤其要有即将搜查的地方和即将扣押的人或物的描述，否则不得发出搜查令和扣押令。

这里的问题是隐私权。美国宪法保障所有公民都有权利感受到人身安全和家庭安全。执法官员不得在未遵循非常严格的正当程序原则的情况下削减这一权利。1961 年，最高法院在马普诉俄亥俄州一案的裁决中确认了宪法第四修正案赋予成年人的权利。这项裁决规定，在不合理的搜查和扣押中收集的证据，即在没有正当理由和没有适当的搜查令的情况下扣押的证据在法庭上不可采信。这种非法获得的证据的不可采信性也被称为非法证据排除规则。在 1967 年的州诉洛厄里案中，最高法院适用了宪法第四修正案的禁令，禁止对未成年人进行不合理的搜查和扣押：

> 警方对待儿童比对待成年罪犯更严厉，特别是在违反正当程序和公平对待原则的情况下，这不是更离谱吗？法院可以支持这样一种制度吗？在这种制度下，就像这里一样，因为缺乏证据被撤销指控，而这通常造成的后果是成年人会湮灭证据。另一方面，未成年人可以被监禁，即失去人类拥有的最神圣的财产——他的自由，用于“康复”目的，因为他无法获得第四修正案的权利？

因此，未成年人受到保护，免受不合理的搜查和扣押。除非未成年人同意自己的人身或财产被搜查，或者他们在违法行动中被抓获，否则必须向未成年人出示有效的搜查证。如果这些条件没有得到满足，法院已经推翻了对未成年人不利的裁决。例如，在一个案件中，当没有搜查证的警察在凌晨 5 点进入一名未成年人的公寓时，证据被驳回。在另一起案件中，休斯敦警方在一名没有驾照的未成年人因驾驶没有车灯的汽车而被拦截五个小时后，在他身上发现了大麻。这名未成年人由于这次毒品犯罪被拘禁在得克萨斯州的一所训练学校，上诉法院命令释放他，因为搜查进行得太晚，与逮捕无关。隐私权最小的是在大街上，其次通常是在汽车和学校里；隐私权最大的是在家里。

当在社区发生犯罪时，警官的工作是破案和逮捕。但是，该警官必须遵守法律规则，以保证被指控的违法者得到公平对待。警察是如何处理的呢？

一个例子是，警察在接近一名年轻人时，具体而明确地怀疑该年轻人持有武器，可能存在危险。该警官的执法经验是，在城镇毒品交易猖獗的地区，如果一个人衣服明显鼓起，或另一名可能曾逮捕过该名年轻人并在其身上发现武器的警察在场，这些都可能导致合理的怀疑，认为有理由对该人的外衣进行搜身检查。在这种情况下，该名警务人员可进行特里搜查（Terry Search），即只在搜查武器时搜查该名年轻人的外衣。警方不得将搜身检查作为例行截停行动的一部分，或为找到违禁品而进行搜身检查。搜身检查仅限搜查武器使用。不过，在搜身行动中，如果警方发现非法武器，他们可能会拿走武器，以非法持有武器的罪名逮捕该名年轻人，然后可以合法地搜查该名年轻人是否还有其他违禁品。

第二种场景说明了另一种类型的担忧。警察在街上临时扣留了一名未成年人或将该未成年人带到警察局。这名未成年人实际上是在什么时候被逮捕的？有些司法管辖区认为，当被截停的人觉得警察在场的情况下不能自由离开时，逮捕就发生了。事实上，上述任何例子中的未成年人都可以被带到或要求到警察局，接受讯问，然后被允许离开；在一些州和司法管辖区，这是完全合法的，也是未成年人的权利。当然，最明确的指标是罪犯被正式指控犯罪，并被通知出席下一步的听证会。事实上，未成年人可以问警官是否允许他离开。这里的警官的选择是立即释放未成年人，将未成年人拘留更长时间，在进一步讯问和解决他们的关注问题后释放他，或者逮捕未成年人。下面是有关警方决策的例子。

警察做出的决定

在接下来的内容中，一名警探描述了她是如何在一起涉及一名未成年人的事件中决定行动方案的。

> 让我们来看一起事件：一名未成年男性卷入了某种形式的刑事恶作剧。他对房子造成了一些破坏（如扔鸡蛋、喷洒油漆等），他的基本意图并不是造成任何重大的危险，主要是搞恶作剧。

我将如何处理这件事取决于以下几个因素：

- 造成了多大的损害；
- 造成了什么样的损害；
- 未成年人的意图；
- 被害人的感受。

如果损害很小，而且被害人不想起诉，但仍然想要某种形式的赔偿，未成年人可能会被要求回来收拾残局和 / 或自己赔偿损失。接着要看未成年人的意图和态度。这只是一个恶作剧，少年对此深表歉意，还是他的态度是不想回去清理，对造成的损害毫无悔恨之心？最后，未成年人在家中得到多少支持？家长是否支持警方和被害人，以及会让该未成年人为其行为承担责任吗？还是在家里毫无支持？如果未成年人的态度不好，如果未成年人的父母不会让他对其造成的损害负责，那么我很可能要以起诉这样正式的方式来处理此事。

思辨与讨论：你觉得这个场景提供了一个负责任决策的例子吗？与少年司法系统逮捕和处置有关的负面影响是什么？

审讯实践

美国宪法第十四修正案确认，警察在获取供词时必须坚持公平和正当程序的标准。现行标准亦要求法庭在决定认罪是否适当时，须考虑认罪当时的全部情况。

最高法院对海利诉俄亥俄州案件的裁决是警方审讯过度的早期例子。在海利案件中，在店主被枪杀的商店抢劫案发生五天后，一名 15 岁的年轻人在家中被逮捕。五六名警察对这个男孩进行了长达五个小时的审讯，随后，他在被出示了另外两名年轻人的供词后认罪。讯问过程中家长或律师都不在场，最高法院宣布供词无效。

最高法院还在“布朗诉密西西比州”一案中裁定，警方不得使用武力获取供词；在此案中，警方曾使用暴力逼供。其他供词被裁定无效，原因是被告太累；被讯问时间太长；和 / 或在他被审问期间或在他认罪之前，不允许与他的配偶、朋友或律师交谈。

被拘留的未成年人有权享有 1966 年米兰达诉亚利桑那州案裁决中规定的权利。最高法院的这一裁决禁止在法庭上使用供词，除非在审讯前告知该个体他的权利，特别是保持沉默的权利，在讯问期间有律师在场的权利，以及如果个人负担不起律师的费用，享有州政府指派律师的权利。在高尔特案（见第 15 章）中，规定了反对自证其罪的权利和聘请律师的权利适用于未成年人。然而，高尔特案的裁决没有澄清未成年人是否可以放弃米兰达规则的保护，也没有具体说明未成年人明智地和知情地放弃他的米兰达权利的必要条件。例如，如果未成年人受到毒品或酒精的影响或处于休克状态，那么未成年人放弃米兰达权利的能力是否会受到损害？

1979 年费德诉迈克尔 · C. 案的判决将“全部情况”的方法应用于对未成年人的审讯。这起案件背后的情况是，迈克尔 · C（Michael C.）涉嫌抢劫期间发生的一起谋杀案，所以警方逮捕了这名 16 岁的少年，并将他带到了警察局。在他被告知米兰达权利后，他要求见他的缓刑监督官；当这一请求被拒绝后，他开始与警官交谈，暗示自己与谋杀有牵连。最高法院在此案中裁定，迈克尔 · C 似乎理解自己的权利，当他要求与缓刑监督官交谈的请求被拒绝时，他表示愿意放弃自己的权利，继续接受审讯。

托马斯·格里索（Thomas Grisso）研究了 1981 年被圣路易斯警方审讯的未成年人，他发现，几乎所有人都放弃了米兰达权利，所以他质疑未成年人是否“有能力提供有意义的放弃权利，以避免自证其罪，并获得法律顾问”。在对未成年人进行抽样调查后，格里索发现，几乎所有 14 岁以下的未成年人和一半的 15 至 16 岁的未成年人对他们的米兰达权利的含义理解得不够充分。

几个法庭案例认为，未成年人的少数民族身份并不是有效供词的绝对障碍。加利福尼亚州的一起案件支持了两名来自西班牙语家庭的少年的供词；尽管两人之前都曾被逮捕过，其中一人的智商为 65~71，心理年龄为 10 岁零两个月。类似地，北卡罗来纳州上诉法院认可了一名 12 岁少年的供词，他被控从露营卡车的窗户向外开枪。马里兰州上诉法院认可了一名 16 岁未成年人的供词，这名未成年人是一名文化程度为八年级的辍学生，他被指控在种族对抗期间投掷燃烧弹并纵火烧毁了一家商店和一所学校。

为了保护未成年人不受警方过度审讯的影响，许多司法管辖区都有一项法定要求，父母一方、儿童的代理父母或儿童的律师必须在警方审讯未成年人时在场，这样的未成年人供词才可被采信。在 1989 年的“联邦诉盖顿案”中，马萨诸塞州法院裁定，任何其他未成年人，即使是亲属，都不能作为有利害关系的成年人行事。其他法院裁定，利害关系成年人可以是儿童的亲属。一些州试图保护未成年人，要求将该未成年人带到少年拘留中心，或者如果他没有被立即送回家置于其父母监护之下，则送往少年法庭，这些州显然更倾向于在专门的少年司法机构内而不是在警察局进行警察审讯。

采集指纹

在少年矫正系统中，采集指纹以及其他审前鉴定的做法在传统上一直备受争议。一些少年法庭法规要求法官允许采集未成年人的指纹，控制对指纹记录的访问，并规定在某些情况下销毁指纹。在许多其他司法管辖区，警察部门制定政策，一些警察部门会按惯例对所有被拘留并涉嫌严重不当行为的未成年人进行指纹采集。1974 年的《少年司法和少年犯罪预防法案》建议，只有在法官同意的情况下才能采集指纹，不能将未成年人指纹存档于指纹登记处的刑事部分，并建议在达到目的后销毁指纹档案。

1969 年，美国最高法院的一项裁决推翻了密西西比州的一项裁决，这是涉及未成年人指纹的最重要案件。在这起案件中，美国最高法院裁定，警方采集的指纹不能用作证据。涉案未成年人未经司法人员授权被警方拘留，被讯问时第一次被采集指纹，以后会被再次采集指纹。最高法院裁定，警方不应未经司法人员授权就拘留该未成年人，对该未成年人进行第二次采集指纹是不必要的，未成年人不应该在第一次拘留被审讯时就被采集指纹。

审前鉴定实践

在其他审前鉴定实践中，拍照和将未成年人安排在队列中都是极具争议性的。最近的另一个做法是通知学区有关被判犯有严重或暴力罪行的未成年人的情况。

列队辨认包括警察将一些嫌疑人放在证人或被害人面前，让他们尝试识别对他们实施犯罪的人。如果没有人被识别出来，嫌疑人就会被释放，回到社区，但如果其中一人被确认为作恶者，警方就会继续起诉他们。法院一直小心翼翼地为警方制定标准，因为无辜的年轻人最终可能会被贴上罪犯的标签，并被关押在监禁机构里。其中一个重要的标准是，犯罪人必须在最初的列队辨认时拥有律师，以确保犯罪人的识别程序没有瑕疵。

在一个重要的案件——美国诉韦德案中，最高法院裁定，被告有权在起诉后的列队辨认程序中让其律师在场。在柯比诉伊利诺伊州案中，最高法院继续补充规定，被告在起诉后列队辨认程序中拥有辩护律师在场权利在投诉书或起诉书发出后立即生效。在霍利判决中，一名被控强奸的未成年人因在列队辨认程序中没有律师在场而被上诉法院推翻了定罪。

1997 年底，45 个州和哥伦比亚特区制定了法律，允许在某些情况下为了犯罪历史记录而对未成年人进行拍照，42 个州的“少年法典”允许向媒体公布参与犯罪诉讼的未成年人的姓名，有时甚至允许公布照片和法庭记录。自 1997 年以来，又有更多的州允许采取类似的审前鉴定做法。

照片也可以在辨认犯罪人方面发挥重要作用。例如，在一个案例中，只给强奸案件的被害人出示了一个嫌疑人的一张照片，她无法从这张照片中辨认出是不是犯罪者，但后来在缓刑办公室她认出了袭击者。加州一家上诉法院指出，允许仅凭一张照片识别罪犯是不合适的，因为这可能会误导被害人。

照片的另一个问题是它们对社区中的未成年人的永久性和潜在的污名效应。由于照片是由警务人员存档和经常翻阅的，每当社区发生事情时，警方便会检查这些照片，所以无辜的未成年人永远无法逃脱这种标签的污名化。出于这些原因考虑，一些州要求法官给予警方拍照的书面同意，照片不能在媒体上发表，当未成年人成年后，照片必须销毁。未成年人的法律权利可详见参见表 14–5。

表 14–5　　未成年人的法律权利

类别	每一类别内的未成年人权利简述
搜查和扣押	未成年人和成年人一样受到保护，不受未经授权的搜查和扣押
审讯实践	警方在获取供词时必须坚持公平标准和正当程序标准
采集指纹	警方采集未成年人指纹的方式多种多样；但这些指纹的服务目的完成后，在如何销毁指纹记录方面具有更多的一致性
审前鉴定实践	给未成年人拍照和安排未成年人进行列队辨认是有争议的，但现在比过去更经常发生此类做法

警察与预防未成年人违法犯罪

美国的警察部门试图在预防和威慑未成年人违法犯罪方面实施以社区为基础的警务的三种方式是基于社区的干预、基于学校的干预和基于帮派的干预（如图 14–3 所示）。

图 14–3　美国警方的干预

基于社区的干预措施

社区关系是从事未成年人工作的警察的主要关注点。他们必须与学校行政人员和教师，与社区机构的工作人员，与当地少年组织和少年庇护所的工作人员，与少年法庭，以及与备受未成年人欢迎、其经常光顾场所的商人和员工建立良好的关系。当然，少年警务人员亦必须与少年违法者的父母及少年违法者本人建立良好的关系。赢得社区年轻人尊重的警务人员会意识到社区中正在发生什么事情，并会积极响应困境年轻人的求助。

警方今天面临的重要挑战之一是寻找失踪儿童。安珀警戒系统始用于 1996 年，当时达拉斯－沃斯堡的广播公司与当地警察部门合作开发了一种早期预警系统，以帮助寻找被绑架的儿童，他们称之为达拉斯安珀计划。安珀代表“美国失踪人口：广播紧急反应”（Broadcast Emergency Response），是为了纪念九岁的安珀·哈格曼（Amber Hagerman）而命名，她于 1996 年在得克萨斯州阿灵顿骑自行车时被绑架并被残忍杀害。其他州和社区很快就建立了自己的警戒计划，安珀警戒网络已在全国范围内被采用。

警察被要求调解各种少年问题。这些问题包括执行全国越来越多的社区正在通过的宵禁条例，执行毒品法，防止未成年人对少数群体（犹太人、其他民族和同性恋者）实施仇恨犯罪，关注严重的习惯性犯罪人，通过积极的机构间合作提高合作交流信息的质量和相关性，以及控制少年人口中与枪支有关的暴力犯罪。在许多较大的城市，警察部门组成少年警局（部门）来处理少年违法犯罪。

想一想

促进学校有效预防犯罪项目的发展是当今警察面临的最重要的挑战之一。这样的项目是如何设计的呢？

基于学校的干预措施

在学校开展有效的预防犯罪计划是目前警方面临的最重要的挑战之一。社区犯罪前预防项目包括高中、初中和小学的课程内容要涉及对学校安全、社区关系、吸毒和酗酒、市政府、法院程序、自行车安全和未成年人违法等问题的处理。全美国范围内开展了警官友好计划和麦格拉夫（McGruff）的“咬一口犯罪”计划，以发展与年幼儿童的更好关系。

最近，广受欢迎的预防项目包括“帮派抵制教育和培训”（Gang Resistance Education and Training，G.R.E.A.T.）和“法律相关教育”（Law-Related Education，LRE）项目。自1991年G.R.E.A.T.项目开始以来，已有超过12 000名执法人员获得了G.R.E.A.T.培训师的认证，近600万名学生从G.R.E.A.T.项目毕业。该项目遍布所有50个州和哥伦比亚特区，并在全美500多个社区得以实施。在1999至2000年间，该项目经历了广泛的项目和课程审查。最初的项目扩展到13节课，更加强调积极学习，增加了教师参与度。G.R.E.A.T.项目目前包括为期13周的中学课程、小学课程、暑期课程和家庭培训。

在1999年、2001年、2004年和2012年，新课程接受了评估。在所有的调查中，一致的发现是，G.R.E.A.T.并没有减少年轻人对帮派和犯罪行为的参与程度，但它确实帮助年轻人与执法部门建立了积极的关系。

LRE是另一个备受欢迎的预防计划，旨在向学生传授在宪政民主体制下成为负责任公民所需要的基本原则和技能。1985年的一项全国课程调查报告称，在本研究涉及的46个州中，超过一半的州将LRE项目增加到了课程中。少数评估LRE项目的研究之一发现，如果LRE项目实施得当，这些项目可以减少学生的犯罪行为倾向，并改善与负责任的公民相关的一系列态度，成功的学生也不太可能与犯罪的同龄人交往，并将暴力作为解决冲突的一种手段。

下面我们来了解一下关于警察向学生发送法庭传票的情况。

洛杉矶学区警察同意重新考虑对学生发传票

记录显示，洛杉矶学区警方平均每天发出 30 张传票，其中 40% 是针对 10 岁至 14 岁的小孩。大多数传票都是针对相对较轻的罪行。

公共诚信中心（Center For Public Integrity）和总部设在洛杉矶的社区战略中心（Community Strategy Center）最近分别对从洛杉矶联合学区警察局获得的传票记录进行了各自的分析，洛杉矶联合学区警察局是美国最大的警察局。该中心发现，从 2009 年到 2011 年底，洛杉矶校园警察向 18 岁及以下的学生开出了超过 33 500 张罚单，其中超过 40% 发给了 10 岁至 14 岁的青少年。平均每天大约 30 张罚单，其中很大一部分是给扰乱秩序的年幼的孩子的，这可能意味着发生了一场肢体冲突，或者是使用了威胁性或破坏性的语言。

洛杉矶联合航空公司的一名发言人在一份声明中表示，LASPD（洛杉矶学区警察）致力于审查数据，分析事件类型，据此可以开发出可行的替代性策略，特别是在逃学等领域。

该中心的分析还显示，对中产阶级学生发出的传票主要集中在洛杉矶拉丁裔和非裔美国人最多的社区。

批评者认为，把轻微违法的学生引介到少年司法系统实际上会将许多人赶出学校，并增加他们辍学的可能性。学生罚单最多的地区与洛杉矶辍学率最高的社区相对应。批评人士进一步指责，在低收入社区增加警力会导致警察不平等地参与学校生活。

思辨与讨论：你对警察在学校开这么多罚单持什么立场?

今天，预防药物滥用计划需要警方的创造力和参与度。抵制药物滥用教育项目（在下面的社会政策部分会继续探讨）是警方为防止药物滥用而进行的一项在很广泛的范围内重复付出的努力。纽约市教育和控制药物滥用学校计划（School Program to Educate and Control Drug Abuse，SPECDA）项目是该市警察局和教育委员会共同努力的结果，是另一个备受赞誉的药物预防计划；在这个项目中，16 个学期的课程，五年级和六年级的课程单元平均分配，向学生传授关于吸毒风险和影响的基本信息，让学生意识到导致吸毒的社会压力，并传授可接受的方法去抵抗因同伴压力而对毒品的尝试。

除了毒品预防计划外，警方还对各种事件做出反应，从学生打架和袭击到持有毒品和武器等不一而足。警察在夜间巡逻和周末巡逻时也会定期驾车经过学校，以防止学校财产遭到破坏和入室盗窃，警方有责任为学校提供安全保障。在一些学校，这需要在学生进入学校时对他们进行搜查，监控礼堂，在必要时进行冲突调解，并在学生上下学时保护他们。警方经常被要求协助学校在学校范围内搜查武器和毒品，并负责执行无毒品校区法和《联邦无枪校区法案》（*the Federal Gun-Free School Zones Act*）。预计警方还将在全国几个学区执行上课出勤计划。

联邦社区警务服务（Community Oriented Policing Services，COPS）办公室向 2900 多个执法机构发放了近 7.15 亿美元，通过社区警务服务在学校计划（COPS in Schools，CIS）中资助了 6300 多名驻校警察。此外，社区警务服务已经拨款近 2100 万美元，用于培训社区警务服务资助的驻校警察和与学校或学区合作的学校管理人员，使他们通过警务服务计划在学校进行更广泛的协作。驻校警察在学校可以以多种方式提供服务：

- 他们不仅可以作为执法人员，而且可以作为问题解决者、LRE 教育者和社区联络人；
- 他们可以教授预防犯罪、药物滥用意识和抵制帮派等方面的课程；
- 他们可以通过导师制项目监控和帮助问题学生；
- 他们可以通过鼓励学生参与社区服务活动来促进学生社会责任感和个人责任感的养成；
- 此外，这些官员亦协助学校制定政策，以解决少年违法行为和学校安全问题。

基于帮派的预防措施

从 20 世纪 80 年代末开始，全美国街头帮派的数量急剧上升。这些帮派的特征因城市不同而差别很大。其中一些帮派只是一群青春期的孩子，他们在一起闲逛，很少惹上大麻烦，其他的帮派则从事大量的毒品活动，一些已卷入暴力驾车枪击事件，导致无辜公民被杀害。

毒品和暴力已经使帮派成为警方需要应对的一个问题。例如，警察抓获了一群在密苏里州圣路易斯市举行毒品销售研讨会的洛杉矶克里普斯人。一旦一个社区意识到帮派问题的严重性（通常是在暴力帮派事件发生之后），那么通常就会向警方施加压力，要求他们解决问题。警察部门经常要对这种压力做出回应，设立三种类型干预单位中的一种来对付帮派。

- 少年服务计划就是这样的单位，它是为了处理特定的帮派问题而成立的，并不是警察部门内的一个常设单位；警察继续履行他们的常规职责，并不是只关注帮派问题。
- 帮派小分队是第二类单位，这些单位的警官一般是从侦探单位或少年单位抽调出来的。帮派小分队与少年服务计划的不同之处在于，帮派小分队的警官只被分配处理帮派问题，而通常不从事其他任务。
- 帮派单位是第三类单位，这些常设单位的成员都把自己当成帮派问题的专家，比如很多帮派单位都会与社区帮派成员建立广泛的情报网络。

警察自由裁量权的作用

警察是接触违法未成年人的第一道防线。他们经常有权对未成年人进行分流或将他转介给少年司法系统，特别是在未成年人涉及的是轻微犯罪的情况下。正如本书反复指出的那样，毫无疑问，那些较早开始犯罪并引起少年司法系统关注的未成年人更有可能更长时间地卷入少年司法系统，直至继续进入成人司法系统，而从系统中分流出来或在青春期较晚开始犯罪的未成年人则面临另一种截然相反的路径。考虑到这一点，重要的是要认识到，警方必须尽一切可能避免助长个体持续的犯罪行为和后来的犯罪行为。

未成年人违法犯罪和社会政策：抵制药物滥用教育项目

美国最受欢迎的学校毒品教育项目是抵制药物滥用教育，尽管有强有力的证据表明其无效，但该项目每年仍会收到超过两亿美元的公共资金资助。这个项目的目的是让小学生掌握抵抗同伴压力尝试烟草、毒品和酒精的技能。抵制药物滥用教育项目采用每周 17 小时的核心课程，特别关注五六年级的学生，让他们为进入初中和高中做好准备，因为他们在初中和高中最有可能遇到吸毒的压力。自抵制药物滥用教育项目成立以来，它已经扩展为包括针对初中生、高中生、帮派预防、冲突解决、家长教育以及课外娱乐和学习等的项目。抵制药物滥用教育作为美国最受欢迎的基于学校的药物教育项目，它在美国约 75% 的学区实施，惠及 2600 万学生，并被 50 多个国家采用。

它得到了广泛的评估，但有以下几个令人失望的结果。

- 抵制药物滥用教育项目对学生的毒品知识、社交技能、对吸毒的态度以及对警察的态度有一些立竿见影的有益影响，但这些影响很快会消散，通常在一到两年内消失。
- 抵制药物滥用教育项目对吸毒行为的影响（以多种方式测量）极其罕见，已确定的影响往往规模较小，而且消散得很快。

丹尼斯·罗森鲍姆提出了一个在其他地方被广泛提及的问题："我们如何才能将这种认识状况与全世界支持抵制药物滥用教育项目的现实调和起来呢？"他接着说，"毒品预防领域（其他领域亦是如此）具有讽刺意味的是，一个已知无效的项目得到了数百万美元的支持，而已知有效或有前途的项目却被搁置一边，始终没有资金支持。"

在 20 世纪 90 年代和 21 世纪初，数十个社区已经放弃了抵制药物滥用教育项目，但在全美国乃至全球范围内，人们对于是否继续给予抵制药物滥用教育项目资金支持仍然争论不休。抵制药物滥用教育项目的倡导者是一个强大的利益集团，目前能够维持联邦政府对这一药物预防计划的资助。

埃米·沃特斯的人生历程（16岁）

当埃米和CJ被副警长审问时，事情并不顺利。这位副警长说，为了确保全面公平，将使用三脚架摄像机来记录整个谈话过程。首先，副警长与埃米谈话，当时她让CJ在一个单独的房间等候（在审讯室听不见的一个房间）。在会谈开始之前，当着父亲的面，埃米被告知了她的权利，并被问到是否还想继续回答问题。她的父亲还被告知，他可以随时停止谈话过程，并聘请律师代表他的女儿，随后这一程序又重新开始。

埃米的父亲与女儿做了简短交谈，并开始建议埃米保持沉默，这是她的权利。然而，埃米提出了抗议，她说她想承认自己参与了将毒品带入学校的计划。"爸爸，"她对父亲说，"我没有因任何事拿过任何钱。我真的没有做了错事那样的罪恶感。"

埃米的父亲不想和女儿争论，他也不确定是否能请得起律师，所以他同意了女儿的要求。于是，在他在场看着的情况下，副警长接着问了埃米一系列问题，埃米慢慢地承认她参与了这个毒品走私计划，并最终透露了她所知道的关于这个计划的范围和CJ参与其中的程度。她说，CJ并没有真正从毒品销售中赚钱，足球队里的每个人都想从他那儿买大麻。她试图将他们造成的伤害最小化，这名警官似乎不敢相信她会这么做，他告诉埃米，在校园里贩卖毒品是一种严重的犯罪行为。那天晚上，埃米就住在一个少年拘留所里，等待第二天被带到少年法庭法官面前听证。

为什么埃米决定认罪？如果她没有认罪，会发生什么事呢？

在下一章中，我们将继续讲述埃米·沃特斯的传奇故事。

第 15 章

美国少年法庭

根据我国宪法，未成年男性身份不能成为受到袋鼠法庭的遭遇的正当理由。

摘自《美国最高法院判例汇编》高尔特案

犯罪之声

托尼的故事

我第一次被关起来是在宾夕法尼亚州乔治少年共和国（Pennsylvania George Junior Republic，PJR），是因为难以矫正才被关在那里的。我在这个机构被关了 11 个月。然后，我去了克利夫兰高地，和我的表弟住在一起。因为我的第一次犯罪，使我在克利夫兰高地的停留并没有持续很长时间。这次犯罪是抢夺钱包。我并不需要这笔钱，因为我当时有 10 美元的津贴，但我就那么做了，我还逃学了，还抢了其他人的钱包。然后，我被抓住，被送回宾夕法尼亚州乔治少年共和国。在宾夕法尼亚州乔治少年共和国的时候，我了解了毒品和其他恶作剧的行为。我不喜欢那里，不喜欢离开家，有两次我试图逃离那里。

我 14 岁的时候，天主教学校的一名教师开始玩弄我、亲吻我。这是一个年龄比我大一倍的女人，我感到飘飘欲仙。后来，她决定喜欢另一个更年轻的学生，于是我朝她扔了一个鸡蛋，那个鸡蛋并没有直接击中她。因为这件事，我被送进了男子工业学校（Boys Industrial School，BIS）。我在那里待了 13 个月。当他们意识到他们无法控制我时，他们把我送到了俄亥俄州中部培训机构（Training Institution of Central Ohio，TICO）。

在俄亥俄州中部培训机构时，工作人员很难控制我，我曾三次试图逃跑。在我 18 岁生日的前三天，俄亥俄州中部培训机构终于把我释放了。在俄亥俄州中部培训机构的时，我经常打架，冲老师扔鸡蛋。当初我没有受审就被送到了男子工业学校，什么程序都没有就把我送去了，他们只是把我关起来，这是我犯罪生活的开始。14岁时，我开始抽烟，梦想着过有毒品和犯罪的生活。16岁时，我第一次从俄亥俄州中部培训机构逃跑，那是我染上海洛因等硬性毒品的时候。当我最终被俄亥俄州中部培训机构释放的时候，我想做的就是喝酒和吸毒。这是一种（在犯罪的）快车道上的生活……

所以，现在我在监狱里，而且已经在监狱里待了很长一段时间了。监狱使我变得冷酷无情，使我失去人性。1997年10月，我杀了我认识才四天的狱友。我为什么要杀他？好吧，无可奉告，真正的原因将会跟着我一起进坟墓。我因为杀了我的狱友而被判死刑。我坐在俄亥俄州的死囚牢房等着被处决。

正如第13章所讨论的，少年法庭原则上与成人刑事法庭分开的想法起源于1899年的芝加哥。少年法庭的理想激励了这个国家的少年司法系统工作者100多年，然而，在21世纪头10年，宾夕法尼亚州一名腐败法官的行为让这一理想蒙上了污点。2009年，宾夕法尼亚州卢泽恩县前少年法院法官、61岁的马克·西瓦雷拉（Mark Ciavarella）被联邦陪审团判定犯有12项敲诈勒索和共谋罪，收受了总计近100万美元的现金贿赂，并将少年违法者关押在私人经营的监禁机构中。在西瓦雷拉被定罪后，宾夕法尼亚州最高法院迅速驳回了他发布的数千项未成年人定罪，称西瓦雷拉在管理他的法庭时“完全无视站在他跟前的未成年人的宪法权利”，包括获得法律顾问的权利和明智地提出抗辩的权利。

西瓦雷拉的定罪与美国哈佛大学法学院院长罗斯科·庞德（Roscoe Pound）的理想主义观点形成了鲜明对比，庞德称少年法庭是“自大宪章以来司法领域最重大的进步”。许多当代少年法庭的倡导者继续坚持认为，法庭的非正式设置和法官父母般的举止，使得任性的少年能够被拯救或从可能的犯罪生涯中解救出来。

批判者最终挑战了少年法庭的这些理想主义观点，声称少年法庭没有成功地改造少年违法者，没有为他们伸张正义，没有同情和怜悯他们，甚至没有为他们提供正当程序权利。一些调查人员甚至指控少年法庭对出庭的未成年人造成了实质性的伤害。

今天，关于少年法庭的作用出现了三种不同的立场。

- 第一种立场继续支持国家亲权理论，或把国家作为父母，并坚持“儿童的最佳利益”的决策标准。

- 第二种立场建议用正义模式（见第 13 章）取代国家亲权理论，作为少年法庭程序的基础。
- 20 世纪 80 年代，提议的程序变革，如将身份违犯非刑事化、确定量刑、强制量刑，以及开放少年诉讼程序和记录，直击传统少年法庭诉讼程序最核心的部分。巴里 · C. 费尔德（Barry C.Feld）是这一立场最能言善辩的发言人之一，他认为，一个有未成年人折扣的综合刑事法庭（未成年人因类似的违法行为将比成年人获得较轻的量刑）将比把他们置于现行的少年司法体系能够为少年违法者提供更大的保护和正义，将为他们提供比现有的法官施加于他们的更符合比例和更人性化的量刑结果，现有的少年法庭对未成年人的量刑就像在刑事司法体系中法官施加于成年人的量刑一样。

总而言之，重大变革显然像狂风一样横扫了少年法庭近 120 年的历史长廊。今天，实际发生的情况是，所有这三种立场都有其代表形式：

- 对于轻微犯罪，以及大多数州的身份违犯，"儿童的最大利益"立场是少年法庭决策的指导标准；
- 对于犯有更严重犯罪行为的犯罪人，审判模式的原则越来越多地使用裁决听证会和处置听证会；
- 对于重复性或暴力性的少年违法者，他们通常会被迅速移交到成人法庭，像成年人一样接受处理。也许问题不是传统的少年法庭是否会改变，而是少年法庭是否会继续存在。

少年法庭

少年法庭的概念很快在全美国范围内被接受。到 1905 年，已有 31 个州设立了少年法庭，到 1928 年，只有两个州没有少年法庭法规。在库克县，原始法案之后的修正案将被忽视者、需要抚养者和违法者集中在一个屋檐下。"犯罪"类别既包括身份违犯者，也包括实际违反刑法者。

改革派进一步主张少年法庭法官应该坐在办公桌前，而不是坐在长凳上，并可以偶尔"用胳膊搂住少年违法者的肩膀，把少年拉到他身边"。但富有同情心的法官也得到指示，不能丧失任何的司法尊严。法院的目标被界定为调查、诊断和为治疗开处方。律师被认为是没有必要的，因为这些民事诉讼程序不是对抗性审判，而是以少年的最佳利益为主要考虑的非正式听证会。

简言之，少年法庭是建立在以下几个基本理念之上的（如图 15–1 所示）：

- 法庭应该作为一个社会诊所，旨在为陷入困境的未成年人的最佳利益提供服务；
- 被带到法庭的未成年人应该得到与好父母提供的同等的照顾、监督和纪律；

- 法庭的目的是帮助、恢复、引导和原谅；
- 未成年人不应该被视为罪犯；获得住所、保护和适当监护的权利是未成年人唯一的权利。

图 15–1　少年法庭的理念

少年法庭的设立

少年法庭是在 19 世纪最后几十年的法律、社会文化、经济和政治等错综复杂的背景关系的相互影响下诞生的。

法律背景

少年法庭于 1899 年在伊利诺伊州库克县成立，当时伊利诺伊州立法机构通过了《少年法庭法案》(*Juvenile Court Act*)，该法案以国家亲权理论为依据。国家亲权理论为使用非正式程序处理未成年人案件提供了理论基础，也被用来证明少年法庭有权确定长期犯罪的可能原因，并就案件的证词做出决定。国家可以充当一个善良仁慈和满怀关爱的父母，从而证明依赖心理检查和医学检查是合理的，而不是去依赖通过证据进行的审判。一旦国家亲权理论被应用到少年诉讼中，少年法庭机构的设立就随之而来。

政治背景

在《儿童救世主》(*The Child Saver*) 一书中，安东尼·普拉特论述了少年法庭起源的政治背景。他认为，少年法庭之所以成立，是因为它满足了几个中产阶级利益集团的需求。他认为少年法庭是中产阶级价值观和保守政治团体理念的表达，并否认少年法庭是革命性的。他还认为，拯救儿童运动在一定程度上是一场十字军东征，虽然强调了社会秩序对儿童的适当社会化的依赖，但却含蓄地提升了核心家庭的重要性，更具体地说，就是提升了妇女作为家庭中坚力量的作用。

经济背景

普拉特争辩说，儿童拯救者选择惩罚的行为，如发生性行为、在桌椅上来回跑动、喝酒、打架、经常去舞厅、吸烟和深夜待在外面，主要是在下层社会的儿童中发现的。因此，他认为，少年司法从一开始就反映了阶级偏好，这导致经常通过该制度对贫困儿童进行处理，而中上层儿童则更有可能获得原谅和赦免。

对于儿童拯救者来说，穷人的儿童是一个特别的问题，因为少年法庭是在美国前所未有的工业发展和城市发展之后出现的，而这一发展过程与大规模移民纷纷涌向城市中心密切相关，这些移民的背景与原住民明显不同，他们给芝加哥和其他大城市中心带来了新的社会问题。那些自诩为儿童拯救者的人决心“拯救”这些移民儿童，并保护他们免受家人的伤害。

社会文化背景

19 世纪最后 30 年的三个社会条件导致了少年法庭的建立。第一，许多公民对这一时期儿童的待遇，特别是将儿童与成人一起监禁的程序感到非常愤怒。这些监狱被认为对少年违法者的伤害很大，因为少年与成年罪犯接触会产生有害影响。第二，城市居民的觉醒已经非常普遍。芝加哥的人口在 1880 年至 1890 年间增加了两倍，主要是由移民造成的，随之也产生了卫生条件恶劣、贫困人口增多、犯罪率上升和政府部门腐败等城市问题。第三，中产阶级女性开始发现她们对改善儿童生活颇有影响力，对此兴趣盎然。事实上，拯救儿童成了许多中产阶级女性的业余爱好，她们想要在家庭之外做点什么。

这些要求社会变革的压力出现在 1890 年至 1920 年的进步时代，当时乐观主义浪潮席卷了整个美国社会。新兴的社会科学领域专家向改革者保证，犯罪问题可以通过实证主义或科学原理的运用来解决。根据实证主义，年轻人不用对自己的行为负责，他们需要的是治疗而不是惩罚。这使得法官和学科专家可以在独立于成人刑事法庭的法庭上共同协作，以发现儿童的问题并提供治疗方法。

中产阶级的宗教人道主义是另一个要求变革的社会压力。查尔斯·狄更斯（Charles Dickens）和玛丽·卡彭特（Mary Carpenter）等作家向基督徒发起挑战，要求他们将儿童从有辱身份的贫民窟中解救出来。宗教人道主义的重要性可以由这样的事实来证明，即许多知名的儿童拯救者都是牧师，大多数儿童拯救者都是私人慈善机构，至少部分人得到了主流宗教派别的支持。

法律规范的变化

在 20 世纪，少年法庭最可怕的敌人之一——著名的立宪派团体认为少年法庭违宪，因为在它之下，公平审判的原则和个人权利被剥夺了。20 世纪 60 年代和 70 年代美国最高法院的一系列裁决表明了立宪主义者对少年司法的影响。

图 15–2 展示了美国最高法院涉及未成年人和未成年人权利的最重要案件的时间表。其中最早的案件包括 1966 年的肯特诉美国案、1967 年的高尔特案、1970 年的温希普案、1971 年的麦凯弗诉宾夕法尼亚州案以及 1975 年的布赖德诉琼斯案，均将未成年人案件处理与成人刑事案件处理区分开来，并确立了至今仍得到承认的未成年人权利。

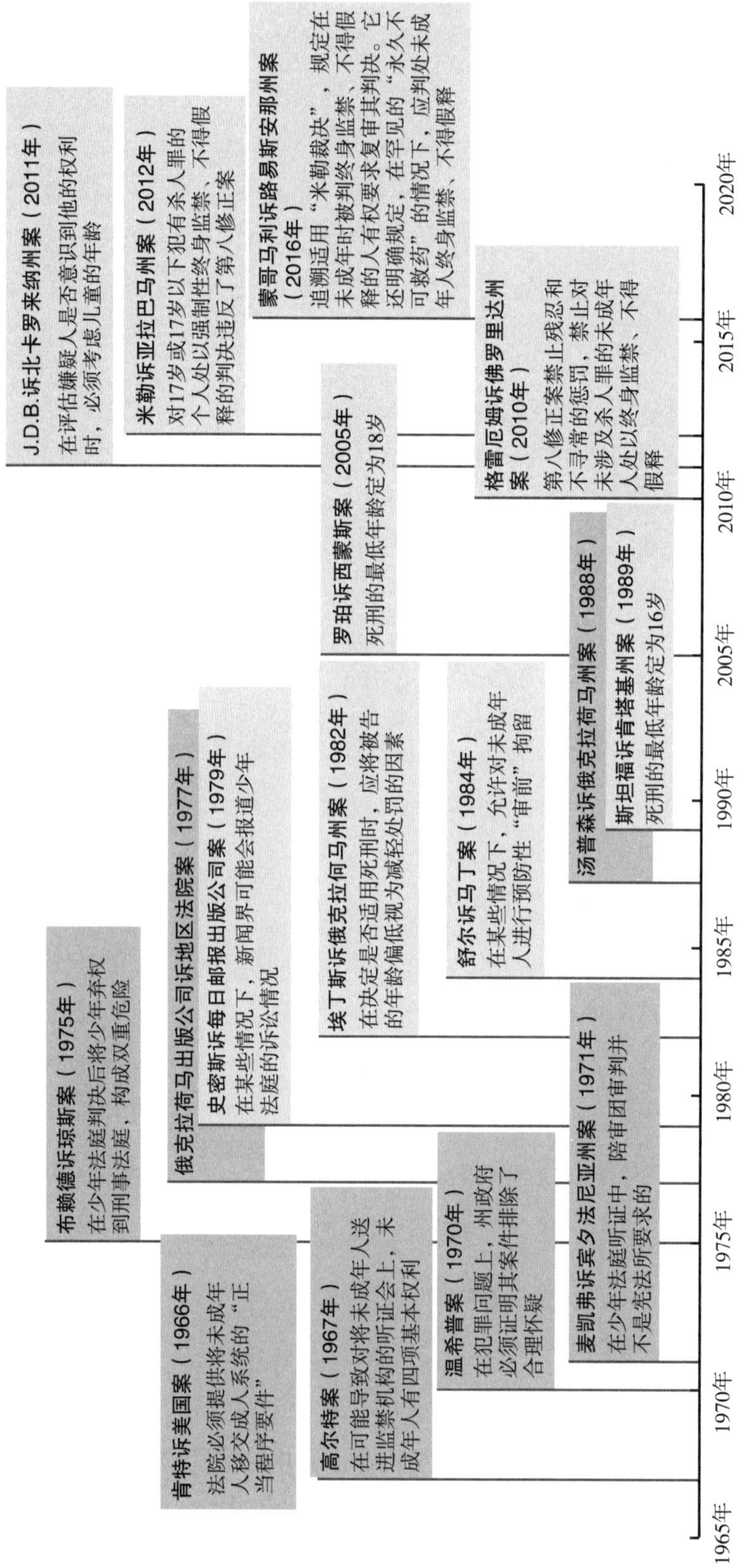

图15-2 美国最高法院与少年司法特别相关的裁决时间表

最近的重要案件包括罗珀诉西蒙斯案，该案件权衡了对未成年人的死刑问题，法院最终裁定这是违宪的。继西蒙斯案之后，2010 年格雷厄姆诉佛罗里达州案认为，第八修正案关于残忍和非同寻常处罚的禁令禁止将未成年人终身监禁、不得假释作为对不包括杀人在内的罪行的惩罚；2012 年的米勒诉亚拉巴马州案裁定，对未成年人犯下的谋杀罪判处强制性终身监禁、不得假释是违宪的，因为这违反了第八修正案关于禁止残忍和非同寻常处罚的规定。我们将在接下来的部分中将简要讨论一些最重要的早期案例。

肯特诉美国案

肯特诉美国案

小莫里斯 · A. 肯特（Morris A. Kent，Jr.）是一名居住在华盛顿特区的 16 岁未成年人，他正处在少年缓刑中，被指控犯有三项入室抢劫罪和两项强奸罪。他的母亲聘请了一名律师，律师让肯特接受了两名精神病学家和一名心理学家的检查。律师随后提出动议，要求就弃权问题举行听证会，并附上一名精神病学家的附誓书面证词，证明肯特是"严重精神机能障碍的受害者"，并建议住院接受精神观察。律师争辩说，精神治疗将使肯特成为少年法庭矫正的合适对象。他的律师还要求获得少年法庭的缓刑记录。

当最高法院法官福塔斯说"可能有理由担心孩子会遇到少年司法和成人刑事司法两个世界中最糟糕的情况"时，他的意思是什么？你同意他对少年法庭的批判吗？

肯特案是美国最高法院处理涉及移交问题的少年法庭案件的第一个裁决。少年法庭法官没有对肯特的律师的动议做出裁决，没有举行听证会，也没有与肯特、肯特的母亲或肯特的律师商量；相反，法官发布了一项命令，称经过充分调查，他将把司法管辖权移交给成人刑事法院；他没有公布任何调查结果，也没有声明放弃管辖的理由。

在上诉中，美国最高法院认为，少年法庭的诉讼程序有缺陷，而且：

- 在移交听证会期间，应该给肯特提供一个证据性听证会；
- 当法院决定放弃管辖权时，肯特应该在场；
- 他的律师应该被允许审查法院在决定放弃管辖权时使用的社会工作者对该少年的调查；
- 法官应该记录移交的原因陈述。

大法官安倍 · 福塔斯（Abe Fortas）在判决中表示：

事实上，有证据表明，有理由担心儿童遇到的是少年司法和成人刑事司法两个世界中最糟糕的情况。他既没有得到法律给予成年人的保护，也没有得到法律假定的给予儿童的殷切关怀和再生性矫治。

最高法院裁定，扣留肯特的记录实质上意味着拒绝律师参与。法院还认为，未成年人有权由律师代表，被指控犯有重罪的未成年人有权接受听证，这次听证必须“符合正当程序和公平处遇的要件”；最后，未成年人的律师必须能够查阅他的社会记录或缓刑记录。

高尔特案

高尔特诉美国案

亚利桑那州15岁的男孩杰拉尔德·高尔特（Gerald Gault）和朋友罗纳德·刘易斯（Ronald Lewis）于1964年6月8日因邻居的口头投诉而被拘留。邻居指控男孩们在电话里对她说粗野下流和淫秽不雅的话。高尔特的父母没有被通知他已被拘留，高尔特既没有被告知他有权请律师，也没有被告知可以保持沉默，杰拉尔德或他的父母也没有接到指控通知；此外，原告没有出席这两次听证会。尽管尚不确定高尔特是否打了被指控的电话，他在电话中说了什么，以及他在两次听证会期间对法官说了什么，麦吉（McGhee）法官还是把他送进了州立工业学校，“在他的未成年时期（即到21岁之前），他将待在那里，除非通过正当法律程序提前释放”。

此案赋予未成年人哪些正当程序权利？在这一裁决之后，未成年人还缺乏哪些正当程序权利？

1967年5月，在高尔特一案中，美国最高法院推翻了对一名未成年人的定罪。这一影响深远的决定代表着少年法庭历史上新的曙光，因为它实际上为少年法庭带来了宪法程序的光芒——正当程序和程序保障再也不能被排除在裁决程序之外。

在高尔特案中，美国最高法院驳回了亚利桑那州高级法院不予受理寻求杰拉尔德·高尔特从训练学校释放的人身保护令（habeas corpus）。代表法院多数派的福塔斯大法官对上诉中提出的六个问题中的四个做出了裁决。

1. 遵守正当程序要求的通知必须在预定的法庭程序之前的充足的时间内发出，以便提供合理的准备机会，并且必须“详细列出所指控的不当行为”。
2. 第十四条修正案的正当程序条款规定，在确定犯罪行为的有关诉讼程序中，如果犯罪行为可能导致未成年人的自由会被监禁机构限制，则必须通知未成年人及其父母，未成年人的权利可以由他们聘请的律师代表，由他们保留这项权利；如果他们聘请不起律师，则将指定律师代表该未成年人。

3. 宪法中禁止自证其罪的特权适用于未成年人，与适用于成年人一样。
4. 在少年法庭与成人法庭宣誓作证方面，并无任何理由建议它们具有不同的角色定位，现实中似乎也没什么不同。如果没有足以支持少年法庭裁决的有效供词，用于交叉质证的证人的对质和宣誓证词对于“犯罪”的认定和将杰拉尔德关押在州立监禁机构执行最长六年的法庭命令就是必不可少的。

福塔斯法官在发表法院意见时回顾了为未成年人提供正当法律程序的其他案例。在海利诉俄亥俄州案和加列戈斯诉科罗拉多州案中，最高法院都禁止使用从未成年人那里逼供得来的供词；在肯特县，法院赋予未成年人由律师代表的权利。福塔斯法官在结束对法律先例的审查时发表了一项概括性声明，即未成年人拥有美国宪法第十四修正案正当程序条款中纳入的那些基本权利。

高尔特案裁决确认，在发现犯罪行为可能导致监禁机构拘禁的诉讼程序中，未成年人有获得正当程序保障的权利。该决定还规定，未成年人有权接到指控通知，有权聘请律师，有权对质和交叉质证，有不自证其罪的特权。然而，法院没有裁定未成年人有权获得诉讼记录或上诉复审的权利。

法院选择不对后两项权利做出裁决，显然是不想把非正式的少年听证会变成对抗性审判。该裁决的脚注指出，该决定不适用于对未成年人的预审判或判决后处遇，这凸显了这一决定的小心谨慎。

温希普案

温希普案

温希普案涉及一名纽约男孩，他在 12 岁时因从一名妇女的钱包中拿走 112 美元而被送往一所州立训练学校。这次收容是基于纽约州的一项法规进行的，该法规允许少年法庭根据“证据优势”规则做出裁决，这一标准远没有“排除合理怀疑的证据”规则那么严格。

“证据优势”和“排除合理怀疑的证据”的实际区别是什么？在该案中，这种差异的重要性是什么？

在温希普案中，最高法院裁定，未成年人有权在判决过程中获得排除合理怀疑的证据。温希普案裁定，当年轻人被控犯有成年人犯下的罪行时，“证据优势”不是做出裁决的充分基础。这一裁定不仅扩大了高尔特案的范围，还反映了大法官们的其他关切。法院既希望在裁决听证会中保护未成年人，又希望在判决前和判决后阶段保持未成年人听证程序的机密性、非正式性、灵活性和快速性。法庭显然不想为未成年人听证程序带来太多僵化刻板和无人情味的色调。

麦凯弗诉宾夕法尼亚州案

在 1969 年至 1971 年的开庭期间，最高法院总共审理了麦凯弗诉宾夕法尼亚州案、特里案和芭芭拉·布鲁斯案这三个案件，涉及保障陪审团审判权利的第十四修正案的正当程序条款是否适用于少年法庭未成年人犯罪案件的判决。在麦凯弗诉宾夕法尼亚州案中发布的裁决剥夺了未成年人进行陪审团审判的权利。

"第十四修正案"的正当程序条款对未成年人的适用

麦凯弗诉宾夕法尼亚州案

约瑟夫·麦凯弗（Joseph McKeiver），16 岁，被控抢劫、盗窃和收受赃物，根据宾夕法尼亚州法律，所有这些都是重罪。这个年轻人在一次裁决听证会上被判有罪，在他要求陪审团审判被拒绝后，被判缓刑。

特里案

爱德华·特里（Edward Terry），15 岁，被控袭击和殴打一名警察，根据宾夕法尼亚州的法律，这是一项轻罪。他的律师要求陪审团审判的请求被拒绝了，他因这些指控被判定为罪犯。

芭芭拉·布鲁斯案

芭芭拉·布鲁斯（Barbara Burrus）和其他大约 45 名年龄从 11 岁到 15 岁的未成年人是北卡罗来纳州海德县少年法庭传票的对象。这些指控源于 1968 年的年底，非裔美国成年人和年轻人在该县举行一系列游行示威活动，抗议学校作业和一个学校合并计划。这些年轻人被指控故意妨碍交通。这几个案件被合并成一组案件，在地区法官面前开庭审理。该地区法官是以少年法庭法官的身份出现的。每个案件都要求陪审团审判，但都被拒绝了，每个未成年人都被判有罪，并被判缓刑。

一些州现在允许陪审团审判未成年人。他们如何能根据最高法院的裁决来批准陪审团审判呢？

最高法院对其裁决给出了以下五个理由。

1. 不是所有在宪法上保证给予成年人的权利都会给予未成年人。
2. 如果需要对未成年人进行陪审团审判，就可能会使少年诉讼程序变为一个完全对抗性的程序，并将结束一直被认为是私密亲切的、非正式的保护性诉讼程序的理想主义前景。
3. 陪审团审判并不是每个公正和公平的刑事程序的必要部分。
4. 陪审团审判如果被纳入少年法庭系统，可能会带来传统的拖延、流于形式和对抗制的叫嚣与喧闹。
5. 当少年法庭法官认为有需要时，并无任何理由阻止他使用咨询陪审团。就这一点而言，也没有什么能阻止个别州采用陪审团审判。

一些州确实允许对未成年人进行陪审团审判，但大多数州都会遵守最高法院设定的宪法标准。各州的调查报告说，仅有 1% 至 3% 的案件中的未成年人选择了陪审团审判。麦凯弗裁决的意义在于，法院暗示其不愿对少年诉讼程序采取进一步的程序保障措施，特别是在对未成年人的审判前和审判后处遇期间。

布赖德诉琼斯案

首次在肯特案中审议的移交成人刑事法庭的问题在布赖德诉琼斯案的裁决中再次得到讨论。该案提出了双重危险的问题，质疑在少年法庭的裁决听证会后，是否可以将未成年人作为成年人起诉。更多地使用移交，或将未成年人约束到成人法院，使得这一裁决在今天显得特别重要。

布赖德诉琼斯案

1971 年，加利福尼亚州的少年法庭提交了一份针对当时 17 岁的琼斯（Jones）的诉状，指控他犯了罪，如果是成年人作案的话会构成抢劫。琼斯被拘留，并等待听证会。在听证会上，少年法庭法官听取了证词，发现指控属实，并支持了申请。在处置听证会上，琼斯被认定不适合在少年法庭接受矫治，并将作为成年犯罪人被起诉。在随后的初步听证会上，琼斯被进行刑事审判。他参加了他的抢劫罪的告知听证会，他被审判并被判有罪。律师提出了反对意见，称琼斯正在面临着双重危险，但被告被移交给了加州的少年司法部。

什么是双重危险？为什么双重危险在法律程序中对未成年人和成年人都很重要？

美国最高法院裁定，布赖德案件确实构成了双重危险——少年法庭不能裁决案件，将案件移交成人刑事法庭，对同一罪行进行成人化处理。布赖德案件的意义在于，检察官必须在少年法庭裁决之前确定他们想要将哪些少年违法者转移到成人法庭；否则，就失去了转移或移交这些少年的机会。

今天，美国几乎每个州都在其少年法典中规定了移交程序的具体要求（在本章后面会有更详细的讨论）。目前，在少年法庭进行移交听证会时，正当程序法通常要求：

1. 举办有合法的移交听证会；
2. 在充足的时间内向未成年人的家人和辩护律师发出通知；
3. 有聘请律师的权利；
4. 发布关于移交的法庭命令声明。

有证据表明，有律师的未成年人比没有律师的未成年人更有可能接受更严厉的处置。例如，1980 年和 1981 年的研究指出，有律师的未成年人比没有律师的未成年人更有可能会受到机构性监禁的处置。如果这种情况确实存在，有律师和惩罚性倾向之间的这种正向关系就有两种可能的解释：第一，少年法庭法官在惩罚那些选择由律师代理的未成年人；第二，那些犯下更严重罪行的未成年人是要求聘请律师的未成年人，他们最有可能被判决到训练学校长期封闭学习或移交到成人刑事法庭。尽管前者在过去可能是正确的，但后者在今天通常是正确的。

少年法庭的现状

美国的少年法庭的结构因司法管辖区的不同而各有差异。一些大城市有专门的和单独的少年法庭，这些法庭会全力以赴地去解决儿童的法律问题。小城市和农村地区的未成年人经常由成人法庭的法官审判。几个州有单独的全州法院，只由少年法庭法官审理这些州不同地区的少年案件。在其他地区，少年违法者专门由家庭法院法官处理，家庭法院审理未成年人和家庭关系案件。

更为典型的是，少年法庭是巡回法庭、区法庭、县法庭、上级法庭、普通诉讼法庭、遗嘱认证法庭或市政法庭的一部分。这个基础广泛的审判法院可以是具有一般审判管辖权的最高法院，也可以是审理较轻刑事和有限索赔民事案件的较低的审判法院。

在全美范围内，少年法庭如今受到了走向单一审判法庭运动的影响，包括所有进行初审的法庭。例如，在伊利诺伊州库克县的一次大规模法院重组中，208 个法院成为库克县的巡回法院。哥伦比亚特区少年法庭被并入新的地区单一审判法庭。

很多工作人员为少年法庭服务，这些人包括：

- 主持法庭的法官；
- 为委托人辩护的辩护律师和审理案件的检察官；

- 作为法官助理的调解员；
- 调查和监督案件的缓刑监督官；
- 从提供当事人服务到保持法庭平稳运行的非司法辅助人员。

这些人的人员数量和资质要求因法庭不同而各异（详见表 15–1）。

表 15–1 少年法庭中的工作人员

工作人员	角色作用
少年法庭法官	他们最重要的作用是对出现在法庭上的法律问题做出裁决
调解员	一些州使用这些人作为主要听证官，而如果有必要，是否参与未成年人的处置则留与法官决定
辩护律师	可以是儿童的对抗性辩护人，可以是儿童的代理监护人或父母，还可以是对儿童负有责任的法庭助理
检察官	在保护社会方面被寄予厚望，但同时也是为了确保出庭的儿童获得宪法赋予的权利
缓刑监督官	担任收案官员，评估儿童的需要，撰写报告，并监管年轻人
非司法辅助人员	这些人包括志愿者、为法庭提供服务的机构的工作人员，以及履行日常行政职能的有酬工作者

少年法庭法官

少年法庭法官是一项极其重要而艰巨的工作。少年法庭法官最传统的角色是对出现在法庭上的法律问题做出裁决。根据伦纳德·P. 爱德华兹（Leonard P. Edwards）的说法，法官必须做出裁决，"某些事实是否属实，一个孩子是否应该离开父母，应该为家庭提供什么类型的服务，以及孩子是应该被送回家庭和社区，还是应该被常年安置在另一个环境中"。

少年法庭法官还有以下职责：

1. 在社区内、刑事司法系统内和少年司法系统内制定少年司法标准；
2. 确保出庭的未成年人获得他们有权享有的法律权利和宪法权利；
3. 确保侦查、调查、解决和起诉案件的这些系统能够公平高效地运转；
4. 确保有足够数量的高素质律师代表未成年人出庭；
5. 了解未提交少年法庭的案件的解决情况；
6. 监控孩子、家庭和监督机构的进展，以确保每个人都遵守法院命令的条款；
7. 在社区内为儿童及其家庭代言和辩护；
8. 在一些社区监督未成年人缓刑部门和法庭工作人员。

少年法庭法官的选拔方法多种多样。在一些州，州长可以任命由筛选委员会选出的候选人为少年法庭法官。在一些州，法官是通过党派选举产生的，而在另一些州，法官竞选公职时没有政党背景。有几个州是由立法机构任命少年法庭法官的。十几个州已经采用了密苏里州计划，该计划包括：

1. 任命一个委员会来提名空缺法官的候选人；
2. 一个民选官员（通常是州长）从委员会提交的名单中任命司法人员；
3. 举行无党派和无竞争的选举（通常每三年举行一次），让在任法官有机会根据他们的成绩参选。

少年法庭法官行使着相当大的权力，不足为奇的是，少数人会在“他们的法庭”成为暴君或独裁者，并滥用职权；还有一些人，就像最近在宾夕法尼亚州发生的那样，干着极其腐败的勾当。但还是有许多少年法庭法官会积极应对挑战，工作非常出色。他们一丝不苟地遵守未成年人的保障程序和正当程序权利要求。他们总是寻求更好的拘留手段，并将使用训练学校作为最后手段。他们对少年法庭的工作非常投入，有时甚至放弃晋升到薪酬更高、声望更高的法官职位。最终的结果是，这些法官改变了他们司法管辖范围内的少年司法的质量。

位于内华达州里诺的全美少年和家庭法院法官理事会（National Council of Juvenile and Family Court Judges）为提升少年法庭司法人员的素质做了大量工作，不仅赞助了法律研究和持续法律教育工作，还在宾夕法尼亚州匹兹堡设有一个研究机构——国家少年司法中心，并出版有《少年和家庭杂志》（*Juvenile and Family Journal*）季刊、《少年和家庭法文摘》（*Juvenile and Family Law Digest*）月刊及《少年和家庭法院通讯》（*Juvenile and Family Court Newsletter*）。

调解员

少年法庭经常利用调解员提供的服务。调解员可能是律师协会的成员，但也可能不是。在华盛顿州，调解员被称为专员；在马里兰州，调解员被称为大师；加利福尼亚州同时使用调解员和专员两种称谓。虽然一些州在少年法庭只使用法官，但其他州使用调解员、大师和专员作为主要听证官员。他们都为法庭履行类似的职能。

调解员一般对少年法有基本的掌握，对心理学和社会学有一些基本的了解，甚至有一些社会工作的经验或参加过培训。在一些法院，调解员可以在事实调查和拘留听证会上聆讯案件，甚至可以在法官的酌情决定下裁决案件。如果有必要进行司法处置，决定权通常留给少年法庭法官。在一些案件处理压力很大的城市和地区，需要使用调解员的情况似乎越来越常见。

辩护律师

自从高尔特案的裁决规定未成年人有权由律师代表以来，辩护律师或答辩人一直是少年法庭结构的一部分。无论是公设辩护律师、法院指定的律师还是私人聘请的律师，辩护律师目前在少年审判中都发挥着越来越重要的作用。然而，巴里·C. 费尔德发现，在明尼苏达州、内布拉斯加州和北达科他州因犯罪而出现在少年法庭和因身份违犯转介来的未成年人中，近一半没有律师代表。同样严重的是，在这些州，许多被安置在家庭外的机构中的未成年人也没有律师。

辩护律师通常至少有三个角色，他们可以是：

1. 儿童的对抗性辩护律师；
2. 儿童的代理监护人或父母；
3. 对儿童负有责任的法庭助理。

公设辩护律师办公室的辩护律师在代表未成年人权利方面往往比私人聘请的律师和法院指定的律师做得更好，主要是因为公设辩护律师日复一日地在少年法庭出庭，从而获得了宝贵的经验，而私人律师只是偶尔出庭。研究尚未发现未成年人因为他们有律师代表而受到惩罚，或者在少年法庭上表现得更糟。

诉讼监护人通常是法院指定的一名律师，负责帮助那些需要帮助的未成年人，特别是帮助疏忽性案件、依赖性案件（需要人抚养）和虐待性案件中的未成年人，但偶尔也帮助犯罪案件中的未成年人。在犯罪案件中，如果存在需要特别矫治干预的问题，例如将未成年人安置在精神健康中心，但是该未成年违法者及其律师拒绝这种安置，这时法院就可以指定一个诉讼监护人。

检察官

检察官的职责之一是确保出庭的未成年人享有基本的宪法权利。在城市法院，检察官通常会参与诉讼的每一个阶段，从收案、拘留到处置都会参与。检察官在判决阶段之前尤其要参与其中，因为证人必须接受面谈，警方的调查必须加以核实，法庭规则和案件判决必须得到研究。检察官还在拘留决定中发挥作用，并在所有审前动议、审前听证会和合意判决中代表地方政府或州政府。检察官特别参与决定是否应该将未成年人弃权到成人法庭还是保留在少年法庭。在有些州，某些犯罪是被排除在少年法庭管辖权之外的，检察官可以将犯下这些罪行的未成年人送往成人法院。检察官还代表县或州出席裁决听证会和参与案件处置。在一些城市法庭，检察官可能会与辩护律师共同参与辩诉交易。一些州的检察官被允许出于澄清特定法律或程序的有限目的而提起上诉。此外，检察官在上诉和人身保护令诉讼中代表州或县。一些批评家声称，一些少年法庭的检察官已经开始主导少年法庭的诉讼程序。

缓刑监督官

缓刑监督官是法院工作人员中对工作能力要求最高的角色之一，因为他们的职能包括在缓刑部门和服务儿童的社区机构之间建立联系，并在收案到善后服务整个过程中对案件进行处理。在一些司法管辖区，缓刑监督官担任收案官员，评估年轻人的需要，撰写品行报告等，并监管年轻人的缓刑和善后服务。缓刑监督官可能会被安排大量的缓刑案件，可能会负责监管在家监禁的年轻人和被电子设备监控的年轻人，也可能会承担接收案件或安全拘留的责任。此外，缓刑监督官还应该是一名矫治代理人，也是一名社会控制代理人。

缓刑监督官似乎对他们的当事人有四种不同的倾向。第一，以执法者角色为导向的缓刑监督官认为自己是负责规范未成年人行为的执法官员。第二，以侦查员角色为导向的缓刑监督官试图根据以前的违规行为提前识别有问题的未成年人。第三，以经纪人角色为导向的缓刑监督官会将未成年人转介到合适的社区服务和项目中去——这是当下普遍的做法。第四，以教育者、调解者和促进者等角色为导向的缓刑监督官更有可能去指导和帮助少年违法者，处理阻碍他们成功适应社会的问题。这些缓刑监督官中有许多人具有社会学、心理学和社会工作的本科学历，他们中的许多人会继续攻读社会工作或刑事司法方面的硕士学位，以期在刑事司法系统中进一步拓展他们的职业生涯。

非司法辅助人员

非司法辅助人员包括志愿者、为法院提供服务的机构的工作人员，以及履行日常行政职能的有酬工作者。虽然社会服务机构的工作人员（通常还有法院的工作人员）会经常与未成年人及其家人接触，但他们的工作是向法院撰写报告，总结该未成年人的特点及其取得的进步。最后，法院会雇用秘书、书记员、法警、法律研究人员和法院行政管理人员来执行那些例行但必要的通过该系统处理未成年人的工作任务。

你会怎么做

遗憾的是，监禁机构中的被监禁当事人会在他们被监禁期间经受一些不同的矫正方案。我曾经的一位工作对象（即当事人）在到达我工作的校园之前，已经体验了 24 个不同的监禁机构，其中包括两个位于不同州的机构。尝试与他建立关系很难，因为他过去对这些机构有负面体验。作为一个矫正团队，工作人员在与这名当事人工作时必须站在同一立场上。我们知道他会抵制和排斥任何类型的矫治，所以我们必须与所提供的矫治方案保持一致。在经历了几个月的各种事件和约束之后，这位当事人看到工作人员仍会继续支持他，他改变了自己的行为，并成功地被释放了。在提供矫治时，很难让工作人员前后保持一致，一旦他们做到了，效果自然立杆见影。

审前程序

少年法庭管辖的案件类型在各州之间甚至在同一个州的内部的差异都很大，但通常都包括涉及犯罪型、疏忽型和依赖型（需要人抚养）的案件。2013 年，少年法庭大约处理了 1 236 200 起犯罪案件。1960 年至 2013 年，少年法庭的犯罪案件数量增加了三倍以上。少年法庭还可以审理涉及收养、终止父母权利、指定未成年人监护人、监护权、助长犯罪或忽视以及疏忽扶养义务的案件。

少年司法系统的审前程序包括拘留听证、收案程序和移交程序，所有这些都发生在少年法庭诉讼的裁决阶段之前（如图 15–3 所示）。

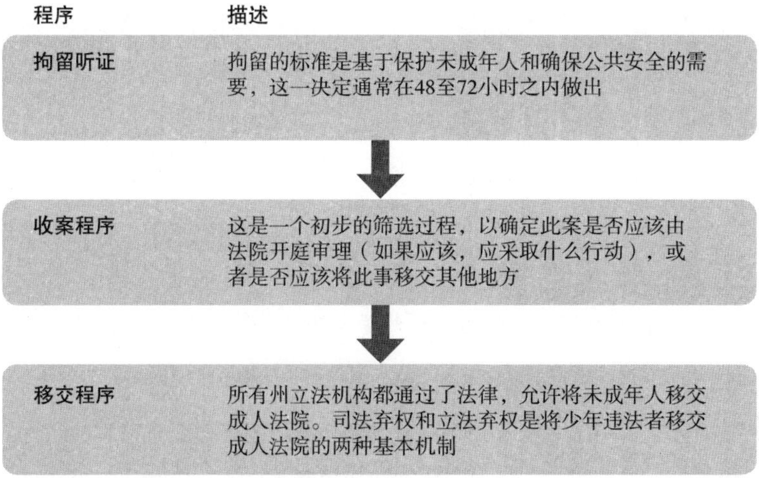

图 15–3　审前程序

拘留听证会

管辖少年法庭的法律文件通常要求警察将年轻人带到法庭的收案官员那里或者是拘留所，或者是将其释放给其父母。在拘留听证会上，拘留的标准是基于保护未成年人和确保公共安全的需要。拘留的决定必须在很短的时间内做出，通常要求在 48 至 72 小时之内做出，不包括周末和节假日。城市法院有收案单位，一天 24 小时进行拘留听证，经常会在几个小时内就举行一次听证。

在一些州，进行拘留听证的是少年法庭的收案官员，而不是少年法庭法官。这项程序是进步的做法，因为由同一名法官既主持拘留听证又主持裁决听证的做法并不理想。一些州仍然要求少年法庭法官负责拘留所的政策和运作；少年法庭法官通常还被要求决定几天前被收押的未成年人是否必须继续被关押，以防止不适当或过长的拘留。

2008 年，未成年人被拘留的犯罪案件的情况如下：违反毒品法的案件占 11%；人身案件占 26%；公共秩序案件占 28%；财产案件占 35%。被拘留的未成年人可能有几种不同类型的安置方式。拘留中心在短期内对年轻人进行身体限制，而庇护所是非限制性的，可以为无家可归或需要少年法庭干预的人提供。第三种安置方式是监狱或警察看守所。第四种是家庭拘留，就是将未成年人限制在他的家里，通常由一名准专业工作人员进行监督。最后，关爱之家在非限制性的环境中提供服务和工作人员支持。

五个州已经就为被拘留的未成年人举行可能理由的听证会进行了立法，其他州的上诉案件也朝着授权举行可能理由的听证会的方向发展，以证明进一步拘留是正当合理的。阿拉斯加和佐治亚州的法院裁定，未成年人有权在拘留听证会上获得律师，贫穷的未成年人还有权获得免费律师。阿拉斯加和加利福尼亚州的最高法院以及宾夕法尼亚州的一家上诉法院都推翻了没有说明继续拘留理由或理由不足的案件。最后，巴尔的摩、哥伦比亚特区和内华达州的法院裁定，被拘留的未成年人有权享受人道主义关怀。哥伦比亚特区的上诉法院表示，有法定义务为未成年人提供“尽可能等同于其父母应该给予的”照顾。

关于对未成年人的保释，法院的判决各不相同，分别是：未成年人有宪法保释的权利；未成年人行为程序在以符合正当程序的方式实施时，提供了足够的保释替代品；或者未成年人没有宪法保释的权利。九个州（阿肯色州、科罗拉多州、康涅狄格州、佐治亚州、马萨诸塞州、内布拉斯加州、俄克拉何马州、南达科他州和西弗吉尼亚州）颁布了法律，赋予了未成年人保释权；而夏威夷、肯塔基州、俄勒冈州和犹他州则否认未成年人享有保释权。

美国最高法院对沙尔诉马丁案的裁决是拘留实践领域似乎正在发生根本性变化的一个代表性例子。原告最初向联邦地区法院提起诉讼，声称“纽约家庭法院法”违宪，因为它允许对未成年人进行预防性拘留。

大法官威廉·H. 伦奎斯特（William H. Rehnquist）在为大多数人撰写的意见书中宣称：“法规规定的预防性拘留满足了各州共同拥有的合法的国家目标的需要，即保护未成年人和社会免受审前犯罪的危害。”一些专家认为，最高法院的裁决可能会鼓励大幅增加对未成年人的预防性拘留或安全性拘留的运用。

收案程序

收案实质上是一个初步的筛选过程，以确定法院是否应该采取行动。如果应该采取行动，要采取什么行动，或者是否应该将此事移交其他地方。较大的法院通常由专门的收案单位行使这一职能，而缓刑监督官或法院的其他官员可以在较小的法庭筛选新进的案件。

2005 年至 2014 年间，非正式处理少年违法犯罪案件的可能性降低。尽管 2005 年至 2014 年间整体少年违法犯罪的案件数量减少了 42%，但非申请案件数量减少了 43%，申请案件数量增加了 41%。表 15–2 展示的是 2014 年未成年人的违法犯罪情况。

想一想

在大多数司法管辖区，犯了非常严重罪行的未成年人可以被移交到成人刑事法庭审判。这样移交的后果是什么？

表 15–2　　2014 年的少年违法犯罪案件概况 ①

最严重的犯罪行为	未经申请的	经过申请的
人身犯罪	26%	28%
财产犯罪	36%	33%
毒品犯罪	15%	12%
公共秩序犯罪	23%	27%

收案程序是在向当局投诉年轻人之后进行的。关于谁被允许提出这样的投诉，各州的少年法各不相同。通常情况下，大多数投诉是由警方提出的，尽管它们可能是由受害者或违法年轻人的父母发起并签署的。在一些州，父母、受害者、缓刑工作人员、社会服务工作人员、邻居或任何其他人都可以直接向法院提出投诉。学校官员和检查逃学的官员也可以提出投诉。

在收案官员收到投诉后，他必须首先决定法院是否具有法定管辖权。如果法定指引不清晰，收案人员应征询起诉检察官的意见。一旦确立了法定管辖权，第二步就是进行初步面谈和调查，以确定案件应该进行非司法裁定还是向法院提出申请。这项评估程序因司法管辖区不同而不同，主要是因为有太多少年法庭未能提供书面指引，因此收案官员在做出收案决定时通常有广泛而大体上不受管制的自由裁量权。

案件处理的选择方案

收案单位，特别是在较大的城市法院，可能有最多五个处理案件的选择：

1. 完全驳回投诉；
2. 非正式调整（主要是移交到非司法机构）；
3. 非正式缓刑；
4. 同意法令；
5. 提交诉状。

如果没有法律管辖权，或者当案件证据很薄弱，以至于收案官员质疑向少年法庭提出申请的可行性时，就会完全驳回投诉。非正式调整是指收案官员要求年轻人恢复原状并提出警告，然后驳回案件或将未成年人分流到社会服务机构。分流机构会监督这样的转介，并通常会向收案单位报告年轻人的进步情况。对身份违犯者和被指控犯有轻微罪行的未成年人通常会以这种方式进行处理。

自 20 世纪 70 年代以来，非正式缓刑一直受到批评，批评包括志愿者或缓刑监督官员对于年轻

① 由于四舍五入的原因，详细信息的总和可能不是 100%。

人的随意监督。直到收案官员（或其他指定人员）看到未成年人在非正式缓刑期间的表现，缓刑监督官员都一直保留着对是否需要提交诉状的判断权。以下是关于非正式制裁的更多信息。

非正式制裁

当决策者（如警察、收案工作人员、缓刑监督官、检察官或其他筛查官员）认为，无须使用正式法庭干预就可以实现问责制和使未成年人改过自新时，就会考虑非正式处理。

非正式制裁是自愿的，因此，法院不能强迫未成年人遵守非正式处分。如果法院决定非正式处理此事（代替正式起诉），少年违法者就需要同意接受一项或多项制裁措施，如自愿缓刑监督、社区服务和/或向被害人赔偿等。在一些司法管辖区，在未成年人接受非正式制裁之前，他们必须同意他们实施了指控的行为。

在非正式处理时，以及在等待非正式处置成功完成之前，案件通常是悬而未决的。在成功完成这些处置安排后，针对少年违法者的控告才告撤销。但如果少年犯罪人不符合法院的非正式处理条件，案件很可能会重新开庭并正式起诉。

非正式处理不像过去那么常见了，但仍然在大量案件中使用。根据2001年至2002年少年法庭的统计数据，2002年处理的少年违法犯罪案件中有42%是非正式处理的，而1987年的数据则超过了这一比例的一半。

您对非正式制裁有何看法？你认为它们的优势和劣势各是什么？

同意法令是少年与法院之间的正式协议，在没有正式认定犯罪的情况下，他被置于法院的监督之下。同意法令提供了非正式处理和缓刑之间的中间步骤，与目前对收案官员开放的其他选择相比，同意法令的使用频率较低。应该指出的是，同意法令是在提交诉状之后、在裁决听证会之前签发的。

如果这些选择都不能令人满意，收案官员可以选择提交诉状。遗憾的是，赋予收案官员的广泛的自由裁量权经常被滥用。例如，小杜兰·贝尔（Duran Bell）和凯文·朗（Kevin Lang）对洛杉矶县的收案过程的研究揭示了法外因素的重要性，特别是合作行为在减少拘留时间和年龄因素在增加拘留时间方面的重要性。

我们需要进行研究才能确定哪种收案方式将为年轻人提供最好的服务，并最大限度地减少对自由裁量权的滥用，但在对收案过程进行系统检查之前，公平原则和对年轻人造成最小伤害原则应该指导收案筛选的全过程。

移交程序

所有州的立法机构都通过了法律，允许将未成年人移交成人法庭。司法弃权是最广泛使用的移交机制，包括从未成年人被带到收案部门时就开始的实际决策过程。可以预见的是，使用的机制因州不同而不同。在每 1000 个申请的少年违法犯罪案件中，大约有九个被司法弃权到刑事法庭。在一些州，收案人员、少年法庭检察官或法官在一定程度上会根据年龄标准或罪行标准做出决定。在其他州，则由少年法庭以外的法庭做出移交决定。例如，成人法庭的检察官或法官可以决定在哪里审判未成年人。这一决定取决于州的要求以及收案官员、检察官或法官解释年轻人背景的方式。通常，使用的标准包括儿童的年龄和成熟程度；儿童与父母、学校和社区的关系；儿童是否被认为具有危险；以及法院官员是否相信儿童可以得到少年法庭服务的帮助。表 15–3 展示了哪些州允许检察官在少年法庭或刑事法庭审理未成年人案件。

表 15–3　　2014 年美国各州允许同时管辖犯罪和最低年龄标准的检察裁量权一览表

州名	同时管辖的最低年龄	任何刑事犯罪	某些重罪	死罪	谋杀罪	某些人身犯罪	某些财产犯罪	某些毒品犯罪	某些武器犯罪
亚利桑那州	14		14						
阿肯色州	14		16	14	14	14			
加利福尼亚州	14		14	14	14	14	14	14	
科罗拉多州	16		16			16			
哥伦比亚特区	16				16	16	16		
佛罗里达州	NS	16	16	NS	14	14	14		14
佐治亚州	NS			NS					
路易斯安那州	15				15	15	15	15	
密歇根州	14		14		14	14	14	14	
蒙大拿州	12				12	12	16	16	16
内布拉斯加州	NS	16	NS						
俄克拉荷马州	15		16		15	15	15	16	15
佛蒙特州	16	16							
弗吉尼亚州	14				14	14		14	
怀俄明州	13	13	14		14	14	14		

注：最小年龄栏中的年龄可能不适用于所有的犯罪限制，但代表了未成年人案件可以直接提交刑事法院的最小可能年龄。“NS”表示在至少一个指定的犯罪限制中，没有规定最低年龄。在同时拥有管辖权的州，检察官有权在刑事法庭或少年法庭对某些案件提起诉讼。

检察裁量权

检察裁量权发生在拥有同时管辖权法规的州。这些法律赋予检察官权力，以决定是在少年法庭还是成人法庭审判未成年人。年龄是各州在制定这些法规时考虑的因素之一。佛罗里达州、内布拉斯加州以及佛蒙特州三个州允许任何刑事犯罪都可以在少年法庭或成人法庭提起诉讼，但大多数州在其少年法典中明确提到了哪些罪行可以在这两个法庭中审判。

法定排除

一些州的法律将某些罪行法定排除在少年法庭之外，从而自动将这些违法犯罪者移交成人法庭。将犯罪排除在少年法庭之外的州主要集中在人身“安全”类犯罪，如谋杀和其他针对人身的犯罪。然而，法规也明确规定了未成年人在被转移到成人法院之前必须达到的最低年龄。

关于弃权的其他变体也存在，有些非常微妙。其中一个变体是州立法机构降低了少年法庭拥有管辖权的年龄。例如，如果一个州的少年法庭管辖年龄是 18 岁，立法机构就可以将年龄降低到 16 岁，这种方法完全侧重于未成年人的年龄，而忽略了其所犯下的罪行。

然而，其他州的立法机构已经明确规定，犯下特定罪行的特定年龄的未成年人将在成人法庭受审。例如，直到最近，印第安纳州的法规还规定，任何犯下谋杀罪的 10 岁或 10 岁以上的儿童都将作为成年人受审。这种立法弃权的方法既关注犯罪人的年龄，也关注其犯罪行为。

另一种弃权的方法是，成文法简单地规定，任何犯下特定罪行的人都可能在成人法庭上受审，而没有提及犯罪人的年龄。对于那些认为任何触犯法律的未成年人都应该受到与他造成的伤害成比例的惩罚的人来说，这种方法很有吸引力。

反向弃权与混合量刑

在反向弃权中，如果成人法院认为案件更适合少年法庭管辖的话，一些州法律允许超过最高管辖年龄的年轻人被送回少年法庭。对于反向弃权，辩护律师和检察官会试图为他们想要的行动辩护。辩护时，允许一些证据和证词存在，并允许他们提出自己的观点。当每一方都有机会陈述自己的理由并反驳对手的论点时，法官才能做出合适的裁决。

混合量刑是少年法庭对某些严重的少年违法者的混合判决，它将未成年人的处分与成人的判决混合在一起。一些州允许少年法庭法官在少年犯罪法庭的处置听证会上同时做出成人量刑和少年量刑。这一选择可以给那些已经收到成人法院的直接文件（强制性弃权或起诉弃权）的未成年人。在这些情况下，未成年人被判处两个刑期，但首先给出的是未成年处置。如果未成年人符合这种处分的要求条件而且很满意，成年人的处分将中止。如果未成年人不符合未成年人处分的条件，则要求该未成年人满足成人的处分要求。康涅狄格州、肯塔基州和明尼苏达州是采用这一量刑方法的权威的州。

在一些州，未成年人在达到成人年龄之前，可能会被要求履行少年处分；在这一点上，未成年人必须开始执行成人刑期，成人刑期要减去少年处分上的执行时间。在得克萨斯州，少年法庭可能会实施超出少年法庭管辖权延长年龄的少年制裁，届时需要将少年违法者转移到成人惩戒机构。在这种形式的扩大量刑权限下，少年法庭法官或陪审团可以根据罪行的严重性判处最高 30 年的刑期。1995 年的立法增加了几项罪行，未成年人可因这些罪行被判处 40 年的固定刑期。混合量刑的类型详见图 15–4。

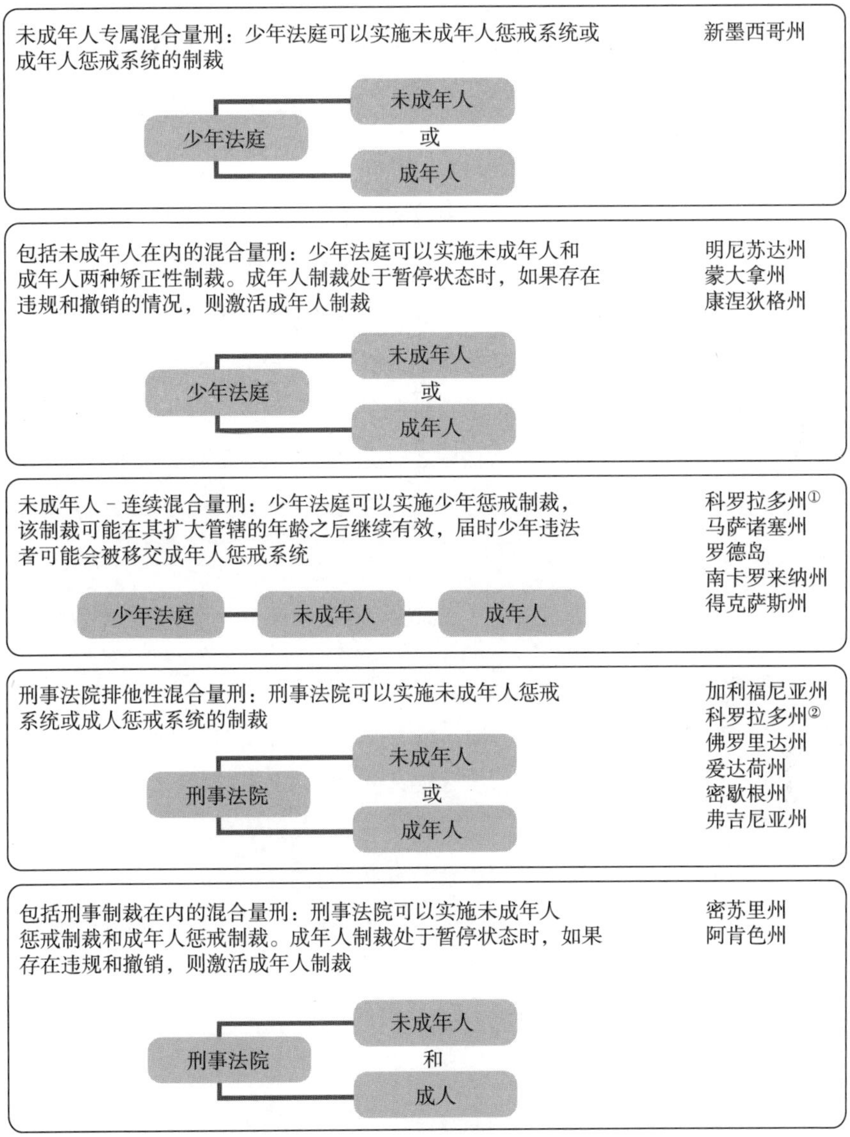

图 15–4　未成年人案件中的混合量刑选择 ③

① 适用于那些被指定为“严重少年违法者”的人。

② 适用于那些被指定为“少年违法者”的人。

③ 混合量刑适用于州法令规定的未成年人。

成人刑事法院实施少年制裁的另一种常见方式是通过制订少年违法者计划来实施。这些系统也被称为“中间系统”或“第三系统”，它们提供了一种机制，允许各州对被判犯有暴力罪行的未成年人或年轻的成年人实施严格的成人制裁，同时保持其关注重点仍然是矫正。

自从科罗拉多州颁布实施了第一个这类项目以来，至少有 11 个州也纷纷效仿。在这些州，对于少年违法者来说，这类项目被视为把他们送往成人司法设施之前的最后机会。请参阅稍后关于这些少年违法者集中营的讨论。

更改弃权标准

过去，未成年人在没有听证会、法庭没有充分查明事实、没有说明弃权理由，以及在没有律师帮助的情况下，都会被弃权到成人法庭。批评者反对这些程序。他们的主要论点是，将未成年人弃权到成人法庭的裁决是一件非常严肃的事情，未成年人应该有权享有正当程序的权利。美国最高法院在特别审查了两个案件——肯特诉美国和布赖德诉琼斯案后裁定，传统的少年法庭的弃权程序是不够的，未成年人得到了许多与成年人相同的正当程序权利的保障。自从肯特案和琼斯案以来，大多数州现在都要求在将未成年人转移到成人法庭之前要举行弃权听证会。然而，并不是所有的州都要求举行这些听证会，因为一些州允许检察官做出弃权决定。此外，规定强制性立法弃权的州不必举行这样的听证会。

肯特案规定少年法庭负责做出弃权决定，最高法院在该判例中声明，它们必须使用以下标准：

1. 被指控的罪行对社区的严重性，以及社区保护是否需要弃权；
2. 被指控的罪行是否是以侵略性、暴力性、预谋性或者肆意性的方式犯下的；
3. 被指控的罪行是针对人身还是针对财产，要更重视针对人身的罪行，特别是在由此造成了人身伤害的情况下；
4. 投诉的公诉价值，即是否有证据可以要求大陪审团退回起诉书；
5. 当被指控罪行中的未成年人的同伙是将（在刑事法庭）接受指控和审判的成年人时，把整个犯罪案件放在一个法庭审判和处置的可行性；
6. 结合未成年人的家庭、环境、情绪态度及生活模式考虑其社会关系复杂程度及成熟程度；
7. 未成年人的犯罪记录及过往历史；
8. 如果该未成年人被裁定犯了被指控的罪行，利用少年法庭现有的程序、服务及机构设施，使公众获得充分保护的前景，以及使该未成年人获得合理的改过自新的可能性。

移交或弃权听证会

一旦检察官认为未成年人超出了少年法庭能够帮助的范围，在审查了案件的法律充分性后，检察官就会提出动议，将该未成年人送往成人法庭，这项动议要求少年法庭法官进行可能原因的听证会。强制性司法弃权和自由裁量的司法弃权都需要这些听证会。法官通过解释听证的性质，并确保未成年人及其父母理解了其权利和结果的后果之后，法官就可以开始进行任何一种听证。所有具有利害关系的各方都应该出席听证会。

在审前听证会上所说的一切都应该宣誓。检察官提出国家对未成年人的指控，确认未成年人的身份和证人的身份，并审查宣誓书、诉状和司法管辖权要求——既包括审查犯罪人的年龄，也包括审查犯罪人来自的地理区域。辩护律师随后会对检察官的证据提出质疑，并且可能提出证人，检察官和辩护律师都会就案件的法律事实对证人进行交叉询问。然后，双方律师在证词结束时会总结案件。

如果法官认为可能事由已经成立，他就会确定案件是否满足该州关于强制性司法弃权的法定充分要件。如果满足充分要件的话，这名未成年人就会被移交到刑事法庭；如果事由不成立，检察官的动议会被冠以全美少年和家庭法院法官委员会建议驳回。在实践中，一些法院会将年轻人送回缓刑部门。

在法官对案件进行审查时，该未成年人对自己和他人的危险性、该未成年人理解其行为的性质和后果方面的复杂性和成熟度，以及该未成年人接受进一步治疗的顺从性等，都是要评估的：是弃权到刑事法庭还是保留在少年法庭也取决于未成年人是否有暴力犯罪史；是否是帮派成员；是否测定为具有反社会性；是否有同案犯；是否从事有预谋的犯罪；以及是否在童年期和青春期经历过创伤。非常重要的是替代治疗措施的可用性，包括州外安置。该未成年人的律师在帮助评估和提出能够使其受益的替代方案方面发挥着关键作用。如果该未成年人被拘留，法官就必须决定是继续拘留还是释放他。法官最终做出的决定应该基于清晰和令人信服的证据。

弃权移交刑事法院

一旦做出弃权决定，该未成年人的案件就会移交给成人法庭检察官。一些州的检察官可能会决定将案件发回少年法庭，因为案件可能不符合法定充分要件的标准，如缺乏可能事由。在做出决定之前，检察官可能会与法官进行磋商，磋商内容包括检察官认为法官可能存在的关于案件的任何法律问题。在一些州，检察官会将案件提交给大陪审团；在另一些州，检察官会设定传讯日期。在那里，在同样的人都在场的情况下，法律程序重新进行一遍，结果是一些未成年人被处以非正式缓刑或正式缓刑，另一些在成人法庭受审。现在，案件通常在陪审团面前审理，未成年人有可能被判与成年人相同的刑期。

对弃权的评估

虽然弃权的频率相对较低，但在少年司法中是一个重要的问题。值得注意的是，被弃权到成人法庭的未成年人并不总是最严重和最暴力的犯罪人。对弃权的审查发现，对于在做出弃权决定时应以什么标准来衡量几乎没有达成共识。2010年，加州大学洛杉矶分校法学院在其少年司法项目中对弃权进行了评估，发现弃权对少数民族青年具有相应比例的负面效应。报告还认为，与成人刑事系统中犯同类罪行的成年人相比，成人刑事系统中的未成年人被定罪和监禁的比例更高，而且往往会受到更多的惩罚性量刑。此外，被移交的年轻人审前拘留率很高，经常被拘留或监禁在成人监禁设施中，在那里他们无法拥有和保留自身进步和发展所需的资源，而且面临着更大的攻击和虐待风险。最后，根据加州大学洛杉矶分校的报告，移交政策已经显示，移交未被证明具有威慑作用，而且还导致了几个司法管辖区的累犯率急剧上升。

学者们提出的一个关切问题是，弃权决定是否包含种族因素，以至于与白人相比，一个种族群体（即非裔美国人）在类似罪行中被弃权的可能性是更大还是更小。最近的一项元分析研究发现，虽然种族对弃权的平均影响是正向的，但并不显著。

几个州试图制定一种程序，以确定那些不适合被保留在少年法庭的未成年人。例如，明尼苏达州利用年龄、罪行和前科等标准制定了法官和检察官应遵循的移交程序。鉴于成人法院案件工作量巨大，而他们在对未成年人量刑方面的司法经验有限，几乎没有证据表明成人法庭法官知道如何处理出现在他们面前的未成年人。

即使弃权确实发生了，也有一些证据表明，弃权可能不会起到阻止未成年人犯罪的作用，而是会增加未成年人的犯罪行为。理查德·E. 雷丁（Richard E. Redding）总结了最近由少年司法和犯罪预防办公室资助的关于未成年人移交的研究，称被移交的未成年人更有可能犯罪，他们再次被捕的可能性更大，研究发现移交程序提高了累犯率。最后，学者们得出结论，弃权会导致相当数量的未成年人和不具威胁性的少年违法者被送到成年人司法系统，在那里种族差异可能会加剧和恶化。有特殊需要的青春期少年会被安置在不具备适合他们处遇措施的惩戒系统中。这会导致对一些少年违法者处以更严厉的惩罚，而实证证据则强调了弃权移交的一般威慑效果或特别威慑效果都很有限。事实上，一些证据表明，成人系统中的起诉和惩罚会增加累犯的可能性。

少年审判程序

少年法庭诉讼程序的审判阶段可分为审判听证、处置听证和司法选择。未成年人在该阶段通常也有（法定）上诉权。

裁决听证

裁决是法院诉讼的事实认定阶段。裁决听证通常包括以下几个步骤：未成年人的答辩、控方和辩方的举证、对证人的交叉询问和法官的裁决。从 1985 年到 1998 年，未成年人被裁决犯罪的案件数量稳步上升，但随后趋于平稳并开始下降——这一下降趋势至今仍在继续。

在裁决听证会中所采取的步骤可作为保护措施，以确保未成年人在有被指控的行为时（该行为若由成年人实施便会构成犯罪），提供排除合理怀疑的证据，并确保法官遵守证据规则，驳回诉讼程序中的传闻证据。传闻证据之所以被驳回，是因为它可能是不可靠或不公平的，经不起交叉质证。证据必须是相关的，必须有助于相信或不相信有问题的行为。

另一方面，大多数州现在都非常仔细地阐明了它们的程序要求。例如，所有未成年人现在都有权要求举行听证会，这可能比过去正式得多；必须提交书面诉状，如有必要，可以修改这些诉状；传闻证据是禁止的，案件必须排除合理怀疑才能证明；未成年人有权保护自己免受自证其罪，他们可以盘问证人和受害者；律师和检察官可能会出席。最后，一些州的法典要求将裁决听证和处置听证分开。

如果未成年人到目前为止还没有被指定律师或聘请律师，法院将指定一名律师，有希望的是，听证会日期会重新设定，以便律师有时间与未成年人交谈、审查案件和准备辩护。一些法院可能会为未成年人指派一名公设辩护人，应该允许辩护人花几分钟时间阅读法律文书并与该少年交谈，然后立即进入裁决听证会（如图 15–5 所示）。

裁决听证会

裁决听证是法庭诉讼的事实查明阶段，通常包括未成年人的答辩、控辩双方的举证、对证人的交叉询问和法官的裁决

处置听证会

处置听证的传统目的是执行个别化的司法，并启动罪犯的矫正自新。因此，法官不像他在裁决听证会上那样受到宪法保障的限制

司法选择

少年法庭可供选择的方法因法庭的不同而有很大的不同，但大多数法庭都有各种各样的选择

上诉的权利

未成年人没有向更高级别的司法机构提出上诉的宪法权利，但几乎所有的州都通过法规允许未成年人拥有上诉权利

图 15–5 少年法庭的审判程序

全美少年和家庭法院法官委员建议法官使用一套规范的讯问程序，以维护未成年人的正当程序

权利。这些正当程序权利是由于本章前面讨论的肯特案、高尔特案、温希普案、布赖德诉琼斯案和麦凯弗案赋予未成年人的。以下是一套规范的讯问程序示例。

未成年人的法定权利

"我现在把你的合法权利告诉你。"少年法庭法官说。

1. 一份针对你的诉状，上面说你（解释罪行）。

2. 你理解你被指控的罪名是什么吗？

3. 你有权反对自证其罪。这意味着，如果你不想说，你不必说任何关于你在指控中所扮演的角色，甚至不需要说你是否在案件发生的地方。如果你真的选择谈论这件事，你所说的话可能会成为对你不利的证据。你对所说的这些有什么疑问吗？

4. 如果指控属实，你有机会承认指控；如果指控不属实，你有机会否认指控。如果你否认这些指控，将会有一场审判来确定这些指控是否属实。在审判中，你有权：

- 与作证指控你的证人对峙，这意味着你的律师可以向他们提问，试图证明指控是不真实的。你对所说的这些有疑问吗？
- 要求证人出庭作证，这意味着法庭可以要求你的律师请那些可以帮助你证明指控不真实的人出庭，说出他们所知道的一切。不过，你不需要带任何证人。你对所说的这些有疑问吗？
- 你可以选择在庭审中作证或不作证。如果你愿意，你可以保持沉默，什么也不说。如果你决定不作证，你的选择不会对你不利。你对所说的这些有疑问吗？
- 如果你承认指控，或者如果我在审判中发现你有罪，我可以根据法律（解释会对你施以什么样的处置）。你对所说的这些有什么疑问吗？

5. 你是承认指控还是否认指控？这些指控是真的还是假的？

如果该年轻人否认指控，则着手确定审判日期，并处理所有审前问题。

如果该少年承认指控，那就问：

- 你是否明白，如果你承认指控属实就是放弃了接受审判的权利，这意味着你也放弃了与证人对质、让证人为你作证并对指控保持沉默的权利？
- 有没有人为了让你这样做而向你发出任何威胁或做出任何承诺？
- 你在过去24小时内有没有吸食或服用过任何毒品、药物或酒精？（如果该未成年人的回答是"有"，法官必须做进一步调查，以确定该药物目前是否对该未成年人造成伤害，这也意味着认罪不应该被接受。)

- 你承认这些指控是为了让你自己受益，而不是让其他人受益吗？
- 当你这样做的时候，你知道你做的那些事情是错误的吗？

如果该年轻人的回答支持认罪抗辩，法官应询问父母、监护人或代理父母是否知道法官不应该接受抗辩的任何理由。

如果法官接受抗辩，法官应该传唤年轻人详细解释所发生的事情。如果该年轻人的解释表明他没有真正承认罪行，法官应该考虑撤回对认罪的接受，立案并为审判做好准备。

思辨与讨论：未成年人的正当程序权利如何受到这样一套规范的讯问程序的保护？你认为大多数少年违法者在法庭的裁决听证会中是否理解一套规范的讯问程序的含义？

如果该未成年人的律师和检察官已经就辩诉交易达成了一致意见，那么协议就会在这个时候提交给法官。如果法官接受辩诉交易，法官将在此时发布具有倾向性的文书，这一过程称为顺序听证，并立即在案件中安排一种处置，可能是与该未成年人在其早期违法生涯经历过的类似的处置。如果法官驳回辩诉交易，裁决听证将继续进行。

大多数少年法庭的检察官在开始审判程序时都会介绍案件。逮捕警官和犯罪现场的证人会出庭作证，合法获得的任何其他证据也会被介绍。辩护律师随后会盘问证人。辩护律师在这个时候也有机会介绍对当事人有利的证据。未成年人可以为自己作证，然后检察官会盘问辩方证人。控方和辩方会向法官展示对案件的总结，法官会做出裁决或判决。

有 10 个州规定对未成年人可以进行陪审团审判，但很少要求必须进行陪审团审判。法律规定经常关闭普通民众对未成年案件的听证之门，尽管这种决定在不同的司法管辖区有所不同。州法院的裁决和法规规定了快速审判的权利，限制了从提出投诉到实际听证的时间。

总而言之，自高尔特案裁决以来，典型的裁决听证会已经走过了很长一段路程。尽管在法院诉讼的这个阶段，一些法官和辩护律师在支持对未成年人的正当程序保护方面堪称典范，但其他法官和辩护律师在履行后高尔特少年法的精神或法律字面意思方面做得都非常不够。对于缺乏少年法庭程序知识或少年法律知识的辩护律师来说，情况尤其如此。值得注意的是，很大程度上是因为移交给成人法庭的标准在不断变化，检察官已经成为这些诉讼程序中的重要人物。

处置听证

一旦未成年人在审判阶段被发现有犯罪行为，一些少年法庭法典仍然允许法官立即进行处置听证（量刑听证）。不过，现在的趋势是举行两阶段听证会，或把裁决听证会和处置听证会分开进行，因为分开聆讯可让委派处理案件的缓刑监督官有机会为未成年人准备社会调查报告。

法院诉讼程序的处置阶段通常与事实调查阶段有很大的不同，特别是在不同时间进行的时候。处置阶段的传统目的是执行个别化的司法和启动罪犯的改过自新。因此，法官不像他在裁决听证会上那样受到宪法保障的限制。证据规则放宽，当事人和证人并不总是需要宣誓，传闻证词也可能会被考虑。处置听证的出发点通常是由缓刑监督官准备的关于未成年人的书面社会调查报告，这份调查报告会审视诸如学校出勤率和所属年级、家庭结构和家庭支持、成熟程度和社会责任感、与同伴的关系、参与社区活动，以及对权威人物的态度等因素。在诉讼的最后阶段，未成年人被允许可以聘请法律顾问，肯特案的裁决确保了律师具有质疑社会调查所列事实的权利。

影响处置阶段司法决策的因素可以分为正式因素和非正式因素（详见表 15–4）。

表 15–4　影响处置阶段司法决策的因素

正式因素	1. 缓刑监督官的建议以及社会调查报告包含的信息 • 少年法庭法官通常会听从缓刑监督官的建议 2. 违法行为的严重性和之前与法院有过接触 • 这对该阶段的司法决策影响最大 • 对科罗拉多州、宾夕法尼亚州和田纳西州少年法庭的研究也表明，少年法庭工作人员之前的裁决对司法处置的影响比其他任何因素都更大 3. 可供选择的处置 • 在该司法管辖区可能没有最理想的安置，或者期望的安置可能没有地方接纳未成年人
非正式因素	1. 法官的价值观和哲学观 • 有些法官是从法律模式角度考虑 • 有些法官是从教育模式角度考虑 • 有些法官是从医学模式角度考虑 • 一名特定法官强调的价值观模式会影响他对未成年人犯罪的处理 2. 少年的社会背景和种族背景及其行为举止 3. 辩护律师的在场或缺席 4. 犯罪行为的潜在政治影响

最重要的三个正式因素是：

1. 缓刑监督官的建议和社会调查中包含的信息；
2. 犯罪行为的严重性和之前与法院有过接触；
3. 可供选择的处置方案。

少年法庭法官通常会听取社会调查报告中的缓刑监督官的建议。犯罪行为的严重性和之前与法院有过接触可能对该阶段的司法决策影响最大。特伦斯 · P. 索恩伯里证实，当前犯罪的严重性和以前犯罪的次数对决策的影响最大。M.A. 博特纳（M. A. Bortner）对中西部一个大县的处置决策进行的审查显示，未成年人的年龄、他之前的转介和拘留决定是最重要的判决影响因素。对科罗拉多州、宾夕法尼亚州和田纳西州少年法庭的研究也表明，少年法庭工作人员之前的裁决对司法处置之间的影响比其他任何因素都要强。最后，少年法庭法官会受到现有可供选择的安置的影响——在该司法管辖区可能没有最理想的安置，或者期望的安置可能没有地方接纳未成年人。

有时会影响处置阶段的司法决策的非正式因素包括：

- 法官的价值观和哲学观；
- 该未成年人的社会背景、种族背景及其行为举止；
- 辩护律师的在场或缺席；
- 犯罪行为的潜在政治影响。

就法官的价值观和哲学观而言，有些法官是从法律模式角度考虑，有些法官是从教育模式角度考虑，有些法官是从医学模式角度考虑，而一名特定法官强调的价值观模式当然会影响他对未成年人犯罪的处理。鲁思 · D. 彼得森（Ruth D. Peterson）发现，种族、民族、性别和年龄因素影响了纽约州法院对年龄较大的青春期少年的处置；种族和民族对纽约市的处置决策没有重大影响，但在纽约市以外，少数民族未成年人易于成为执法人员刻板印象的目标，并会受到严厉的处罚。

司法选择

不同的少年法庭可用的司法选择差别很大。大型城市法院可以选以下 11 种司法选择中的全部或大部分，但农村法院可能只能选几种。

1. 驳回案件。驳回当然是未成年人最想要的处置。事实调查阶段可能已经证明该未成年人有罪，但法官可以基于各种原因驳回此案（撤销案件）。

2. 恢复原状。恢复原状通常也是非常可取的，因为未成年人可能需要每周工作几个小时来偿还债务，但他们的生活并没有受到严重干扰。

3. 门诊精神治疗。无论是在法庭诊所、在社区心理健康诊所，还是在私人治疗师的帮助下，门诊治疗都是一种以治疗为导向的司法决定，通常是为出生在中产阶级家庭中的未成年人保留的，以防止他们被送到“不合适的”安置地点。

4. 缓刑。缓刑作为一种应用最广泛的处置方式，似乎是对少年违法者的流行裁决，也是法院一种很好的矫治选择。缓刑期有时被设定为特定的时间长度，通常最长为两年。法官可以指示缓刑监督官让未成年人参加特殊项目，如替代性学校、言语治疗或学习障碍项目。

5. 寄养家庭安置。寄养家庭安置受到更多的限制，因为年轻人远离了他们的自然家庭。这些安置最常用于身份违犯者、受抚养的和被忽视的未成年人。

6. 日间治疗项目。日间治疗项目在未成年人中很受欢迎，因为参加这些项目的未成年人晚上可以回家，但这些计划的数量很少，而且只有几个州提供。

7. 以社区为基础的居住项目。许多法官可以选择不同类型的基于社区的居住项目，如团体之家和中途之家。这些居住设施可能位于社区或附近的社区，但它们不如以社区为基础的日间治疗项目那么可取，因为未成年人要被带离家，住在这些设施中。

8. 羁押于精神病院。机构羁押可能被认为适合未成年人的需要，但需要对未成年人进行精神评估。评估之后，医生可能会建议法院启动将其送往精神病院的诉讼程序。

9. 县或市羁押机构。一些县或市的羁押机构可供全美各地的一些法官使用。对于需要比缓刑提供更多安全保障，但不需要被长期安置在州立训练学校的未成年人来说，将他们安置在这些机构中被认为可能是合适的。

10. 州立或私立训练学校。州立（公立）或私立训练学校通常是为犯下严重罪行或其他一切安置措施都失败的未成年人保留的。在一些州，州立训练学校包括最低安全级别机构（林区营地、农场和牧场）、中等安全级别机构和最高级别安全级别机构。

11. 成年犯改造场所或未成年犯改造场所。在一些州，如果未成年人犯了严重的罪行，被视为未成年惩教机构的顽固分子，他就会被安置在成年犯改造场所或未成年犯改造场所。

少年法庭循证实践最佳方案

1997年，《联邦收养和安全家庭法案》（*Adoption and Safe Families Act*，*ASFA*）确立了寄养儿童的永久目标、幸福目标和安全目标，重点是实现儿童的“永久”目标。1999年，卡罗来纳大会将《联邦收养和安全家庭法案》标准纳入北卡罗来纳州总规程第7B章。儿童福利机构以及北卡罗来纳州的法院利用这些法律来改善州儿童福利系统对被虐待、被忽视或受抚养儿童的指控和调查结果的反应方式。

在1996年和2001年，当局利用少年法庭改善基金进行研究，以找出改善北卡罗来纳州未成年人虐待、忽视及依赖（A/N/D）诉讼程序的方法。1996年由三角研究所（Research Triangle Institute）进行的这项研究确定了北卡罗来纳州为儿童及其家庭提供永久服务的一些障碍。他们确定了以下障碍会影响实现永久目标：

- 能领养有特殊需要儿童的领养家庭短缺；
- 缺少与父母和寄养中心的孩子携手工作的儿童福利工作者；
- 父母不遵守案件计划；
- 频繁的法庭延期审理；
- 缺乏对父母的支持性服务；
- 高度强调不应该再结合的家庭的再结合；
- 每个案件的庭审次数太多；
- 法院命令不佳。

2001 年，北卡罗来纳大学教堂山分校乔丹家庭研究所（Jordan Institute for Families）对少年法庭改善计划进行了评估。研究人员评估了新的地方法院规则对实施少年法庭改善计划地区的有效性和执行情况。这些规则旨在改善法院处理未成年人 A/N/D 案件的方式。评估结果反映，新规则影响了未成年人案件的处理方式，使其出现了积极而又引人注目的变化。这项研究确定：

- 减少由多名法官审理案件的数量；
- 减少准予延期审理案件的数量；
- 缩短未成年案件达到关键时刻的时间（如调查结果、判决、处置）；
- 缩短总体案件诉讼的持续时间；
- 减少离家安置的儿童数量；
- 加速达成儿童寄养永久性的目标。

2007 年，北卡罗来纳州法院行政办公室选择了六个司法地区，在少年法庭开展少年案件管理活动、专门培训和最佳实践活动。从这些地区学到的经验教训已被用来为本最佳实践指南提供指导。

北卡罗来纳州与虐待、疏忽和依赖相关的案件所发生的情况为将其扩展到全美各地的少年违法犯罪案件提供了希望。

上诉权

虽然未成年人还没有宪法赋予他们向更高的司法机关提出上诉的权利，但美国几乎所有的州都通过法规赋予了他们上诉的权利。各州正在效仿美国最高法院的做法。最高法院在高尔特案中指出，根据宪法的平等保护条款，未成年人应该与成年人拥有同样的绝对上诉权利。自那次裁决以来，大多数州立法机构都通过了赋予未成年人上诉权利的法律。州法院还裁定，授予未成年人上诉权利的州法规必须统一适用于所有未成年人。这一决定实际上破坏了过去的实践，即一些法院赋予法官自由裁量权以决定哪些未成年案件可以上诉。今天的普遍做法是给予未成年人与成年人相同的上诉权利。

上诉的权利大部分仅限于未成年人及其父母行使。在某些情况下，各州可能会上诉，但这项权利很少行使，很少有这样的上诉案件提交法院审理。另一个上诉问题涉及可以上诉的命令类型——虽然各州通常都允许对最终命令提出上诉，但“最终”的定义因州不同而有差异。大多数州的法律要求将案件上诉到上诉法院，但有几个州要求进行全新的审判。未成年人在上诉时的其他共同法定权利是获得案件的文字记录的权利和获得律师的权利。

组织因素限制了对少年法庭判决的上诉审查的使用。许多未成年人在受审时缺乏能够记录和获得笔录的律师，甚至更多的未成年人无法获得上诉律师。此外，少年公设辩护律师的案件数量之庞大也往往排除了其提出上诉的奢侈；许多公设辩护人既不授权其当事人提出上诉，也不告知其当事人有上诉的可能性。唯一一项针对成人刑事被告与少年违法者的上诉率的比较研究发现，被判有罪的成年人的上诉率是未成年人的十倍以上。

未成年人量刑结构

确定性量刑是为特定罪行设置固定的刑罚，是少年司法中的一种新的量刑形式，在一些司法管辖区，它正在取代传统的不确定量刑形式（即法官自由裁量量刑）。此外，越来越多的少年法庭正在使用混合量刑形式。

自20世纪70年代以来，对少年法庭决策结果的批评有所增加。早些时候，批评的焦点集中在决策的武断性上，即法庭决策侵犯了未成年人的正当程序权利。最近，这种批评是基于认为少年法庭对犯罪过于“温柔”。尤其是后一种批评，导致了一些改变量刑和其他程序的尝试。

联邦少年司法咨询委员会的建议

2015年，联邦少年司法咨询委员会批准了以下三类政策建议。

犯罪记录的删除、封存、保密

- 研究适当司法管辖区的法律基础，以建立犯罪记录删除、封存和保密的最低标准和定义。
- 研究和描述在各州、各地区和联邦政府范围内获取未成年人犯罪记录的方法，旨在保护已删除、密封和法律上的机密记录。
- 考虑对私营行业出售未成年人犯罪记录的行使联邦管辖权，并制定监管和法律建议，以防止违反州和联邦政府禁止在州际商业中泄露已删除、密封或保密信息的规定。

- 为该主题领域的技术支持、出版发行和资金资助制定目标。

研究成果

- 鼓励各州标准化定义和标准化数据收集方法。
- 创建一个由少年司法和犯罪预防办公室资助项目的数据库，并使各州、地区和司法管辖区都可以访问该数据库。
- 重点研究创伤对未成年人犯罪的影响。具体地说，该组织建议对创伤确诊儿童中是否存在比例失调的现象开展研究，这种比例失调会导致创伤症状被遗漏。创伤会导致行为障碍的产生，而行为障碍与犯罪行为密切相关。

立法

- 逐步取消有效法院命令规定的例外，允许安全监禁身份违犯者。联邦少年司法咨询委员会的立场是：支持（虽然在某些司法管辖区，极端情况可能仍然是一个问题），但联邦少年司法咨询委员会支持逐步取消有效法院命令规定的例外，并提供支持和资源，帮助司法管辖区发展能够解决其关切的替代方案。
- 提高数据收集和报告的要求。联邦少年司法咨询委员会的立场是：只有增加资金才能支持，即联邦少年司法咨询委员会认识到了在重新授权中改进数据收集工作的重要性，但除非提供额外资金支持，否则目前无法完全支持这些改进的实施。
- 增加减少种族差异的问责措施。联邦少年司法咨询委员会的立场是：支持，即联邦少年司法咨询委员会支持继续与少年司法和犯罪预防办公室和司法管辖区合作，制定有效的问责措施，这样做将能够准确反映实现公平结果的进展情况，并能够得到额外的资金、培训和其他技术支持，以帮助司法管辖区实现这些结果。
- 要求 18 岁以下的未成年人，包括那些被像成年人一样被指控的未成年人，至少在定罪之前不得被关押在成人监禁机构中，除非进行了某些法庭审查，并且法院认为这是在维护司法工作的最佳利益。联邦少年司法咨询委员会的立场是：支持，即联邦少年司法咨询委员会支持重新授权的条款，这些条款对将 18 岁以下的未成年人关押在成人监禁设施中设定了额外的限制和 / 或程序要求。
- 变更与违规相关的资金支持。联邦少年司法咨询委员会的立场是：反对，即联邦少年司法咨询委员会支持旨在帮助所有州实现完全遵守规则的合规过程。惩罚性的资金削减只能作为最后的手段使用，少年司法和犯罪预防办公室在发布资金削减制裁之前应该支持各州实现遵守规则。
- 目前的提案包括为 2016 年联邦财政年度拨款 1.59 亿美元，并在该法案实施后的五年内每年增加

2%。联邦少年司法咨询委员会的立场是：支持修正案，即联邦少年司法咨询委员会建议恢复少年司法资金总额，最低限度是恢复到2013年联邦财政年度的水平。此外，联邦少年司法咨询委员会建议，这些资金中用于特定类型计划的（例如，指导项目支持）不应超过20%，因为大量资金的搁置，加上不断增加的要求和总体资助资金水平的降低，严重限制了司法管辖区去实施其他已被证明有效的改革的能力。

- 实施与加强联邦－州合作伙伴关系有关的法案。联邦少年司法咨询委员会的立场是支持，即联邦少年司法咨询委员会重申其之前的建议——少年司法和犯罪预防办公室加强与司法管辖区的合作和沟通，解释和执行从“法规和章程”中衍生的条例。

改革的最早努力之一是少年司法标准项目的推出，该项目由司法行政研究所（Institute of Judicial Administration）和美国律师协会（American Bar Association）联合发起。1971年，在法官欧文·R. 考夫曼（Irving R. Kaufman）领导下，国家计划委员会正式启动了这个项目。该项目提出了针对未成年违法犯罪者的全面指导方针，将根据其犯罪的严重性而非需求来判刑。这些指导方针代表了彻底的哲学观的变革，支持者仍然在使用这些指导方针试图对未成年违法犯罪者予以标准化的处置。

认为必须结束未成年人量刑差距的信念是推行处置标准化的基本主旨之一。为了完成这一目标，委员会试图限制少年法庭法官的自由裁量权，并要求他们对自己的决定负责，他们的决定将会受到司法审查。标准中的另一项重要规定是，某些法庭程序将向公众开放，尽管未成年人的名字仍将保密。

在21世纪的前半叶，少年法庭法官仍然对这些建议的标准相当关注。他们的基本关注点是，这些标准会攻击少年法庭的基本理念和结构，并会限制他们的权威。他们看到了标准化运动背后强硬派的影响，认为从长远来看，未成年人的需要将被忽视；他们还挑战了“对所有的未成年人一视同仁是可能但不太可行的”这一理念。

尽管如此，全美范围内一直在采用这些标准。纽约州是第一个通过1976年《少年司法改革法案》开始执行这些标准的，该法案于1977年2月1日生效。该法案下令对A级重罪判处五年有期徒刑，其中包括一级绑架、一级纵火和谋杀，最初的刑期可以延长至少一年。根据该法案，未成年人应在第一年后被安置在住宿设施中；然后，如果得到该部门主管的批准，被监禁的未成年人可以在五年刑期的剩余时间里被安置在非住宿项目中，但他必须在整个五年刑期内受到强化监督。

1977年，华盛顿州还根据少年司法标准项目的建议为未成年人建立了确定量刑制度。在20世纪 80 年代，一些州加强了对严重少年违法者的少年法庭处罚，要么通过强制执行最低监禁刑期（科罗拉多州、肯塔基州和爱达荷州）来实现，要么通过颁布全面的量刑指导方针体系（亚利桑那州、佐治亚州和明尼苏达州）来实现。

1995 年，得克萨斯州立法机构在少年司法系统中引入了“强硬”改革，比如将死刑、一级重罪和加重管制类物质滥用重罪的弃权年龄降低到 14 岁，并大大扩展了 1987 年首次颁布的确定性量刑法规。根据确定性量刑，任何未成年人（无论年龄大小）都可以被判处长达 40 年的监禁，在得克萨斯州少年委员会（Texas Youth Commission）服刑，并可能被转移到得克萨斯州惩教部（Texas Department of Corrections）。最后，检察官可以选择进行确定性量刑诉讼，而不是犯罪诉讼，但必须首先获得大陪审团的批准。丹尼尔·P. 麦尔斯（Daniel P. Mears）和塞缪尔·F. 菲尔德（Samuel F. Field）对得克萨斯州确定性量刑法规进行的审查发现，少年法庭所增加的程序化和刑事化内容并没有排除在量刑决定中对年龄、性别或种族 / 民族的考虑。

想一想

混合量刑允许少年法庭法官同时对少年违法者判处成人刑罚和未成年人刑罚，并在传统的未成年人制裁和成年人制裁之间创造了一个中间地带。混合量刑是如何运作的？它的优势是什么？

在 20 世纪 90 年代，几乎每个州都对暴力性和重复性的少年违法犯罪者实施了强制性量刑。制定分级制裁或基于责任的制裁是 20 世纪 90 年代各州用来确保被裁决的未成年人得到少年法庭适当处置的另一种手段。几个州已经创建了混合量刑结构，这是一种在涉及重复的和严重的少年违法者的案件中追究未成年人对其罪行的责任的机制。这一扩大的量刑权利允许刑事法庭和少年法庭在涉及未成年人的案件中给予未成年人以未成年人量刑或成人量刑，或者有时二者兼而有之。

跨越整个生命历程的犯罪：移交对未成年人的影响

将未成年人移交成人法庭的程序在少年司法界引起了相当大的争论，并引发了许多问题：谁应该被移交？与少年法庭的制裁相比，刑事制裁的后果是什么？监狱系统对未成年人有什么样的影响？移交对涉及其中的个体身上会有什么后果？对这些问题的回答有助于确定移交在整个生命过程中对少年违法者的影响。

一个研究发现，比起那些没有被移交的人，被移交的犯罪人，特别是暴力犯罪人，再犯罪的可能性要大得多。L. 兰扎·卡达斯（L. Lanza Kadace）和他的同事对佛罗里达州进行了一项研究，研究对象是 950 名年轻的成年犯罪人，其中一半是在 1995 年或 1996 年被移交到成人司法系统，另一半仍然留在少年司法系统。他们发现了如下情况：

- 总体而言，49% 的被移交的犯罪人又再次犯罪，相比之下，留在少年司法系统的犯罪人的再犯比例为 35%；
- 对于暴力犯罪人来说，24% 的被移交的犯罪人再次犯罪，相比之下，留在少年司法系统的犯罪人的再犯比例为 16%；
- 对于毒品犯罪来说，11% 的被移交的犯罪人再次犯罪，相比之下，留在少年司法系统的犯罪人的再犯比例为 9%；
- 对于财产犯罪来说，14% 的被移交的犯罪人再次犯罪，相比之下，留在少年司法系统的犯罪人的再犯比例为 10%。

理查德 · E. 雷丁提出，作为成年人受审的未成年人有更高的再犯率，原因是他们受到了污名化和其他负面影响，如未成年人对作为成年人受审和定罪的怨恨和不公正感觉，在监狱中学习来的犯罪习俗和犯罪行为，以及成人司法系统对康复矫正和家庭支持的关注减少。雷丁没有提到的是，未成年人在成人系统中比在少年司法系统中更有可能成为受害者，包括受到性侵犯（第 16 章将讨论这一点）。

可以说，在 18 岁之前犯下暴力犯罪的未成年人至少不能再被处以死刑。但随着这本书的出版，他们也不能被处以终身监禁。终身监禁不得假释的判决一直是大多数州用来处理被判有罪的成年犯罪人和少年违法者的一种选择。有时，年仅十三四岁的未成年人会被判处这样的刑罚，这意味着他们将死在监狱里。这种情况在 2012 年发生了变化，当时，美国最高法院裁决了米勒诉亚拉巴马州一案。在该案中，最高法院认为，对犯有杀人罪的未成年人判处强制性终身监禁不得假释的判决违反了第八修正案。然后在 2016 年，在蒙哥马利诉路易斯安那州一案中，最高法院追溯地将米勒的裁决适用于之前被判处终身监禁不得假释的未成年人。这意味着数十名被监禁的人将不得不被再次量刑。

未成年人违法犯罪与社会政策：少年法庭的卓越表现

在少年法庭中，“卓越”的含义是值得决策者们讨论的话题之一。全美少年和家庭法院法官委员会对这一问题给出了答案，他们采取了更为宽泛的方法，并确定了法院及其法官的职能（如图 15–6 所示）。

适用于整个少年司法系统
- 少年司法系统必须有足够的人员、设施和项目资源

特别适用于少年法庭法官
- 法官要发挥司法领导作用，鼓励系统协作
- 地位应与其他法官相同，法官应具有多年或长期任职经验
- 法官应确定在任何可能和适当的情况下可将案件移交到可替代系统
- 法官应该确定受害人能够获取他们需要的服务
- 法官应确保出庭作证是个性化的，其中包括分级制裁和激励措施
- 法官应确保向每个未成年人提供有效的事后处置措施
- 法官应确保法庭参与者承担责任
- 法官应确保有足够的信息系统来评估工作业绩
- 法官有责任确保所有法院工作人员都接受了足够的培训

适用于其他工作人员
- 所有法庭团队的成员都应该以尊重、不卑不亢、礼貌和具有文化理解力的态度对待未成年人、未成年人的家庭、犯罪受害人、证人和其他人
- 在犯罪法庭被起诉的未成年人应该拥有取得资格的法律代表和获得了足够补偿的法律代表
- 工作人员应鼓励家庭成员参与未成年人干预计划的制订和实施

适用于少年法庭
- 少年犯罪法庭和少年虐待法庭应该整合，实施“一个家庭一名法官”的案件分配制度
- 法庭应该做出及时和公正的裁决，审判应该结束，而不应该延期审理

图 15-6　少年法庭的卓越表现

埃米 · 沃特斯的人生历程（16 岁）

在埃米居住的佛罗里达州，少年法庭的管辖权延伸到一个人的 19 岁生日。由于埃米参与了受管制物质的运输和销售，她发现自己面临着少年法庭的正式处理。在一位专门处理未成年人问题的法官举行的听证会上，埃米被判有罪，被处以缓刑，并被命令参加社区里的一个工作项目。在埃米的案例中，该项目设在当地防止虐待动物协会（the local Society for the Prevention of Cruelty to Animals）内，每周三天，埃米必须在放学后立即到该机构报到。她的工作是打扫动物的笼子，和听从那里的工作人员的指示行事。

埃米喜欢动物，所以她发现这份工作很有价值。然而，她的一些老朋友很快就开始在该机构周边闲逛，当埃米离开大楼去休息时，他们就会和她交谈。其中一人是 15 岁的女孩斯凯勒，她让埃米给她带来一只她喜欢的狗——一只八个月大的边境牧羊犬，这只狗以前常在附近的一个社区游荡。斯凯勒告诉埃米，她的父母不想让她养狗，他们不会填写领养狗的文件，

也不会支付领养狗所需的费用。因此，有一天，在似乎没有人注意的时候，埃米抓起那只牧羊犬，匆忙把它从侧门送出去，送给了斯凯勒。

然而，埃米不知道的是，一连串安全摄像头监视着狗舍，埃米的行动被摄像头捕捉到并被数字化保存下来。不久，她的缓刑监督官来看望了她，问埃米是否知道在佛罗里达偷狗是犯罪行为。

由于埃米的男友CJ在被捕时已经19岁，他被当作成年人对待，并被带到州刑事法院法官面前受审。CJ没有钱，他的父母也很穷，法庭为他安排了一名公设辩护律师为他辩护；他信守诺言，不会将其他任何人牵连到他被指控的罪行中。在因缺乏保释金而入狱一个月后，CJ的律师说服他承认了涉及管制物质的出售和分销的指控。因为他的犯罪活动发生在校园里，他还被指控违反了该州的无毒品学区法规。在认罪后，他被判处五年有期徒刑，并立即被带到州内的一所监狱服刑。联邦检察官正在考虑对CJ提起联邦毒品贩卖诉讼。如果根据联邦法律被判有罪，他可能会被勒令在监狱中度过更多的时间——这一次会在联邦的一个监禁机构中。

如果埃米是成年人，她在法庭上会受到怎样不同的待遇？CJ可能会发生什么事？

在下一章中，我们将继续讲述埃米·沃特斯的传奇故事。

第 16 章

少年惩教

我们的社会在害怕我们的孩子，我想我们不知道如何对他们设限。他们开始以骇人听闻的方式行事，没有人阻止他们。

大卫·约克（David York），强爱国际（Tough Love International）的联合创始人

想一想

未成年人缓刑与成人缓刑有许多相似之处，但也有一些重要区别。这些重要区别是什么呢？

本章考察了社区中的少年矫正和机构矫正。社区矫正的基本形式是缓刑、住宿项目和日间治疗项目以及善后服务。这些服务是机构安置的替代方案，有助于将未成年违法者排除在培训学校、监狱和成人监狱之外。不断寻求少年违法犯罪问题的解决之道、少年司法中非机构化运动的流行，以及过去 20 年来对短期行为控制的强调，也许能够最好地解释为什么会有这么多针对少年违法者的项目。本章考察了缓刑、日间治疗项目和住宅矫正项目以及善后服务。

在机构矫正方面，少年司法系统经常被指责过于宽松；然而，被认为危险或者几乎没有改过自新迹象的未成年人往往发现自己被锁在了少年司法系统的围墙后面。安置这些年轻人的设施大致可分为两类：临时照管设施和惩教设施。拘留所、庇护所、收容所和监狱是临时照管设施，新兵训练营、牧场、林业营地和训练学校是较长期的惩教设施。

少年缓刑

缓刑允许少年违法者在缓刑监督官的监管下留在社区，但须符合法院规定的某些条件。缓刑被许多人认为是矫正领域最闪亮的希望之星，在少年司法系统中，它有几个不同的内涵：它是一个可以安置已裁决少年犯的法律制度，是非机构化的一个替代方案，是少年司法系统的一个子系统。

在少年司法系统中，缓刑这个词至少有四种用法。它可以指：

1. 少年法庭的一个代替机构化的处置；
2. 被裁决犯罪人的地位；
3. 少年司法系统的一个子系统（该术语最常用的用法）；
4. 该子系统与少年法庭、少年违法者和社区的交易事务的特点是活动、功能和服务。

缓刑程序包括少年法庭诉讼程序的收案阶段、为处置阶段所做的社会调查准备、对缓刑人员的监管以及为缓刑年轻人获得服务或提供服务。

每年约有 40 万名未成年人被正式缓刑，占所有未成年人处置的 60% 以上。自 1993 年以来，缓刑的使用大幅提升，1993 年约有 22.45 万名被裁决的未成年人被处以缓刑。

缓刑服务的功能

未成年人缓刑的四个基本功能是：

1. 收案；
2. 个案管理；
3. 监管、调查和监视；
4. 向法庭提交报告。

在法庭诉讼的收案阶段，缓刑监督官决定是否对转介给法庭的未成年人提交申请书。案件管理是缓刑监督官的一项重要职责。调查涉及编撰社会历史或研究被裁定为犯罪的未成年人，以帮助法官做出最明智的处置。监管是在法官对未成年人进行缓刑时启动的，其主要关注点放在风险控制和减少犯罪上。在接下来的部分中，我们将更仔细地研究这四个功能。

收案

在法庭诉讼的收案阶段（在第 15 章中已做探讨），缓刑监督官会仔细筛选提交给法院的转介案件。在确定提交给法院的案件是否确实属于其管辖范围方面，州法规和州检察官办公室都能提供帮助。

在收案时，缓刑监督官还会进行初步调查，其中包括一次面谈。在面谈期间，未成年人会被告知他的合法权利。如果还没有接触父母或监护人，缓刑部门会与他们联系，探讨孩子的状况，并建议他们有权聘请律师。接收案件的缓刑监督官可能需要与未成年人的家人、证人、受害者、逮捕警官、伙伴或邻居进行面谈，以获得足够的信息，对是否有必要向法院提交拘留儿童的申请书做出一个合理的决定。缓刑监督官可能还需要联系学校和其他与孩子有过工作关系的机构。如果该未成年人以前曾出过庭或已经处于缓刑状态，则收案官员还必须熟悉以前的报告。

个案管理

缓刑监督官对他负责的每个缓刑犯都建有一份档案。在这份档案中有详细说明缓刑要求的法庭文件、按时间顺序记录的缓刑官与缓刑人员之间的联系，以及缓刑官与和缓刑人员可能具有很重要的关系人的联系、通信信件类物品，以及向法院或机关官员提交的定期报告。

一般来说，缓刑监督官会根据缓刑者的需要或他们对社会构成的危险，将他们分成几类。一些违法者被置于最低监管状态，只需每月邮寄一次报告，甚至周期更长邮寄一次就行。中度监管的违法者必须每月最少拜访缓刑监督官一次。处于最高或高度监管状态的违法者每月必须与他们的缓刑监督官见几次面。

缓刑监督官的案件量通常很大，以致很难做到与缓刑犯保持联系。寻求将案件数量与再犯率联系起来的成人缓刑研究可以追溯到 40 多年前。自 20 世纪 70 年代末以来，已有五项主要研究试图确定案件数量对再犯率的影响。五项研究中有三项发现了证据，支持案件数量越少、再犯率越低的观点。最近，约翰 · L. 沃拉尔（John L. Worrall）和他的同事对加利福尼亚州各县缓刑案件量与财产犯罪率之间的关系进行了分析，他们发现，在九年的时间里，随着缓刑工作量的增加，财产犯罪率也上升了。虽然在未成年人缓刑方面缺乏类似的研究，但人们顺理成章地认为，这也适用于未成年人。

监管、调查和监视

未成年人必须花费在缓刑上的时间长度因州而异。在一些州，最长期限是在未成年人达到成年年龄时，通常年龄为 16 岁或 17 岁。其他州将少年缓刑限制在特定期限内。在伊利诺伊州，这一期限为五年；在纽约，这一期限为两年；在华盛顿特区，这一期限为一年；在加利福尼亚州，这一期限为六个月。

一旦年轻人被判缓刑，缓刑监督官就必须提供尽可能好的监管，包括监视、个案服务以及咨询或指导。监视包括仔细监控未成年人在社区内的生活。要做到这一点，缓刑监督官必须与未成年人建立个人联系，必须了解他是否每天都在上学或工作，父母是否给予了足够的指导，以及他是否遵守了缓刑条款。同时，缓刑监督官必须确定该未成年人是否正在继续违法。

对于一些部门来说，一种流行的缓刑方式是团队缓刑。缓刑监督官们被分成几个小组，每个小组负责一个特定的案件工作量，对这些案件中的当事人需要什么社区资源做出决策。新的缓刑者由团队中的一名成员进行面谈，他们的需求会被绘制在需求评估表上。团队成员通常是“需求子系统”的专家，处理诸如药物滥用、酗酒、精神疾病或行为失控等问题，这些专家将缓刑犯与社区需要的任何服务联系起来。

20 世纪 80 年代，出于对公共安全的关注，许多缓刑部门开发了分类系统，或者使用威斯康星州的系统或社区评估中心，将缓刑犯置于强化、中等或最低强度的监管之下，并通过使用威斯康星系统，定期对每名缓刑者进行风险 / 需求评估。风险量表是从实证研究中得出的，这些研究表明，某些因素可以很好地预测再次犯罪，如以前的逮捕记录、首次定罪的年龄、缓刑犯被定罪的罪行性质、学校或就业模式等。需求评估侧重于情绪稳定性、财务管理、家庭关系和健康等指标。风险 / 需求评估得出的分数被用来按所需的监管等级对缓刑人员进行分类，一般可分为最高强度监管、中等强度监管或最低强度监管。在定期对案件进行复审后，监管级别也许会上调或下降。

对人类行为最广泛使用的风险 / 需求评估工具是问题严重程度指数，这是一种筛查工具，可以为收案官员和其他人提供犯罪人可能存在的问题类型的线索。一旦确定了问题区域，就会使用诊断工具对未成年人进行评估，试图更具体地确定问题所在。然后，临床医生可以结合各种诊断措施来制定治疗方案。今天的风险评估被用来对犯罪人进行分类，预测未来的行为，以降低再犯罪率，并用于制订干预计划。有一项对风险评估的检查对两种风险评估做出了区分：即为预测行为而开发的风险评估和为使工作人员能够管理行为而开发的风险评估。

风险 / 需要评估在少年缓刑中的使用提出了一个问题，即它们在预测少年行为方面有多有效。事实是，预测行为是非常困难的，特别是预测未成年人的行为更是难上加难。因此，无论在少年司法领域使用何种预测技术或分类系统，预测未成年人行为的结果都远远不尽如人意。

20 世纪 80 年代，相关专家开始制定监管少年缓刑人员的问责模式。例如，丹尼斯・马洛尼（Dennis Maloney）、丹尼斯・罗米格（Dennis Romig）和特洛伊・阿姆斯特朗（Troy Armstrong）发展了他们所谓的“少年缓刑平衡方法”，其目的是“保护社区免受犯罪的侵害，对所犯罪行追究责任，并使少年违法者具备在社区中富有成效和负责任地生活所需要的能力”。这种平衡方法的一个普遍特点是它给予了社区、被害人和少年违法者以同等的关注。俄勒冈州、得克萨斯州和威斯康星州的少年缓刑部门已经在监督少年缓刑犯方面实施了这一问责模式。

少年缓刑平衡方法的制定导致了恢复性司法模式的发展。如前所述，这种模式在 20 世纪七八十年代从被害人运动中获得了推动力，从少年违法者报复性制裁的经历中获得了推动力，从非正式邻里计划和纠纷解决计划在社区的兴起中获得了推动力。综合性、平衡性和恢复性司法模式的目的是“通过能够满足相互需求的共同计划和监管实践来协调被害人、犯罪人和社区的利益”。

华盛顿州立法机构自 1999 年以来一直在资助华盛顿州少年法庭的循证项目。华盛顿州资助的循证项目有：

- 攻击性替代训练；
- 服务协调；
- 功能性家庭治疗；
- 家庭整合过渡；
- 多系统治疗。

向法庭提交报告

如果少年法庭使用两阶段听证（把审判阶段和处置阶段的听证分开），当未成年人在法庭诉讼的事实调查阶段被发现有犯罪行为时，法官就会下令提交社会调查报告。缓刑监督官通常有长达 60 天的调查时间，但如果法庭将审判阶段和处置阶段的听证结合起来，缓刑监督官则必须在该未成年人出庭之前完成社会调查。在发现未成年人有犯罪行为之前，法官不应该阅读这份社会调查报告。

社会调查报告除了详细描述了未成年人的个人背景、家庭、学业发展、现在的犯罪行为、以前的违法行为和就业情况之外，还包括：

- 对犯罪者所在社区的描述；
- 家庭支付法院和监禁羁押场所费用的能力；
- 未成年人的身心健康状况；
- 家庭、警察、邻居和社区对未成年人的态度；
- 未成年人对所涉罪行和对自己的态度。

社会调查最后得出的结论是缓刑监督官对未成年人的诊断结果和矫治计划。一个重要的计划是缓刑监督官推荐的行动方案。在这份报告中，该缓刑官建议该未成年人是否应该留在社区。如果法官同意缓刑监督官的建议，就对该未成年人施加缓刑条件，少年违法者进入缓刑。

下面列出了在处理少年违法者案件时缓刑监督官必须回答的一些问题。

缓刑监督官面临的问题

为了决定是否撤销缓刑、修改缓刑条件，或将未成年人安置在家庭之外，缓刑监督官会考虑以下几个问题：

1. 未成年人对自己或他人是否构成危险？

2. 未成年人是否超出了家庭、社区和学校所设定的限制？

3. 该未成年人的家庭是否愿意接受服务？

4. 如何明智地把稀缺的资源用到这个未成年人身上？

5. 在没有法院干预的情况下，还可以施加其他什么影响（如社区服务）？

根据非正式调整协议，为了决定如何处理不遵守家庭规则、违反宵禁、尿检不合格或没有参加药物滥用项目的未成年人，缓刑监督官会考虑以下几个问题：

1. 未成年人是否对自己的行为表现出任何悔恨？

2. 未成年人是否想要改变或调整缓刑合约？

3. 所有其他的选择都利用了吗？

4. 是否值得将指控送到法院以获得查证（例如，一项简单的轻罪值得付出法庭诉讼的代价吗）？

要回答对于一个已经被判有罪并被指控为非法拥有并意图运送交付受管制物质的未成年人该怎么办的问题，缓刑监督官考虑了以下问题：

1. 使用评估 / 治疗方案有用吗？

2. 48 小时禁闭管用吗？

3. 我们尝试过所有其他服务和其他干预了吗？

思辨与讨论：在这三种情况下，你认为哪些问题会对缓刑监督官产生最大影响？为什么？

风险控制与减少犯罪

20 世纪 90 年代，由于少年缓刑持续面临指责之声，认为它使缓刑犯逃脱了严厉的惩罚，所以少年缓刑的降低风险和增加监督模式就受到了重点关注。恢复原状和强化监管是最广泛使用的短期行为控制模式，但软禁和电子监控也得到了一些关注。

恢复原状

恢复原状是要求犯罪人为其犯罪偿还被害人或社会的一种处分，于 20 世纪七八十年代开始在缓刑中广泛运用。事实上，到 1985 年，已知有 400 多个司法管辖区存在正式的项目；现在有超过 35 个州有法定权力下令以金钱形式赔偿或以社区服务进行偿还。恢复原状项目井喷式增长的部分原因是，少年司法和犯罪预防办公室已花费约3000万美元在全美85个少年法庭推广应用恢复原状。少年司法和犯罪预防办公室遵循这一倡议，于1983年实施了国家恢复原状培训计划，于1985年实施了恢复原状教育、专门培训和技术援助，这些举措直接导致恢复原状项目的大幅度增加。

少年法庭可以命令以下三大类恢复原状义务：

1. 直接经济偿还；
2. 社区服务；
3. 直接为被害人服务。

也许是因为社区服务最容易管理，它是最常见的类型。直接为被害人服务是最罕见的，很大程度上是因为被害人不愿与犯罪人接触。但是，这三种义务类型经常混合在一起。例如，地方司法管辖区可以组织工作人员，甚至与公共或私人机构就回收、清洁和其他服务工作进行联系，以便为少年违法者提供工作，使他们能够支付赔偿。恢复原状项目最常见的目标是让未成年人有责任感，向被害人提供赔偿，治疗和矫正未成年人，同时惩罚未成年人。

说到恢复原状和社区服务工作，缓刑监督官是关键角色。在许多司法管辖区，由少年缓刑监督官承担以下部分或全部责任：

- 确定参与资格；
- 计算适当的金额；
- 评估违法者的支付能力；
- 制定支付时间表 / 工作时间表；
- 监控工作表现；
- 结案。

少年法庭设立了职业技能准备班，以帮助被命令恢复原状的未成年人找到并保住工作。私营和公共部门有时会为年轻人提供工作，被要求赔偿的未成年人就可以赚钱并赔偿被害人，未完成恢复原状中的赔偿支付的未成年人可能会被延长缓刑期。

对于以社区工作为内容的恢复原状，缓刑犯通常被要求在私人非营利组织或政府机构工作一定的时间。可能进行这项工作的地点包括公共图书馆、公园、疗养院、动物收容所、社区中心、日托中心、青年机构、基督教青年会（YMCAs）和基督教女青年会（YWCAs），以及当地街道。在较大的缓刑部门中，恢复原状项目提供监管工作人员，未成年人到一个地方后就在成年人的监管下工作。以下是有关明尼苏达州亨内平县（明尼阿波利斯）社区服务的描述。

社区服务制裁

在明尼苏达州的亨内平县（明尼阿波利斯），少年违法者很快就发现他们被少年法庭法官安排在周六的工作小组中，执行规定数量的社区服务。初犯者通常会被判处 40 小时服务。每周六，这些年轻人被要求在上午八点到达市中心的集合地点。五辆卡车从那里被派出，每辆卡车上载着 10 名少年和两名工作人员。该项目的协调员是缓刑部门的工作人员，他们会给每个少年分发一张工作详单。详细的信息包括：

- 回收瓶子和罐头；
- 去疗养院看望病人；
- 做清洁工作；
- 清洁公交车站；
- 在城市公园植树或拆除带刺的铁丝网围栏；
- 在公园保护区工作。

强化监管

在 20 世纪 80 年代初，强化监管项目开始用于成人缓刑，以应对新出现的监狱过度拥挤、监禁成本不断上升和社会对犯罪的强硬反应等问题。使用强化缓刑监管一词是因为这些项目：

1. 由缓刑部门运作或管理；
2. 涉及更多的接触和联系；
3. 一般强调外部控制和监督。

少年司法很快效尤成人司法，就像经常发生的那样，在少年缓刑中开始实施强化监管项目。佐治亚州、新泽西州、俄勒冈州和宾夕法尼亚州已经在全州范围内试点或建立了针对未成年人的强化监管项目。事实上，到 20 世纪 80 年代末，全美各地的少年法庭法官通常会将高风险犯罪人安排给案件量少的缓刑监督官，并安排他们经常与缓刑监督官接触。

有这样一个例子。宾夕法尼亚州少年法庭法官委员会（Juvenile Court Judges' Commission）在 20 世纪 80 年代制定了这样一个强化监管项目，因为它关注到送往训练学校的少年违法者的数量越来越多。该项目采用的标准包括案件量不超过 15 件，每周至少与少年接触三次，每周至少与家人或监护人接触一次，强化服务的期限为最短六个月、最长 12 个月。在委员会建议提出后的 10 年内，宾夕法尼亚州有 32 个县使用这些标准建立了强化监管项目。

强化监管的综合社会控制模式是最近发展起来的，它利用了少年违法犯罪理论和研究中界定的主要原因因素。这个模式综合了紧张理论、控制理论和社会学习理论的核心组成部分。该模式建立在这样一种理念之上，即认为社会化不足、教育抱负与期望和职业抱负与期望之间的紧张关系以及社会解体在邻里社区的体现等这些综合性因素会导致未成年人与传统价值观以及与家庭活动、学校活动和社区活动是一个弱联结。弱联结反过来会导致未成年人通过消极的同伴影响实施犯罪行为。

对成人缓刑中的 ISPs 的评估显示，强化监管项目在预防再次犯罪方面取得了令人鼓舞的结果。然而，对少年缓刑中的这些项目进行的两次国家评估发现，它们可能有效或可能无效的结论都没有经过仔细地审查。因此，它们在这方面的地位，包括它们对再犯的影响，基本上都是未知的。

少年缓刑项目

少年缓刑通常为缓刑犯提供了许多项目。表 16–1 列出了缓刑监督官可以在收案阶段或之后的少年司法程序中推荐未成年人参加的项目类型。当然，一些司法管辖区比其他司法管辖区拥有更多的此类项目。

表 16–1　　地方缓刑部门运用的一些项目

4-H 项目	自我提升班	走读学校（日校）
社会技能发展	青年法庭	晚间照料
基于学校的缓刑	青少年法庭	社区服务
逃学项目	毒品法庭	志愿者工作
课后学习项目	积极的同龄人小组	老大哥老大姐
体育计划	重新融入项目	缓刑志愿者
课后咨询	基于信仰的倡议	药物咨询
撰写论文	治疗法庭	性犯罪者项目
宵禁要求	工作培训	攻击性替代培训
恢复性项目	酒精咨询	离家出走者项目
恢复原状项目	辅导项目	

在表 16–1 列出的项目中，最常见的是：

1. 恢复原状项目，在该项目中，少年被分配到一个工作队，以履行他们的社区服务制裁；
2. 志愿者项目，在该项目中，志愿者接受与缓刑犯一起工作的培训；
3. 辅导项目，在该项目中，少年个体或少年小组将被指派导师，特别是在他们的学校作业中，导师会与他们一起工作；
4. 青年法庭或青少年法庭，在该项目中，少年自己被给予对发生在其同龄人身上的事情有发言权；

5. 课后学习项目，该项目为功课低于平均水平的少年提供服务；
6. 个人或小组进行的药物或酒精咨询；
7. 针对少年性犯罪人的性犯罪者项目。

明尼苏达州明尼阿波利斯和圣保罗的安全屋曾经为女性妓女提供了避风港，现在为十几岁的离家出走的孩子、有毒品问题的人和有精神健康问题的人服务。安全屋项目的工作人员特别渴望让那些离家出走并最终成为妓女的少女参与进来。在接受采访时，因卖淫而处于缓刑状态的安全屋的未成年居民透露，对她们来说，这些设施及其工作人员代表着她们逃离街头生活的希望，也让她们远离了伴随着街头生活的不可避免的吸毒生活。这些类型的项目对于处理越来越多的少年离家出走、少年无家可归、少年有心理健康问题和少年吸毒“成瘾”等问题变得更加重要。

缓刑者的权利

美国最高法院对两个关于撤销缓刑的案件做出了裁决：门帕诉瑞案和加格农诉斯卡佩利案。最高法院在门帕案中裁定，第六修正案赋予被告人取得律师帮助的权利适用于在报告违反缓刑规定后举行的量刑听证会。

加格农诉斯卡佩利案涉及一名罪犯，他的缓刑在威斯康星州未经听证就被撤销。斯卡佩利（Scarpelli）因持械抢劫被判处 15 年监禁，判决缓期执行，缓刑期七年。他获准居住在伊利诺伊州，随后在该州因入室行窃被捕。他当时的缓刑在没有举行听证的情况下被自动撤销。斯卡佩利对撤销提出上诉，声称他没有接受听证会的听证，也没有让律师在这样的听证会上代表他，这侵犯了他的正当程序权利。虽然最高法院认为聘请律师的权利应在个案基础上做出决定，但法院确实同意在撤销缓刑之前有必要举行听证会。

这两起成人案件影响了少年法庭领域的缓刑撤销听证会期间发生的事情，因为在许多司法管辖区，少年缓刑犯与成年缓刑犯享有相同的基本权利。未成年人有权接受听证，有权在缓刑撤销听证举行的五天内接到通知，有权由律师代表，有权对质，有权查看详细的违法报告。

“合理努力”是大多数少年法庭法官在缓刑撤销听证中坚持的标准。根据这一标准，缓刑监督官必须证明已经做出了合理的努力，为缓刑人员提供了适当的服务和项目。因此，它提供了明确的和令人信服的证据，证明未成年人拒绝或没有能力从这些服务中获利，不能允许他在社区中保持自由。

缓刑的有效性

20 世纪六七十年代的缓刑研究表明，少年缓刑在少年违法者的改过自新方面比其他任何方法都更有效。例如，药物研究者道格拉斯·利普顿（Douglas Lipton）及其同事回顾了对成人缓刑和少年缓刑的研究，得出了以下结论：

1. 有证据表明，目前被监禁的犯罪人中有很大一部分可以被缓刑，而不会使再犯率有任何变化；
2. 缓刑犯的违法率明显低于假释犯；
3. 严格的缓刑监督（15 个案件量）与 18 岁以下未成年人的再犯罪率较低有关。

最近的元分析研究证明，成功的项目是那些具备以下特点的项目：

1. 由矫治性干预指导的项目理念；
2. 服务于高风险犯罪人的项目；
3. 以忠诚的态度实施干预的项目。

然而，今天理解缓刑有效性的一个主要问题是，自从这些早期的评估研究开展以来，缓刑已经发生了很大的变化。今天的风险降低项目，如恢复原状、强化监管和软禁，仍然在评估中。有证据表明，恢复原状和强化监管的研究正在反馈一些积极的结果，但从这些研究中就少年缓刑目前的有效性得出任何确定的结论还为时尚早。

有两个积极的主题可以用来提高少年缓刑的有效性：

1. 尽可能多地实施成人缓刑中成功的做法；
2. 考察全国各地的少年缓刑实践，并利用那些可能对你的司法管辖区有帮助的做法。

例如，佛罗里达州少年司法部的少年缓刑监督官在整个少年司法过程中发挥着重要作用，因为从少年被捕到他们重新返回社区，缓刑官员一直与他们合作。这种少年缓刑方法的优势在于提供了持续不断的接触和服务，以便少年缓刑监督官继续对那些过去与他们有过工作联系的人实施监管，因为他们是通过少年司法系统的处理才走到缓刑的。

辛辛那提大学的爱德华·拉特萨（Edward Latessa）和他的同事们开发了他们所谓的“社区监督的有效实践”，它承诺提升缓刑监督官和其他参与社区监督的工作人员的培训质量。这次培训的重点是与缓刑监督官和缓刑犯的互动，以及在互动过程中讨论的内容。初步的后续评估非常有希望。

基于社区的制裁

在美国，有超过 15 万名犯罪人在家中受到监视，这一人数约占基于社区的制裁犯罪人的

20%。大约有20家私营公司正在提供电子监控设备，用于监控这些留在社区内的受到惩罚的少年违法者。在国际上，英格兰和威尔士的50 000名在释放前或释放后受到监管的犯罪人中，约有20%接受电子监控。在瑞典，约25%的囚犯被处以电子监控制裁。在少年司法中使用电子监控已逐渐被接受。例如，1988年11月份的一项调查显示，只有11个少年项目使用了电子监控。而今天，美国各地的少年司法项目都使用了电子监控项目。这些项目有以下目标：

- 增加被安全释放到现有家庭监禁项目中的少年人数；
- 减少因违反家庭监禁限制而返回少年拘留的少年人数；
- 减少家庭监禁官员所需要的实地接触次数；
- 为风险较低的犯罪人提供合理安全的替代方案；
- 为少年早日与其家庭团聚做好准备；
- 允许少年重返学校。

软禁和电子监控

软禁或居家监禁是一种中级惩罚计划，会命令年轻人在晚上、宵禁后和周末留在自己的住所内。那些被软禁的人可能被允许在白天离开，去看医生、上学、就业、获批准的宗教仪式或进行其他经批准的活动。电子监控设备是技术矫正的一个现代化辅助工具，可以用来核实缓刑人员是否在他们被要求禁闭的住所里面。

少年司法中的技术矫正

人们通常认为电子系统是一种技术手段，用来密切监视社区中的罪犯。然而，这项技术的使用正在扩展到各种各样的应用中。例如，在得克萨斯州东达拉斯的布莱恩·亚当斯高中，通过法院命令，全球定位系统对长期逃学的学生进行监控，该系统能够全天候追踪他们的下落。法院正在使用电子监控技术，试图让逃学者留在学校。

随着电子监控系统变得更加复杂，电子监控在跟踪获准社区释放的刑事犯罪人方面的使用也应该扩大。电子监控系统提供的一些服务包括以下几个方面。

- 身份验证设备可以识别身体的不同部位，以确保报告者就是犯罪者。
- 程控接触设备在预定时间或随机时间呼叫少年缓刑犯，并使用各种技术来确定接听者的身份（语音验证或把缓刑者佩戴的设备插入与电话连接的验证盒进行验证，或者用摄像机进行视觉验证）。

- 有了全球定位系统，少年缓刑犯会佩戴一个发射器，将信号发送到卫星，然后再返回到计算机监视器，随时定位他的位置。这项昂贵的技术通常用于高风险犯罪人，它可以确定犯罪人何时离开他应该在的区域（包容区），或者进入按照法官的命令他不允许进入的区域（禁区）。
- 远程酒精滞留装置要求使用者向该装置吹气，以测量血液酒精含量。这可以单独使用，也可以与上面列出的其他设备一起使用。缓刑犯被要求向一种名为酒精传感器的设备吹气，该设备将结果传输到一台电脑上，把饮酒量记录下来。这些装置可以安装在汽车点火装置上，以防止饮酒后驾车。另一种系统被称为“告密者”，它可以检测违法者使用酒精或毒品的情况。它通过人的汗水检测到这些物质。
- 点火连锁装置与汽车的电子系统相连。司机将肺部深层空气排入设备。如果司机的血液酒精含量超过了安全驾驶的水平，车辆将不会启动。
- 当犯罪人接近受害者的住所时，受害者通知系统会提醒他。犯罪人和受害人都戴着发射器，两个人的住处都放有接收器。
- 现场监控装置或驱动装置，由缓刑监督官或假释官或其他权威人士使用。它们是便携式的手提设备或安装在车顶天线上的设备。当距离犯罪人的脚踝或手腕发射器 200 英尺 ~800 英尺时，便携式设备可以探测到发射器的无线电信号。
- 群体监测装置允许监督者在同一地点监视几名罪犯，以便核实多名罪犯在日报告项目中的在位情况，或监控被限制在住宅环境中的罪犯。

电子监控是在新墨西哥州地区法院的一名法官在看到一幅漫画时开发出来的，漫画中的蜘蛛侠这个角色被粘贴在他手腕上的发射器追踪到了。在这名法官的要求下，一名工程师设计了一款电子手镯，其发射的信号能被放置在家庭电话中的接收器接收到。手镯的设计原理是，如果犯罪人离开他的家庭电话超过150英尺，传输信号就会中断。然后，当局就会知道犯罪人已经离开了他的住所。

日间治疗项目

日间治疗项目，即未成年人每个白天在该项目中度过，然后在晚上回家，已被广泛运用于社区少年矫正。这些法院授权的项目之所以受欢迎，是因为它们比住宿安排项目更经济，不需要提供住宿场所，让父母参与更容易，需要的工作人员更少，强制性和惩罚性更低。

非居住项目通常服务于男性未成年人，尽管加州已经运营了两个针对女孩的项目和几个男女同校的项目。加州治疗项目、纽约少年分部和佛罗里达少年服务部广泛使用了非住宅矫正项目。纽约的非住宅矫正项目被称为 STAY，它与其他许多非住宅矫正项目的相似之处在于，它们让年轻人接触到有指导的团体互动体验。

与分流项目类似的日间治疗项目，在 20 世纪 80 年代和 90 年代初比 20 世纪 70 年代使用得要少，但两个最有前途的项目——全美范围内的联合海洋学会（Associated Marine Institute，AMI）和新骄傲项目仍继续蓬勃发展。

联合海洋学会项目

最初的联合海洋学会项目是一个由州基金和私人捐款联合资助的私人运营的项目。该项目是根据每个社区的地理优势量身定制的，会利用海洋、荒野、河流和湖泊来激发法院或少年服务部引介的年轻人做出富有成效的行为。在参与联合海洋学会项目的 40 所学校和研究所中，有 25 所是非住宅矫正性的。参加非住宅矫正项目的 14 至 18 岁男女学员会住在家中或寄养家庭中。

海洋学会的成员大多数是学校，它为培训期间设定了十几个类别的个人目标，包括潜水、船舶操作技能、海洋科学、救生、急救方面的目标以及摄影和海洋维护等选修课。美国前总统比尔·克林顿曾在一个全国广播电视节目中宣布了他的犯罪法案，他说："这些联合海洋学会项目正在给予年轻人一个夺回未来的机会，一个让他们了解他们内心良善的机会。"

今天，联合海洋学会项目已更名为联合海洋学会儿童项目，并在八个州运营 56 个项目。这一重组和新名称反映了这样一个现实，即这一组织现在包括许多全国不同类型的项目，这些项目以前都是独立运作的。今天的联合海洋学会儿童项目不只是运营海洋项目，还提供缓刑服务，包括社区服务、野外项目、药物滥用咨询和各种课后项目。他们还志愿为退伍军人、无家可归的人和老年人提供服务，并参与海岸线清理和其他类型的社区服务，这些服务是围绕前总统奥巴马对社区服务的呼吁而建立的。

居住设施或团体之家

在这个国家，团体之家、团体住所和团体寄养之家都被用于少年矫正。团体之家一词一般是指一个组织或机构为安置犯罪人而拥有或租用的单一的居所。虽然它不是机构校园的一部分，但这个设施可以为大约 4 到 12 名儿童提供照顾，工作人员被视为管理员或辅导员，而不是被视为养父母。团体之家的行政、监督和服务责任由上级机构或组织负责。团体之家通常与附近的房屋或公寓没有什么区别，它们会向社区寻求资源和服务。

在美国的一些地方，"团体住所"和"中途之家"这两个术语被用来表示一家服务于大约 13 到 35 名未成年人的小型机构。它通常会容纳两个或更多的青少年团体，每个团体都有自己的儿童关照工作人员。这个住宅矫正项目倾向于使用代理机构，而不是社区服务机构，它的建筑物和大面积使其有别于附近的家庭住宅和公寓。

团体之家在少年矫正方面实现了以下几个目的。第一，它们提供了机构化的一种替代性选择。

特别是依赖型的、被忽视型的和其他非犯罪的年轻人也被推介给它们。第二，团体之家可被用作短期居所。它们所在的社区为年轻人提供了处理诸如家庭冲突、学业困难和同伴互动等方面问题的资源。第三，儿童之家既可为难以符合缓刑条件的违法者提供"中途入住"场所，亦可为即将重返社区但居所不足的少年违法者提供"中途离开"场所。

团体之家项目家家不同，因为它们就是为满足不同人口和社区的不同需求而开发的，没有标准的指导方针。因此，团体之家往往反映了其创始人或董事的个人理念。在美国，团体之家的接收标准、居住时长、治疗目标、服务的目标人群、工作人员的数量和质量、提供的服务、物理设施、与城市其他地区的相对位置以及房屋规则等都非常不同。然而，如果有额外的支持服务可用，这种多样性就不一定是个问题。一项关于少年司法最重要的研究发现，当以社区为基础的项目有一个综合性服务网络时，马萨诸塞州的再犯率显著减少。

许多团体之家都是以治疗为导向的。团体治疗经常被用作一种治疗模式。这些小组会议在很大程度上是支持性的；它们不是非常深入的探讨问题，讨论通常局限于问题出现时。引导式小组互动可能是最流行的治疗方法，小组成员应该相互支持、面对面和诚实，这样他们才能在处理自己的问题时得到帮助。在引导式小组互动中，治疗师的角色是帮助成员发展一个更积极、更亲社会的团体文化。一些团体之家刻意避开舒适的氛围，工作人员甚至可能试图引发团体成员的焦虑。这背后的治疗理念是，没有轻松的氛围，少年们更容易变得心绪不宁，从而更容易接受人格改变。

最具创新性的项目之一是 1968 年在宾夕法尼亚州费城创立的团结之家项目。当穆斯林法拉卡·法塔赫（Falaka Fattah）[原名弗朗西斯·布朗（Frances Brown）] 意识到她的六个儿子中有一个加入了一个帮派时，她和她的丈夫大卫·法塔赫（David Fattah）迈出了大胆的一步，即邀请这个帮派成员成为他们家庭的一分子。法拉卡修女从"家庭的力量、部落观念和非洲的价值体系"中看到了解决帮派暴力的可能方案。她和她的丈夫创建了一个非洲风格的大家庭，在这个大家庭中，帮派成员可以找到他们的街头生活文化的替代性价值观。要求进入家庭的帮派成员都要戒毒，并鼓励他们保持学业上的好成绩。自成立以来，已有分属于 17 个不同街头帮派的 3000 名处在青春期少年进入了团结之家的家门。"团结"（Umoja）① 理念的成功促使其在康涅狄格州的布里奇波特和俄勒冈州的波特兰重复实施。这一居民方案的原则是国家邻里企业中心（National Center for Neighborhood Enterprise）非常成功的无暴力区域倡议的一部分，该倡议自那以后已经在五座城市得以响应。

然而，创新项目仍然不是全国团体之家的典型特征。太多的团体之家很难找到空缺，甚至许多团体之家有很长的排队名单。团体之家的工作人员工资很低，这是众所周知的，他们认为自己没有得到适当的培训，所以流失率很高。团体之家的居民通常比他们在训练学校的停留时间更长，这就

① Umoja 的源语言是斯瓦希里语，意思是团结。

提出了一个真正的问题，即团体之家相比少年监禁机构是否是一个惩罚性较低的安置场所？对住宅矫正项目的评估进一步使人难以支持这样的结论，即社区里的住宅矫正项目比监禁机构项目会导致更低的再犯率。但是，还是可以找到一个令人信服的理由：住宅矫正项目至少和训练学校一样成功，对年轻人的造成的创伤要小得多，而且通常对国家来说，其成本也更低。

图 16–1 总结了刚才讨论的三种类型的社区项目。

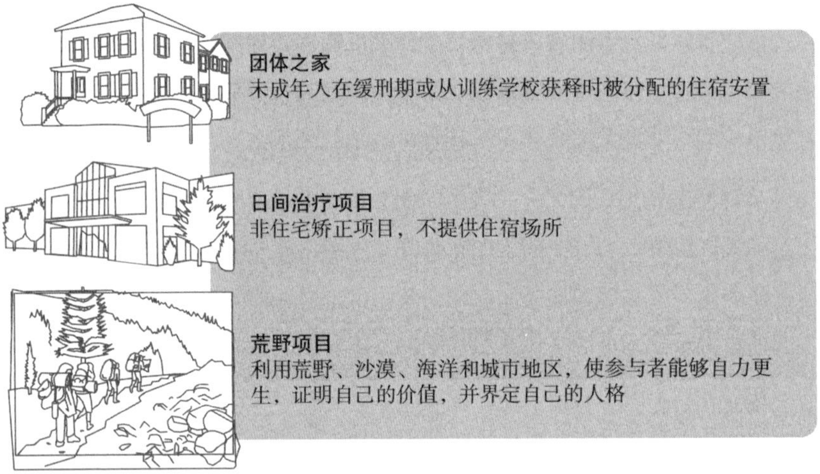

图 16–1　社区项目的三种类型

提高以社区为基础的项目的有效性

越来越多的研究从经验上表明，许多以社区为基础的矫正项目减少了再犯率，而且比监禁更省钱。然而，提高基于社区的矫正的有效性似乎最终需要克服社区对此类项目存在的阻力，并获得更多的公民参与。

为了打破社区阻力，让更多的公民参与到社区项目中来，少年惩教部门必须制订和实施有效的行动计划。这些计划包括需要一个发展良好的愿景，去建立项目和决定哪些少年违法者将被安置在社区设施中。

仔细规划是必要的，这样才能获得公众对社区项目的更大支持。一旦一个地方被选中做项目试点，就应该告知该社区。这种观点的倡导者声称，如果不这样做就是不诚实的。这种方法的反对者认为，提前获得信息将有可能使社区动员起来反对提议的社区项目。他们声称，社区更有可能接受一个已经建立并成功实施的项目，而不是只存在于规划板上的项目。

在选择该把哪些年轻人置于社区项目方面也存在广泛的争议。保守的意见认为，如果错误的年轻人在错误的时间被安置在错误的地方，而且犯有严重的或暴力的罪行，如强奸或谋杀，不利的宣传可能会破坏那些已经做出了最好规划和实施的项目。因此，为了保持社区项目的可行性，只有最有可能得到帮助的未成年人才应该留在社区。相反的意见认为，除了顽固的累犯之外，所有的人都应该留在社区里，因为年轻人的问题最初正是在社区首先开始的。这一立场的倡导者认为，机构化只会使被囚禁的年轻人成长为更严重的罪犯。有些支持者甚至建议将很多冥顽不化或难以管教的年轻人留在社区中。

工作人员的素质是缓刑和社区矫正项目有效性的一个关键因素。关心年轻人和决心从事帮助年轻人的员工、有处理困难年轻人工作技巧的员工，以及能够长期留在这里的员工，都可以在帮助少年违法者方面获得终生的成功。

最后，改善为未成年人提供的社区服务的连贯性通常需要大力强调非机构化。具有这种服务一体化的项目更有可能对分配给他们的少年违法者产生积极的影响。这些服务连贯性计划的另一个优势是，它们不太可能经历服务的碎片化和重复化，而碎片化和重复化是少年司法系统内其他项目中被频繁发现的问题。下面描述了青少年职业培训项目，展示了针对未成年人的连续服务项目。

你会怎么做

一个团队将与被拘留的未成年人一起工作，以确定最佳治疗方案。这个团队中的人一起工作是很重要的。即使有分歧，他们在与少年当事人打交道时也必须团结一致。在一个案例中，一位少年当事人在治疗过程中表现出了很大的改善。他的治疗团队中有一半人希望他在释放前完成治疗计划，另一半人则希望立即释放他。在该少年当事人面前发生了一场关于这件事的争论，这导致他出现了焦虑心理，不良行为也随之增加。尽管这位少年当事人告诉工作人员他还没有准备好，但他还是被立即释放了。他最终在一个月内陷入了麻烦，并被送回到一个不同的安置场所。怎样才能更成功地处理这位少年当事人呢？

青少年职业培训项目

青少年职业培训项目是一个以社区赔偿和学徒制为重点的培训项目。这项针对高风险青年的职业培训计划是由住宅建筑商协会（Home Builders Institute，HBI）赞助的。住宅建筑商协会是全美住宅建筑商协会（National Association of Home Builders，NAHB）的教育分支。青少年职业培训项目提供学徒前培训和就业培训，为被引介到该项目的被裁决的未成年人提供培训。它是由住宅建筑商协会于 1994 年在北达科他州俾斯麦、田纳西州纳什维尔和马里兰州萨比拉斯维尔发起的。它已经在佛罗里达州的五个地点（雅芳公园、代托纳海滩、劳德代尔堡、兰塔纳和奥兰多）、得克萨斯州和康涅狄格州进行了重复实施。该项目与私人机构、少年法庭法官、少年司法系统人员、教育机构和其他人力服务机构合作。虽然最初的样本量很小，但早期研究表明，15% 的未成年人在获释后的第一年内再次犯罪，10%的未成年人在获释后的第二年内再次犯罪，1%的未成年人在获释后的第三年再次犯罪，而50%的未经处理的未成年人样本会在获释后三年内再次犯罪，这些数据与之相比还是很有利的。

青少年职业培训项目长期致力于向15至19岁的法院涉案青年教授市场上亟需的建筑职业技能，以帮助其找到合适工作，试图让他们树立对未来的自信心和热忱，并为他们提供可行的职业选择。一旦毕业生获得行业认可的见习证书，青少年职业培训项目的工作人员就会帮助他们找到工作，还可以让其继续接受教育，或者参军。

住宅建筑商协会的见习证书培训课程由旅程级别的行业讲师来教授，课程内容包括安装电线、木工、环境美化、设备维护、管道工和油漆工。他们取得的一些成就如下：

- 住宅建筑商协会的青少年职业培训项目雅芳公园青年学院的学生在学院建筑上安装了太阳能电池板，以减少学院的碳足迹（碳排放量）；
- 哈佛商学院巴尔的摩住宅建筑商协会的青少年职业培训项目的学生们将巴尔的摩市家庭联盟办公室（Family League of Baltimore City Office）翻新成了一间最先进的会议室，并为巴尔的摩市的一名少年审判长打造了一张长凳；
- 住宅建筑商协会的青少年职业培训项目奥基乔比女子学院是佛罗里达州唯一一个为年轻女性提供职业和技术教育的少年司法住宅矫正项目。

少年监禁

有时候未成年人对自己和他人都是一种危险。当这种情况发生时，少年法庭通常会命令将违法者监禁。一般有两种监禁机构可供法院使用：

1. 短期监禁机构；
2. 长期监禁机构。

在接下来的部分中，我们将讨论这两种监禁机构。

机构安置的类型

短期监禁机构和长期监禁机构之间的主要区别是没有矫正项目和在临时管照机构中停留的时间较短。临时关照机构经常将男性和女性安置在同一个地方，而矫正监禁机构往往将他们分开安置。

被弃权到成人法庭的未成年人也可以被处以成人监狱服刑，或者他们可以被安置在精神健康机构。虽然少年法庭的法官可以有各种各样的住宅矫正选择，但本章侧重于训练学校，因为它关押未成年人的时间很长，而且还因为它在少年司法中扮演着特殊的角色。

对未成年人训练学校的调查屡屡报告本章开篇故事所例证的虐待类型。从 20 世纪 70 年代开始，一直持续到 20 世纪八九十年代和 2000 年后的头 10 年，一系列的调查报告了机构内的未成年人在机构内遭到虐待和受害的类似故事，而这些机构设施最初是为帮助他们而设计的。

下面提供了受害类型的例子，但加利福尼亚州也有关于未成年人监禁机构的好消息。

少年矫正领域的好消息

在关于少年机构化的坏消息中，似乎有来自加利福尼亚州的好消息。在过去的 10 年里，加利福尼亚州已经关闭了 11 个未成年人羁押机构中的 8 个，并成功地将非暴力犯罪人的责任移交给了各县。州长杰里 · 布朗（Jerry Brown）希望通过逐步淘汰剩下的三个关押着 1000 名严重罪犯的州羁押机构来完成改革。该州意识到，它需要发展单独的羁押机构来管理暴力少年违法者。该系统的支出减少了近一半，从近 5 亿美元降至约 2.45 亿美元，该州已将关押的未成年人口从 20 世纪 90 年代中期的约 1 万人降至今天的约 1000 人。一些批评人士担心，如果没有州少年监禁系统来关押更多的暴力罪犯，检察官可能会将更多的未成年人作为成年人审判，但州政府可以通过监控和惩罚过度起诉未成年人的县，以及允许对那些犯下更严重罪行的未成年人在当地羁押设施延长拘留来防止这种情况的发生。

由于存在虐待、系统管理不善和服务不力，惩教和康复部的少年设施司（Department of Corrections and Rehabilitation’s Division of Juvenile Facilities，即前加州青年管理局）仍然处于一项同意法令下。关闭州少年监禁机构将消除州政府在正在进行的诉讼中承担的义务，可能导致 500 万美元的预算重新分配，这些预算用以帮助各县进行调整并减少州政府目前的赤字。

思辨与讨论：这是好消息吗？这是否有助于改革少年羁押机构的运作呢？

本章在承认某些训练学校的不人道，甚至有时是残忍的同时，提出了有效的未成年人机构化模式的范例，以及可以帮助所有训练学校变得更有效的原则和策略。

对未成年人的短期监禁

少年违法者被关押在监狱、拘留中心和庇护所进行短期监禁。在本节中，我们将简要讨论每种类型的短期监禁。

监狱

19世纪，监狱环境的不断恶化促使改革者建立少年犯教养所。即使在早期，人们也普遍认为监狱不是收容未成年人的地方。过度拥挤的条件和无所事事滋生了一个无法无天的机构化社会，在这个社会中，未成年人往往是受害者。

尽管如此，但部分原因是可供选择的方式太少，大量未成年人继续被关押在县监狱和警察局拘留所。在20世纪70年代，每年有50万到100万未成年人被关押在监狱里。

这一数字在20世纪八九十年代似乎有所下降，主要是因为1974年出台了《少年司法和少年犯罪预防法案》，该法案规定了将未成年人关押在成人监禁设施中的限制性标准。美国国会在1980年修订了《少年司法和少年犯罪预防法案》，要求参与州如果想要获得少年司法联邦资金资助的话，就必须在1985年底之前将所有未成年人从成人监狱和警察局拘留所中遣散出来。

1985年遣散法令的最后期限延长到1988年，然后在1989年再次修订，因为几乎没有几个州能完全遵守。多年来，成年人监狱中的未成年人数最终大幅下降。与此同时，随着越来越多的州将未成年人送往成人法庭，成年人监狱中未成年人的比例又开始增加。

根据2006年公布的数据，2004年6月30日，估计有7083名18岁以下的未成年人被关押在成人监狱。2004年，这些囚犯占当时监狱总人口的1%。2004年，87%的18岁以下的囚犯被当作成年人关押；这一比例高于2000年的80%和1994年的76%。

有几个原因可以解释为什么把未成年人从监狱移走仍然是一个遥远的目标。第一，被移交到成人法庭等待刑事审判的未成年人构成了不断增加的监禁年轻人中的一个大类。第二，许多州继续拒绝完全遵守《少年司法和少年犯罪预防法案》的监狱遣散法令。经常有人声称，各州缺乏必要的资源和替代方案来执行法令。第三，人们普遍认为，将未成年囚犯与成年囚犯进行身体隔离就足以保护未成年违法者免遭监狱监禁的有害影响。这种隔离通常基于“视觉和听觉”标准，即未成年人群与成年人群充分分开，这样他们就看不见成年囚犯的身影或听不到成年囚犯的声音，就不会受其影响。

尽管进展缓慢，但还是有一些州已经采取了强烈的立场，反对用监狱监禁未成年人。加利福尼亚州和犹他州已规定将少年违法者送进成人监狱系非法行为。伊利诺伊州、密苏里州、北卡罗来纳州、田纳西州和弗吉尼亚州在20世纪80年代颁布了一项立法，禁止监狱监禁未成年人或限制入狱人数。

拘留中心

拘留中心成立于19世纪末，作为少年监狱的替代选择，也被称为少年大厅，目的是作为临时拘留中心。虽然州机构、城市或县政府、福利部门和少年法庭也管理少年拘留中心，但大多数少年拘留中心都是由法院管理的。康涅狄格州、特拉华州、佛蒙特州和波多黎各州的州政府负责管理少年拘留中心。佐治亚州、马里兰州、马萨诸塞州、新罕布什尔州和罗得岛州设有地区性拘留中心。

传统的拘留中心发生过许多恐怖故事，不止一次，拘留中心的前居民向作者描述了这些中心的有毒环境。幸运的是，在过去的 20 年里，美国的拘留情况有了显著的改善。一场旨在制定拘留标准和更具创新性拘留计划的全国性运动轰轰烈烈地开展起来了，这为改善美国的拘留实践提供了动力。

关注之家是在科罗拉多州的博尔德市发起的，并已扩展到其他司法管辖区。它们声称的目的是给予未成年人以关注，而不是拘留。这些设施没有围栏、上锁的门或其他物理限制。他们还在拘留人员和工作人员之间提供更广泛的规划和参与。如前所述，家庭拘留是一种非居住的监禁方式。它最初是在圣路易斯、纽波特纽斯、诺福克和华盛顿特区使用，现在正在全美范围内使用。

尽管总体上有所改善，但美国的拘留做法仍然显示出许多令人不安的特点。人们最关注的是，超过一半的拘留中心没有提供治疗方案，越来越多的拘留中心已经转向用机械约束和隔离来控制其拘留人口。

庇护所

庇护所是在 20 世纪 70 年代初发展起来的，目的是为身份违犯者和受扶养或被忽视的儿童提供短期照护。尽管 1975 年只有 23 个公共庇护所，但由于《少年司法和少年犯罪预防法案》的资金授权，公共庇护所的数量迅速增加，《少年司法和少年犯罪预防法案》要求将非犯罪的未成年人安置在这样的设施中。

未成年人在这些门没有上锁的非安全型设施中停留的时间从一夜到几天不等。偶尔，由于难以安排法庭要求的家庭治疗课程，或者因为少年法庭的听证会推迟，未成年人必须待上几个星期。如果该县没有拘留中心，并且少年法庭法官也不愿将未成年人拘留在县监狱，或者如果法官决定通过将违法未成年人转移到更开放的庇护所来奖励他在拘留期间的积极行为，就可以将违法未成年人安置在庇护所中。庇护所设施确实允许其少年居民在周末进行家访，并在工作日到社区进行实地考察。

毫不奇怪，这些设置的开放性造成了离家出走的问题，并使居民难以控制违禁药品。工作人员面临的另一个问题是，这些设施在少年居民中也存在纪律问题，他们往往难以控制自己的态度和行为。

对未成年人的长期监禁

新兵训练营可以是未成年人较长期的监禁机构，而牧场和荒野项目在相对较长的一段时间内通常会保持收费状态。在美国，训练学校是长期少年惩教机构的主要形式（详见表 16–2）。未成年人也可能会被转移到精神健康场所，或被判刑到少年违法者监禁机构和成人监狱去服刑。

表 16–2　未成年人安置的类型

类型	目标	特征
新兵训练营	震撼治疗	强调军事化纪律的短期或长期设施
接待和诊断中心	评估和安置	用于评估未成年人是否可能被安置到其他设施的短期设施
牧场和荒野营地	最低级别的安全	涉及与员工的非正式接触，相比训练学校是更不安全的中期安置设施
公立和私立的训练学校	时间更长和更安全的机构安置	涉及较长的停留时间，有时还会卷入暴力居住生活的较大的物理设施

新兵训练营

在 20 世纪 80 年代末和 90 年代，新兵训练营在少年司法领域受到越来越多的关注。新兵训练营计划强调军事纪律、体育训练和有规律的活动，时间通常从 30 天到 120 天不等，目的是震撼少年违法者，防止他们进一步犯罪。该计划通常是为那些没有通过缓刑等较轻制裁的违法者设计的。奥尔良教区项目成立于 1985 年，是美国第一个少年新兵训练营。该项目接受任何被少年法庭法官裁决的人，但大多数项目一般不包括性犯罪人、武装抢劫犯和暴力犯罪人。

少年新兵训练营的基本原理与少年司法系统历史上对康复矫正的强调是一致的，通常包括对违法少年需求的明确假设，并提供补救、咨询和满足这些需求的必需的善后服务项目。所有的项目都采用了军事习俗和礼节，包括穿制服的训练教官，按军队中排的结构组队，以及对参与者的惩戒性惩罚，包括在某些情况下的集体惩罚。虽然强调的重点不同，但人们通常会发现，对于少年新兵训练营项目，他们必须根据参与者的成熟水平来调整他们的环境。

少年新兵训练营通常是为中等级别的违法者保留的，比如那些没有通过缓刑等较轻处罚的人，但他们还不是顽固的犯罪人。新兵训练营经历令人震撼的方面包括根据项目发生的环境所建议的进行监禁。一些项目仅限于非暴力、第一次犯下严重罪行或第一次被羁押的未成年人。

位于克利夫兰、丹佛和莫比尔的三个项目是由少年司法和犯罪预防办公室资助的，该办公室于 1991 年启动了一项针对少年违法者的三地新兵训练营研究。这三个实验项目的项目指南确定了最大限度地发挥其有效性的六个关键组成部分：

1. 教育、就业培训和就业安置；

2. 社区服务；
3. 药物滥用咨询和治疗；
4. 身心健康保健；
5. 个性化和持续性的个案管理；
6. 强化的善后服务。

1994 年对这三个地点的评估发现，这些地点无法完全执行项目的指导方针。每个项目“都经历了相当大的不稳定和人员流失”，并且不能“实施和维持稳定的、发展良好的善后服务”。

大多数少年新兵训练营都会安排半天以上的时间进行教育和咨询活动，以及某种形式的药物和酒精咨询。另外，大多数新兵训练营项目会给其毕业生安排一段时间的强化社区监督。

公平的评估可能是，新兵训练营的质量在很大程度上取决于它们如何根据参与者的成熟程度对其项目进行量体裁衣，以及它们在实施和维持有效的善后服务方面如何保持高效。多丽丝·麦肯齐（Doris MacKenzie）及其同事完成了对 26 个少年新兵训练营的研究，将其与传统设施进行了比较（将 26 个新兵训练营的 2668 名未成年人的经历与 22 个传统设施中的 1848 名未成年人的经历进行了比较）。他们发现，总的来说，与传统设施中的未成年人对其环境的看法相比，新兵训练营的未成年人认为自己的环境更积极或更具治疗性，更少敌意性或更少危险性，而且更有条理性和组织性。此外，这项研究表明，随着时间的推移，新兵训练营的未成年人比传统设施中的未成年人更少反社会和更少抑郁。

几乎所有关于少年新兵训练营的其他后续研究都发现，与传统少年设施相比，其再犯率略高或与传统少年设施相同。几乎所有设有新兵训练营的州都有对新兵训练营虐待的指控。2007 年的一份联邦报告，审查了六个州的 10 名青春期少年在参加项目时死亡的案例，发现有“大量证据表明其管理不力”和“有鲁莽或疏忽的操作实践”。报告显示，有证据表明，十几岁的孩子被迫吃自己的呕吐物、挨饿，并被要求在自己的排泄物中打滚几个小时。

令人失望的再犯结果，加上对虐待的指控，促使亚利桑那州、佛罗里达州、佐治亚州、马里兰州和南达科他州叫停或重新评估 20 世纪 90 年代初流行的“对未成年人采取强硬态度”的做法。亚利桑那州将 50 名未成年人从一个死亡了一名未成年人的新兵训练营中撤出。马里兰州在接到蓄意折磨报告后，关闭了一个新兵训练营，并暂停了另外两个设施的军事训练方案。在马里兰州，对虐待的指控导致该州职位最高的五名少年司法官员下台。2006 年 3 月，佛罗里达州在被指控虐待和一名未成年人被新兵训练营工作人员殴打致死后，关闭了所有新兵训练营。

尽管有研究证明，未成年人认为新兵训练营是一个更有利于其矫正康复的积极环境，但新兵训练营是灵丹妙药这种观点在少年矫正中很难消亡，而且这种过去 20 年来广为宣传的方法可能继续被全国的一些州运用。最近的批评和令人失望的再犯数据可能会导致建立更少的新项目，导致对现有项目进行更多的审查。

接待和诊断中心

接待和诊断中心（包括公立的和私人管理的中心）的目的是确定哪种治疗计划适合，哪个训练学校是每个被裁决的未成年人的最佳安置选择。

一些较大的州有接待和诊断中心，但对于大多数州来说，这个诊断过程是在其中一所训练学校进行的。虽然工作人员更关注短期诊断而不是长期治疗，但未成年人在这段时间受到的关注往往比他们在监禁期间的任何其他时间都要多。如果未成年人因暴力犯罪而被监禁，精神科医生通常会对该未成年人进行评估，并多次去看望他。临床心理学家或具有心理测试技能的人经常会对未成年人进行一系列测试，以确定他们的智力、态度、成熟度和情绪问题。与此同时，社会工作者完成了对每个未成年人的个案调查。社会工作者已经有了来自法院的未成年人的背景材料，获得这些资料有时需要花费一到两周的时间，最后才能到达接待中心，社会工作者主要调查未成年人的家庭背景。教职员工发现任何学习问题，并确定适当的学校安置。体检和牙科检查也经常进行。最后，小屋主管或宿舍主管会评估未成年人的机构适应性和同伴关系。当所有的报告已经准备完毕，未成年人的需要和态度已被总结出来，是安置到最好的小屋还是机构化安置的建议也已经做出，接待中心便会为每名未成年居民举行个案会议。

牧场

牧场是最低安全级别的机构安置场所，通常是为犯过轻微罪行或第一次被交付给青年服务部或私人惩教部门的年轻人保留的。

在这些营地里，居民通常在州立公园里做资源保护工作，割草、除草、打扫卫生，做一般的维护工作。治疗计划通常包括与社会工作者和儿童看守工作人员进行个人接触、团体治疗，以及偶尔的家访。居民可以定期或每周被带到附近的城镇购物和参加社区活动。

在这些设施中，只有大约 20% 有一个或多个监禁特色，但上锁的卧室绝对不是监禁特色。它们与拘留所和长期安全设施形成了鲜明对比，其中大约 90% 的设施在锁着的卧室特色之外有一个或多个监禁特色。与过去牧场和营地往往居住着白人青年不同，今天的牧场和营地居民中有 76% 是少数民族犯罪人、12% 的居民是女性。此外，为了与今天的关注点保持一致，重要的是要注意，68% 的安全设施在第一天就对所有新进的年轻人进行自杀风险筛查，另有 17% 对选定的年轻人进行筛查。

居民通常对荒野营地或牧场安置比训练学校安置表现得更积极。他们喜欢更宽松的安全环境，喜欢更频繁的社区接触，喜欢停留的时间更短，他们与员工的关系更好。然而，一些未成年人无法应对这些环境。他们可能太想家了，或者太容易受到同龄人的伤害，所以他们会反复逃跑，直到他们被转移到更安全的监管设施为止。

训练学校

训练学校是专门为长期监管而设计的设施。美国有 2429 个少年监管设施，关押的 50 821 名犯罪人其关押时间相对较长。其中，1008 个是公立设施，关押着 36 110 名少年违法者；844 个是私立设施，关押着 14 711 名少年违法者。

2014 年官方统计中显示的训练学校的学员人数表明，25% 的设施达到或超过了它们的容纳能力。最大的设施最有可能是拥挤不堪的。总体而言，少年违法者拘留人口从 2012 年到 2014 年下降了 11%。

未成年人监禁的成本是相当高的（如图 16–2 所示）。最近的一份名为“加州实施改革”的报告显示，该州未成年人机构监管的平均成本飙升。加州收容一名居民每年需要花费 115 129 美元，这一成本高于其他五个有可用数据的州的成本，未成年人在收容机构的平均停留时间超过两年，几乎是参与全国调查的 19 个州的平均停留时间的三倍。请注意，加州是仅有的六个管辖年龄超过 20 岁的州之一。加州的少年违法者的停留期限最长为 24 岁，这导致那些被判在加州少年收容机构中服刑的人在机构中停留时间较长。

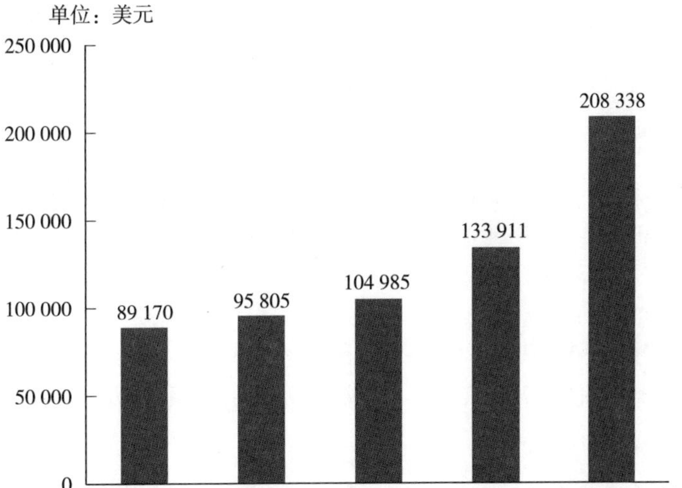

图 16–2 2014 年选定州每名未成年人每年的监禁费用

想一想

收容未成年人的费用很高，但那些犯有严重犯罪行为的未成年人往往会被安置在住宅环境中。哪些类型的少年违法者最需要被收容？

加利福尼亚州、得克萨斯州、伊利诺伊州、密歇根州、纽约州和俄亥俄州等州都是拥有几所训练学校的州。较小的州有一所男孩训练学校和另一所女孩训练学校，马萨诸塞州和佛蒙特州没有训练学校。虽然男女同校机构在20世纪70年代获得了一些认可，北卡罗来纳州甚至将所有的训练学校都改建为男女同校设施，但这一趋势似乎已经过去。

国家亲权理论鼓励训练学校的管理者宣称矫正康复是他们的官方目标，但大多数训练学校的总体目标是提供一个安全、有保障和人性化的环境。实际目标则取决于训练学校的安全级别。只有一所男孩训练学校和一所女孩训练学校的州必须在一个机构设施内执行所有安全级别的监管，但拥有几所训练学校的州有发展最低安全级别机构、中等安全级别机构和最高安全级别机构的选择权。

安全特色和规模会因设施类型不同而不同。据报告，超过38%的设施至少在一段时间内，其会被锁在卧室里；在76%的公立设施和62%的州立设施中，学员会被锁在卧室里。很少有私人设施会将学员锁在卧室里（5%）。在将未成年人锁在卧室的设施中，大多数是在晚上（85%）或当未成年人失控时（77%），机构会这么做。

中等安全级别和最高安全级别的训练学校的项目比监狱或拘留所的项目要充足得多，而且比营地和牧场的项目更多样化。大多数较大的训练学校都有一名全职护士值班，一名医生每周坐诊一天或多天。如果学员需要，有时会提供诸如去除文身之类的服务。

大多数中等安全级别和最高安全级别的训练学校都为学员提供教育项目。这些学校可能会被州政府认可授予高中文凭，大多数学校都提供为GED考试[①]做准备的课程。除了常规的学术课程外，训练学校通常还提供基本技能课程，包括对必备技能的复习如阅读、写作和算术等，一些项目还设有实验室和程序教学。班级通常是小班，允许学生根据自己的学习速度取得学业上的进步。印第安纳男校就是一个专注于学员学习障碍的训练学校的例子，因为印第安纳州惩教官员认为学习障碍与犯罪行为密切相关。

最广泛使用的治疗模式是沟通分析、现实治疗、心理治疗、行为矫正、引导团体互动、积极的同伴文化以及药物和酒精治疗。思维错误模式、消灭帮派的模式和执法教育模式是最近在全国一些私立和公立训练学校实施的新形式的治疗。

志愿者是机构项目的重要辅助力量，拥有积极活跃的志愿者项目的机构可以极大地丰富其居民在机构居住期间的生活。一些州比其他州有发展更成熟的志愿者项目，在其主要机构中设有志愿者

① GED考试的全称是General Educational Development，即美国高中同等学历证书，是由美国教育委员会（American Council of Education）中的GED考试服务部门发展而来。GED考试是目前美国50个州、哥伦比亚特区、美国岛屿地区以及加拿大各省与地区认可的唯一高中同等课程，其中超过97%的美国大学和企业视GED文凭持有者与正统高中毕业生同等对待。近年来，GED考试也对国际学生开放。——译者注

协调员。被监禁的违法者往往乐意接受无偿志愿者提供的服务，这些志愿者不代表权威人物，但能够提出未成年人的需要，成为他们在社区中的利益维护者。

最后，释放前与活动相关的计划是机构活动的重要组成部分。这些计划通常更多地发生在最低级别的安全设施中，而不是在中等级别或最高级别的安全设施中。家庭休假、下午校外出行，以及允许在社区工作等，这些都是对小屋居民释放前或者对那些距离释放只有一两步之遥的人的典型特权。

为女性提供的设施

女孩在训练学校的社会角色一般基于其家庭或亲属关系的社会结构。

- 罗斯·贾洛姆博多（Rose Giallombardo）对美国不同地方三所女孩训练学校的调查发现，攻击性女孩倾向于接受男性性别角色（像男人一样），并向新居民施加压力，要求其接受女性性别角色（女人）。
- 克里斯托弗·M 西弗德斯（Christopher M. Sieverdes）和巴特勒斯对东南部六所男女同校训练学校的研究也揭示了女孩小屋中存在的家庭社会结构。这项研究进一步将在这些居住单位中发现的七种社会角色分为攻击性角色、操纵性角色和被动性角色。
- 爱丽丝·普罗珀（Alice Propper）考察了分布在东部、中西部和南部的三所男女同校训练学校和四所女子训练学校，其中五所是公立学校，两所是私立天主教学校。与之前设立的假设恰恰相反，她发现伪家庭角色和同性恋行为之间几乎没有重叠，参与同性恋和虚拟家庭在男女同校训练学校和单性别训练学校中一样普遍，同性恋在以治疗为导向的设施中和以看管为导向的设施中一样普遍。

总而言之，与专为青春期男性设立的机构类似，专为青春期女性设立的机构也提供了一种环境。在这种环境中，强壮的女孩会利用弱小的女孩，攻击性行为是生存环境中的主导力量。

机构化未成年人的权利

未成年人的权利是少年司法中的一个重大问题。少年司法系统内未成年人正当程序权利的支持者质疑安置机构中的未成年人是否受到了足够的法律保护。他们认为，被监禁的未成年人应该享有三项基本权利，即获得治疗的权利、诉诸法院的权利及免遭残酷和不寻常惩罚的权利（如图 16–3 所示）。被拘禁犯罪人的权利受到了联邦法院的审查，并得到了《机构化人员的公民权利法》（*the Civil Rights of Institutionalized Persons Act*）的支持。

图 16-3　未成年人的三大权利

接受治疗的权利

几项法院裁决发现，被送往训练学校的未成年人有接受治疗的权利。哥伦比亚特区的怀特诉里德案中，哥伦比亚特区的联邦地区法院裁定，未成年人不能被关押在没有为他们提供矫正康复服务的机构。在罗德岛的一起案件中，男孩训练学校的囚犯诉阿弗莱克一案的裁决还指出，未成年人有权接受矫正治疗，因为矫正康复是少年法庭的真正目的。在纳尔逊诉海因案中，印第安纳州第七巡回法院同意地区法院的观点，即在这一案件中，印第安纳州男孩训练学校的少年囚犯有权获得矫正性治疗。

在一些人认为是得克萨斯州里程碑式的案件——1973 年莫拉莱斯诉特曼案中，美国得克萨斯州东部地区的地区法院认为，为确保向被关押的未成年人提供适当的治疗，得克萨斯州必须遵循一些标准。这些标准包括评估和测试被交付到该州的儿童的最低标准；评估教育技能和教育障碍的最低标准以及提供旨在促进儿童教育的方案的最低标准；提供职业教育以及医疗保健和精神保健的最低标准；以及提供人道主义机构环境的最低标准。经法院批准的解决协议设立了一个由三名成员组成的莫拉莱斯顾问委员会（Morales Consultant Committee），以调查得克萨斯州少年委员会。在 1984 至 1989 年间，该顾问委员会审查了解决协议确定的 33 个问题。在 1985 至 1989 年间，顾问委员会每年都向得克萨斯州少年委员会提交报告，详细说明该州的未成年人设施需要做出的改变，而青年委员每年都会以自己的书面报告做出回应。到 1989 年，顾问委员会发现得克萨斯州少年委员会完全遵守解决协议。

诉诸法院的权利

正如前面章节中提到的，1967 年美国最高法院在高尔特案中承认未成年人有聘请律师的权利。这一裁决中有一句著名的判词，福塔斯大法官宣称："根据美国宪法，未成年男性身份不能成为受到袋鼠法庭的遭遇的正当理由。"高尔特案认为，未成年人在少年法庭需要保障措施，接触律师是确保他们的权利得到实现的最重要的方式之一。最终，其他一些案件也得到了裁决，这些案件在移交给成人刑事法院之前为未成年人提供了听证会，并要求犯罪证据的证实必须排除合理怀疑。然而，没有授予未成年人的一项重要权利是应当有接受陪审团审判的权利。

免遭残酷和不寻常惩罚的权利

一些法院对少年机构适用了第八修正案，禁止残酷和不寻常惩罚，禁止少年羁押机构使用任何形式的体罚，禁止出于控制目的使用氯丙嗪[①]和其他药物，并禁止使用延长时间的单独监禁。佩纳诉纽约州少年部的裁决认为，在戈申附属中心（Goshen Annex Center）使用隔离、手铐和镇静药物是惩罚性的和反治疗的，因此违反了第八修正案。在男孩训练学校诉阿弗莱克案中，法院还谴责了单独监禁和脱衣牢房等做法，并为被关押在训练学校的年轻人制定了最低标准。在得克萨斯州的莫拉莱斯诉特曼案的裁决中，法院发现了身体虐待的情况，包括工作人员在管理过程中的殴打和使用催泪瓦斯、同性恋攻击、过度使用单独监禁以及缺乏临床服务等。在密西西比州的摩根诉斯普罗特案中，法院发现年轻人被关在软壁牢房里，没有窗户或家具，只有一个冲水孔当厕所用，被拒绝接触除《圣经》以外的所有的项目或服务。最后，在州诉沃纳案中，法院发现居民被单独监禁；被工作人员殴打、脚踢、扇耳光并喷洒梅斯催泪型毒剂；被要求用牙刷擦洗地板；被迫长时间站立或坐着，不得改变姿势。在上述每一起案件中，法院都谴责了这些残忍的做法。

少年善后服务

释放是被关押未成年人的首要目标。未成年人在监禁中度过的数日、数周、数月，有时甚至是数年的岁月里，其头脑中满满充斥着释放甚至逃脱的想法和幻想。整个少年司法系统关注的也是释放。工作人员在整个监禁过程中负责指导居民，使用惩罚、教育和职业培训以及矫正康复技术，以努力确保居民重返社区将是永久性的和积极的。

假释，或通常被称为少年善后服务，关注的是当年轻人从羁押机构释放时，他可以从释放中获得最大利益，并能够为适应社区生活做出最佳调整。在过去的 40 年里，少年司法的一个主要问题

---

① 氯丙嗪（Thorazine），传统抗精神病药（神经阻滞剂、吩噻嗪、D2 受体阻断剂、止呕吐药），该药有较强的镇静作用，故也常用于镇静。——译者注

是发展了一种可行的哲学和善后服务的概念。这些年来，少年司法已经制定了少年善后服务或假释的若干目标：

1. 在最有利于适应社区的时候将居民从监禁中释放；
2. 为年轻人成功完成社区善后服务做好准备；
3. 减少被释放未成年人的犯罪行为；
4. 减少被释放犯罪人的暴力行为；
5. 增强社会对假释制度的信心；
6. 舒缓训练学校的过度拥挤状况；
7. 监控少年违法者，防止他们贩卖或滥用毒品；
8. 阻止年轻人重返街头帮派。

实现这些目标需要广泛地规划和深入地研究。例如，确定最有利的释放时间需要拥有比目前可用的更丰富的知识。可以设计许多富有革新精神的新预测技术，研究必须使释放当局能够将未成年人留在监禁机构中的成本与他们被释放可能对社会造成的危害进行比较。

在知道何时释放被关押的年轻人方面，对是否有有效的方法可用是有疑问的。例如，一项对佛罗里达州16 779名从社区项目中释放到社区的未成年人进行的研究发现，监禁时间长短和再犯率之间没有一致的关系。这项2008年的研究发现，监禁的时间长短只对从高风险设施中释放的男性犯罪人的再犯率具有显著的影响。

一旦未成年人被裁决进入州立训练学校，该州通常保留管辖权，直到他获释。尽管有一些州赋予其他机构和委员会拥有假释未成年人的权利，但决定何时将未成年人从训练学校释放的权利通常是授予羁押机构的工作人员。小屋工作人员通常会在指定的时间间隔内审查每名未成年人的进步情况，当工作人员建议释放时，该建议会由一个由整个机构的工作人员组成的委员会进行审查。如果委员会同意，该建议还必须得到青年当局或青年委员会的机构协调员的批准。

善后服务的运作

善后服务是各州的责任，由44个州的行政部门管理。有四个州的善后服务是由缓刑部门组织，由缓刑监督官管理；另外四个州是采用其他方式组织和管理善后服务。

负责此案的善后服务官或缓刑监督官（许多司法管辖区的缓刑监督官把为未成年人提供善后服务作为其案件工作量的一部分）有时会与训练学校的被关押未成年人通信联络，甚至可能去探望他们。在许多州，在善后服务官员批准由监禁机构的家庭工作者提交的家庭安置计划之前，未成年人不能被释放，这通常涉及善后服务官员进行家访，以确保家庭是一个好的安置地方。在其他时间，善后服务官员必须找到一个替代安置，如寄养家庭、团体之家或中途之家。

伯特·伯拉斯顿（Bert Burraston）及其同事2012年进行的研究通过认知训练来考察未成年人再犯率的减少。认知训练是帮助个体更清楚地审视其原则和信念的一个项目，是一个自动化手机培训项目。在这项对70名少年违法者再犯的研究中，研究结果表明，认知训练辅之以手机培训是降低再犯率有效且经济合算的干预措施。

当一个未成年人在其所在的州内没有可接受的家庭安置时，州际契约就启动了。监禁机构的社会工作者通常与可能安置该未成年人的另一个州的适当机构联系，并提交一份州际契约，以便在该未成年人从训练学校释放后将其转移到该州。原司法权所在的州保留对未成年人的权利，并随时了解未成年人的状况。

少年善后服务的部分问题是，少年违法者通常会被送回相同的社区（和相同的家庭），再次暴露在他们先前不能有效处理的相同问题中。他们的大多数朋友还在附近，没过多久，他的朋友就会建议他们再共同去犯另一起罪行。如果回归者已经下定决心，他可能会说："嘿，从我面前滚开。我不想听那件事。"但是，如果这个未成年人找不到工作（工作对于犯罪少年来说本就属于稀缺资源，他们往往也是辍学者）或者面临经济压力，不再重返犯罪之路就会变得越来越难。

大多数处于善后服务状态的未成年人在获释后都会在社区接受一年或更长时间的监管。善后服务官负责监控置于其监督之下的未成年人的行为，为每名未成年人提供一份规则清单；这些规则通常与发给成年假释犯的规则相似，涉及服从父母、在学校或工作中保持令人满意的适应状态、每晚某个时间在家、避免与其他少年违法者接触、避免使用或持有任何麻醉剂，以及按要求向善后服务官报告等事项。

风险控制与减少犯罪

目前，善后服务的重点是短期行为控制。少年司法和犯罪预防办公室已经开发了一个强化的善后服务项目，其原则包括为未成年人释放到社区做好准备，促进未成年人与社区的互动和参与社区，以及监控未成年人重新融入社区的情况。

类似于少年缓刑，强化监督项目正在越来越多地被使用。截至1992年，美国有80多个善后服务项目。这些强化项目中最值得注意的有：

- 宾夕法尼亚州30个县的那些项目；
- "生活技能95培训规划"；
- 波士顿、孟菲斯、纽瓦克和底特律的暴力少年违法者研究和发展项目；
- 斯基尔曼的强化善后服务项目；

- 密歇根州诺科米斯的挑战项目；
- 纽约的 PARJO 计划；
- 少年司法和犯罪预防办公室的强化善后服务项目。

还有一个重点是制定一个综合的理论框架，以指导对长期少年违法者的强化监管。强化善后服务项目模型在很大程度上是基于对社会控制理论、紧张理论和社会学习理论的结合，侧重于重新整合的过程。这个模型的基本假设是，长期的和严重的少年犯罪与社会组织混乱（社会解体）、社会化不足和压力所产生的弱控制力有关；压力是由独立于弱控制力的社会组织混乱（社会解体）产生的；一边是联系薄弱和/或有紧张情绪的未成年人，一边是有违法犯罪行为的未成年人，同伴群体影响作为一种社会力量介于二者之间。

在传统的和强化的善后服务中，如果未成年人违反了规则或违反了法律，他就可能会被送回训练学校。虽然法院尚未制定关于未成年人的撤销善后服务的指导方针，但撤销未成年人的善后服务身份不再仅仅基于善后服务官员的证词，后者可能会受到个性冲突或对当事人存有偏见的影响。今天，大多数司法管辖区都有撤销善后服务的正式程序。善后服务官员可以初步调查该指控；如果调查结果是该未成年人确实犯了罪，则善后服务官员则将假释违反情况向监督官报告。监督官可以对案件进行复审并做出决定，也可以由撤销委员会对违规行为进行审查。善后服务官员可能会被要求提交书面撤销建议，但不允许作证，允许未成年人为自己辩护。

成人监狱中的未成年人

最终入狱的未成年人通常是被移交到成人法庭后，被判处监禁刑期。他们很快就会发现成人惩教机构是一个与几乎所有的训练学校都截然不同的世界：

- 监狱要大得多，有些监狱关押着数千名囚犯，而且可以占地数英亩；
- 监狱里面的生活通常是简朴清苦、拥挤不堪和充满危险的；
- 成人惩教机构中存在的暴力性和剥削性关系使这种处置对未成年人来说是一种煎熬，他们特别容易受到性侵害和身体攻击。

各州在将未成年人关在成人机构的做法上存在差异。在一些司法管辖区，如果法律要求这样做，法官就别无选择，只能将未成年人送进成人监禁机构，但少数州的法官（在特殊情况下）可以将未成年人送到少年机构或成人机构。在另一些州，法官可以将未成年人送回少年法庭，但当他们达到成人年龄后，他们还是会被移交到成人机构。

2000年10月，印第安纳州停止将被判犯有成人罪行的未成年人送入普通监狱。那些罪行较轻的人现在被关押在中等安全级别的普莱恩菲尔德惩教机构（Plainfield Correctional Facility）或最低安全级别的梅德利维尔惩教机构（Medaryville Correctional Facility），但印第安纳州犯下暴力或严重罪行的未成年人会被送往最高安全级别的监禁机构——瓦巴什山谷（Wabash Valley）。

2002 年，估计有 4100 个新法庭判决涉及 18 岁以下的未成年人，他们被送往成人监狱。在 1985 至 2002 年间，涉及 18 岁以下的未成年人被判州监狱服刑的每年新判决数量增加了 22%，总体上的监狱服刑新判决数量增加了 114%。

有 13 个州允许将未成年人移交到成人监禁机构。法院有权在这些州中的三分之一进行这种移交，监禁机构在这些州中的三分之一有权进行移交，移交决定是这些州中三分之一的两个机构（例如，监禁机构和法院或少年监禁机构和成人监禁机构）之间达成的联合协议。这种移交的原因包括犯罪者的年龄，犯罪的严重性，没能从该项目中受益，以及对监禁机构生活适应不良。例如，一名最初犯有严重罪行的年长的少年居民对工作人员的暴力袭击，是最有可能导致他从少年监禁机构移交到成人监狱的案件类型。

未成年人在训练学校中的居住生活

许多关于男孩训练学校的研究反映了一个强者利用弱者的囚犯社会。最近，随着 2003 年《消除监狱强奸法》（*Prison Rape Elimination Act*，*PREA*）的通过和签署，三个主要的政府资助的研究结果提出了关于被监禁未成年人性被害的条件和范围的更多真知灼见。第一项研究利用了 203 个矫正机构中 7073 名未成年人的全国代表性样本，发现住宅矫正机构里的未成年人中有 3.6%（每 28 人中就有 1 人）报告至少遭受过一次性侵害。第二项研究是基于司法统计局收集的行政记录数据，该研究是《消除监狱强奸法》授权的美国惩教机构性暴力发生率和流行率研究的一部分，该研究发现，2004 年少年监禁机构当局报告的性受害者比率超过了被关押未成年人的 5%。第三项研究是 2007 年在 12 个监禁机构中进行的，位于六个州，包括九个男性监禁机构，一个女性监禁机构和两个男女混合的监禁机构。根据这项研究，19.7% 的受访未成年人报告在过去 12 个月的监禁期间至少发生过一次性侵害事件。

总而言之，虽然这些研究中描述的无法无天的环境存在许多例外情况。在这种环境中，强者利用弱者，但事实是，太多训练学校的男性学员的生活质量极成问题。更令人不安的是，工作人员参与性侵居民的比率很高。以下描述了少年监禁机构中的性被害现象。

少年监禁机构中的性被害

在 2010 年的一份名为《少年监禁机构中的性被害》的报告中，美国司法统计局对少年住宅矫正机构中的性被害进行了第一次具有全美代表性的调查，研究调查了 26 550 名被关押在州立和大型本地或私营少年监禁机构中的已裁决未成年人。总体而言，这些机构中 91% 的未成年人是男性，9% 是女性。调查发现，在州立机构和大型非州立机构中，估计有 12% 的未成年人（代表全美国的 3220 名未成年人）报告在前几个月或入监后有一起或多起被另一名未成年人或监禁机构中的工作人员性侵害的事件。

- 约 2% 的未成年人（全国 700 人）报告了涉及同龄人的性侵事件，令人震惊的是，10.3%（2 730 人）报告了涉及监禁机构工作人员的性侵事件。
- 约 4.3% 的未成年人（1150 人）报告由于某种被迫的原因与监禁机构工作人员发生性关系或其他性行为，6.4% 的未成年人（1710 人）报告在没有强迫或威胁的情况下与机构工作人员有过性接触。
- 在所有报告工作人员性行为不端的未成年人中，大约 95% 的人表示，他们受到了女性工作人员的性侵害。2008 年，州少年监禁机构的工作人员中有 42% 是女性。
- 在未成年人中，性被害率各不相同；9.1% 的女性和 2.0% 的男性报告与其他未成年人发生了令人讨厌的性行为。
- 有性取向问题而非异性恋的未成年人报告被另一名未成年人性侵害的比率（12.5%）显著高于异性恋未成年人的性被害率（1.3%）。
- 在目前的监禁机构中，先前有过任何性侵犯经历的未成年人报告性被害可能性（24.1%）是没有性侵犯历史的未成年人性被害可能性（10.1%）的两倍多。
- 在由另一名未成年人造成被害的未成年人中，20% 的人说他们受到了身体伤害，5% 的人报告说他们曾经因为自己受伤而寻求过医疗救治。
- 在由工作人员造成被害的年轻人中，5% 的人报告了身体受伤，只有不到 1% 的人寻求过医疗救治。

思辨与讨论：如果少年监禁机构必须保证居民安全的话，那么司法统计局的这份报告以及最近的其他报告，都是对这个国家未成年人机构化政策的严厉控诉。怎样才能更好地保护未成年人使其不受彼此的伤害，同时也不受剥削性员工的伤害呢？

对少年监禁机构管理的建议

近 30 年来，对少年惩教机构的各种审查一直在试图发现有效干预的原则。巴特勒斯和他的同事发现以下是有效干预的原则。

- 追求监禁机构的卓越。成功的管理者设定了卓越的高标准。他们不仅期望卓越，而且还要求卓越。

- 一个有意义的机构项目需要一个深思熟虑的行动计划或行动策略。管理者必须确定他们想要去哪儿（他们的愿景），并了解如何才能到达那里（实现愿景）。
- 管理应该积极主动。预见性和预防性的方法是维持机构控制的根本。
- 应该把专业精神作为所有员工的目标。员工的发展和培训是员工把他们自己视为专业人士的重要步骤。
- 机构设施的清洁和有序是绝对必要的。整洁表明员工控制得很好。
- 机构环境对未成年人和工作人员都必须保证安全。如果一个机构不是一个安全的环境，什么积极的事情都无法完成。
- 居民和工作人员都必须得到尊严和尊重。对于工作人员的行为准则是，他们对待居民的方式就像他们希望自己的儿子或女儿得到的待遇一样。
- 对于那些希望对自己的生活做出积极改变的未成年人来说，必须有可资利用的由尽职尽责的工作人员提供的好项目。治疗方案必须有效地提供给那些感兴趣的居民，特别是那些有成瘾问题和愤怒情绪控制问题的人。
- 必须对工作人员和未成年人建立有效的问责制度。不适当的行为需要有足够的制裁后果，特别是在违反规则的情况下。
- 承诺的服务必须在预定提供时提供给未成年人。重要的是，该系统要具有可预测性，并且要得到信任，能够做到承诺的事情。
- 监禁设施应尽可能具有以下特点：它们应该尽可能接近未成年人的家庭；规模较小；提供个性化服务；家庭友好型；并以关怀的方式进行管理。
- 管理者必须在各个方面都是正直的典范，无论是在监禁设施内部还是外部。
- 鉴定合格或认证是提供人道主义监禁和提高任务效能的少年住宅矫正机构中的一个重要程序。

埃米·沃特斯的人生历程（16 岁半）

由于不符合缓刑要求，埃米被带回少年法庭。出现在她面前的一位严肃的法官问了她几个问题，并命令将她送到关押严重少年犯的住宅机构，在那里，她将被关押了六个月。在此期间，该法官告诉埃米，她必须参加并成功完成该机构提供的药物教育项目。法官说，在那里，埃米将被要求参加现场学校（她在十年级），并在她所选的课程中至少保持 C 的平均水平。法官告诉埃米，任何进一步的行为不端的迹象都可能导致她在该机构被关押到 19 岁。听证会结束后不久，埃米被带到了一家州立的女孩住宅机构。

到达该机构后，她接受了面谈，进行了一系列笔试，并被分配住在一座小木屋里，那里也是其他五个女孩的家。尽管所有女孩的种族背景不同、来自该州的不同地区，但她们都和埃米的年龄差不多。

埃米似乎没有融入的问题，她很快就和室友打成一片，成了朋友。这座小屋有单独的床，有带锁的衣物储物柜，在共用的浴室里有一个小化妆区，每个女孩都可以在里面存放私人物品。然而，只有一台电视机，所以当女孩们不上课或不参加其他项目时，她们必须就想看什么节目达成一致。晚上10点熄灯，早上6点开灯。早餐是早上7点，女孩们被要求必须吃早餐。学校的一天从早上8点开始，一直持续到下午4点。然而，埃米很快了解到，这里的课程与她之前就读的公立学校的课程有很大不同，它包含允许女孩们有学习职业技能的选择权。埃米选了几门美容师的课程，很快她又开始学习美发和化妆艺术。她甚至接受了如何进行足疗和美甲的培训——这是她非常喜欢的事情。当她们无事可做时，教授课程的女士们让埃米和她的朋友们在彼此身上练习所学的东西，时间花费在美容护理上的付出和接受让女孩们对自己感觉良好。其中一位老师是一位中年妇女，女孩们称她为伍兹夫人，她对埃米特别感兴趣，并告诉她当美容师是多么令人愉快的职业。她还鼓励埃米认真考虑自己的未来，并建议她回家后不要再和错误的人群交往。很快，埃米就开始考虑在被释放后要去上美容学校，并开始想办法支付培训费用。

在她意识到这一点之前，六个月过去了，埃米被释放了，回到了家中，并由她的父亲继续照料。

尾声：埃米实现了她成为一名美容师的愿望。她在当地的一家餐馆找到了一份兼职工作，在父亲提供的补充资金的支持下，她得以进入当地的一所美容学院学习。几个月后，她获得了美容师执照，并在一家大型零售店关联的水疗中心担任全职美容专家，在那里，她专门进行微磨皮（剥离皮肤外层，以便健康的新皮肤生长）服务。她再也没有见过她的高中男友CJ。她很快就买得起自己的公寓了。埃米和她父亲西蒙之间的距离越来越远，她自己独立生活后就很少再见到他。更重要的是，她远离了毒品，开始和一个干净利落的年轻人约会，这个年轻人最近从当地的棕榈滩州立大学获得了两年制的刑事司法学位。看起来，埃米似乎终于让她的生活走上了正轨。

埃米所经历的住宅安置环境的哪些方面可能会帮助她改变生活？职业技能培训可能会起到什么作用？她从伍兹夫人那里得到的个人关注可能有多重要？

Authorized translation from the English language edition,entitled Juvenile Delinquency,10th Edition by Clemens Bartollas, Frank Schmalleger, Michael G. Turner, published by Pearson Education,Inc,Copyright ©2019, 2014, 2011.

All rights reserved.No part of this book may be reproduced or transmitted in any form or by any means,electronic or mechanical,including photocopying,recording or by any information storage retrieval system,without permission from Pearson Education,Inc.

CHINESE SIMPLIFIED language edition published by CHINA RENMIN UNIVERSITY PRESS CO.,LTD.,Copyright ©2020.

本书中文简体字版由培生教育出版公司授权中国人民大学出版社在中华人民共和国境内（不包括台湾地区、香港特别行政区和澳门特别行政区）出版发行。未经出版者书面许可，不得以任何形式复制或抄袭本书的任何部分。

本书封面贴有 Pearson Education（培生教育出版集团）激光防伪标签。无标签者不得销售。

版权所有，侵权必究。

北京阅想时代文化发展有限责任公司为中国人民大学出版社有限公司下属的商业新知事业部，致力于经管类优秀出版物（外版书为主）的策划及出版，主要涉及经济管理、金融、投资理财、心理学、成功励志、生活等出版领域，下设“阅想·商业”“阅想·财富”“阅想·新知”“阅想·心理”“阅想·生活”以及“阅想·人文”等多条产品线，致力于为国内商业人士提供涵盖先进、前沿的管理理念和思想的专业类图书和趋势类图书，同时也为满足商业人士的内心诉求，打造一系列提倡心理和生活健康的心理学图书和生活管理类图书。

《职业规划心理咨询全案》

- 中国心理学界泰斗级大师、北京师范大学教授、博士生导师张厚粲先生倾情推荐。
- 一本解决职业发展与规划、职业困惑与选择等问题，进行就业辅导与咨询的权威著作，职业咨询师必备的案头指导书。

《人性实验：改变社会心理学的 28 项研究》

- 人性真的经得起实验和检验吗？
- 一本洞察人性、反思自我、思考社会现象的醍醐灌顶之作。
- 影响和改变了无数人的行为和社会认知的 28 项社会心理学经典研究。